U0550925

自君別後

陳大禹及其戰後臺灣劇場驚奇

目錄

序

增訂版序

再唱陳大禹與〈杯底不可飼金魚〉的思想起[1]

從一首歌談起

跟很多人一樣，我從小就知道〈杯底不可飼金魚〉不但是男聲樂家經常表演的「藝術歌曲」，也是民眾耳熟能詳的「流行歌曲」，喝酒聚會的男士豪邁、高亢地吆喝：「飲啦！杯底不可飼金魚！」連小女孩也能琅琅上口，逗大人開心，有位青年舞蹈家就說國小的時候，媽媽最常點唱這首歌，曲子的結尾還要她爽快地唱出：「哇！哈哈哈，醉落去！」

這首歌曲版權頁上作曲家是呂泉生，以往作詞者經常署名「居然」、「田舍翁」，有時候也會寫呂泉生，一般人比較記得作曲家，對作詞者的身分向來沒有什麼話題性。

二〇〇五年我為行政院文化建設委員會「臺灣戲劇館 資深戲劇家叢書」撰寫陳大禹傳記時，也只論述其身世、劇場工作與寫作經歷，絲毫沒有想到〈杯底不可飼金魚〉，約在此時陳郁秀、孫芝君的《呂泉生的音樂人生》（臺北：遠流出版公司，二〇〇五）問世，裡面提到〈杯底不可飼金魚〉，作詞者一樣沒有講到陳大禹。我從沒想過這首歌會與陳大禹有關係，其實，更早以前陳大禹跟我也沒什麼特殊關係，陳大禹甘咧陳大禹。然而，人生的際遇常會飄浪不定，往往也因一首歌、一個不起眼的人事物而產生微妙變化。

1 〈杯底不可飼金魚〉的臺語文係根據呂泉生的寫法，本書沿用，而不用現在較常用的〈杯底毋通飼金魚〉。

二〇〇六年六月《漂流萬里：陳大禹》出版，除了讓多一點人知道陳大禹這號人物，以及促成在漳州及美國南加州的大禹子女來臺北相會，並沒有聽到有幾個人因為拙著談到陳大禹或〈杯底不可飼金魚〉，事實上，大禹的名字只有讀過臺灣戰後初期戲劇的人才可能注意到。

二〇一〇年某月某日的某個場合巧遇莊永明，他告訴我陳大禹是〈杯底不可飼金魚〉作詞者，他幾乎是唯一跟我特別聊陳大禹的人，但也是在書出版的四年之後。

莊永明發現祕密

莊永明人原本就客氣，說話也輕聲細語，那天不知怎的講這件事時有點神祕兮兮，欲言又止，我當時心想以他做事的頂真，在文化界又極活躍，會這樣講必有所本，陳大禹寫〈杯底不可飼金魚〉歌詞的事應該也已廣為人知了，就等哪天《漂流萬里：陳大禹》有機會再版時，補一點陳大禹的歌謠寫作經歷。

莊永明二〇一一年底在臺北市文獻委員會出版《臺灣歌謠：我聽我唱我寫》，書中記載一九四九年四月十八日「臺灣省音樂文化研究會」在臺北市中山堂舉辦音樂會，

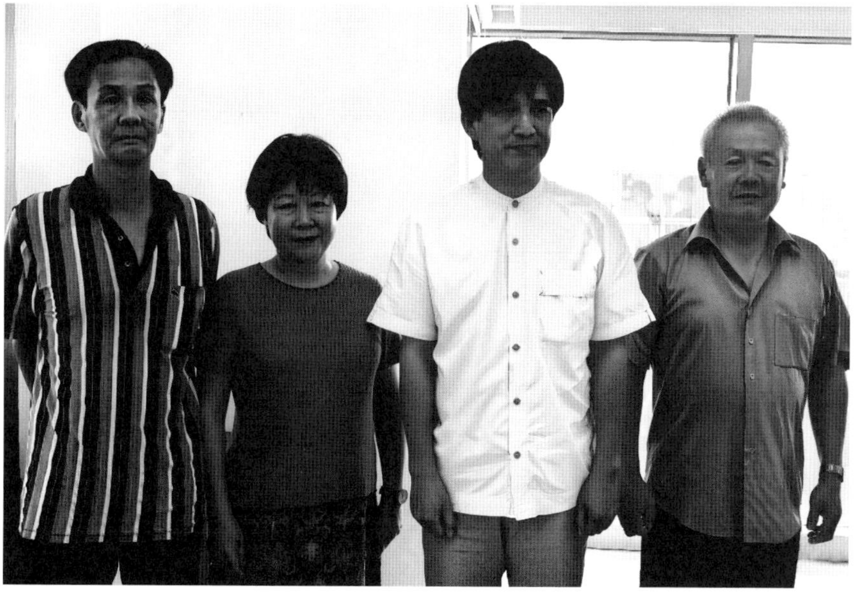

2006年6月《漂流萬里：陳大禹》出版，漳州及美國南加州的大禹子女來臺北相會。右起大哥陳晶晶、本書作者、妹妹陳嘉嘉、小弟陳東東。（攝影 鄭超文）

呂泉生（1916-2008）。
（來源：臺灣音樂群像資料庫）

依據節目表，排在第六個節目的〈杯底不可飼金魚〉演出者呂泉生是次男高音，也是作曲人，作詞者是陳大禹，這段文字只是平實地描述〈杯底不可飼金魚〉首場音樂會的情況，但四年之後的《活！該如此：莊永明七十自述》（臺北：遠流，二〇一五）就不一樣了，也許寫的是他本人的「七十自述」，有必要把一生重要經歷做真實交代，所以在〈杯酒泯仇 傳唱心曲〉這個篇章，他迂迴地鋪陳一段故事，再勁爆性「揭露」了〈杯底不可飼金魚〉歌詞者的真正身分。

莊永明說他於一九九九年在二手書店購買的一疊「光復初年的音樂節目單」中，看到「臺灣省音樂文化研究會」於一九四九年四月十八日在臺北市中山堂主辦的第二屆音樂會節目單，演出節目有聲樂、小提琴、鋼琴獨奏，其中第六個節目是男次高音呂泉生獨唱，由張彩湘鋼琴伴奏，這也是呂泉生〈杯底不可飼金魚〉這首曲子第一次發表，節目單寫著「陳大禹作詞／呂泉生作曲」。他說看見了〈杯底不可飼金魚〉的首次公演記錄，也發現了一段天大地大、不為人知的「祕辛」。

莊永明說：「這個發現顛覆了我多年來的認知，驚愕不已，不知如何善後？」

這段「發現」其實在《臺灣歌謠：我聽我唱我寫》裡已有相似記述，只是當時他輕描淡寫，沒有刻意為作詞人「正名」或「平反」的意味，《活！該如此：莊永明七十自述》則充滿戲劇性與懸疑性，寫下「發現」〈杯底不可飼金魚〉

這首歌作詞人這件「祕密」後心情的幾度轉折——顛覆、驚愕、徬徨：

這是長年以來不可說的祕密。但我有責任掀開這個謎，否則白色恐怖的「另一章」，必永遠沒有這一頁。這個發現顛覆我多年來的認知，驚愕不已，不知如何善後？我告訴「少年大」王昶雄，是否可以向呂泉生求證，「少年大」二話不說，贊同我追到底！於是，我打了長途電話到美國，向呂泉生求證陳大禹其人其事——他說陳先生是劇作家，兩人還是同事，二二八之後，這首閩南語飲酒歌是他提出「梗概」，以酒化解恨，再由陳大禹寫詞。[2]

莊永明這些年寫文章或演講可能會談到〈杯底不可飼金魚〉作詞人的真相，但談來談去還沒有形成「事件」，二〇二二年八月十二日劉美蓮老師在個人臉書重貼一篇二〇一六年一月八日根據莊永明「祕密」發表的〈〈杯底不可飼金魚〉正名 作詞：陳大禹 作曲：呂泉生〉，劉老師在文章裡說這已是她第五次重貼這篇文章，再度重申此曲作詞人為陳大禹。她呼籲臉友幫忙宣傳轉知，日後節目單及CD應標示「陳大禹作詞」。

劉老師此文一出，陳大禹的名字在媒體引起若干討論，唱片收藏家潘啟明在臉書留言處放了一張歌單的照片，明確列出〈杯底不可飼金魚〉的作詞者為「陳大出」，據其留言歌單係在日本雅虎網站購買，網友根據歌單所附的電話及「日本中國友好協會」這個單位判斷該歌單年代約在一九五〇至一九六〇年代之間，「陳大出」應是「陳大禹」，可能因日文無法打出「禹」字所以用「出」代替。至此我才知道原來從十幾年前被莊永明告知，〈杯底不可飼金魚〉作詞者身分仍是猶抱琵琶半遮面，一直到最近千呼萬喚始出來。

2 莊永明，《活！該如此：莊永明七十自述》（臺北：遠流出版公司，二〇一五），頁三二九～三三〇；另見莊永明，《台灣歌謠：我聽我唱我寫》（臺北：臺北市文獻委員會，二〇一一），頁二七〇。

呂家的聲明

潘啟明貼出歌單不久，八月十七日音樂經紀人陳俊辰以「陳員外」的署名，在臉書上代呂泉生家屬發表了一篇聲明，針對「近日蟲膠唱片收藏家潘啟明新提出〈杯底不可飼金魚〉之歌單文物，證明此曲作詞者乃陳大禹一事」，此聲明主要有兩部分：

第一部分是呂家的具體補救措施：

第一，我們將向隸管版權事務之著作權集管協會撤回呂泉生〈杯底不可飼金魚〉之歌詞版權登記，並表明歌詞著作人為陳大禹。

第二，有關呂家過去溢領之〈杯底不可飼金魚〉歌詞版稅，將在詳細清查數額之後，全數歸還予陳大禹先生後人。

第三，目前市售之〈杯底不可飼金魚〉歌譜，共收錄在中國音樂書房發行之《呂泉生歌曲精華集 同聲合唱》，與樂韻出版社發行之《呂泉生歌曲集3創作合唱曲同聲篇》、《呂泉生歌曲集4獨唱曲》中。我們將委請出版社以貼條方式，在尚未售出的樂譜著作人處，貼上「陳大禹 詞」之名條，以為補救，俟下版新刷時，重新排版付梓。

第二部分是呂家對這個事件的態度：

呂泉生多年來未以「陳大禹」之名為〈杯底不可飼金魚〉作詞者一事，以今日後見之明，實為時代之悲劇。陳大禹先生因其左翼立場不見容於一九四九年瀰漫整肅匪諜風氣之臺灣，在「四六事件」爆發後被執政當局列入黑名單，遂於四月中旬（按：即〈杯底不可飼金魚〉一九四九年四月十八日首演前夕），悄然從基隆搭船，經香港返回中國大陸。（見：邱坤良教授作《漂流萬里：陳大禹》，文建會二〇〇六年出版，頁一〇四～一〇五。）但呂泉生卻在白色恐怖下，面臨是否會因與陳大禹先生之詞曲合作關係，陷入牢獄之災、性命之憂的處境。在呂泉生有生之年，我們從未聽他提過「陳大禹」三字，但直到他晚年移居美國，仍對白色恐怖心存莫大之恐懼，過去我們不明所以，而今終於瞭然。

〈杯底不可飼金魚〉的作詞者成為禁忌或祕密，實在是無可奈何的事，一九四九年四月十八日這首曲子首次發表之前，「作曲呂泉生、作詞陳大禹」的訊息已經散發出去，音樂圈或社會大眾應有不少人知道此事，而後短短數十年竟成為「出土記」的題材？對呂泉生來說，沒有公開〈杯底不可飼金魚〉作詞者的背景，因當時的大環境不好明說，只能保持沉默，以免影響〈杯底不可飼金魚〉的發行，實有苦衷，並非刻意隱瞞，而時間一久，更加不易說清楚。

莊永明一九九九年「發現」「祕密」，到呂泉生二〇〇八年三月十七日以九十二歲高齡在美國過世之前，或因顧慮呂老的感受，並未公開「揭穿」這首曲子作詞者的身分，呂老生前也沒有人公開討論〈杯底不可飼金魚〉的作詞人問題。

呂泉生家屬聲明講得十分愷切，也極為沉痛，聲明的最後一段再次表明家屬的心情：「今隨證明文物之提出，我們願意將〈杯底不可飼金魚〉一曲之作詞版權歸還給陳大禹先生後人，並為其正名，讓過往的歷史各得其所；但亦期望社會大眾能以同理之心，體諒呂泉生當年處境之不易，讓逝者獲得安寧」，[3] 呂泉生生前不得不隱瞞作詞人名字的心情，吾人也充分理解與體諒。

[3] 陳俊辰（陳員外），https://www.facebook.com/share/p/RcpMspeRmPEKpfme/，擷取日期：二〇二四年八月三十日。

幾許漣漪

這樁因時代悲劇所牽累的音樂界憾事，至此應可告一段落了。然而，廣播界名人趙琴女士在家屬聲明幾天之後（九月十五日），於臉書發表〈〈杯底不可飼金魚〉禁歌說？（上）作曲者呂泉生非「受難者」 詞作者陳大禹列黑名單？〉[4] 又起了微微波瀾，她的文章一開頭就說：

> 在八月十八日，臺灣電子及平面媒體，大篇幅報導了呂泉生所譜寫的〈杯底不可飼金魚〉此曲的作詞者為陳大禹，非為呂泉生，此曲並為「禁歌」一事，引起我的好奇，怎麼又是無中生有的一樁顛倒是非黑白的新聞炒作事件?!

趙女士接著引述《中央社》記者趙靜瑜報導：「由呂泉生作曲，陳大禹作詞的〈杯底不可飼金魚〉至今膾炙人口，……但這首歌在二二八事件誕生，戒嚴時期曾列為禁歌。」趙女士把包括《聯合報》、《自由時報》各家媒體以斬釘截鐵的口吻，將〈杯底不可飼金魚〉判定為「禁歌」大肆報導的相關新聞，稱為「陳大禹事件風波」，認為始作俑者之一就是「二二八事件紀念基金會」在網站發布〈杯底不可飼金魚〉是禁歌，還將呂泉生列為受難者，並為他舉行紀念音樂會。趙女士自認未曾聽聞〈杯底不可飼金魚〉是禁歌，「二二八事件紀念基金會」處理呂泉生新聞更是違反事實。她對呂泉生家屬所發聲明頗為無奈：「家屬不明就裡，被牽連至此事件，發表了長篇聲明文，真是情何以堪！這更是悲劇啊！呂泉生天上有知，能不心痛？」

4 趙琴在二〇二二年九月十五日於臉書發表〈〈杯底不可飼金魚〉禁歌說？（上）作曲者呂泉生非「受難者」 詞作者陳大禹列黑名單？〉（文章已下架，擷取日期：二〇二二年九月十六日），趙女士臉書貼文記「上」，末了並有「未完待續」，但下篇至二〇二四年十二月底仍未見刊登。

趙女士的臉書貼文引用呂泉生家屬的聲明：「……根據邱坤良所撰《漂流萬里：陳大禹》一書，回溯呂泉生多年來未以『陳大禹』為〈杯底不可飼金魚〉作詞者的緣由，指出陳大禹當年因左翼立場不見容於一九四九年瀰漫整肅匪諜風氣的臺灣，『四六事件』爆發後被執政當局列入黑名單，便於〈杯底不可飼金魚〉一九四九年四月十八日首演前夕，悄然從基隆搭船，經香港返回中國。」

呂家聲明引用本人有關陳大禹部分的文字與拙著（原書頁一〇四～一〇五）略有出入（陳大禹在臺的劇作與文章常帶強烈批判性，惟本人未曾用「左翼立場」這幾個字描述他），但大體上雖不中亦不遠。然趙女士「質疑邱書這兩段話的正確性？我查閱所有資料，未見任何他是左翼的證明？從二〇〇六年邱書出版至今，我想十六年間不少人讀過，將他當成『左翼』人士，而像此次似的，引發一連串錯誤的跟進渲染！」

我未曾聽聞一般大眾有人認為呂泉生是白色恐怖受難者，他本人及家屬也未曾以此自居。「二二八事件紀念基金會」是否如趙女士所指責的發布錯誤資訊，我並不清楚，也尊重其對這個基金會角色功能的批評，針對趙女士對拙著的指控（她說是陳述事實），我曾在她的貼文留言，質疑她有沒有讀過《漂流萬里：陳大禹》？趙女士說是「看了頁一〇四～一〇五」，但拙文這兩頁是根據陳大禹自撰〈政歷表〉：「一九四八年十一月～一九四九年四月陳誠主臺，瘋狂鎮壓學生運動，波連〈橋〉副刊編輯史拾枚（史習枚）被捕，傳言清查文章作者，我亦黑名單上有名……」以及「實驗小劇團」演員石山、舞臺設計辛奇、共黨分子高仲明、妻舅吳厚禎等人的訪談資料。我再請教趙女士是看了哪些資料？證明大禹不是「左翼」人士或沒被列入國民黨黑名單？她則回以臉書貼文「非寫書評，也未談及大作其他部分『真實性問題』，故而不需偏離主題再生枝節！」真是特別的「非書評」寫法。

一九四九年初的黑名單

趙女士是戒嚴時期極富盛名的廣播與音樂製作人，曾多次參與歌曲審查，也主持過包括呂泉生作品在內的音樂會，與呂老亦算熟識，由她來談〈杯底不可飼金魚〉是否禁歌，或呂泉生是否為白色恐怖受難者本來是有可信度的，但趙女士貼文重點似乎不在討論〈杯底不可飼金魚〉是否禁歌，而是對「二二八事件紀念基金會」與媒體「顛倒是非黑白」、「炒作族群對立，唯恐天下不亂」，作悲憤而嚴厲的指控，也對呂泉生家屬「不明就裡」，莊永明文章一向不嚴謹，以及邱書二〇〇六年出版至今「引發一連串錯誤的跟進渲染」表達強烈不滿。她的文章反映當代臺灣的人對現代敏感性史事猶因意識型態存著某些分歧，其背後的邏輯思維極有針對性與延續性，也讓〈杯底不可飼金魚〉事件不單單只是一首歌作者的版權或正名、勘誤問題而已。趙女士說她對「白色恐怖」四字敏感，在臺灣成長的過程從未感受到，「反倒是這一波波『綠色恐怖』讓人不適！」

〈杯底不可飼金魚〉是否「禁歌」？單純查禁唱歌曲名單即可，若未有正式資料證明曾被禁唱，當然可「無罪推定」，排除它是「禁歌」，何況這首曲子經常在音樂會中被公開演唱，何禁之有？然而，戒嚴時期所謂「禁歌」的疑慮，顯露的其實也包括時代的政治氛圍，〈杯底不可飼金魚〉如果有問題，不一定是在歌詞內容，更有可能是創作者的身分。作曲家呂泉生對〈杯底不可飼金魚〉作詞人的顧忌，並非毫無來由，白色恐怖之所以恐怖，是因為不知道何時會被另一個嫌疑犯口中供出名字，對從小到大活在自由民主社會的人來說，實難以體會與想像，這類的自我檢視，倒也常帶有黑色喜劇的成分，幾十年來〈杯底不可飼金魚〉能到處傳唱，作詞者姓名被刻意隱瞞，未嘗不是一大原因。

來自漳州的陳大禹在臺灣時期有他的人脈，前「臺灣省交響樂團」團長蔡繼琨一直是他的貴人，大禹一度得以在「省交」擔任幹事，也常借用當時「省交」在臺北市西本願寺的辦公空間做劇團排演，他在臺灣的第一齣戲《守財奴》、第二齣戲《原野》推出，許多黨政要員、社會名流掛名「演出委員」，包括當時的警備總司令部參謀長柯遠芬，但這些關係不能保證大禹本人，甚至「演出委員」也不能保證本身平安無事，出身蘆洲李家，也曾掛名「實驗小劇團」演出委員的李友邦將軍更於一九五二年四月慘遭槍決。

在那個瞬息多變的戰後臺灣劇場，陳大禹所能發揮的空間受到限制，尤其一九四九年初的國民黨已朝不保夕，臺灣政局惶惶不可終日。大禹當時對自己作品與言論受到監視已略有所知，「四六事件」爆發之後，如果不是情勢緊迫，兩夫妻不會登報聲明離婚，將幼女嘉嘉託孤親戚，么子送給劇團同仁撫養，帶著次子東東分別搭船逃離臺灣，投入未可知的中國大陸。從臺灣潛逃，先到香港再回中國，輾轉在北京、上海、新疆漂流，最後選擇回到漳州故里落葉歸根的陳大禹，在臺灣的人際網絡與劇場事業戛然而止，從此「陳大禹」三個字也無聲無息，消失於臺灣社會；然而，另一個層面，「陳大禹」三個字卻如幽魂般偶爾出現在官方「肅清匪諜」的檔案之中。

一九五〇至一九六〇年代白色恐怖時期的黯黑角落，陳大禹相識的影劇、文化界人士包括電影導演白克以及楊渭溪、姚勇來、沈嫄璋、王淮等參與「實驗小劇團」或「省交」的人（如李東益），都因各種案由被情治單位偵查、下獄、判刑甚至處死，有些人在被捕之後交代人際交往與行蹤時，主動或被引導說出與「陳匪大禹」的牽連，他們與大禹之間的瓜葛，都是大禹來臺之前或在臺時期，而非其返回中國大陸之後。這些黯黑資料未必是大禹的真實事蹟，但也反映回歸「新中國」的陳大禹，除了得做各種交代與改造，劇場工作只限於漳州的薌劇（歌仔戲）之外，還得面對臺灣情治單位的缺席審判。

從後來陸續開放的國家檔案館，情治單位偵辦的政治案件中多次出現的「陳匪大禹」，足以說明當年在臺灣的大禹，對自己面臨險境的疑慮，並非杞人憂天或空穴來風。綜觀大禹一九四六年十月來臺，短短二、三年之間活躍於臺灣劇場及藝術文化界，而後又在一九四九年春突然憑空消失，從臺灣回到中國大陸，他的悲劇一生有整個時代大環境以及個人因素。

自君別後

《漂流萬里：陳大禹》出版迄今業已十九年，作為本書作者，自然清楚其中資料蒐集與應用的疏漏、訛誤與不足之處，本來也希望能在適當時機，針對這本書的缺失做一些修正，只是沒想到最後促成這本書再版的契機，卻是因為〈杯底不可飼金魚〉作詞者的「正名」，及其所牽扯的時代背景與歷史認知所促成。趙女士的臉書文章對拙著的批評約有百餘字，但攸關拙著的論述主軸，自當有所回應與解釋，無法如其理所當然的視為「非寫書評，也未談及大作其他部分『真實性問題』，故而不需偏離主題再生枝節」。

修訂本的修訂重點在陳大禹離開臺灣之後，發生於「復興基地」的「枝節」問題，除了《漂流萬里：陳大禹》已有所討論的部分，補寫了大禹的歌謠創作，以及〈杯底不可飼金魚〉一首歌曲的傳奇性，也因近年國家檔案局資料公開，在其他政治犯案子裡，看到大禹客串「配角」，因而新增了一小節的「自君別後」，修訂本的書名也做了一點更動，特別把「自君別後」嵌入新的書名之上，用以烘襯陳大禹及其戰後臺灣劇場驚奇，以及由此所掀起的陣陣漣漪。

陳大禹離開臺灣之後，若干朋友成為政治受難者，人在「竹幕」的大禹，可能毫無所悉，也可能略有所聞；如果時光倒流，陳大禹一九四九年春如果選擇不走，繼續留在臺灣，其下場如何，實在難以預料？曾經與「陳匪大禹」有過合作關係的呂泉生應認識白克、楊渭溪、沈媄璋、姚勇來等人，也知道他們獲罪的原因以及後來的下場，呂泉生對「陳大禹」三個字有所忌諱，以及「仍對白色恐怖心存莫大之恐懼」的心理可以想見，在呂老暮年，對其執禮甚恭的晚生莊永明鍥而不捨地挖掘〈杯底不可飼金魚〉作詞人這件不能說的「祕密」，還不斷向呂老求證，應該深深刺扎了這位臺灣重要音樂家內心的痛處。

〈杯底不可飼金魚〉這首歌七十幾年來在臺灣的悲喜曲，可作為陳大禹在臺灣那幾年具體而微的生活寫照與歷史見證，為「陳大禹不一定有罪，但他能不跑嗎？」的大時代做個註腳。換句話說，〈杯底不可飼金魚〉作詞者被正名為陳大禹，不僅僅是一首歌曲作詞者的勘誤，它的整個過程——從「隱晦」到「出土」，以及引起的波瀾與迴響，所反映的絕不是一首歌、一個人的問題，而是經由各方譜出一個肅殺與荒謬的時代旋律。

二〇二四年九月

《漂流萬里：陳大禹》於 2006 年出版。

原序　尋找大禹的香蕉香

1.

最近，我經常想起大禹，也常想起他的《香蕉香》。為此還去了幾趟漳州，希望能挖掘到他來臺前後那幾年的蛛絲馬跡。我曾拿他的名字問幾位人生閱歷豐富的朋友，普遍的回答是：「大禹、陳大禹？好熟悉的名字！」

當然熟悉了，大禹治水、三過家門而不入的故事誰人不知，而且最近大雨大雨一直下，災害頻傳，任何與大雨、大禹有關的字眼，聽來都有些熟悉。大禹的本名被叫久了，確有人寫做大雨，久而久之，連他本人都習以為常，所以「大禹又名大雨」了。不管是大雨、大禹，都與水有關，水屬金，主財富，但水也容易流動，四處漂浮。大禹的人生看來屬於後者了。

見多識廣的朋友聽我頻頻問到大禹，努力地、熱情地搜尋記憶。想來想去，至多僅知道《香蕉香》、「實驗小劇團」這幾個名詞而已，再談下去就不甚了了。到最後，往往要由我講一段自己不是很熟悉的大禹故事。

大禹當然不是治水的大禹。他的名字出現在臺灣，是近六十年前的事，他七十歲的人生在臺灣只停留二、三年而已。陳家在漳州世代書香，大禹母親曾為當地女校校長，父親為中學教務主任，具有地方聲望。就在大禹十一歲時，漳州發生學潮，大禹的父親耀東被人槍殺，這是陳家悲劇的第一頁，而後大禹全家去了一趟臺灣，短暫的臺灣生活影響他的一生，大禹在中國近幾十年的艱苦歲月，加速了這個地方世家的殘敗。

大禹有豐富的戲劇工作經驗，當初選擇到「光復」後的臺灣，是為了發揮所長，推展戲劇運動，那時他才三十歲。

由於籍貫漳州，能說「長官」聽得懂的「國語」，又能講臺灣人聽得懂的「臺語」（閩南話），算是得天時地利人和之便。不過他沒像在臺的許多漳州人一樣可以縱橫商場或謀得一官半職，也不像跟他一起搞戲劇的朋友，多半另有一份謀生的工作，他關心臺灣劇場發展，著手進行戲劇演出，成天與文化人交往，大部分時間卻處於無業狀態。他在臺灣僅有的短暫就業紀錄，是在閩南鄉長蔡繼琨的「臺灣省交響樂團」，以及一九四八年的臺灣博覽會當名臨時「幹事」。[1] 反倒是具會計背景的夫人吳淑端（瀟帆），來臺灣後在中學當會計，勉強維持一家生活，讓大禹沒有後顧之憂。因為蔡繼琨的關係，「實驗小劇團」得以使用交響樂團在臺北市中華路西本願寺團址的辦公室與排練室，大禹甚至住進「省交」給團員的宿舍。

「實小」屬於業餘劇團，為了適應劇場觀眾生態，鼓勵族群文化交流。陳大禹曾把「實小」演員分成「國語」、「臺語」兩組，希望讓「本省人」、「外省人」透過戲劇互相瞭解。當時參加「實小」「國語」組的演員未必能操標準國語，很多帶有濃濃的福州腔或閩南腔，「臺語」組演員有的出身日治時期的職業新劇團，有的則是皇民化運動時期演劇挺身隊班底。短短一年多（一九四六年十月～一九四七年十一月），大禹導演過莫里哀的《守財奴》、曹禺的《原野》等名劇，

陳大禹夫妻晚年合影。（圖片來源：陳大禹家屬提供）

1 這個樂團幾經改名，從「臺灣省警備總司令部交響樂團」、「臺灣省行政長官公署交響樂團」到後來的團名是「臺灣省交響樂團」（省交），即目前的「國立臺灣交響樂團」。

也自編自導《香蕉香》，其中《香蕉香》原定位為一齣具諷刺性的「生活喜劇」，是他的《臺灣風景線》之一，這齣戲以「二二八事件」為背景，於一九四七年十一月一日在臺北中山堂首演，二千餘個座位有一大半是靠三重聞人蘇穀保幫忙促銷的。演出時因為情節敏感，「本省」、「外省」觀眾發生衝突，雙方都說劇本侮辱觀眾，以致第二日就被治安當局下令禁演，劇團只好以演員生病為理由，在中山堂門口貼了告示，取消演出⋯⋯。

《香蕉香》被禁演之後，大禹依然活躍於藝文界，也常在報章雜誌寫文章，表達對戲劇、文學與文化的看法。一九四八年初《臺灣新生報》〈橋〉副刊一場臺灣文學論爭，大禹也加入戰局，寫了幾篇文章，「為臺灣文學解題」引起熱烈討論。一九四九年「四六事件」爆發之後，楊逵、新生報〈橋〉副刊主編歌雷（史習枚一九二三～一九八七）等人被捕，大禹自認已被監視，乃計畫潛回中國大陸。後來定居北京的高仲明當年是跟大禹一起出走的戰友，他原籍臺北林口，比大禹小十三歲，如今已是七十六歲的北京人了，但仍清楚記得「四六事件」後不久，大禹私下對他說：「該走了！」兩人默契十足地一起離開。在此之前，吳瀟帆特別在報上刊登與大禹的離婚啟事，把小女兒寄養在親戚家，么子送給劇團同仁撫養，帶著次子東東經香港回大陸，這一去從此臺灣戲劇舞臺少了這一號人物，「陳大禹」三個字在臺灣文化人印象中消褪。

我以往對大禹雖所知不多，但他的正義形象多年來長存我心，尤其《香蕉香》劇情大膽批評時政、導致被當局禁演，更讓數十年後的戲劇研究者心儀不已。不過，這陣子累積更多與他有關的點點滴滴之後，「陳大禹」原本清晰的臉譜反而逐漸模糊起來。我愈來愈同情他，卻也愈來愈不瞭解他。陳大禹在戰後的臺灣劇場史有什麼樣的位置？他在中國現代劇場或是福建的戲劇史又是如何？

2.

大禹的名字再度被臺灣人「正面」注意，已是漫漫半個世紀之後。這得歸功文建會「臺灣戲劇館」把大禹列為「臺灣資深戲劇家」之一。我很好奇評審們是如何看上大禹的，因為從臺灣戲劇史、臺灣戲劇家的角度，不論在臺時間、劇作質量，或與本地劇場的互動，大禹都與林摶秋、張維賢、張深切等本土戲劇家不同，與在臺度過大半人生的「外省」劇作家姚一葦、李曼瑰更不可同日而語。單從作品、資料而論，大禹除了出現在報刊上的幾篇文章、劇作，最具代表性的《香蕉香》劇本、演出記錄並未流傳，連個人照片也沒幾人看過。評審們難道與以前的我一樣，對《香蕉香》印象太過深刻，卻又瞭解不多，產生距離的美感，而對這位戲劇家有浪漫的憧憬？不過，這也反映臺灣戲劇研究多元、開放的一面，不僅著作等身的「劇壇巨擘」受到尊崇，運動型、悲情型的劇場人物也有一定的重要性，都是「臺灣戲劇館」所要典藏的對象。

撰寫大禹傳記的「神聖使命」落到我身上純屬偶然，原因在於北藝大戲劇學院今年又以「廠商」的身分，承攬到文建會「臺灣戲劇館 資深戲劇家叢書」的業務執行，負責編撰包括陳大禹在內的五位戲劇家。計畫主持人、戲劇學院院長鍾公明德要我共襄盛舉，撰寫陳大禹的傳記。「反正先簽個名，又不見得會得標！就算得標，也不見得就一定要你寫！」他若無其事，一派輕鬆，以他慣常的口氣，慢條斯理地說著。最後，「本公司」得標了，要承接大禹等五位「臺灣戲劇家」的編寫出版計畫。「那就是你了！」鍾公一口咬定，然後信誓旦旦地說會全力配合、協助，甚至自願要當助理……。

撰寫大禹的傳記可謂小事件、大工程，資料蒐集並不容易。因為海峽兩岸封閉的年代，大禹本身就是一種禁忌，沒有人願意與他產生關聯。臺灣的親友早已與他劃分界線，所有的書信、手札、相片、書籍、衣物被丟得一乾二淨。

回到中國的陳家也因臺灣經驗有些疑慮，不得不把臺灣時期相關資料與劇本、劇照徹底銷毀。等到時過境遷，兩邊的人可以高談闊論了，大禹墓木已拱，當年參與演出的人物也早已雲消霧散，船過水無痕了。

蒐集大禹資料自然不能侷限於臺灣，漳州的陳家以及他所待過的劇團、藝校都是應該追查的對象。我幻想在遙遠的那一方，有許多大禹的手稿、圖像、文件，以及流傳著的生平軼聞等著我，只要找個吉日走一趟，必然能捧回一堆資料，足以滿足寫作上的需求。我並非第一個對大禹有興趣的人，也不是首位造訪漳州陳家的臺灣人，多年前臺灣劇場前輩，後來以導演臺語電影聞名的辛奇已經捷足先登了。曾與大禹一起在「實驗小劇團」從事劇場工作的辛奇，是經常追溯這段記憶的極少數人之一。他在《香蕉香》裡，舞臺設計、佈景、燈光、音效一手包辦，甚至部分器材也是他帶來的，當時他常用的名字是辛金傳這個本名，以及另一個藝名辛超甫。

大禹潛逃之後數十年國共處於漢賊不兩立的年代，辛奇念茲在茲的，就是找尋《香蕉香》劇本的下落，海峽兩岸開放交流之後，千方百計地尋找大禹家屬，一九九六年三月二十九日終於見到了吳瀟帆以及晶晶、東東等人，不過，並未拿到《香蕉香》的劇本。事實上，瀟帆也在尋找這個劇本，畢竟這是大禹的重要劇作，也是他們夫妻在臺灣二、三年同甘共苦，最具意義的信物之一，她希望能讓它重見天日，並成為陳家的傳家

導演辛奇（右二）至漳州拜訪陳大禹家屬。（圖片來源：辛奇提供）

之寶。《香蕉香》已不只是個劇本，而是象徵大禹及其年代的標記，每個想要得到它的人都有不同目的，也懷抱著不同的情感。

我幾回到漳州陳家，都盼望能在哪個不起眼的角落，找到這本《香蕉香》。我突然覺得，這個劇本不像諸葛四郎漫畫裡的要塞地圖或龍鳳寶劍，也非記載絕世武功的「祕笈」，因為寶物都是唯一的，《香蕉香》的劇本為了排演、演出需要，當時不管是用鋼版油印或是鉛字排印，應該都印了數百份、甚至上千份以上，當時的現場還有出售劇本，換言之，辛奇印象中鋼版油印、薄薄幾頁的《香蕉香》劇本，怎會可能同時完完全全從人間蒸發？我相信哪天也可能從哪個圖書館倉庫，或某人書房字紙堆裡被清理出來。

當年「實驗小劇團」的主要演員石山（陳少岩）在《香蕉香》演一位外省籍的股長（全山），官僚霸氣十足，對下女頤指氣使，等到外頭發生暴動，群眾喊打外省人，他嚇得發抖，反而要求下女保護，醜態畢露。接著由楊渭溪飾演的南方客（半山）上場，像辛亥革命前後文明戲的「言論派老生」發表長篇大論，要大家破除地域觀念、本省人、外省人和睦相處……。石山是「實小」第一齣戲《守財奴》演出後招考新團員時，看到廣告主動報名參加的。他的國、臺語雙聲帶，加上俊美的外型，很快獲得大禹的重用，曾參與《原野》、《香蕉香》的演出。在曹禺的《原野》裡，石山飾演焦大星，還與大禹的妻子，藝名悄泛的吳瀟帆演對手戲。石山認為大禹導戲很認真，但排演鬆散，也未給演員太多的指導。這種看法可能與戲劇認知有關，石山嚮往的是專業演出的中國「話劇」，不習慣「文明戲」的表演方式。辛奇對大禹印象也是導戲非常認真，但與石山看法不同的是，大禹注意演員走位與舞臺整體效果，可是不善理財，《香蕉香》演完之後，該給演員的車馬費一直未付，而劇中的臺語演員大多是辛奇帶來的。

石山目前健康狀況不佳，聊起陳大禹與「實驗小劇團」仍然熱情洋溢，《香蕉香》演出當晚的場景令他至今歷歷在目，印象最深刻的一幕是，大禹突然接到警總電話，整個人愣在後臺，意志消沉，當時劇團的人懷疑《香蕉香》被禁演，是青年軍第二〇五師劇團策動，因為他們前一檔演出《大明英烈傳》，觀眾寥寥無幾，看到接檔的《香蕉香》爆滿，心裡不舒服，煽動觀眾鬧場，給治安單位禁演的藉口。不過，石山認為《香蕉香》影射「二二八事件」最敏感的政治與族群問題，是被禁演的主要原因，像他飾演的外省股長作威作福、前倨後恭，很明顯地，就是在影射外省人，當然引起情治單位的注意。

3.

在第一次前往漳州的路途上，我一直思考，大禹當年究竟是國民黨人，還是中共地下黨、或左派同路人？當年他選擇來臺灣是對還是錯？而後國共局勢逆轉，臺灣發生「四六事件」的時刻，選擇回到中華人民共和國成立前夕的中國大陸，是福還是禍？回大陸也許免除了臺灣一場可能即將發生的牢獄之災，然而「反國民黨」或「不為國民黨所喜」的身分，並未讓他在「新中國」得到重視，臺灣時期並未具備中共地下黨員身分的他，自然無法在中共體制中享受「建國」前幹部待遇，回到中國的數十年後半人生，大禹生活未必稱心如意。

從廈門到漳州不過一個多小時計程車程，大禹老家就在市中心的一條叫金獅巷的舊街上，以前這條街叫打錫街石獅巷，是以生活工藝聞名的老商業街。二十幾年來的漳州，不能免俗地隨著「改革開放」

作者於陳大禹漳州家宅。

的腳步加緊發展經濟，雖然離廈門仍有大段距離，但現代商業城市規模初具，市區也已大樓林立。金獅巷擠在大樓之間的狹縫，顯得破舊與寒酸。我抵達漳州市區時已是午後三點，即刻與陳東東聯絡，接電話的是他的夫人，「東東一早就在家裡等著，剛剛才出去。」對方說的是漳州話。以前與辛奇等人談到大禹，「禹」字都唸成「ú」，到漳州之後，才知道漳州腔要唸「í」，「ú」、「í」之差只是口音之別，卻也反映擁有不少漳州移民後裔的臺灣語言早已漳泉不分，與原鄉大不相同了。

「他去哪裡，幾點回來？」我問陳太太。當初說好來漳州之後再打電話聯絡，沒想到東東一早就開始在家裡等，從上午等到下午我打電話之前，才出去透透風；就這麼不巧我來晚了幾步，實在抱歉。陳太太說：「我去找找看，你半個鐘頭後再來。」我沒細問東東去哪裡，想他沒多久就會回來的。我在陳家附近巷弄隨意閒晃，四十年前的臺灣曾經也有不少像金獅巷的老市街，現在已不太容易看到了，不只是說沒有這樣的房屋格局和市街景觀，更大的差別是空氣中少了一股陳舊味。踏進陳家時，東東回來了，晶晶也在，兩兄弟居住的房子是大禹生前一手打造的磚造樓房，廳堂挑高，花木扶疏，雖然老舊，仍有幾分氣派，兄弟兩個小家庭分住可以相通的前後房。

大禹回大陸之後，曾到北京的華北大學藝術幹部訓練班戲劇科學習，也曾參加謝雪紅領導的「臺灣民主自治同盟」。後來調到上海，成為「上海市戲劇電影工作協會」會員。一九五二年，他轉到新疆邊區，名義上是響應中共「面向邊疆」的號召，其實是不得不下放，在新疆一直待到一九五八年，營養不良的吳瀟帆因罹患嚴重的關節炎，經組織

陳大禹漳州家宅一隅。

批准，一家人才能回到故鄉。大禹在漳州曾任教於藝術學校，後來轉到薌劇團當編導，薌劇其實就是歌仔戲，上世紀臺灣歌仔戲興起後傳回廈門及閩南漳州一帶，成為當地的新劇種，漳州在「建國」後將歌仔戲改稱「薌劇」，跟漳州不同，歌仔戲在廈門一直稱歌仔戲。雖然一直待在戲劇界，但大禹的工作並不順利，地主、國民黨背景、臺灣關係的帽子如影隨形地困擾著他，一有整肅運動發生，他就必須忙於自清。一直到辭世之前，他仍默默地待在地方劇團，領的工資，比年輕、資淺的同事還少。

東東一九四六年在臺中出生，離開臺灣才三歲。他對臺灣唯一印象就是母親生小弟時，他來醫院探望，看到的是院房無盡頭的長廊。長他五歲的大哥晶晶對臺灣也印象模糊，什麼都記不得，他是陳家的長孫，從小跟著祖母，七歲時才與妹妹隨姑姑到臺灣找父母，一年之後又回到漳州，晶晶唸完初中之後，下鄉工作，福泰憨厚的外型笑口常開，開朗的個性對於外在環境頗能隨遇而安。這幾年有些健忘，問他事情，只會搔搔頭無奈地說：「記不起來了。」東東的太太一旁說：「晶晶最像我婆婆，平平淡淡，與世無爭。東東外型較像我公公，個性也較急躁。」我較好奇的是，大禹為何把長子取如此女性化的名字？

成年以後的東東長相與哥哥晶晶很不一樣，身材瘦高，戴著眼鏡，有幾分書卷氣，他說話略有結巴：「我爸爸講話口吃，我從小學他講話，也變成口吃。爸爸還曾感嘆：『一人口吃害了兩三代人』，還好他一直要我改，我也改過來了。」東東小學畢業之後，曾考入福州的福建藝術學校學習民間舞蹈，只唸了三年，就因學校縮小編制被退學，回到漳州唸中學。陳家認為這是受大禹的連累，兒子才不能待在藝術學校，東東中學畢業後到機器廠作工，數十年如一日，一直是個小技工，始終無法升遷，心裡難免忿忿不平。

4.

我訪問大禹待過的漳州藝校、劇團，並未找到重要資料。大家對這位前輩所知不多，僅有的印象是菸癮奇大，人很慈祥，沒有架子，是老好人。劇團下鄉巡迴演出，他一把年紀，仍跟其他團員一樣，幫忙押戲箱，搬道具，有一次還因押車，不慎從車上掉下來，跌掉幾根門牙。他晚年肺部有些毛病，牙齒也全掉光了，臉頰下陷，容貌顯得更加蒼老。

一九八五年四月六日，臺灣的「四六事件」三十六週年紀念，四月七日凌晨陳大禹與世長辭，享壽七十歲。一位王姓同事在當地刊物寫了一篇悼念的文章，他原籍臺南縣北門鄉，幼時隨父母至廈門經商，因中國「解放」而落籍。他自認為「臺籍」背景使他在劇團鬱鬱不得志，與大禹同病相憐。我與王先生約在飯店餐廳談話，他當著我的面，拿起紙筆速寫大禹，才勾畫幾下，一個老年人的模樣出來了。他說大禹晚年的外型像劉少奇，但談到大禹的經歷，又十分謹慎，凡涉及劇團人事幾度欲言又止，只是再三誇獎大禹是個好人。

大禹一生差不多都在編戲、導戲、演戲，戲劇是他對社會發聲的利器，回漳州定居後的戲劇工作並沒為他帶來太多的掌聲與光彩，別的導演一個星期完成一齣戲，大禹導戲注意劇情講解、分析人物，加上有口吃毛病，動作較慢，一齣戲排下來需二、三個禮拜，久而久之，就被「領導」有意無意地冷凍起來，他所計畫的演出構想也常被否決，只好勉強

陳大禹漳州家宅內部。

參與排演一些自己未必喜歡的作品。比起反右、文革期間死於非命的中國文人、戲劇家，大禹得享「天」年，可算不幸中的大幸。然因「歷史問題」不但自己受罪，也連累子女，影響他們的升學、工作升遷，為此抱憾不已。他後半生所致力的，不是戲劇創作，而是證明自己，一心一意要把「歷史問題」搞清楚，讓子女無牽無掛，不受牽連。大禹死後，瀟帆繼續奔走，蒐集夫婿遺作，記錄他在北京、上海等地的行蹤，期能完成先夫「遺志」。所謂「遺志」，不過是要個「清白」而已。

大禹的一生就是一齣悲劇，在時代的迷霧裡，他的臉譜乍看多采多姿，仔細一看卻茫然無神，也讓人看不清楚。回首前塵，在臺灣的這二、三年也許是他七十年人生最光彩的時刻，起碼能領導「實驗小劇團」自由地創作，推展自己的藝術理念，受到戲劇界與觀眾的注意。他當年的伙伴辛奇、石山都認為，倘若《香蕉香》不被禁演，大禹在臺灣戲劇界的影響必然更大。

離開陳家，我頻頻道謝，謝謝他們的接待，而陳家兄弟也同樣對我頻頻道謝，謝謝我來，他們一定很難理解，在大陸不受尊崇、沒什麼地位的大禹為何反而在臺灣受到重視，引起那麼多人的興趣？還有人專程渡海到漳州找大禹的資料，也因而讓他們愈加想瞭解父親，也逐漸以自己的父親為榮。

「希望你能幫忙找到我父親的《香蕉香》劇本」，個性最像大禹的東東緊握著我的手，殷切地說。

《香蕉香》彷彿是陳大禹在臺灣時期的「祖主牌」，對漳州的陳家充滿象徵意義與歷史記憶，而尋找《香蕉香》這件事，似乎也已一代傳過一代，成為陳家人的共同願望了。

二〇〇六年三月

前言

一九四五年的八月十五日，日本天皇「玉音放送」宣布無條件投降，結束中國對日八年抗戰，第二次世界大戰至此正式宣布落幕，也結束臺灣五十年的殖民統治，臺灣歷史進入嶄新的階段。當時的臺灣甫經二戰末期盟軍的密集轟炸，港口、鐵路及基礎建設飽受重創，百廢待舉。被任命為「臺灣省行政長官公署」首任行政長官的陳儀（一八八三～一九五〇）曾留學日本，又娶了一位喜愛音樂的日本夫人，一九三五年他在福建省主席任內曾率訪問團來臺，參觀臺灣總督府慶祝始政四十年，於十月十日起盛大舉辦為期五十天的「臺灣博覽會」，當時他對於「頗有開發」的臺灣應留下深刻印象。對當時的臺灣人來說，能重回祖國懷抱，是許多人心中最大願望，從戰爭結束的那一刻開始，全臺各處張燈結彩，喜氣洋洋，地方士紳更組織「致敬團」上電致敬，甚或赴南京向「蔣委員長」表達擁戴與景仰之意。臺灣民眾對於這位即將走馬上任的行政長官也充滿期盼。第一批接收大員與國軍抵達基隆之時，臺灣各界簞食壺漿，以迎「王師」，所到之處萬人空巷。

戰後在臺日人遣返之前，許多日人開始變賣家產。（立石鐵臣畫、遠流出版公司提供）

一九四六年十月，陳大禹來到臺北，他生於一九一六年，這一年剛滿三十歲，原籍福州的夫人吳瀟帆則生於一九一八年，兩人戰時在福建南平結婚，而後一輩子夫唱婦隨，這次來臺灣倒是瀟帆比大禹早來，原因是應聘中學會計工作。兩夫妻跟當時中國許多熱血青年一樣，成長的時代飽受戰火洗禮，但也擁有豐富的人生歷練。漳州出生的大禹，從小就接觸戲劇，也喜歡戲劇，成年之後，積極投入地方劇社，擔任編導、演員。他在來臺前的戲劇經驗與戲曲演員不同，與民國初年的文明戲藝人有別，與二〇年代以後逐漸形成的「話劇」藝術亦不盡相同，比較接近街頭戲劇或「國防戲劇」，係以戲劇作為宣揚民族精神與政治、社會理念，喚起民眾自我意識的工具。[1] 演戲的目的不完全偏重劇場藝術，而以教育民眾，娛樂民眾，凸顯反帝國主義侵略為目標，雖然戰時劇場條件不佳，但從他演出莎劇《奧賽羅》（《疑雲》）、莫里哀《守財奴》（《慳吝人》），仍可看出他亦能借用經典名劇的光環，作為推行劇場理念的方法之一。

陳大禹來臺之前在漳州、福州、汀州各地擔任過小學老師、縣政府幹部，時間都很短暫，而且斷斷續續，最後一個工作是在重慶的《商務日報》當校對，他真正的志業是在劇場上，期望成為戲劇家，寫出動人的劇本，做最完美的演出，至於如何養家活口，在他的生涯規劃中，似乎都在其次，多虧學會計的瀟帆工作養家，跟大禹患難與共，做他最大的後盾。

不過，當時來臺灣從事劇運並非陳大禹第一志願，他在〈陳大禹政歷表〉中明確地注明一九四六年七月來上海，至十月赴臺，中間約三個月：「曾留滬尋業不得，乃赴臺」。[2] 他原希望留在上海大都會從事戲劇工作，但這個機會可遇不可求，尤其上海戲劇界在抗戰勝利後，並未如大禹所預期，呈現一片蓬勃景象，反而因為局勢混亂，地方當局對藝文活動管制更加嚴格，不是人人能有機會與環境在當地做導演、演員，從重慶回到上海的大禹，一時之間不能做戲、演戲，就算要找其他工作維持生計也不容易，於是改弦易轍，轉向臺灣。換言之，對於一心一意想做劇場的大禹來說，來臺灣是在上海待不住的情況下的次要選擇。

1 一九三六年日本帝國侵華前夕，上海戲劇界聯誼會和上海劇作者協會提出「國防戲劇」口號，呼籲愛國劇人團結展開救亡戲劇運動。同年二月，上海劇作者協會制定並發表《國防劇作綱領》，規定國防戲劇創作應以揭露日寇殘暴、批評不利於抗日的思想言論、鼓舞民眾的抗日情緒為目的，隨後協會成員創作出大量國防劇作，其中以《賽金花》最為著名。七七事件後，抗日戰爭全面展開，國防戲劇就發展成抗戰戲劇運動。

2 陳大禹，〈陳大禹政歷表〉，一九七八年。（見附錄）

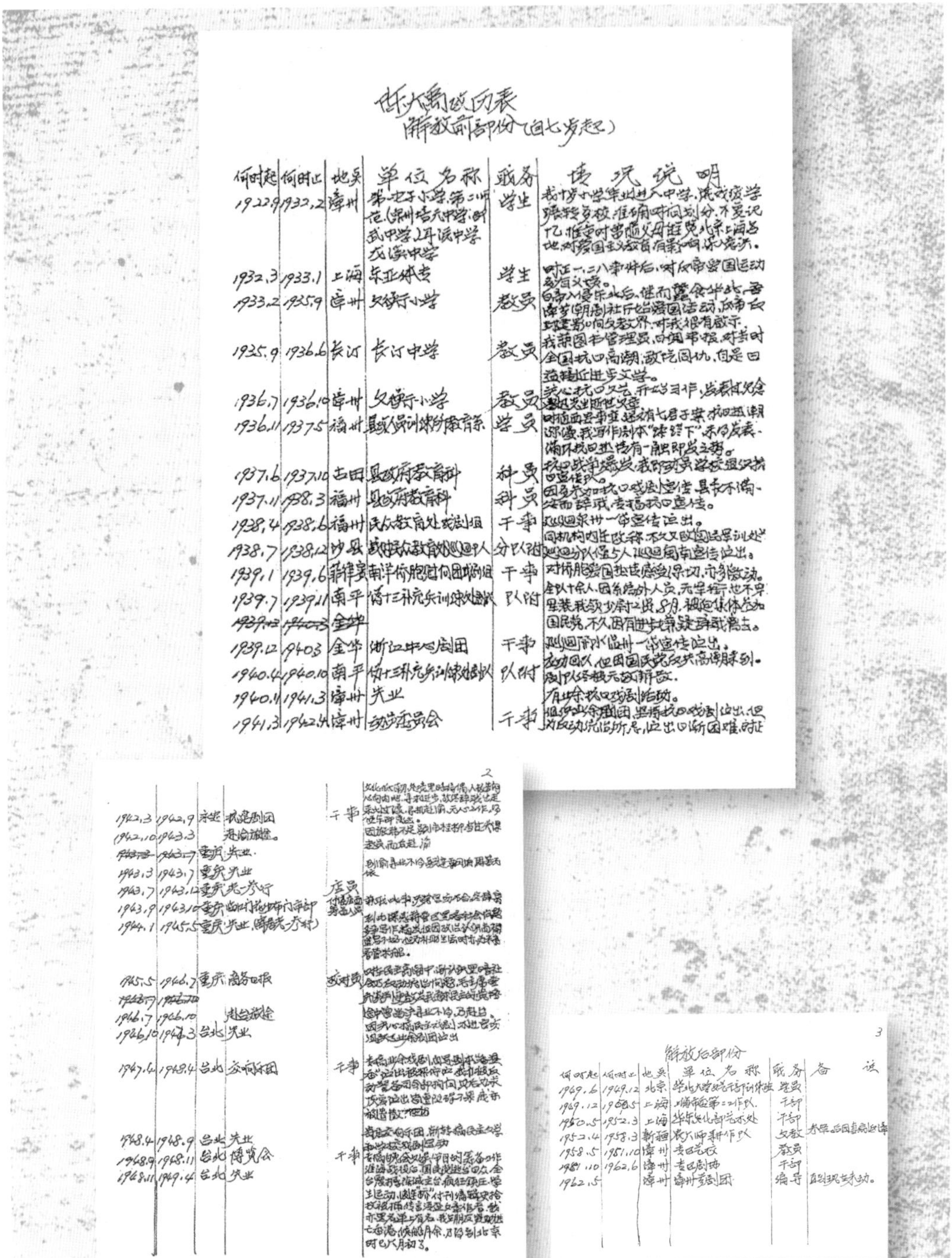
陈大禹政历表
解放前部份（自七岁起）

何时起	何时止	地点	单位名称	职务	情况说明

解放后部份

何时起	何时止	地点	单位名称	职务	备注

陳大禹政歷表。（圖片來源：陳大禹家屬提供）

那個時候的臺灣處處生機，也處處危機。日本人走了，中國人來了，大大小小的機構，留下甚多的工作機會，「祖國」來的人有很大的發揮空間，尤其通曉「國語」，也熟悉臺灣民眾生活語言、風俗習慣的閩南人，更得天時、地利與人和之便。大禹來臺之前，應該不是很清楚日治時期臺灣曾經發生的新劇運動，當時「臺灣省行政長官公署」宣傳委員會所揭櫫的「使命」就是使受日本奴化教育甚深的臺灣人重新認識中國的政績與文化，整個施政的主軸是以去日本化、再中國化為目標，提倡國語正是臺灣復興中華文化的核心價值，而推展國語話劇，則是推行國語的重要手段之一。[3]

大禹的戲劇演出走的是業餘劇人路線，成立職業劇團則是他的最大夢想，他對臺灣戲劇的觀察角度，應該與大多數戰後中國來臺官員、文化人相同——以中國為中心，臺灣屬於邊緣地帶，來臺灣的目的，是為了在這塊曾被日本統治五十年的土地播撒戲劇種子，他應該自認先前的戲劇經驗有助於他在臺灣的劇場工作，這大概也是戰後來臺官員、藝文界人士與劇場工作者普遍存在的心態。陳大禹一九四六年十月抵達臺北時，臺灣方才「光復」一年，但國民政府接收臺灣所衍生的問題逐漸浮現，接收過程爭議不斷，各種施政措施頗讓嚮往「祖國」的臺灣各界失望，短短一年，臺灣人民不滿情緒高漲，省籍衝突日趨擴大。陳大禹從來臺的那一刻開始，應該已逐漸察覺詭異的氣氛。

初來乍到，陳大禹幾乎馬不停蹄，四處奔走。他不是為求職求官而忙碌，而是糾集同好，組織劇團，希望在這個「戲劇沙漠」快速看到綻放的花朵。大禹來臺灣時，已錯過《壁》、《羅漢赴會》這兩齣戲，當時從中國來的官員、藝文界人士心目中臺灣的「國語」未普及，用「方言」演出的新劇已失去「話劇」藝術的價值。[4] 大禹熟悉臺灣語言

3 黃英哲，《「去日本化」「再中國化」：戰後臺灣文化重建（一九四五～一九四七）》（臺北：麥田出版社，二〇一七），頁六五～六七。

4 張望，〈展開臺灣的話劇運動〉，《臺灣新生報》，一九四六年十一月二十八日，第三版。

與文化環境，算是少數較瞭解、貼近臺灣人民想法的中國來臺戲劇家之一。他與本地文化人常有合作機會，念茲在茲的是如何為臺灣戲劇開創新局。在大禹的努力下，「實驗小劇團」成立了，並很快推出莫里哀（Molière, 1622-1673）的《守財奴》，「實小」製作的戲劇演出分成國語與臺語兩種劇組，一組演國語，一組講臺語，這樣的設計明顯考量不同的觀眾對象，同時也顧及現實的政治層面，配合政府「提倡國語」的政策要求，吸收外省觀眾（國語組）；一方面則滿足本地觀眾觀劇習慣，並與本地戲劇傳統連結（臺語組），大禹內心更企望的毋寧是藉兩種語言／劇組，促進外省人、本省觀眾、劇場工作者之間的交流、對話，藉多元的舞臺語言，溝通「外省人」與「本省人」之間的文化差異。

大禹來臺四個月之後，臺灣現代歷史上悲慘的「二二八事件」活生生地在他眼前發生。然而，「二二八事件」並未澆熄大禹推動臺灣戲劇的熱情，也沒有停下腳步，他在八個月後推出以「二二八事件」為背景的《香蕉香》，反映當時「本省人」與「外省人」之間嚴重對立的情境，大禹希望藉這齣呼籲阿山（外省）、阿海（本省）友好合作。然而，事與願違，《香蕉香》首演的那一夜，本省／外省觀眾在劇場發生衝突，並成為戲劇停演的導火線，這樣的結局給予大禹與「實驗小劇團」沉重的一擊。

陳大禹的前半生可謂理想主義者，年輕時代加入國民黨，在當時的大環境中，算是熱血愛國的「進步」青年，一心一意，以宣揚戲劇為念，來臺灣後，除

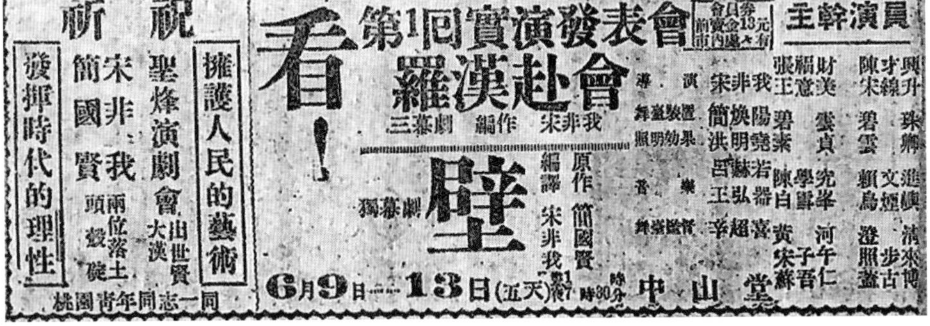

「聖烽演劇研究會」《羅漢赴會》、《壁》上演廣告，《臺灣新生報》1946 年 6 月 8 日。

了劇場實踐，也實際參與藝術文化界活動，常在報章雜誌發表對戲劇與文學的看法。他曾與音樂家呂泉生合作，為其多首歌曲撰寫歌詞，〈杯底不可飼金魚〉即為其一。一九四九年，中國大陸局勢逆轉，國民黨朝不保夕，人心惶惶，「四六事件」爆發之後，大禹風聞已在當局監控之中，乃於四月中旬經香港潛回大陸，從此完全從臺灣舞臺消失。

歷史是許多人的共同記憶，在國共勢不兩立，臺海嚴重對峙的年代，有很多人選擇失憶或被迫失憶，陳大禹在臺的親友——包括兄弟、女兒、姻親、朋友，在肅殺的政治氣候中，都刻意遺忘陳大禹，以免惹禍上身，潛回中國的大禹，從中國大陸去臺灣的這一段經驗需要不斷做交代，影響了他的生活，並且「禍延」子孫。兩夫婦避談在臺灣的陳年往事，連最親近的子女對此也一無所知，遑論他人了。等到風平浪靜，所有人可以自由自在放言高論，大談特談「實驗小劇團」、大禹、《香蕉香》時，早已物是人非，而一些曾見證大禹在臺那幾年劇場活動的人，也只剩下殘缺的記憶，許多細節就「真的遺忘」了。

回到中國之後的陳大禹曾經在華北、華中學習如何做「新中國」的幹部，一九五〇年代初期他全家下放到新疆的農場，直到一九五八年才回到漳州，先後擔任漳州藝術學校教師與薌劇團編導。從一九四九年中回到中國，至一九八五年四月病逝，三十六年的歲月，大禹奉獻給劇場與戲劇教育，堪稱有始有終。不過，在中國的後半生戲劇人生顯得平淡無奇，在人才濟濟的中國戲劇界，陳大禹沒有舉足輕重的地位，他甚至無法進入省級專業話劇團，即使在家鄉漳州致力於薌劇編導，在新人輩出的戲曲圈，影響力也極為有限，而他後來充滿政治宣傳色彩的戲劇創作也索然無味。

相較之下，臺灣藝文界對陳大禹與「實驗小劇團」有正面的評價，《香蕉香》也讓人印象深刻，他的聲名存活在臺灣的戲劇界，也留給後來的劇場文化人浪漫的想像空間。陳大禹七十年人生，在臺灣的時間僅二年多。嚴格來說，不算臺灣戲劇家，更非臺灣戲劇史的重要人物。但他所經歷的坎坷人生與在臺灣的戲劇創作、演出，以及所反映的大時代環境，卻是戰後初期的臺灣戲劇界，值得論述的一個篇章。

1、被光復的臺灣與臺灣戲劇

1-1 戰後之初本土劇場的日本／臺灣／中國多元呈現

現代劇場發展的本質有社會文明的共通指標，也因演出空間而有在地性，從境外來的劇團與表演者能對在地戲劇及劇場產生刺激，如果僅僅是過客，雖難有結構性的影響，仍可能流入本土的生態環境之中，甚至成為在地劇場的創作元素，如果次數頻繁而又有延續性，更可能讓其劇場性落地生根。臺灣劇場史上，無論劇團或表演者演出的劇本是臺灣人原創，來自中國、日本或其他國家，絕大多數演出者為臺灣本地漢族，偶有少數族群（如原住民、在臺日人）參與其間，而這種族群參與性會隨著劇場時空而有各種可能性。

臺灣戲劇舞臺從十九世紀末開始的日治時期進入多元呈現的現象，在既有的南北管、京劇、偶戲之外，產生了新興的歌仔戲與新劇，前者是在臺灣民間的歌舞小曲，結合戲曲型式，再隨著現代商業文明發展起來的新劇種，不但盛行全臺灣，也傳回福建，出現廈門的歌仔戲與漳州的薌劇；後者則是走寫實主義路線的近現代戲劇，分別受到日本新派劇、新劇與中國文明戲的影響，並與臺灣一九二〇年代以來的政治、文化運動相結合，打著「文化劇」旗號，為殖民地臺灣爭取自治與人權，或鼓吹臺灣人的「文化向上」，或標榜新的劇場藝術觀念，以取代「落伍陳腐、不合潮流」的舊有戲劇，雖曾受到日本當局的壓制，與社會大眾的互動也不如傳統戲劇的熱絡，但仍能在各地流傳，許多地方並組織業餘的新劇團體，同時隨著商業劇場的興起，出現走娛樂路線的通俗新劇團。

子弟團是民眾自發性組織，圖為臺北共樂軒。
（圖片來源：國家文化記憶庫）

與戲劇傳播相輔相成的是表演空間的發展，在傳統流動式的廟會「外臺」型式之外，劇院「內臺」演出型制興起，觀眾憑票券入場。不同類型的劇團編導、演員與相關從業人員（如電影、特技、歌舞）在「內臺」相互觀摩、交流，形成多元開放的「內臺戲」演出風格，並與時俱進，以各種姿態快速在各地傳播。

一九四五年八月十五日日本天皇正式宣布向盟軍無條件投降，國民政府接管臺灣，一九四五年八月二十九日在重慶的國民政府任命陳儀為臺灣省行政長官，九月一日宣布成立「臺灣省行政長官公署」與「臺灣省警備總司令部」，由陳儀兼任「臺灣省警備總司令」。陳儀在民國政治上被歸為「政學系」，這個國民黨派系以前北洋政府官僚和學者出身的政客為主，組織鬆散，也沒有明顯的領導人。「臺灣省行政長官公署」剛成立時的國民政府忙於處理善後事宜，而派來臺灣的接管人員則需一段來臺行政流程，原本在臺的日本軍警與行政人員九月之後分批派遣回日本，因此，在一九四五年十月二十五日國府正式接管之前，整個臺灣幾乎有兩個月無政府的空窗期，各地「歡迎國民政府籌備會」之類民間組織出面維持秩序，「一絲不亂的把真空狀態平安度過，這件事乃是島民的榮耀而值得大書特書」。[1]

戰後臺中「新春園」於臺中公園演出子弟戲。
（圖片來源：國家文化記憶庫）

對於臺灣戲劇界人士或喜歡戲劇的民眾來說，「光復」的最大意義代表可以恢復傳統的祭祀信仰生活，並能自由自在地演戲、看戲了，尤其一九三〇年代後期開始，日本殖民政府實施「皇民化運動」，對於臺灣人的風俗習慣與藝術文化不再採取寬容的政策，傳統戲劇演出與節令祭祀活動受到禁止，包括歌仔戲、京戲、亂彈在內的傳統劇團被迫解散，藝人無戲可演，只好改行，出現在舞臺上的不是打著「皇民劇」旗幟的商業演出，就是由地方

1 吳濁流，《無花果》（臺北：前衛出版社，一九八八），頁一六〇。

文化青年以日語表演的「青年劇」，臺灣戲劇進入最晦暗的時期。曾參與創辦一九三二年東京「臺灣藝術研究會」的臺灣詩人王白淵（一九〇二～一九六五）認為「光復」對臺灣戲劇界的影響，「這是對臺灣戲劇文化一個劃時代的突破。能不受任何約束，使用自己的民族語言來演出，都是拜光復所賜，真正的戲劇運動可說是從此展開」。[2]「光復」之後，各地紛紛恢復演戲活動，大城小鎮、鄉野漁村，從舞蹈、歌舞劇、傳統戲劇到臺語新劇，形形色色，極其熱鬧。

戰後歌舞團「臺灣藝術劇社」的白明華與白鳥生。

戰後臺灣民間恢復表演活動，基於表演者個人背景、觀眾及演出環境等現實條件，自然而然以臺語（福佬話、客家話）或部分日語演出。一九四五年九月一些臺灣人與在臺日本人合作在臺北市成立「好來樂團」，以終戰前陳秋霖的「音樂挺身隊」為主體，再加入周玉池率領的輕音樂團，團員包括楊三郎、王錫奇、李炳玉、那卡諾、燕姬等人，歌手有劉金寶、王弘器，舞者有謝碧雲等十二名，在臺北的「大世界劇院」、「第一劇場」與松山等地公演，至十月「好來樂團」的日本人離開，由臺灣人辛金傳與「光華出版社」的三股東——楊文彬、陳學遠（陳登財）、劉哲雄與臺灣戲院的經營者張武曲重組為「臺灣藝術劇社」（G. G. S.），直屬臺灣戲院，董事長張武曲、總經理楊文彬、經理陳學遠、文藝部辛金傳、王弘器等。除了G. G. S.，尚有由日人香村亮蘭、千鶴子夫婦率領的「大紅花少女劇團」，在「大世界」公演。

2 王白淵，〈《壁》與《羅漢赴會》——貫穿兩作（上）〉，《臺灣新生報》一九四六年六月十日，第四版。王白淵，〈《壁》與《羅漢赴會》——貫穿兩作（下）〉，《臺灣新生報》一九四六年六月十二日，第四版。

「光復」之初除了本地人與在臺日本人，中國人也加入了當時音樂、歌舞綜藝界，估計「光復」前後臺北的表演藝術界日本人佔六成、臺灣人三成、「外省人」一成，[3]而後日本人漸少，「外省人」漸多。終戰之後臺灣成為中國一省，本省人／外省人有較多機會接觸，其中傳統戲曲藝人及劇團來臺，與本地觀眾、戲班之間交流，是日治甚至前清時期就有的現象，倒是戰後中國「話劇」界首次在「一個中國」框架下，與臺灣「新劇」界「面」對「面」。本來臺灣的傳統戲曲或近現代戲劇，其緣起與發展皆跟中國戲劇界有所關連，一九二〇年代臺灣新劇、文化劇初興時，頗受中國啟發——主要是五四運動時期的劇本，以及「廈門通俗教育社」之類的劇場社會實踐，不過，相對日本新劇團體及戲劇作家，「光復」之前中國話劇對臺灣影響並不深，包括曹禺在內，日治時期中國戲劇作家作品極少在臺灣流通，一九三〇年代的臺灣新劇運動人士也不認為臺灣新劇處於中國話劇之後。

日治時期的新劇演出。

一九三四年春張維賢到上海，適逢唐槐秋的旅行劇團在南京公演，張氏當下調查旅行劇團的組織及社會反響，接著又由友人介紹去拜訪左翼戲劇家鄭伯奇，張氏在他的〈我的演劇回憶〉自稱向鄭伯奇說明來意，並介紹臺灣劇運實況之後，鄭伯奇說：「你還是回到臺灣去的好，再繼續努力工作。中國的話劇還不成，比日本慢五十年。論實際的舞臺演出，還不如你所說的臺灣。在大陸工作，會使你失望。把你的熱情，回到臺灣繼續努力，定有希

3 依照呂訴上的說法，「好來樂團」主持人是朝日新聞社臺北支店長石井，以及大阪每日電影攝影師廣田，幕後主持人是日軍報導部長大久保，舞蹈指導是東京ムランルジ出身的立花薰。呂訴上，《臺灣電影戲劇史》（臺北：銀華出版部，一九六一），頁三三三～三三六。

望。」[4]鄭伯奇這段談話出自張維賢的回憶，是鄭伯奇的客套話？還是張維賢主觀的認知？

臺灣新劇與中國話劇的戰後碰觸，讓中國戲劇生態上的中央／邊陲（地方）的態勢立即成形，一如日治時期的臺灣與日本。殖民地與殖民母國的主從關係雖然具強制性，但日本人戲劇並未與臺灣戲劇全面結合，來臺「指導」的日本戲劇家也不多，「本島戲劇」仍然是「本島戲劇」。臺灣與「祖國」關係則不同，因為同文同種的關係，兩岸之間不論傳統戲劇、近現代戲劇本來就有流通，而在「光復」之後，「臺灣省行政長官公署」表示，為了改善臺灣五十年被「奴化」的殖民史，使臺灣人接受更多的中國文化，成立「國語推行委員會」，積極推行國語、限制臺語，禁止民眾在公共場所以日語交談。一九四六年十月二十五日，全面廢除報紙的日文版。

戰後中國藝術文化界來臺原因各自不同，有的是擔任接收人員，負有宣揚祖國文化使命，有的是尋求創作題材，或評估在臺發展的可能性，來臺藝文界人士多以「國語戲劇」為中心，對本地戲劇生態普遍不熟悉，以為臺灣經過日本奴化教育，人民沒有自由，沒有戲劇，因而認為臺灣的戲劇領域還是一塊未被開發的處女地。出現在新聞媒體的戲劇報導與評論文章，頗多出自「外省」文化人手筆，從劇場觀念的啟發到中國戲劇與劇場技術的介紹，不一而足，頗有「指導」臺灣戲劇界的意味。

當時的臺灣經過五十年的日本殖民統治，臺籍藝術家、文化人平常使用的語言是日語或臺語，不諳中文，也不會講國語，多透過日語接受國際政治、文化思潮，也熟習世界文學、戲劇經典作品。不論政治、文化、語言、社會各方面皆與中國本土走上不同的發展軌跡，「本省人」與「外省人」彼此之間在生活與文化觀念上有其差異性，若論國民教育水準、文化與藝術風氣，「本省人」皆不遜於中國各大城市，但是當時國民政府官員及「外省」文化人，普遍懷

4 張維賢，〈我的演劇回憶〉，《臺北文物》三：二（臺北，一九五四），頁九五六。

新中國劇社將公演「鄭成功」等名劇
實驗劇團排演「守財奴」

新中國劇社已抵台
實驗劇團演「守財奴」

本市藝術界百餘共聚攝影場
歡迎新中國劇社聯歡會
歐陽予倩講述我國新劇運途徑

「新中國劇社」公演《鄭成功》 新聞剪報，《中華日報》 1946 年 12 月 15 日、「新中國劇社」抵臺新聞，《和平日報》1946 年 12 月 15 日、 《人民導報》 1946 年 12 月 15 日。

抱著優越感，忽視這個歷史事實與社會現象，多認為臺灣能脫離殖民地位，係「祖國」對日抗戰勝利的結果，臺灣才得以解救。[5] 在行政長官公署的語文政策積極推動之下，臺灣藝文精英立刻面臨「失語」或「失聲」的困境，文藝創作與評論上大受限制。

推行「國語」既為文化政策，演出「國語話劇」即為手段之一，中國大陸專業、業餘戲劇人才紛紛來臺，其中包括著名劇團「新中國劇社」。「新中國劇社」在一九四一年由杜宣、許秉鐸等人於桂林組成，劇團後來的經營曾遭國民黨禁演，也曾獲中共資助。[6] 抗日戰爭結束後，「新中國劇社」由昆明回到上海，當時局勢混亂，演出機會不多，為了維持劇團運作，才決定應「臺灣省行政長官公署」之邀來臺灣公演，著名戲劇家歐陽予倩同行，於一九四六年十二月十

5 陳翠蓮，《派系鬥爭與權謀政治——二二八悲劇的另一面相》（臺北：時報出版公司，一九九五），頁七十～七一。

6 一九四一年十月，劇社首演陳白塵的《大地回春》，隨後公演田漢的《秋聲賦》、沈浮的《重慶二十四小時》與俄國奧斯特洛夫斯基的《大雷雨》等劇目。一九四二年三月上演田漢、洪深與夏衍的《再會吧，香港》時，被國民黨強令禁演，後來該社在周恩來的協助下，得到中共中央南方局的資助。一九四二年夏，該社選舉瞿白音為理事長，先後赴衡陽、湘潭、長沙等地旅行公演。一九四三年年底，劇社回到桂林，翌年二月十五日至五月十九日，參加田漢、歐陽予倩等主持的西南第一屆戲劇展覽會，「新中國劇社」曾在華中、華南等地舉行過四十八次公演，有社員四十六人。〈我們的自白：六年來新中國劇社小史〉，《臺灣新生報》，一九四六年十二月十九日。

日由上海出發，十二日抵達基隆，隔日來到臺北。[7]

負責接待的行政長官公署宣傳委員會執行秘書沈雲龍強調「新中國劇社」來臺灣，不單是為了演劇，也是為了宣慰臺灣同胞與推行國語。[8] 當時擁有近二千個座位的臺北市中山堂，經常有演出活動，在「新中國劇社」成員眼中是「多年來從未見過的設備完善的近代化大劇場」。[9]「新中國劇社」之後來臺的全國性知名劇團，包括「上海觀眾演出公司」、「南京國立戲劇專科學校」（國立劇專），皆是受到政府相關單位邀請來臺，進行文化宣傳與教育民眾的演出活動。行政長官公署邀請「新中國劇社」，及與梅蘭芳並稱「南歐北梅」的歐陽予倩來臺，頗有向臺灣人民誇示的意味，讓臺灣人見識中國話劇「大團」的演出狀況，換言之，這些中國劇團的來臺公演含有「示範」的意味，使臺灣劇人和觀眾看到符合大陸話劇演出水準的戲劇，尤其是「場面偉大，佈景宏麗，人物眾多」，有濃厚愛國思想、民族主義的歷史劇，如《鄭成功》、《桃花扇》、《清宮外史》、《岳飛》、《文天祥》等，有名的劇本都被介紹到臺灣來了。[10] 除了知名的中國劇團來臺演出，也有來自東南各省以及部隊的業餘戲劇界人士，輾轉來到臺灣。

出身福建漳州的戲劇家陳大禹來到臺灣時，這個島嶼已經「光復」一年了，就在他來臺四個月之前，「聖烽演劇研究會」連續五日（一九四六年六月九日～六月十三日）在臺北市中山堂推出獨幕劇《壁》和三幕喜劇《羅漢赴

7 原在桂林進行廣西省立藝術館復建工作的歐陽予倩本人不是「新中國劇社」的社員，但曾答應為劇社排一個戲。後歐陽因在追悼李公僕、聞一多的文章中抨擊國民政府，遭受廣西省政府壓力，被迫離開桂林，由友人接往上海，因生活無著，與「新中國劇社」關係密切的田漢、于伶乃建議劇社邀歐陽予倩助陣，並為劇社排了三個戲——《鄭成功》、《牛郎織女》、《日出》，還趕寫一個戲——《桃花扇》。劇團來臺往返交通費、演出場地費、上演稅由「臺灣省行政長官公署」負責，演出劇目則由雙方共同決定。

8 普峰，〈展開戲劇教育運動〉，《臺灣新生報》（南部版），一九四六年十二月十八日，第七版。

9 汪罩，〈新中國劇社的七年經歷〉，《中國話劇運動五十年史料集》第一輯（北京：中國戲劇出版社，一九八五），頁二九三～二九四。

10 呂訴上，《臺灣電影戲劇史》，頁三六五～三六六。

會》。[11] 由簡國賢編劇、宋非我導演，是當時備受矚目的臺語新劇公演，連日客滿，大博好評，連「唐山客」都大吃一驚：「門票十五元，但時間未到就已看見三分之一的座席已滿了，這很可以看出本省人對話劇的興趣。」[12]

《壁》演出時舞臺從中分成兩塊表演區，刻劃出兩個截然不同的世界。一邊是富有的錢金利（或作陳金利）一家，生活奢侈浮華，靠屯積米糧發財，另一邊則是貧病交迫的許乞食一家，租錢家的一個臨時工寮棲身，其子跑到隔壁偷吃小雞吃剩的白米飯，被錢家發現，趁機索回工寮，要求許家立即搬離，以便囤積更多糧食。《壁》的最後場景是許乞食全家在錢家舉辦舞會的同時仰藥自殺，許乞食臨死前還拚命地用自己的頭撞擊牆壁，大聲吶喊：「壁啊！壁啊！為何無法打破這面壁？」《羅漢赴會》則是一齣諷刺喜劇，滿口仁義道德，私底下貪贓枉法、無法無天的官僚與議員正召開救濟會，一群乞丐以被救濟者代表的身分闖入會場，在場的紳士淑女張皇失措，紛紛掩鼻奪門而出。劇中對於來臺接收的大陸人士頗多諷刺。[13] 原定於一九四六年七月二日起加演四天，卻遭到警察當局查禁，理由是因為這兩齣劇本具有挑動階級鬥爭的內容。

《壁》與《羅漢赴會》雖在當時的戲劇界受到重視，但國語運動是既定政策，國語話劇是「推行國語」以及提倡中華文化的重要手段，也是「刻不容緩」的工作，臺語新劇的公演因而招致中國來臺官員、文化人的反對。《臺灣新生報》在一九四六年九月七日刊登作者署名「九歌」的一篇文章，可以代表當時「外省」文化人主張藉戲劇寓教於樂，

11 「聖烽演劇研究會」一九四六年春成立，由宋非我發起，會長為宋非我，副會長為江金章，顧問有王井泉及張文環等人，《壁》的舞臺監督為辛金傳（辛奇），舞臺裝置為簡換陽，照明為洪明堯、柯培牆，效果為蘇三郎，佈景製作為太陽畫房，男主角許乞食則由宋非我飾演；《羅漢赴會》亦由宋非我編導，音樂製作為王弘器，舞臺監督、舞臺裝置、照明、效果、佈景製作與《壁》劇相同。

12 唐山客，〈看聖烽劇社公演「壁」後〉，《臺灣新生報》，一九四六年六月二十九日，第六版。

13 吳俊輝，〈歷史、自我、戲劇、電影辛奇訪談錄〉，《電影欣賞》九：四（臺北，一九九一），頁二～六；藍博洲，〈尋找臺灣新劇運動的旗手宋非我〉，《聯合文學》九：六（臺北，一九九三），頁一〇～四二。

推行國語，肅清奴化教育的看法：

臺灣回到祖國，過去臺胞既受奴化教育，對於國家觀念、民族意識無法涵養。挽救之道，固有多端。而文化教育宣傳工作，實居首位。戲劇是現身說法的藝術，佐以動作表情，可以打破語言的隔閡，戲劇中已發揮它的高度效能，成為教育的利器，用以推行國語，肅清奴化教育，發揚民族正氣，轉移社會風化，能使觀眾寓教育於娛樂而收潛移默化之功。因之推行臺灣戲劇教育運動，在目前確是刻不容緩的工作。[14]

這篇文章發表兩個多月之後，又有署名「張望」的文化人，在同一家報紙以同樣態度看待用臺灣話演出的戲劇：

光復一週年的臺灣，對這祖國新型的話劇，還是陌生得很，或竟還沒有領略到的意義，這真是一件憾事。過去，曾有熱心劇運的同志，表演過幾次，所收到的效果固然不錯，但觀眾們似乎仍認為美中不足，且有提出以臺灣話演出的要求，這雖然是他們對話劇熱愛的表示，但如果真的以方言來演話劇，那就完全誤解了話劇的意義，同時也失掉了話劇是中國整個新型綜合藝術的意味。因為話劇如以任何的方言演出，就會失去所以成為話劇藝術的價值的，這個道理只要看得懂話劇的人都能瞭解它的真諦。[15]

張望認為話劇如以方言演出，就會失去話劇的藝術價值，這是明顯以國語話劇為本位的戲劇與文化概念，無形中否定臺灣數十年來的新劇傳統，貶低臺語新劇的價值與水準，然而，卻是當時的政治正確，就光復初期的臺灣政治與社會文化環境而言，「國語」、「臺語」的語言問題與「本省」、「外省」的族群矛盾常是被政治操弄，以致在社會形成一條鴻溝，因為國語／外省與臺語／本省所反映的戲劇觀念與演出態度的歧異，使得戰後初期原本已經存在的政

14 九歌，〈如何推進臺灣劇運〉，《臺灣新生報》，一九四六年九月七日，第六版。

15 張望，〈展開臺灣的話劇運動〉，《臺灣新生報》，一九四六年十一月二十八日，第三版。

治、社會與經濟問題更加惡化，而劇團、戲劇工作者在其中也往往各有立場，導致難以發揮影響力。

陳大禹於一九四六年十月抵臺之後，馬不停蹄地招兵買馬，在一個月左右成立「實驗小劇團」，並且在歐陽予倩一行抵達基隆港當日，跟著公署宣委會職員以及「青年藝術劇社」、「人劇座」的成員一起前往迎接。[16]當時，行政長官公署「光復」一年多的治理，因政治、經濟政策失當而產生的問題已日趨嚴重。[17]本地藝文界人士對當局都有警戒性，也不喜歡接近由中國來的官員和文化人。歐陽予倩和「新中國劇社」因係公署宣委會邀請來臺，演出節目單上刊登的是「演出者：夏濤聲」，在中國話中「演出者」指的是出錢的人，而日語中的「演出者」指的是導演，所以臺灣人將宣委會主任委員夏濤聲當成《鄭成功》導演，以為「新中國劇社」是政府的劇團，並不是上海民間的劇團，臺灣的戲劇工作者無法與之親近，即使見了面都只是虛應故事，「大家只都說些『歡迎』、『愉快』、『興奮』、『感謝』一類的話，從來也沒有討論過關於臺灣劇運的實際問題」。[18]一直到「新中國劇社」在臺的四齣戲演完，臺灣戲劇工作者才認為他們不是御用團體，開始有所接觸。

「實驗小劇團」從十二月十七日起在臺北市中山堂演出《守財奴》，人已在臺灣的歐陽予倩似乎並未前往觀賞，歐陽在臺期間與大禹兩人應有見面，但互動情形不得而知，從後來大禹的相關文章（如〈破車胎的劇運〉）來看，他的戲劇工作顯然有受到歐陽的啟發，「至誠向新中國劇社諸大哥和歐陽先生致最崇高敬禮」，表明了陳大禹奉「新中國劇社」為精神導師。不止大禹，「實小」其他成員當時也受到鼓舞，王淮在《守財奴》專輯裡特別感謝「新中國劇社」和歐陽予倩的啟示和鼓勵：

16 〈新中國劇社已抵臺，實驗劇團演《守財奴》〉，《和平日報》，一九四六年十二月十五日。

17 關於二二八前夕的臺灣社會景況，可參見行政院「研究二二八事件小組」，《「二二八事件」研究報告》（臺北：行政院，一九九二），頁五～四三。

18 歐陽予倩，〈劇運在臺灣〉，《大公報》（上海），一九四七年五月八日，第三張。

……我幸運的得到了新的啓示和鼓勵，那就是新中國劇社和歐陽予倩先生的來臺，在這許多老前輩老大哥面前，我是含羞帶愧的呈現出了這樣一個不像樣的東西，但是我又在想，我又在期望，這一並不成熟的演出，能幸運的接受到這許多老前輩老大哥指示和啓導，僅這一點我就是意外的安慰和滿足了。

最後我以至誠向新中國劇社諸大哥和歐陽先生致最崇高敬禮，並且感謝他們的熱情，因為在他們的扶植下，我們才能很順利的把這個戲搬上了臺。[19]

歐陽後來回憶，「新中國劇社」在臺灣公演的《鄭成功》、《牛郎織女》、《日出》與《桃花扇》，「這四個戲裡有三個是古裝戲，聽說對於這次上演的節目，劇社曾和宣委會來回磋商許多次，因為當局頗注重於本國歷史知識，所以古裝戲演得特別多，原來劇社提出的還有《蛻變》和《大雷雨》兩個，因為《蛻變》的第一幕暴露傷兵醫院的情形，似乎不適宜於臺灣觀眾，而《大雷雨》經幾番斟酌之後，改了演一個時裝戲《日出》。」[20]

一九四六年十二月三十一日，「新中國劇社」在臺北市中山堂舉行首演，第一齣戲《鄭成功》是根據魏如晦（阿英）的《海國英雄》改編，由歐陽予倩編導。[21]「不分士農工商，均以一睹為快。甚至一句不懂的高鼻子藍眼珠的友邦人士，也不乏來看熱鬧助興的。」「其普遍程度，也許乃光復以來的首次」，歐陽說：「這個戲賣座相當好，頭一砲總算是打響了的。但批評的文字表示著兩極端。」[22]言下之意，也有負面的聲音，主要來自「本省」文化人，當時即有

19 王淮，〈實驗小劇團 公演《守財奴》特輯 導演贅語〉，《自由報》，一九四六年十二月十九日。

20 歐陽予倩，〈劇運在臺灣〉。

21 根據歐陽予倩的回憶：「中國歷史上有兩次在臺灣受外國人的降（從這一次臺灣才切實成了中國的），我們以為這樣的光榮史實，有表彰的必要，便加上了受降一場，並參考了當日受降的圖畫，特為這一場製了佈景和服裝，頗覺鄭重其事。」然而，看在臺灣人眼裡卻相當敏感，歐陽予倩說：「臺灣的朋友看了大不謂然。他們說，這分明是在阿諛代表受降的陳長官，這是沒有想到的。」歐陽予倩，〈劇運在臺灣〉。

22 歐陽予倩，〈劇運在臺灣〉。

臺灣本地劇人批評《鄭成功》的演出，「經費高達新臺幣四十五萬元」，「分明是在阿諛代表受降的陳長官。」[23]

一九四七年一月十一日，「新中國劇社」再度推出吳祖光編劇的《牛郎織女》，由張友良導演。一月二十二日演出曹禺的《日出》，二月十五日，接著演出《桃花扇》，編劇、導演皆為歐陽予倩。前述演出除《桃花扇》佈景採用簡單的屏風與平臺之外，其餘三齣戲的場景皆極豪華多變。「新中國劇社」在臺公演的觀眾以「外省人」居多，臺灣本地人極少。曾有署名「多瑙」的作者，撰文直批臺灣觀眾不懂戲：「新的戲劇不受歡迎，好的演員不會來此，間或有新劇出演……出演的時候，觀眾也侷限於內地人，本地人也不會發生興趣，他們情願去看自己人演的低級意味的『平劇』，或者是什麼歌劇團之類的傑作……」[24]。這段話引起署名「甦甡」的作者反駁，「我記得不久以前，宋非我劇團在臺北中山堂演出《壁》及《羅漢赴會》三天，觀眾天天都擠得水洩不通」，他說「新中國劇社」演出的時候觀眾侷限於「內地人」，不是如多瑙先生所說，「本地人不會發生興趣」，「而是因為內地人的薪俸較多，有看戲的餘裕」。[25]

「甦甡」直指當時「本省人」、「外省人」生活條件的不公平：

> ……本地民眾在失業和物價日益飛漲的當中，連三餐都顧不著，哪裡有買五十元、三十元的入場券的餘力？所以雖然對於新劇會發生興趣，也不得不去看那些廟宇庭前「自己人演的低級的」免費平劇。信不信由你，請多

23 《臺灣文化》〈本省文化消息〉云：「省署宣傳委員會主辦，新中國劇社演出之四幕六景《鄭成功》，自去（三十五）年十二月三十一日開始連演六天，聞此劇經費達臺幣四十五萬元。對此演出各級均盛讚「成功」，但一部分本省戲劇專家卻以為不然。」《臺灣文化》二：一（臺北：一九四七），頁一二。

24 多瑙，〈漫談臺灣藝文壇〉，《人民導報》第五號〈藝文〉，一九四六年十二月一日。

25 甦甡，〈也漫談臺灣藝文壇〉，《臺灣文化》二：一（臺北：一九四七），頁一四～一五。

瑙先生率領一批「好的演員」在本市中山堂免費演出「好的新劇」看看，如何？一定觀眾擠得水洩不通。[26]

歐陽予倩知道「新中國劇社」的演出，雖獲得輿論一片叫好，本地的文化界、戲劇界仍有不同意見，[27]他特別舉「有一位臺灣詩人楊先生」寫文章批評《鄭成功》這個戲，劇本、佈景、導演三者一無是處，甚至懷疑歐陽予倩是不是有資格做一個話劇導演，「以後他又看過《日出》和《桃花扇》之後，他對一位王伯淵先生說，他感覺到他那篇文章鹵莽了一點，他要另外寫過一篇。我真歡喜像楊先生那樣坦白而質直的人。可惜第二篇文章還沒有脫稿，『二二八』事件就起了，王伯淵先生也莫明其妙地被捕了！」[28]歐陽提到的「臺灣詩人楊先生」是楊雲萍，王伯淵應作王白淵。

楊雲萍的文章刊登在《臺灣文化》二卷二期，批評相當嚴厲，[29]歐陽予倩日後承認《鄭成功》這個戲改編並不理想：「我們應當承認《鄭成功》對於國事的見解和倫理觀念，都跟當時的士大夫不同，這一點沒有能夠加強說明；場面的分配還欠平均。關於鄭成功到了臺灣以後的描寫還嫌草率，我想如果有再演的機會，須要從新整理過。」[30]另歐陽予倩說楊雲萍看過《日出》與《桃花扇》之後，「感覺他那篇文章『鹵莽』了一點，他要另外再寫一篇文章」，楊雲萍在他的〈近事雜記（五）〉特別聲明：「……我對某君，雖說過我的批評過於簡略，但是並沒有說過什麼承認自

---

26 見甦甡，〈也漫談臺灣藝文壇〉。

27 見註23。

28 歐陽予倩，〈劇運在臺灣〉。

29 楊雲萍的文章指出：「此次新中國劇社的公演，我只看過《鄭成功》。只從這《鄭成功》說，我是失望。第一、劇本不好；這不是『劇』，只是一些常識的『史實』的羅列而已。作者對於鄭成功的生涯、性格，完全沒有一點的『新的看法』（New readings）。第二、導演不太高明，坦白地說，我幾乎懷疑歐陽予倩有沒有導演家的資質。譬如終幕，那是成何體統，簡直是比下流的Renew都不如！第三、舞臺的裝置太幼稚；這種極端的『寫實』，是和使用『電光』演『吐劍光』一樣的淺薄幼稚。要知道『舞臺』是要『表現』（Present）的，不可『再現』（Represent）的。」楊文參見《臺灣文化》二：二（臺北：一九四七），頁二一。

30 歐陽予倩，〈劇運在臺灣〉。

己的『鹵莽』的話。我只說《桃花扇》比較《鄭成功》好的多，雖還有令人不滿處，譬如全劇的構成太弱，沒有『壓力』，雖有『諷刺』，可是只是部分的，但是比較《鄭成功》，確有引起我作更詳細批判的力。（後來因二二八事件而不果，是如歐陽先生說的。）對於歐陽予倩先生，在我國演劇史上的貢獻，要表敬意的，我自信不落人後，可是這敬意，卻不能變成做盲目的尊崇。」[31]

歐陽予倩於一九四六年底與一九四七年初留臺期間，曾藉這個機會接觸許多本土戲劇工作者，他對本地戲劇的印象大部分可能來自當時若干文化人提供的資訊，歐陽來臺灣時，《中外日報》記者吳克泰曾在王井泉的山水亭舉辦歡迎會，參加者包括一些臺籍文化人，由於本地人都不太會說「國語」，與歐陽予倩之間的晤談都用日語溝通。酒席中歐陽遇見曾赴日本「築地小劇場」學習的宋非我，雙方交談甚歡。不過，對於這位導演《壁》聞名的「臺灣才子」，歐陽的印象是「聽說他的演技不大像話劇，倒有些像上海的文明戲」。歐陽對臺灣戲劇的印象是：

> 因為日本人的嚴密控制，臺灣的戲劇始終沒有成為一個運動。自然而然就傾向於藝術至上的方面。但自有話劇二十年來，即以「藝術至上」而論，除介紹易卜生的《國民公敵》和一般明治維新時代的新派戲，如《金色夜叉》之類之外，並無成就。中國的劇本只演過胡適之的《終身大事》和徐公美的《飛》。臺灣並不是沒有富天才的戲劇家，只因限制過嚴，發展不易，大半還停滯在「文明戲」的階段。……[32]

歐陽予倩認為臺灣戲劇因為「限制過嚴，發展不易」而停留在「文明戲」階段的說法並不精確，他在前述聚會中，頻頻詢問臺灣在日治時期曾演過什麼戲，答案是臺灣戲劇界曾經自演自編反映日本殖民統治時期臺灣意識的戲如

31 楊雲萍，〈近事雜記（五）〉，《臺灣文化》二：四（臺北：一九四七），頁一七。
32 歐陽予倩，〈劇運在臺灣〉。

《闍雞》，還演過中國大陸的劇目。「歐陽先生聽了又驚訝又高興，請主人把這些歷史資料送給他，以便帶回上海發表。」[33]

歐陽予倩自稱他從當時臺灣的戲劇活動中讀出臺灣人民心中的渴望，並了解到本地的劇人「也曾以用種種掩護演出過一些有意義的戲。」他分析「新中國劇社」在臺演出能夠獲得臺灣觀眾的共鳴，是因為他們的演出反映官僚的腐敗與民間的疾苦。例如《日出》一劇，他發現臺灣觀眾「從舞臺上看見了自己的影子」，難怪會「瘋狂地叫了起來」。至於「新中國劇社」所演的四齣戲中最受歡迎的《桃花扇》，他認為「戲的內容，除描繪出明末政治的輪廓，表彰氣節而外，還多少為老百姓說點話，這些大約和觀眾心裡的感慨起了些共鳴；看他們對〈卻奩〉、〈罵筵〉等場反應之強烈，可以知道他們想說的是些什麼話。」[34]

歐陽予倩在臺期間多少了解臺籍劇人的困境：「他們最感覺困難的是審查制度。臺灣政府審查戲劇是由宣傳委員會、教育處、黨部、警備司令部四個機關擔任的，要其中三個機關同意才算通過，因此費的時間相當長而通過比較不易。即使是通過了已經上演的戲，警備司令部可以單獨令其停演。」[35] 一九四七年二月十五日，歐陽予倩應邀參加行政長官公署主辦的慶祝戲劇節大會，並演講〈臺灣劇運的新階段〉，他在演講中強調「臺灣的劇運，自然而然要和當前的民主運動合流。」換言之，臺灣的戲劇運動應和中國戲劇運動聯成一環，「為反封建、反帝國主義、反法西斯獨裁，展開了生死的鬥爭。」[36] 歐陽予倩與劇團團員的政治立場逐漸顯現。

33 吳克泰，《吳克泰回想錄》（臺北：人間出版社，二〇〇二），頁二〇二～二〇三。
34 歐陽予倩，〈劇運在臺灣〉。
35 歐陽予倩，〈劇運在臺灣〉。
36 歐陽予倩，〈臺灣劇運的新階段〉，《臺灣新生報》，一九四七年二月十五日，第六版。

歐陽予倩回國後在上海一九四七年五月八日《大公報》〈戲劇與電影〉發表〈劇運在臺灣〉，對臺灣劇場頗有著墨，是戰後初期臺灣戲劇研究的重要文獻。從〈劇運在臺灣〉可看出他對當時的臺灣戲劇生態的關心，但也有些隔閡或誤解，除前述認為臺灣戲劇因為「限制過嚴，發展不易」而停留在「文明戲」階段，他也認為對臺灣戲劇的印象是「臺灣過去在日本統治下，所謂戲劇只是一些民間街頭的戲班，很少有現代化的話劇」，「連平劇都不許唱，其他可知」。[37] 歐陽聽「一位臺灣朋友」對他說：

> 他們作的是三重鬥爭：對日本帝國主義，對下流的地方戲，對《火燒紅蓮寺》一類的中國電影。我（指歐陽）告訴他我們如何在改進各種地方戲，他似乎得不到深切的理解，因為他並沒有看見。老實說，在臺灣的劇人也還沒有這樣的餘裕。[38]

歐陽予倩沒有指明這位臺灣朋友的名字，一九二〇至三〇年代臺灣新劇運動人士普遍都有所謂「三重鬥爭」：對日本帝國主義、對下流的地方戲、《火燒紅蓮寺》這一類中國電影，但也只是一種概念與口號，並未有強烈的行動，其實日本、中國現代戲劇劇場發展，何嘗不皆如此？與其怪罪下流傳統戲或電影影響劇場，更應檢討的是近現代戲劇何以能量不足，無法與地方戲、電影對抗，近二十世紀以降，「地方戲」走入劇場，形成商業演出模式，也進出舞臺與電影之間，倒是新劇的發展受政治大環境影響，斷斷續續，無法累積劇場能量，也不能擴大影響力。[39]

陳大禹在臺灣期間所觀察到的戲劇現況，除了國語政策限制臺灣本土現代戲劇演出，當時官方對戲劇的態度，

37 稼，〈臺灣劇運之前瞻〉，《臺灣新生報》，一九四六年九月十四日，第六版；沈明，〈展開臺灣新文藝運動〉，《臺灣新生報》，一九四七年五月二十五日，第五版。
38 歐陽予倩，〈劇運在臺灣〉。
39 參見邱坤良，〈從星光到鐘聲：張維賢新劇生涯及其困境〉，《戲劇研究》二〇（臺北，二〇一七），頁三九～六三。

以及所採行的稅制也影響劇場發展，戲劇演出被視為商業性娛樂，每一場均需繳納娛樂稅，並隨物價波動而加重。一九四六年每張入場券娛樂稅佔票價的百分之五十。臺籍文化人組成的「臺灣文化協進會」因而呼籲政府減輕娛樂稅。[40]而後雖然略有調低，仍給劇團帶來相當困擾。高稅制不僅妨礙臺灣本土表演團體營運，當時由中國來臺的劇團也深受影響，一九四八年從中國來臺演出的「上海觀眾演出公司」就深為稅制所苦：「比方以現在的娛樂捐來說，政府要抽百分之四十三，而演出者又要負擔其他的劇本稅百分之四、導演稅百分之三、場租等等。」[41]不合理的稅制自然限制劇團的經營與戲劇的呈現。

1-2 福建戲劇家陳大禹離滬來臺

陳大禹（一九一六～一九八五），字居仁，一九一六年九月生於漳州，他的本名叫久了，偶亦被寫為「大雨」。[42]陳家從民國之前就世居漳州府龍溪縣九湖鄉新春村，屬漳州地方望族，以種水稻和荔枝為生，荔枝園在當地尤為有名。在優渥家境成長的大禹，從小就在享受當時一般人望塵莫及的生活與教育條件。其父陳耀東（一八八七～一九二〇），小名炎仔，又名張煌，年輕時擔任漳州的福建省立第二師範學校教師，曾兼代教務主任。母親葉英利出身廈門鼓浪嶼一個基督教家庭，父親為廈門海關官員。葉英利自小受教會教育，並畢業於鼓浪嶼懷仁女子師範學校，思想開明，與耀東婚後定居漳州一處俗稱「打錫巷」的金獅巷，兩人分別在中小學任教，英利曾出任漳州第一女子學校校長。兩夫妻育有二子二女，大禹排行老大，依序是大妹大昭、二妹大輝、小弟大武。

40 〈臺灣文化協進會展開話劇運動 昨開專家座談會〉，《臺灣新生報》，一九四六年九月二十八日，第五版。

41 銀，〈你去了，再回來！記觀眾劇團的話別晚會〉，《臺灣新生報》，一九四八年五月十八日，第四版。

42 《閩南新報》一九四一年五月十五日《疑雲》的演出廣告，就是掛名「大雨改編導演」。

童年時的陳大禹。
（圖片來源：陳大禹家屬提供）

陳家的人都說大禹對戲劇的熱愛是天生的，根據上一代留下來的記憶，一九一九年五四運動發生時，漳州各界紛紛表演話劇，聲援北京學生運動，抨擊帝國主義。其中第二師範學校學生在陳耀東鼓舞下也積極參與，當時大禹還不滿三歲，騎在父親肩上到處看人演戲，經常拍手鼓掌，歡呼雀躍，童稚的身體似乎已與戲劇結下不解之緣，這段軼事也成為陳家世代流傳的大禹傳說。一九二五年上海「五卅慘案」發生後，依家族的說法陳耀東曾在《漳州日報》發表〈為帝國主義者在上海慘殺同胞敬告父老〉乙文，強烈抨擊地方軍閥與日本軍國主義勾結，福建軍閥張毅派人追查，耀東乃舉家潛往北京，寄住福建龍溪同鄉會館六個月。在這段期間，不滿十歲的大禹隨家人到處遊覽觀光，目睹北京學生舉行的反帝反封建遊行活動，以及出現在抗議行動中的戲劇表演，在年幼的心靈留下印

陳大禹父親陳耀東。

陳大禹母親葉英利。

象。[43]

一九二六年，年僅十歲的大禹從漳州小學畢業，先後進入龍溪中學與漳州第二師範學校就讀。求學期間大禹喜好運動，尤其愛打籃球，也喜歡看電影與戲劇，整天不是在籃球場，就是在戲院、電影院度過，讀書並不專心。有時看戲看到深夜，因怕母親責打，便在戲臺上過夜……。[44]母親常為大禹不愛讀書生氣，倒是父親較看得開，常說：「咱倆立志做園丁；戲劇也是一枝花，孩子有心于此，就由他去灌溉吧！」[45]當時福建原屬軍閥孫傳芳系周蔭人勢力，一九二六年十月國民革命軍入閩驅逐周蔭人之後，通令省立學校暫時停辦，改設教育改造委員會，漳州第二師範學校也停止教學活動，陳耀東乃東渡日本

43 陳大禹自撰〈陳大禹政歷表〉謂「我十歲小學畢業進入中學，抗戰廢學，輾轉多校，準確時間分，不復記憶，惟童時曾隨父母遊覽北京、上海各地，對愛國主義教育有影響，深入意識。」另見吳瀟帆於一九八七年五月二十日親筆撰寫的〈抗日七七五十週年紀念，回憶陳大禹同志在中國抗日戲劇運動中的進程略述〉（以下簡稱〈手抄筆記〉）。

44 王炳南，〈陳大禹生平簡介〉，蒐入吳瀟帆整理，《陳大禹劇作選》（香港：中國經濟出版社，一九九二），頁一五五。

45 吳瀟帆，〈手抄筆記〉。

陳大禹（第一排左二）幼年時與家人合影，後排左二為陳大禹母親葉英利，右二為陳大禹父親陳耀東，右一為叔父陳開泰。（圖片來源：陳大禹家屬提供）

遊學。一九二七年初漳州第二師範改名漳州第三高中，由耀東之弟開泰出任校長，耀東回國後亦在三中擔任教職。一九二八年五月發生的漳州學潮，年僅三十九歲的耀東在混亂中被人槍殺，這時身為長子的大禹才十二歲。

一九三〇年代起日本對中國侵略行動加速，各地反日示威此起彼落。十六歲那年大禹到上海就讀創立於一九一八年八月的東亞體專，唸的是二年制的體育專修科，亦經常參加上海學生組織的反日運動。[46]根據瀟帆的說法，大禹當時已加入漳州籍左翼詩人楊騷（一九〇〇～一九五七）等人在上海成立的「中國詩歌會」，與楊騷時有來往，並因此結識了魯迅，思想逐漸受到影響。[47]一九三三年體專畢業之後，大禹回到漳州，在文衡小學任教，校長正是他的母親葉英利。課餘時間，大禹結合同為小學教師的楊耀如、蔡清、東華小學校長鄭瑛，以及包括妹妹大昭在內的漳州戲劇愛好者，成立「銀海藝術研究社」（簡稱銀海劇社），向龍溪縣黨部申請立案，時間在一九三四年四月間，聘請曾任長泰縣長的潘澄峨為社長，大禹為實際領導人，社員有三十人，下設歌舞、戲劇、文藝、美術、體育五組，曾多次舉辦歌舞與戲劇演出。[48]

與大禹在漳州第二師範學院同學、一起參加「銀海藝術研究社」的陳鄭煊，曾撰文提及大禹是一個孤獨者，性格有些孤僻，他個子高高的，一般演出主角，平時講閩南語會口吃，但是上臺演出話劇，說普通話就不會口吃了。青少

46 東亞體專於一九五一年七月併入以私立大夏大學和私立光華大學為基礎合併而成立的華東師範大學，成為華東師大體育系，一九五二年夏，華東師大體育系與南京大學、金陵女子大學的體育系合併成立華東體育學院（一九五六年更名為上海體育學院，二〇二三年再改名為上海體育大學）。

47 楊騷祖籍漳州華安，為著名詩人、作家，中國左翼作家聯盟成員，中國詩歌會發起人之一，一九一八年東渡日本留學，一九二四年創作詩劇《心曲》，盧溝橋事變後，在福州與郁達夫等人組織「福州文化界救亡協會」，在《小民報》上闢《救亡週刊》、《救亡文藝》。一九三八年底至重慶參加「中華全國文藝界抗敵協會」。「皖南事件」後，離開重慶到新加坡，主編僑界刊物《民潮》，展開抗日宣傳，一九五二年回到中國，擔任廣州作家協會理事長、中國作家協會廣東省分會常務理事，一九五七年病逝。

48 陳鄭煊，《漳州舊事雜憶》（廈門：未出版，一九九四），頁二五。

年時期同儕眼中性格孤僻的陳大禹，講話口吃，也許是童年家庭遭逢巨變所造成的心理創傷所致，但在孤獨個性的內心，同時潛藏著一股為所當為的豪氣，所以在舞臺上的戲劇扮演能讓口吃的毛病消失於無形。陳鄭煊曾講述大禹演戲發生的一段意外，在《鳳凰城》戲裡大禹扮演主角苗可秀，在南平和建甌的首場演出·並不順利，當時照明是用汽燈，在南平演出當天汽燈失火，造成火災，結果戲也沒能演完，而在建甌演出時，戲臺突然倒了，戲也沒能演下去，第二天才順利演出。[49]

陳鄭煊後來參加與中共地下黨關係密切的「薌潮劇社」，原因是覺得「薌潮做戲劇更專業」，據他說大禹當時並未一起加入，但也參加漳州較具盛名的「鶯聲劇社」，領導人是作家許地山之弟許聲谷，他是龍溪醫院的內科主任。大禹在「鶯聲劇社」參與編導、設計、演出，與黃典誠、陳開曦、沈惠川等漳州戲劇名人俱為主要社員之一。「鶯聲劇社」在一九三九年改名「國防劇社」，繼續藉戲劇闡揚反日思想。排戲地點多在華南小學（後來的華僑中學）。這段時間大禹導演過的劇目包括《人影歌聲》、《岳飛之死》與《八百壯士》。

一九三五年夏季，葉英利卸下文衡小學校長職務，大禹也離開學校。此時叔父陳開泰正好在長汀中學任教，引介大禹到該校擔任體育教員，並兼圖書管理員，大禹自述當時「日閱書報，對當時全國抗日高潮，敵愾同仇，自是日益接近進步文學。」[50]在長汀任教期間，大禹開始創作劇本。一九三六年秋重回漳州，仍任文衡小學教員。據瀟帆的說法，大禹業餘時間常與漳州當地的中共黨員柯聯魁（一九一〇～一九三八）一起研究戲劇。一九三六年十月，魯迅去世時，漳州各界在「薌潮劇社」倡議下，於十一月八日在文廟召開追悼大會，與「薌潮劇社」成員時有往來的大禹也

49 陳鄭煊，《漳州舊事雜憶》，頁二五。
50 陳大禹，〈陳大禹政歷表〉。

參加了這場追悼會，並「開始習作」在漳州民眾教育館刊物上發表紀念魯迅的文章。[51] 一九三六年龍溪縣民眾教育館舉辦話劇聯合公演，以漳州方言演出，參加的劇團有「薌潮劇社」、「銀海劇社」等等，大禹應以「銀海劇社」代表身分實際參與。[52]

一九三六年底，當時任福建省教育廳長的鄭貞文，為了推展戲劇教育，請王衍康出任福建省立民眾教育館（處）長，並從外地召聘戲劇專才來福州，間接催生了「實驗小劇團」。滄江在一九四六年底撰寫的〈實驗小劇團簡史〉云：

十年前，福建省立民眾教育處處長王衍康先生，為了要展開福建的藝術教育，特地到京滬請了一些藝人到福州。這裡面計有作曲家沙梅、杜枝、木刻家宋秉恆、劇人王紹清（《中國海的怒潮》作者）、施寄寒、吳英年、吳亮，陳新民、鳳飛、鄭秋子、陳大雨（禹），姚少滄等。他們來到福州之後，一方面在師資訓練所擔任課程，訓練藝術教育幹部，二方面在民教處計畫和開展藝術教育工作。

怎樣進行呢？

沙梅先生和杜枝小姐組織青年歌詠隊、兒童歌詠聲樂隊、少年歌詠隊，發動萬人歌詠大遊行等，〈打回東北去〉一曲就沙梅兄在那時寫起的。

秉恆先生就繪製大漆畫，出版木刻集、新連環畫集，舉辦美術展覽、木刻展覽，組織福建美術教育研究會等，尤其是他發明了鐵板壁畫，刷印在粉粉白灰的牆壁上，迅速，持久，功效大，直到現在，在各縣牆壁上還保留著痕跡。……[53]

51 有關陳大禹家世及其來臺前之劇場經歷，主要係根據吳瀟帆〈手抄筆記〉，並參考王炳南根據陳大禹家屬及張湖山、王宏山等人提供材料整理的〈陳大禹生平簡介〉，收入吳瀟帆整理，《陳大禹劇作選》，頁一五五～一六〇。

52 陳翹，〈福建話劇活動歷史述略（一九〇七～一九四五）〉，《戲劇學刊》八（臺北，二〇〇八），頁一〇三。

53 滄江，〈實驗小劇團簡史〉，《自由報》，一九四六年十二月十九日。

上述文章提及十年前（一九三六）福建省立民眾教育處處長王衍康，為了要展開福建的藝術教育，特地到京滬請了一些戲劇、音樂、美術的專家到福州，其中包括陳大禹。盧溝橋事變之後，這一批劇人組成「實驗小劇團」，附屬於福建省教育廳民眾教育處。[54] 劇團名稱之所以加一個「小」字，是因為吳英年認為擔當不起「實驗劇團」這個名字，因此加上「小」字。[55] 趙玉林在〈參加抗日救亡劇運的回憶〉也提到這段往事：

> 鄭貞文任省教育廳長，一度曾抓民眾教育，派王衍康為福州市民眾教育館長，為組織戲劇演出，王從南京戲劇學院聘來鳳飛（女）、陳新民、吳英年、鄭秋子、施寄寒、姚少滄、吳明益、王紹清等一批劇人，又吸收當地青少年小劇人王九齡、王玲燕、姚勇來、沈氏姐妹嫄璋、淑琛、梅瑜等參加。[56]

這篇回憶文章裡當年民眾教育館聘請的專家名單沒有陳大禹，但提到「青少年小劇人」姚勇來和沈嫄璋三姐妹、王玲燕等人。趙文謂外地聘請來福州的專家，「一方面為縣政人員訓練所教育系學員講授藝術教育，一方面也展開戲劇教育工作」，他把這件事與「實驗小劇團」成立後吸收「當地青年小劇人」連在一起，不過，滄江這篇〈實驗小劇團簡史〉，係一九四六年底寫十年前往事，準確性應高於趙玉林四十年後的追憶。沈嫄璋曾撰文提及她十幾歲加入「實

54 一九二六年福建省立民眾教育處處長王衍康，為提升福建的藝術教育，邀請劇人王紹清（《中國海的怒潮》作者）、施寄寒、吳英年、吳亮、陳大禹、姚少滄等人到福州，這些戲劇界人士聯合當地劇人組織了實驗劇團；七七事件發生後，「實小」就在福建省巡迴演出，擔負起宣傳的工作。當時一年半中公演百次以上，尤以《中國婦人》一劇，曾演出六十七場之多，街頭演出二十餘次；導演吳英年所執導的田漢劇本《回春之曲》演出之時，作家郁達夫也在場，寫了一篇劇評〈小劇團公演之成功〉發表在《小民報．救亡文藝》，稱讚該團演出「確為福州話劇界之一新紀元」。吳英年後來率領劇團渡江撤退時，為搶救其母而不幸遇難。「實小」後來在臺灣重整旗鼓，並有東南一帶來臺的劇友，和臺灣本地的劇友加入，以臺語及國語演出。

55 滄江，〈實驗小劇團簡史〉。

56 趙玉林，〈參加抗日救亡劇運的回憶〉，《福建文史資料》第十一輯（福州：中國人民政治協商會議福建省委員會，一九八五），頁八四。

驗小劇團」，導演吳英年是國立戲劇學校（南京劇專）第一屆的高材生。[57]沈娵璋與大禹同年（一九一六），姚勇來則比大禹長兩歲（一九一四），算是福州「當地青少年劇人」，大禹二十歲來福州當專家，可能也是協助性質，畢竟年紀還輕。

「實驗小劇團」成立後經常定期公演，在福建各地負擔起巡迴宣傳的工作。「實小」首次公演劇目為《放下你的鞭子》、《王的憂鬱》與《東北之家》三個獨幕劇，而後也演多幕劇，劇目多與抗日有關，一年當中，兩度巡迴閩南各縣……。[58]「實小」不斷演出街頭劇與廟臺戲，受到民眾的歡迎，當時在福建的郁達夫很推崇「實驗小劇團」的教育性。[59]「實小」的演出對中日戰爭爆發後一年多各地劇團的鄉村宣傳演出頗有影響，當時福建省政府已於一九三八年秋遷至永安，福建省保安司令部、省保安處、省行政幹部訓練所、省三青團部等機關團體與學校則遷到沙縣三元，各地劇團條件不足，多只在小木條釘成的架子上糊上馬糞紙，再塗上顏料，就成了佈景，演出費用自行湊齊，演出劇目則從其他劇團移植或模仿而來，其中大多取樣於福州「實驗小劇團」。[60]

當時「實驗小劇團」團員除在永安組織歌詠隊和從事演劇活動，部分成員也內遷到沙縣，改為戲劇教育巡迴二隊，

57 沈娵璋，〈重建「實小」懷英年兄戲劇界一顆年輕星星的殞落〉，《和平日報》，一九四六年十二月十九日。

58 「實驗小劇團」演出劇目多半是獨幕劇和二幕劇，多幕劇劇目包括《回春之曲》、《夜光杯》、《風暴反正》、《盧溝橋》等，獨幕劇有《醉》、《中國婦人》、《最後一計》、《毒藥》、《日本婦人》、《時代英雄》、《雪中歌女》、《毀家舒難》、《歌舞昇平》、《東京大火》、《夜之歌》、《一個突擊隊員》；相關資料參見滄江，〈實驗小劇團簡史〉，《自由報》，一九四六年十二月九日；趙玉林，〈參加抗日救亡劇運的回憶〉，頁八四～八五；施寄寒，〈抗戰戲劇在福建〉，《抗戰教育》創刊號，一九三五年五月五日，頁二〇～二三。

59 吳英年導演的《回春之曲》，郁達夫在觀看後認為演出非常成功，「觀眾情緒緊張，確為福州話劇界新紀元」，不過郁達夫也提及部分演員化妝過於濃厚，說話時重於抑揚，對話頗有不自然處。參見郁達夫，〈小劇團公演之成功〉，《小民報．救亡文藝》，一九三七年十一月十六日。

60 趙玉林，〈參加抗日救亡劇運的回憶〉，頁八四。

直屬教育部，曾演出《群魔》、《王大嫂》等劇。[61]福建「實小」成立之初，陳大禹亦屬團員，但非核心分子，「實小」的活動資料很少他的紀錄。不過，大禹來臺前在福建的劇場活動也不僅僅是「實小」的經歷而已。他曾協助楊騷籌組「福州文化界抗敵抗日救亡協會」（郁達夫任理事長）進行抗日救亡工作。不久，離開福州到古田縣政府教育科，仍積極動員各校組織抗日戲劇宣傳隊，而後復與姚慈心與鄭德裕等人組織抗日戲劇宣傳隊，身兼領隊，深入閩南沿海農漁村，演出多幕劇。宣傳隊後更名為「民眾教育巡迴隊」，是當時眾多抗日巡演隊中極重要的一支。

一九三九年七月，大禹調任南平縣十三處補充兵訓練處劇隊隊副，這個劇隊有十餘人，並集體加入國民黨，因係編制外人員，既無軍銜，也不穿軍裝，但取得軍人資格，大禹名義上官拜少尉，他在劇隊裡曾排演過《鳳凰城》、《前夜》與《雷雨》等劇，因被領導認為思想左傾，一度辭職離去。一九三九年冬至翌年三月，大禹赴浙江參加「中心劇團」，在麗水及溫州一帶巡迴演出。一九四〇年四月，再度回到南平十三處補充兵訓練處的劇隊，陳大禹妹大昭也是隊員之一。不久，劇隊解散，大禹回到漳州，轉而參與當地抗戰宣傳隊的戲劇活動。陳大禹在一九七〇年代後期撰寫的〈陳大禹政歷表〉，寫這段經歷，稱這個劇隊「偽十三補充兵訓練處劇隊」，被迫參加國民黨，應該是政治現實與時空錯置的無奈。[62]

大禹在福建參與的戲劇活動極具流動性，讓人好奇的是以何種語言演出，是否根據演員與演出區域做彈性處理？以在福州成立的「實驗小劇團」來看，可能是「國語」與福州話兼顧，交互運用，而他老家龍溪的戲劇活動從抗戰前

61 一九四一年底太平洋戰爭爆發後，抗日戰場形勢丕變，後方一些人趁機大發國難財，趙玉林、王玲燕等「實小」團員，以戲劇為武器，排演《沈溺》批判唯利是圖的行徑。趙玉林，〈參加抗日救亡劇運的回憶〉，頁八九～九一。

62 陳大禹，〈陳大禹政歷表〉。

就很興盛，當地各劇社經常聯合演劇，抗戰後漳州各劇社更藉演劇宣揚抗敵意識。[63] 大禹為漳州人，在漳州做戲，應該也是「國語」與漳州話（閩南話）並用。一九四〇年十月下旬，龍溪縣戲劇界為籌購「劇人號」飛機，在當地光明戲院舉行聯合公演，由陳大禹導演四幕劇《麒麟案》，在報紙上刊登的廣告，強調這是一齣由國語上演「細膩雄壯偉大的名劇」。[64]

一九四一年四月間，大禹出任龍溪縣動員委員會幹事，在中日戰爭進入最熾熱時刻的這一年青年節，大禹除了參與當時的「國防劇社」，並組織業餘的「動員劇社」，演出《寄生草》，以及英國莎士比亞《奧賽羅》改編的《疑雲》、法國莫里哀的《慳吝人》（《守財奴》）和薩度的《祖國》，還參與《有錢通通好》、《將軍》、《鑄情》與《金錶》等劇的編導，並單獨導演了《祖國》、《黑字二十八》、《國家總動員》等劇。曾與曾乃超、沈惠川聯合導演《雷雨》，兼演劇中人「周萍」一角。

陳大禹曾將魯迅譯自俄國作家班臺萊耶夫（L. Panteleev）童話作品《金錶》[65] 改編成四幕喜劇，原作是描述小混混彼帝加因為飢餓難當，偷了蛋餅，被扭送警局，在拘留房審訊時，一位醉漢糊裡糊塗地將昂貴的金錶「交」給了他，只留下錶鍊。彼帝加被送到少年教養院，將錶暫藏在院區中庭地下，後來醉漢到警局報案時，警察已無法在彼帝加身上找到證據，只好將他釋放。回到教養院後，彼帝加急著尋找金錶，但因為院區中庭已被院方堆滿冬天所需的木材，

63 明駝，〈戲劇運動在龍溪〉云：「抗戰以後，因戲劇是最具體、最有效力的宣傳技術，所以被盡量地採用。於是龍溪劇運益形蓬勃。」《抗戰新聞》一：九（廈門，一九三九年九月），頁二九〇～二九二。

64 《閩南新報》戲劇廣告，一九四〇年十月二十四至二十五日。

65 《金錶》原係俄國作家班臺萊耶夫（L. Panteleev）所著之童話故事，後譯為日文《金時針》（槙本楠郎譯，東京樂浪書院出版），魯迅據德、日文版本再譯為中文，名為《錶》，收於《魯迅全集》第十四卷（北京：人民文學出版社，一九五八），頁二九五～四二一。

他決定耐心等候冬天的到來。在漫長的等待期間，彼帝加在院中學習各種課程，激起強烈的求知慾，甚至被選為經濟事務的負責人……。

陳大禹改編的《金錶》由時年十二歲的「臺灣義勇隊少年團」隊員高仲明（一九二九～二〇〇八）與楊渭溪、吳瀟帆合演。高仲明原籍臺北縣林口鄉，中日戰爭前夕，隨到崇安臺民墾殖所墾荒的父母遷居福建，二年後隻身到浙江金華參加李友邦組織的「臺灣義勇隊少年團」。[66]當時的少年團只有十幾人，年齡在九至十五歲之間，高仲明只有十一歲，兩人年齡相差十三歲，他們表演戲劇、歌舞，宣揚抗日

臺灣義勇隊少年團。（圖片來源：高仲明提供）

66 「臺灣義勇隊少年團」係李友邦於一九三九年成立。李友邦，字肇基，一九〇六年出生於臺北蘆洲，日治時期參加臺灣文化協會，一九二四年四月與同學突擊臺北新起派出所（今臺北市長沙派出所），事發後逃往中國，進入黃埔軍校第二期。抗日戰爭爆發後，李友邦號召臺灣同胞參與抗日戰爭，成為第一位臺籍抗日將領。抗日戰爭爆發的第二年，一九三八年四月，當時福建省政府主席陳儀無故將福建省內所有臺灣人逮捕，集中到閩北崇安縣（今為武夷山市）「臺民墾殖所」從事苦役。李友邦透過浙江省政府主席黃紹竑向陳儀建請釋放無辜的臺胞，並於一九三九年於金華縣酒坊巷十八號正式成立「臺灣義勇隊」與少年團，福建省獲釋的臺胞紛紛加入，其中有六位少年成為少年團團員，老弱婦孺成為生產隊隊員。隨著「臺灣義勇隊」的人數日益增加，它的地位受到國際人士的關注，一九四三年國民政府將「臺灣義勇隊」納入編制，隸屬於「國民政府中央軍事委員會政治部」，李友邦升任為中將總隊長；「臺灣義勇隊少年團」由孩童組成，走遍浙江、福建、江西等地，以演講、戲劇、繪畫與歌舞的形式進行抗日宣傳，戰後少年團隨義勇隊隊員們回臺，巡迴各地演出。一九四六年二月，國民政府發布命令要求「臺灣義勇隊」解散，一九四七年「二二八事件」後，李友邦被誣陷唆使三民主義青年團暴動與窩藏共產黨黨員，當時雖倖免於難，但一九五一年再被冠予「通敵」罪名，翌年被判死刑，時年四十六歲。

意識，曾經在浙江、安徽、福建各省演出。巡迴漳州時與陳大禹合作演戲，也是兩人締交之始。[67]

有關《金錶》的製作與演出，一九六六年情治單位偵辦李世傑（李浪浪）案時，在其九月二十二日的筆錄已供出一九四一至一九四二年間曾與楊渭溪、陳大禹、陳如鵬等人，參加「匪黨龍溪縣文工委會」會議，討論「文工委會」陳大禹與「臺灣義勇隊少年團」合作演劇一事：

記得談的是要以陳大雨〔禹〕編寫的劇本，讓楊渭溪、陳大禹二人領導「臺灣義勇隊少年團」的團員們公演，當時決定陳大禹曾根據俄國童話《錶》改編一個劇本名《金錶》，決定由楊渭溪扮演孤兒院院長，又要楊渭溪幫助陳大禹，楊渭溪當時表示很積極，還記得楊渭溪當時說，該劇本應加一兩支插曲，他要陳大禹做歌詞，由他譜曲，後來果在劇本中加了幾支歌曲進去。另外，還演了另一個陳大禹編的抗戰話劇及另一個《汪精衛現形記》。演《汪》劇時，還記得楊渭溪扮演汪精衛，陳如鵬講日語的近衛，據我所記得的，《錶》是曝露社會上窮人及孤兒流浪的可憐境遇，陳大禹另編那個話劇（名已忘），是描寫游擊隊抗日的，而《汪》劇則曝露我政府要人民投降附敵的情形，且為答應左傾作家陳白塵所編的，當時所談主要內容就是要楊渭溪、陳大禹和「少年團」的團員們籌備演出，並由陳如鵬在福建新聞大宣傳。[68]

高仲明。

高仲明軍裝照。

[67] 戰後高仲明回到臺灣，當過報紙編輯、臺灣省教育處辦事員。一九四九年他與陳大禹離開臺灣到北京，在華北大學學習一段時間後，到北京電影製片廠新聞處工作，從事新聞紀錄片的編導工作，一九九一年退休，四十年間拍了將近兩百部紀錄片。

[68] 國防部軍法局，〈李世傑調查筆錄〉（一九六六年九月二十二日），《蔣海溶、李世傑、姚勇來叛亂案》國家檔案局資料檔案，檔案號B3750347701/0058/1571/075/001/017。

一九四二年三月陳大禹離開漳州到永安「抗建劇團」擔任幹事，因理念不合僅半年便決定到重慶找楊騷。為了籌措旅費，大禹先至桂林當了半年的代課教師。一九四三年三月到達重慶時楊騷已經離開，大禹一度流離失所，後得漳州同鄉鼎力支援，留在當地的香港參茸公司「光一參行」當店員，並兼任一紗布行門市的儲備人員，終能將吳瀟帆接到重慶團聚，瀟帆也在「光一參行」擔任會計。沒多久，大禹因不適任商場職務而辭職，但瀟帆仍一直工作到一九四六年元月，兩夫妻也依然寄居在這家參藥行，大禹一度進入重慶《商務日報》做校對工作，一邊寫作批判當時社會黑暗面。

陳大禹看起來創作、排演的戲不少，戲劇閱歷豐富，但如何演出多語焉不詳，除了《金錶》、《疑雲》、《慳吝人》明確屬於他的作品，許多劇目很難確定是其個人創作，也缺乏具體資料佐證，應該多係戶外街頭劇、宣傳劇的集體創作性質，他的多數編導演作品，在討論戰時福建戲運的相關文獻裡皆未提及，大禹本人所填寫的履歷表或演劇論述及回顧，也極少描述。不過，第二次中日戰爭期間大禹在福州、永安、漳州的劇場經歷，有一點可以確定的是，與蔡繼琨所建立的關係，讓他後來在臺灣推展劇運時有一個基本的支持者。

中日戰爭期間，組織抗日戲劇宣傳隊在各地巡演的陳大禹，認識剛贏得日本音樂比賽大獎，回到福建的留日學生蔡繼琨。蔡氏只比大禹大四歲，後來對大禹頗有提攜之恩，而了解大禹與蔡氏的關係之同時，也必須先討論蔡氏與陳儀的淵源，因為陳儀的信任，蔡氏才有機會發揮音樂教育與樂團經營長才，間接也對大禹提供幫助。

蔡繼琨是在一九三三年赴日學習音樂，曾於「日本現代交響樂作品」徵曲比賽獲得大獎，作品並被日本樂團公開演奏，一九三四年一月十二日就任福建省主席的陳儀，囑教育廳補助其學費，蔡氏也在畢業後回國從事音樂教育。在陳儀支持下，蔡繼琨徵調一些在職中小學教師參加音樂研習班積極訓練，組織「福建省政府教育廳戰地歌詠團」到前線勞軍。楊渭溪就是學員之一，後來成為蔡繼琨的左右手之一。一九三九年元月，蔡氏奉陳儀之命，組織「福建省政府南洋僑胞慰問團」，遠赴菲律賓演出，宣慰華僑並宣揚抗日意識，大禹擔任隨團幹事，兼表演節目的導演、演員，也做舞臺設計與燈光技術，此行大禹「場場負責，在那酷熱的岷里拉（馬尼拉）城，其他團員都能休息，他卻日夜忙碌不休，以此為樂」，大禹的劇場能力與工作態度深受蔡繼琨的賞識。[69]

當時這個慰問團團員還包括吳瀟帆，瀟帆本名淑端，抗戰期間從福州至建甌、南平，就讀商校學會計，課餘時間也開始參加劇場運動，並因此結識大禹，後結成夫妻以及終身的劇場工作伴侶。

一九三九年在福建臨時省會永安縣的上吉山，「音樂專科教員訓練班」繼續辦理一年，並增加社會音樂教師的培訓，為了根本改善音樂師資問題，蔡繼琨申請籌辦音樂專科學校。一九四〇年四月二日，福建省立音樂專科學校在永安上吉山成立，擔任校長的蔡繼琨年僅二十八歲。福建音專除了原有的音樂師資訓練班，以及省政府軍樂隊，共分本科、師範專修科和選修科三種，本科和五年制師範專修科招收初中畢業生，修業五年，三年制專科收高中畢業生，修業三年，另有不限年齡與資格的選修生。本科分理論、作曲、聲樂、鍵盤樂器、絃樂器、管樂器等六類主修，招考的學生除了福建本地，多來自東南各省。[70] 陳大禹妹大昭和楊渭溪都出身福建音專，這所音樂學校能在中日戰爭慘烈的一九四〇年代初於福建偏僻山區設立，除了蔡繼琨本人的音樂專長以及對音樂教育的熱衷，省主席陳儀的支持也是重要的因素，所以能無視外界的雜音與干擾，並讓福建音專能在外籍師資的聘請與教學設備方面達到基本的需求。

蔡繼琨與陳儀這段千里馬與伯樂的故事，可謂音樂界的美談，但其過程在戰亂時期的派系鬥爭中，仍充滿算計的門戶之見。屬於政學系的陳儀在當

蔡繼琨（1912-2004）。（圖片來源：臺灣音樂群像資料庫）

69 吳瀟帆，〈手抄筆記〉。
70 徐麗紗，《蔡繼琨：藝德雙馨》（臺北：國立傳統藝術中心籌備處，二〇〇二），頁四二～四三。

時雖然官場得意，但也樹敵不少，曾經長期擔任福建省教育廳長（一九三二年十一月～一九四三年十一月）的鄭貞文，是日本東北大學出身的化學家、教育家與編譯家，其廳長任期大部分在陳儀省主席（一九三四年一月～一九四一年八月）任內，但他對蔡繼琨極為不滿，連帶對陳儀頗有微詞。他後來寫了一篇〈在福建教育廳任職的回憶〉，對陳儀及其器重的蔡繼琨之批評頗為嚴苛：

一九三四年，陳儀聽人介紹，一個名叫蔡繼琨的閩南人，是日本東京音樂專門學校的高材生，曾譜了一首歌，得到作曲比賽會的優等獎，還曾在東京演奏，博得好評，遂囑教育廳補助其學費，畢業回閩後，委其為音樂指導員。次年省府組織音樂教育委員會。一九三七年，又組織省會音樂研究會，分民眾音樂、軍政機關人員音樂及學校音樂教育三部，還組織歌詠團，舉辦歌詠會、音樂演奏會等，這些活動都是蔡繼琨主持的。

陳儀認蔡繼琨是天才音樂家，還聘其為自己的日本夫人（已入中國籍）的鋼琴教師，逾格寵任。一九三八年十月，省府組織「南洋僑胞慰問團」，由蔡繼琨訓練女團員二十餘名，翌年三月，出國到菲律賓慰問，演出話劇、歌舞劇，並舉行音樂演奏等。因蔡行為失檢，且僑界亦有派

1939 年陳大禹（第四排左四）參加蔡繼琨（第一排左四）率領的「福建省政府南洋僑胞慰問團」，與全體團員合影。（圖片來源：陳大禹家屬提供）

別，鬧出許多問題，人言嘖嘖，陳儀當即電蔡召其返國，七月，又將該團解散。71

蔡繼琨在赴菲律賓時已離開教育廳改任省府參議，鄭貞文所指摘的蔡繼琨種種弊端並未影響陳儀對蔡氏的信任，反而命其回國後籌辦福建音樂專科學校，在永安上吉山新建校舍，並專程到上海邀聘專家、購置樂器，一九四〇年福建省立音樂專科學校正式成立，蔡繼琨擔任首任校長。鄭貞文的文章指責福建音專成立之後，蔡繼琨「態度驕橫，恃勢凌人，常與教員衝突，致良師不能久留」：

……校中音樂教具，除由蔡自滬買購一些私家樂器外，並徵集省立中等學校原有的鋼琴二十架，規模粗具。除外籍樂師外，音專還聘有當時留在東南地區的音樂家數人，尚能應付開學。但是蔡繼琨態度驕橫，恃勢凌人，常與教員衝突，致良師不能久留。對於學校管理更不得當，每依個人喜惡任意處分學生，以致時有員生來廳控訴，社會上對於蔡的行為也多疵議。按照章程專科以上學校系由省府直接管轄，我雖多次將情轉報，陳儀都置之不理，且疑及教廳有意為難，乃向教育部建議改為國立。一九四二年，重慶教育部接收此建議，乃委蔡為國立音樂專科學校校長。這一年夏天〔案：應為一九四一年八月二十八日〕，省政府改組，劉建緒主閩，得各方面對蔡繼琨的控告，密令省會計處派某專員會同教育廳秘書鄭永祥突往該校盤查，取到帳簿證件，確知蔡有貪汙及其他劣行，劉即令蔡停職，派鄭永祥暫理校務。72

一九四二年蔡繼琨曾拒絕新上任的福建省政府主席劉建緒派兵進入學校逮捕學生，引起福建省當局不滿，常對學

71 鄭貞文，〈在福建教育廳任職的回憶〉，收錄於中國人民政治協商會議福建省福州市委員會文史資料工作委員會編，《福州文史資料選輯》第十二輯（福州：福建人民出版社，一九八六），頁一七～一八。

72 鄭貞文，〈在福建教育廳任職的回憶〉，頁一八。

校方面百般刁難，在前任福建省主席陳儀和前任駐日大使許世英的奔走協助下，爭取將福建音專改隸中央，蔡繼琨則在改制前先辭去校長一職，改制後轉赴重慶任職。鄭貞文對陳儀及蔡繼琨的攻擊，除了涉及派系衝突，最主要的原因是，蔡繼琨所從事的音樂活動，以及興辦音專屬於省政府教育廳業務，陳儀對蔡繼琨「逾格寵任」，相關業務可能便由省主席直接下令，蔡氏也可能常跳過教育廳長直通主席，造成鄭氏的不悅。拋開事件的是非曲直，這些人事鬥爭顯現陳儀對蔡繼琨的充分寵任，即便有人檢舉蔡「行為失檢」、「態度驕橫」、「貪汙舞弊」、「陳儀都置之不理」。一九四一年八月底陳儀出任行政院秘書長，教育部一九四二年八月將福建音專升格為「國立福建音樂專科學校」，蔡繼琨由重慶返回永安後，即被劉建緒逮捕入獄數月。[73]

大禹與陳儀雖未有直接接觸，但有蔡繼琨的關照，間接也享受來自陳儀的恩澤。不過，大禹與蔡氏的關係未涉及高位以及黨派之私，就如他在〈陳大禹政歷表〉所說的，對於官場並無興趣，他只想做戲。

一九四一年五月時任「臺灣調查委員會」主委的陳儀，被任命為「臺灣行政長官公署」行政長官，蔡繼琨也應陳儀之邀，加入接收臺灣的行政團隊，於一九四五年九月來到臺灣，籌組交響樂團。這時的大禹離渝赴滬，希望能在上海找到與戲劇有關的工作，瀟帆則在重慶工作告一段落才來上海與夫婿會合。當

臺灣省政府交響樂團所在地，最前排為蔡繼琨。
（圖片來源：陳大禹家屬提供）

73 徐麗紗，《蔡繼琨：藝德雙馨》，頁四六、五六。

時的中國百廢待舉，民生物資極度不穩定，大禹在上海一時難以找到工作，也沒有加入當地劇團。適逢當地友人告以臺灣光復，頗有一展長才的機會。當時的大禹大概自忖臺灣人多屬閩南移民之後，自己通曉當地語言，正好可以在那裡推動戲劇，加上有一些熟人也到臺灣，或許可以照料，尤其蔡繼琨身居要職，他所一手擘劃的交響樂團，已於一九四五年十二月十五、十六日兩天在於臺北市公會堂（後改中山堂）舉行第一次公演，這個臺灣史上第一個交響樂團，在當時的中國也少見。陳大禹來到臺北的一九四六年十月，蔡繼琨所領導的交響樂團已在這個月舉行創團以來第六次的定期大型演奏，[74]當時團址也已從創團時期在日治時期第三高女（今中山女中）「小野校長紀念館」的臨時團址，遷移到臺北市中華路一段的西本願寺，這裡也成為剛來臺北的大禹棲身之處，連隨後創辦的「實驗小劇團」亦曾寄生在這裡。

1-3 劇場・「二二八事件」與陳大禹

戰後之初在臺灣推動的語言與戲劇文化政策，有國府的施政目

「公會堂」即今日之中山堂，「實驗小劇團」《香蕉香》在此演出。
（圖片來源：遠流出版公司提供）

74 徐麗紗，《蔡繼琨：藝德雙馨》，頁六〇～六四；雷石榆，〈交響樂，音響之最偉大的描寫——臺灣交響樂團第六次演奏有感〉，《中華日報》，一九四六年十月二十六日。

標，影響了當時的戲劇生態環境與劇場發展，而戲劇生態改變對一般民眾畢竟影響有限，感受不會深刻，相對地，國計民生的施政錯誤，對臺灣社會與民心的衝擊卻極大。陳大禹於一九四六年十月抵臺，到一九四九年四月離臺，在臺灣大約停留兩年六個月——其中經歷「二二八事件」以及國共勢力消長的關鍵時刻，這是臺灣現代史弔詭的一頁，以及「本省」與「外省」族群問題逐漸形成的時期。

一九三七年七月七日盧溝橋事變導致中國全面抗日，前前後後的八年時間不可謂不長，但最後的戰爭結束卻又似乎來得太突然，以至國民政府對終戰後「淪陷區」的接收和相關政務的推動都來不及規劃與建立制度，接收人員的訓練也明顯不足，使得政治、經濟與金融方面的善後處理皆出現問題，也造成戰後生產停頓，失業問題嚴重的後果，當時不但大片在中國本土的「淪陷區」接收亂象頻仍，連帶影響剛剛回歸的臺灣。當初為了接收臺灣，國民政府成立「臺灣省行政長官公署」，算是對臺灣「特殊性」的考量，前福建省主席的浙江紹興人陳儀出任行政長官兼臺灣省警備總司令，可謂集大權於一身，幾近日本時代的臺灣總督。本來臺灣人對這位留學日本，娶了日本女人，曾於一九三五年率領福建代表團來臺參觀臺灣博覽會的行政長官大致是歡迎的，卻因短短一年多的施政失當，臺灣人回歸「祖國」的喜悅快速消褪，不滿情緒逐漸累積。

一九四五年十月間「行政院收復區全國性事業接收委員會」成立，各省也相繼有「敵偽物質產業處理局」之類的組織，然當時中國國民黨內部包括軍隊、行政系統、黨務機關（中統）、特務組織（軍統）紛紛爭奪地盤，互相傾軋，貪汙橫行，軍政敗壞，而又未能有效維持經濟體系正常運作，法幣兌換「偽政府券鈔」處理不當，更是造成惡性通貨膨脹的主因。與此同時，國共內戰開打，國民政府大量徵兵、徵稅，一九四六至一九四七年又適逢天災連連，無異雪上加霜，導致農村破產，社會動蕩不安，民怨沸騰，這些發生在中國大陸的政治、軍事、經濟變局，都直接影響到臺灣的政治、經濟與社會安定。[75]

國民政府在大陸失敗的接收工作在臺灣重演，影響臺灣戰後重建以及對外貿易至鉅。當時來臺接收的人員成分複雜，其中有「從上海以及其他各地來的機會主義者、商人、亡命政客，還有一部分本省的機會主義者和詐欺分子」。[76]國府接收臺灣之後，採取特殊化的經濟統制政策，不但將日本人遺留下的產業轉變為行政院「資源委員會」及行政長官公署主宰下的國營省營企業外，並設「專賣局」與「貿易局」，對臺灣各項物資的生產與進出口採取全面性的嚴密控制，因官員貪汙舞弊，物資大量走私，其結果如陳翠蓮所說的，「統制經濟不但阻礙了民間產業的營運生計，並因其掠奪本質導致臺灣本土嚴重的經濟危機」，而在接收過程中，重蹈中國大陸「國幣」（法幣）與「偽幣」兌換比例失當的政策，造成臺灣的金融混亂。而為了供應國軍內戰糧餉，臺灣物資也要運往中國大陸補給，造成通貨膨脹、米糧缺乏，商人又囤積居奇，人民生活比「光復」前更加艱苦，失業率增高。

戰後的臺灣社會問題日益浮現，滯留在中國的臺籍日本兵遲遲無法返鄉，即使自戰區順利歸來者也未獲妥善處置，而陳儀來臺不久，就在日本殖民地臺灣找「漢奸」，令警備總部逮捕辜振甫、林熊祥、許丙、簡朗山、黃再壽、詹天馬、陳炘等十人，指為漢奸或陰謀獨立戰犯，據說還計畫逮捕包括林獻堂在內的百數十位臺灣士紳。一九四六年一月十五日公布臺灣省「漢奸總檢舉」相關規則，被指控為漢奸或戰犯的臺灣人甚多，僅僅半個月即接獲民眾檢舉三百三十五件，經調查後分別予以逮捕看管，也讓原本無所謂「漢奸」問題的臺灣人心不安。[77]表面上社會還維持平和、安定的局面，隨著國共戰火延燒，不僅方才結束對日抗戰的中國又陷入混亂中，政治、社會、經濟情勢急遽惡化，

75 陳翠蓮，《派系鬥爭與權謀政治——二二八悲劇的另一面相》，頁二八～二九、四〇～四一。
76 吳濁流，《無花果》，頁一七六。
77 陳翠蓮，《派系鬥爭與權謀政治——二二八悲劇的另一面相》，頁一〇四～一〇六。

並迅速蔓延到島嶼臺灣。

就任臺灣行政長官之前的陳儀頗得蔣介石重用，但個性剛愎，與國民黨內各派系早有磨擦，曾在福建省主席任內槍殺「軍統」閩北站站長、福建省保安處諜報股股長張超，從此與「軍統」關係緊張，而與以黨務系統為主，領導人為陳果夫、陳立夫兄弟的「CC派」，也因爭奪福建地盤極不融合。陳儀在臺灣的班底除國民黨員，還包括無政府主義者、國家主義者（中國青年黨）及左傾分子，其中又以浙江人、福建人居多。至於臺灣本地的行政人員、文化人因不能寫中文、講國語或不諳公文流程及缺乏經驗等理由，無法擔任重要行政職務。[78]但各派系之間在重要職務的角逐，以及對日產接收的處理上展開激烈爭奪。省署時期「CC派」李翼中掌控的臺灣省黨部，對陳儀發揮掣肘作用，結合本土勢力與長官公署作對。此外，由原軍事委員會調查統計局（軍統）縮編的國防部保密局在臺勢力集中在警備總部（參謀長柯遠芬），憲兵第四團（團長張慕陶）與軍隊高雄要塞司令彭孟緝。

長官公署與各派系之間的對立，以及在青年學生裡發展組織的「三民主義青年團」（三青團），本地人士、「半山」集團與媒體間的合縱連橫，使戰後之初的臺灣政局風雨飄搖，詭譎難安。[79]

一九四六年十月來臺灣推展戲劇的陳大禹，所面對的臺灣政治、社會大環境，雖仍殘存著張燈結彩的光復週年喜慶氛圍，劇場的大情勢卻是「山雨欲來風滿樓」。大禹來臺之前，國共內戰如箭在弦上，一觸即發，而臺灣的族群問題也已逐漸浮現，戰後以來臺灣行政長官施政的缺失，使得「本省人」與「外省人」潛在的文化衝突與族群鴻溝也逐

78 一九四六年初臺灣行政長官公署一級單位十八位正副首長中，僅有一位「半山」，餘均為「外省人」，其他長官公署直屬各機關主管、縣市長也莫不由「外省人」佔絕大部分。

79 關於當時派系鬥爭，可參閱陳翠蓮，《派系鬥爭與權謀政治——二二八悲劇的另一面相》第四章〈派系鬥爭與二二八事件〉，頁二〇〇～二七一。

1947 年「實驗小劇團」與「青年藝術劇社」等成員於臺灣電影攝製場合影，慶祝第四屆戲劇節。中排左一：場長白克、後排左三：林摶秋，後排白衣左為陳大禹、右為辛奇。（圖片來源：陳大禹家屬提供）

漸擴大。[80] 進入一九四七年之後，中國大陸局勢迅速惡化，上海的社會與經濟已危機四伏，且波及臺灣，本地報刊經常出現物價上漲，社會經濟紊亂、治安問題嚴重的報導，倒是一些藝文節慶仍如常地舉行。

一九四七年二月十五日第四屆戲劇節在臺北市中山堂舉辦，是戲劇界的年度盛會，歐陽予倩以及「新中國劇社」成員是這次戲劇節活動的特別來賓，歐陽並在會中演講「中國劇運簡史」，大禹的「實小」與「青藝劇團」也在大會一同演出《可憐的斐加》，其他節目還有宋非我講「臺

80 當時民間流傳「五天五地」：盟軍轟炸「驚天動地」，臺灣光復「歡天喜地」，接收官員「花天酒地」，惡政統治「黑天暗地」，物價飛漲「呼天喚地」。「五天五地」象徵了民眾對「臺灣省行政長官公署」的失望之情。參見〈當前的物價問題〉，《臺灣新生報》，一九四七年二月四日，第二版；〈米商們拿出良心吧：窮市民快要餓死了〉，《臺灣新生報》，一九四七年二月十三日；〈民以食為天：我們要為米荒而奮鬥〉，《臺灣新生報》，一九四七年二月十九日。

灣話劇」、攝影、歌唱、魔術表演以及汪思明演唱臺灣歌謠、李進德舞蹈、電影《幻遊南海》、平劇《鴻鸞禧》以及餘興節目。[81]「實小」與「青藝劇團」合作的《可憐的斐加》只是慶祝活動的一個小節目，在有限的時間由誰主演、如何演出並不清楚，應該不是完整、正式呈現的「短劇」。

當時「新中國劇社」才剛於一九四七年年初的新曆年和舊曆年假期，以堂皇的陣容、喧赫的聲勢，在臺北市中山堂連續上演《鄭成功》、《牛郎織女》、《日出》與《桃花扇》等四齣名劇時，吸引甚多急欲瞻仰「內地」劇藝的「外省」觀眾與少部分「本省」觀眾。「新中國劇社」原訂在結束臺北公演之後，轉至高雄、臺中、臺南演出，不僅如此，劇團領導階層甚至還衡量當時局勢，有意在臺灣長期居留，而行政長官公署的宣委會也打算將接收的日產「國際戲院」整修，以作為專門上演話劇的場所。[82]

差不多同時間，包括「實小」在內的各劇團多有公演計畫，戲劇界似乎正呈現欣欣向榮的景象，然而，一九四七年二月間上海《觀察》週刊派駐臺灣的記者，寫了一篇專題報導，標題為〈隨時可以發生暴動的臺灣局面〉，直指「我直覺地感到，今日臺灣危機四伏，岌岌可危，是隨時可能發生騷亂或暴動的。」[83] 一場臺灣歷史與族群的大悲劇，果真隨著臺灣人民對國民政府與陳儀行政長官所堆積多年的不滿瞬間引爆，一發不可收拾，成為全島性大動亂，許許多

---

81 《可憐的斐加》是改編自俄國作家雅穆伯（Amb）的《醉鬼》，曹靖華翻譯的《俄羅斯〔蘇聯〕劇本》（北京：未名社，一九二七）內收有雅穆伯的《醉鬼》；董曉萍、歐達偉曾指出平教會「改編了秧歌戲的《醉鬼》《求婚》和《看戶》等劇目（熊佛西執筆）」（見《鄉村戲曲表演與中國現代民眾》，頁一九〇），但未給出任何依據。據江棘考察，《醉鬼》是熊佛西、陳治策據曹靖華的雅穆伯《可憐的斐迦》譯本改譯的「獨幕趣劇」，見江棘，〈「新」「舊」文藝之間的轉換軌轍——定縣秧歌輯選工作與農民戲劇實驗關係考論〉，《中國現代文學研究叢刊》一二（二〇一八），頁一七二～一九二。

82 歐陽予倩，〈劇運在臺灣〉。

83 臺灣特約記者，〈隨時可以發生暴動的臺灣局面〉，《觀察》二：二（一九四七年三月八日），頁一八～一九。記者文章寫於二月中旬，刊登時「二二八事件」已經發生。

多的中國人／臺灣人的命運——其中當然包括戲劇界人士，在《可憐的斐加》演出不到兩個星期突然改變。

一九四七年二月二十七日，臺北大稻埕一場因警察取締民婦販賣私菸，誤傷人命，警民衝突夾雜族群與文化矛盾，這是臺灣現代史的悲劇，對於臺灣政治、社會文化的影響既深且遠。「新中國劇社」在「二二八事件」發生時，演出物件遭到破壞，群眾甚至要向劇團興師問罪，幸賴當時臺籍人士出面協助，聲明劇社成員並非壓榨民脂民膏的外省接收人員，歐陽予倩本人也向群眾說明「新中國劇社」與人民站在同一陣線，反法西斯政權，群眾方才散去。[84] 經過這個事件，「新中國劇社」臨時取消了臺灣中南部演出計畫，匆匆返回上海。

「二二八事件」發生初期，各地均有民眾集結，抗議執政當局。由臺籍士紳組織的「二二八處理委員會」向行政長官公署提出政治改革要求，陳儀虛以委蛇，俟支援軍隊抵達臺灣，便展開鎮壓，於三月九日宣布戒嚴，直至五月十六日解嚴。當時的國民政府將「二二八事件」定位為民亂，引發事件的「罪人」則指向日本在臺的殘餘勢力及伺機叛亂的左翼勢力。[85] 三月十日蔣介石總統在對「二二八事件」的首次談話中，指控中共煽動為主要原因，他依據軍政生涯的經驗，以及各方呈送的情報研判，認為臺灣事件「實有叛國及奪取政權之重大陰謀」。[86] 三月十七日蔣介石總統派遣國防部長白崇禧及三民主義青年團中央團部處長蔣經國等十四人等來臺灣視察撫慰，白崇禧抵達臺灣後宣布將採行寬大處理，尊重法紀，恢復秩序，進行改革等原則。

「二二八事件」的擴大，與派系鬥爭與權謀政治有關，使得事件火上加油，悲劇持續擴大，陳翠蓮認為「三月八日國府增援部隊抵達之後，臺灣情勢急轉直下。但是各政治派系之間並未因情勢已在軍隊掌握之中而停止鬥爭，

84 吳克泰，《吳克泰回想錄》（臺北：人間出版社，二〇〇二），頁二〇二～二〇三。
85 〈社論：誰是臺灣的罪人〉，《臺灣新生報》，一九四七年三月十八日，第一版。
86 參見白先勇、廖彥博，《止痛療傷：白崇禧將軍與二二八》（臺北：時報出版公司，二〇一四），頁三三～三四。

反而趁著軍隊平亂的混亂局勢而變本加厲、傾軋不已，為著各自的政治利益或攻訐構陷、或推諉卸責；旋即又陷入臺灣省改制的權位之爭」。[87]「二二八事件」釀成巨變，身為行政長官的陳儀責無旁貸，也是最受爭議的人物，他於一九四六年三月二十二日離職，四月二十二日行政院撤銷行政長官公署，改設省政府，魏道明出任首任省主席。

除了最需負責的陳儀或更高的國家元首，「二二八事件」後，在各方檢討聲浪中，臺灣省警備總司令部參謀長柯遠芬和高雄要塞司令彭孟緝（一九〇八～一九九七）都是最被點名批判的「元兇」。屬於「軍統」的柯遠芬，作為陳儀的最高軍事幕僚，被認為非但未能將暴亂降到最低，反而以看好戲的心理坐視事態擴大，讓陳儀遭挫，再出來收拾局面邀功，柯遠芬把所有責任推託給陳儀等人，但仍有諸多資料顯示他在這個時期的作為與「二二八事件」的擴大有關。[88]一九四七年三月十七日赴臺宣慰的國防部長白崇禧，於四月十七日上簽給蔣介石總統時指出：「擔任臺灣省警備總司令部參謀長柯遠芬處事操切，濫用職權，對此次事變，舉措尤多失當，且賦性剛愎，不知悛改，擬請予以撤職處分，以示懲戒，而平民忿。」白崇禧曾指柯遠芬在綏靖清鄉會議上表示，暴徒混亂地方「寧可枉殺九十九個，只要殺死一個真的就可以」，並引用列寧的話，「對敵人寬大，就是對同志殘酷」。柯遠芬後來在他的口述歷史承認此事，但辯解他的處理並無錯誤：

> 白崇禧來臺召集將領談話時，我確實引用列寧在紅軍革命時所說過「能夠殺死九十九人，有一個真的就可以」這句話。我的意思是指在動亂時，暴徒傷亡，多在其攻擊軍警機關時所致，誰是共產黨，誰不是共產黨，很難

87 陳翠蓮，《派系鬥爭與權謀政治——二二八悲劇的另一面相》，頁二二二～二七一。

88 陳翠蓮，《派系鬥爭與權謀政治——二二八悲劇的另一面相》，頁二六七、二七六、二九〇。

說，就像國軍剿匪戡亂時，雙方互殺許多人，難道個個都是共產黨嗎？[89]

「二二八事件」關係人陳儀與彭孟緝、柯遠芬在事變後的當下皆未受到懲處，但陳彭柯三人接下來的命運有所不同，一九四七年五月十六日臺灣省政府成立，以前駐美大使魏道明為首任省主席，陳儀離開行政長官公署後被任命為浙江省主席，一九四九年以陰謀投共，被押回臺灣處死；彭孟緝官運亨通，他在高雄的鎮壓，被白崇禧譽為處置得當，由臺灣省警備司令而陸軍總司令、參謀總長、陸軍一級上將。[90] 柯遠芬則在卸下參謀長職務後交陸軍大學管訓，再派往東北視察，一九五八年「八二三砲戰」期間任金門防衛司令部副司令兼政戰部主任，後來擔任中華民國駐越南軍事顧問團團長，於任內以陸軍中將除役退休。[91]

一九四七年四月陳儀下臺，時任「臺灣省行政長官公署交響樂團」團長的蔡繼琨仍派大禹擔任樂團幹事，讓他有了固定收入，並搬入樂團提供在臺北的宿舍，因為與蔡繼琨的淵源，大禹與臺籍音樂界人士，如呂泉生、王錫奇、王弘器等人，頗有了交往與合作的機會。「實小」還一直借用交響樂團在臺北市西門町南緣、中華路一段的西本願寺的團址作為聯絡處，平常排戲也借用樂團排練室。[92]

「二二八事件」的爆發，在來臺已四個月的陳大禹眼中，無疑是個「無情的爆裂彈」，讓「本省人」與「外省

89 李宣鋒訪問、記錄，〈柯遠芬先生口述記錄〉，臺灣省文獻委員會編，《二二八事件文獻補錄》（臺灣省文獻委員會，一九九四），頁一三二；參見白先勇、廖彥博，《止痛療傷：白崇禧將軍與二二八》，頁一二四～一二五。

90 白崇禧一九四七年四月十七日上蔣介石總統簽呈除建議懲處柯遠芬之外，還擬請獎勵高雄要塞司令彭孟緝、基隆要塞司令史宏熹、馬公要塞司令史文桂、嘉義空軍地勤第二十九中隊隊長魏聚日、整編第二十一師獨立團團長何軍章等五人，其中以建議獎升彭孟緝受到最多爭議。參見白先勇、廖彥博，《止痛療傷：白崇禧將軍與二二八》，頁一五七。

91 陳翠蓮，《派系鬥爭與權謀政治——二二八悲劇的另一面相》，頁二九〇。

92 西本願寺係一九二三年在新起街興建的淨土真宗本願寺派臺灣別院。

「二二八事件」當天，民眾聚集在專賣局前。
（圖片來源：臺北二二八紀念館）

人」衝突浮上檯面，會講福佬話的「外省人」大禹當時未被騷擾，也沒有受到太大的驚嚇，他的住處甚至成為若干外省文化界人士避難的地方。從「二二八」到三月初國軍鎮壓那段時間，每天都有人躲在大禹的宿舍裡。[93] 事件前崑崙影片公司和史東山夫婦來臺勘察設置電影攝製場的可能性，大禹安排其生活，並帶他們四處參觀考察，兩人曾針對推動戲劇展演與電影拍攝進行討論，或許已有一些合作計畫正在構思，事件發生時，為了怕外省籍的史氏夫婦遇險，大禹還將他們接到住處暫避風頭，史氏夫婦雖平安無事，但也打斷了原先企圖在臺灣推動的影劇構想。[94]

而後的「清鄉」時期，政府於一九四七年四月二十八日以臺灣省憲政協進會名義發起「新文化運動」，倡言「建立正途之國家民族觀念，糾正迷戀日本統治之錯誤思想」，提倡「普及國文、國語，避免常用日文、日語」，另方面鼓勵民眾檢舉密報，無辜民眾死難、下獄者不計其數。事件之前的新聞媒體，如《人民導報》、《政經報》、《民報》、《中外日報》遭到停刊處分，著名的新聞文化人宋斐如、阮朝日、蘇新、王添燈等人不是遭到逮捕槍決、失蹤，便是被迫流亡海外，僅存的報刊多半與黨政軍有密切關係，臺灣藝術與文化界進入風聲鶴唳，人人自危的黑暗期。

93 〈辛奇訪談紀錄〉，臺北嵐山咖啡店，二〇〇五年十二月月一日。
94 〈辛奇訪談紀錄〉，臺北嵐山咖啡店，二〇〇五年八月二十四日。

陳儀在臺掌權前後一年八個月，下臺後人身安全沒受到立即威脅，對一直「待業」的大禹來說，陳儀下臺影響不大，但蔡繼琨在工作的推展上就明顯少了一個強力的靠山，「交響樂團」這種專業而又組織龐大的樂團初次在臺灣出現的年代，蔡繼琨及「省交」背後有沒有陳儀事關重大。蔡氏於一九四五年九月來臺籌備「臺灣省警備總司令部交響樂團」，並於當年十二月一日正式成立，下設管絃樂、軍樂與合唱隊三個團隊，團員一百九十人，「本省人佔多數」，蔡氏以少將參議擔任團長兼指揮，一九四六年三月交響樂團改隸行政長官公署，名稱為「臺灣省行政長官公署交響樂團」，編制與經費不變。

史東山（1902-1955）。
（圖片來源：陳大禹家屬提供）

「二二八事件」後的一九四七年四月二十二日行政長官公署撤銷，五月二十六日臺灣省政府成立，交響樂團改名為「臺灣省交響樂團」，蔡繼琨繼續擔任團長兼指揮，雖仍有定期演出，但已難以找到像陳儀這樣有力的支持者。在政局動蕩不安的一九四〇年代後期，最具音樂專業，被視為「臺灣交響樂之父」的蔡繼琨擔心的，不是有其他競爭者意圖謀取這個職位，而是上級無法理解樂團的特殊性與重要性，以及所需具備的人事編制與經費預算。

一九四七年十一月臺灣省政府取消交響樂團的編制，樂團改由蔡繼琨擔任理事長的「臺灣省藝術建設協會」接辦，樂團名稱不改，蔡氏也依然擔任團長兼指揮，經費來源卻大為走樣，「臺灣省藝術建設協會」不是有固定人事經費的機關，只是一個帶點官方色彩的民間團體，省政府所能挹注給「省交」的，只給委託代組訓練管理臺灣省政府軍樂隊的經費，按月撥款，原來一百九十名正職團員只留下八十名。一九四八年二月十七、十八日，「省交」第十八次的定期演奏會是為「臺灣省藝術建設協會」籌募基金，蔡繼琨曾口述那一段籌募的歷史，「……籌募的成績並不好，樂團的經常費用，除省政府的補助外，靠節目演奏的津貼，節目單廣告費和門票收入，開支時感捉襟見肘。」[95]

「省交」資源的匱乏影響樂團發展，蔡繼琨工作環境的日漸緊縮，間接也讓大禹少了來自蔡繼琨的方便與奧援，不過即使《香蕉香》演出惹禍而於一九四八年四月離開「省交」的工作，都還能在省府舉辦的若干活動找到臨時工──一九四八年九月到十一月，在「臺灣博覽會」擔任兩個月的臨時工作人員，這項博覽會蔡繼琨有一定程度的參與。蔡氏在一九四九年五月離開交響樂團時，樂團正處於存亡關頭，幸得當時的教育廳副廳長謝東閔將樂團收歸教育廳主辦，取名「臺灣省教育廳交響樂團」才免除一場廢團的危機。

1948 年為慶祝臺灣光復三週年於介壽路舉辦的臺灣省博覽會。（圖片來源：遠流出版公司提供）

「二二八事件」後大禹已經感受到社會上存在著一道深廣的鴻溝，「本省人」與「外省人」間的裂痕持續擴大，臺灣政治上仍然一片肅殺，而後國防部長白崇禧指派國防部演劇三隊來臺宣慰民眾，在臺北中山堂演出宋之的《新縣長》（《刑》），內容描寫地方惡霸劣紳與清正官吏的鬥爭，藉著民族意識的宏揚，為國府的「清鄉」、「綏靖」來「證道」，另外還有《草木皆兵》、《大明英烈傳》等劇，但都因語言與民情差異而票房慘淡，大禹認為這樣的演出「時也地也，生活風習，各有距離，無法大量地吸引多數觀眾。」[96]

95 〈省交第一任團長談創團經過〉，引自徐麗紗，《蔡繼琨：藝德雙馨》之〈附錄〉，頁一六一。

96 陳大禹，〈破車胎的劇運〉，《臺灣新生報》，一九四八年一月一日，第七版。

「二二八事件」對臺灣本土戲劇運動是沉重一擊，本來打算在戰後臺灣大顯身手的新劇運動人士如驚弓之鳥，不敢再在戲劇創作上碰觸政治、族群議題。以「臺灣新劇第一人」自許的張維賢，以及林摶秋、張深切都不再做劇場，至多只拍臺語電影。原在臺南推展劇運的王育德從此流亡日本，宋非我則遠走中國，本來對「光復」後臺灣戲劇新氣象深有期盼的王白淵，因被牽連到「二二八事件」而於一九四七年底被捕，更慘的是簡國賢，在一九五〇年代初的「清鄉」行動中被捕殺。

王育德在〈臺灣光復後的話劇運動〉總結從光復到「二二八」一年半的短促時間，從自由女神降臨，變成劊子手血腥鎮壓的慘狀：

> 光復培養了臺灣人的話劇運動的幼芽，而二二八慘案又殘酷地壓死了它。從光復到二二八的一年半的短促時間，雖然從今天看起來，不過是「暴風驟雨之前夜」，但還不失為一個「較」甜蜜的時代。何況剛從日帝壓迫脫離了的當時的臺灣人，天真地以為「自由之女神」降臨了，以為臺灣始歸臺灣人之手了，歡天喜地地發展他們的文化活動。……翌年即一九四七年（民國三十六年），二二八慘案發生，果真民憤壓抑不住，爆發起來。但結果呢，劊子手們卻藉此機會，開始血腥的鎮壓了。新劇運動的青年們面臨事件發生，自然是站在要求「民主」和「自由」的群眾的這一邊，實際怎樣，現在沒有資料，難以查尋。不過，經過這次血腥的彈壓，聽見有的被殺，有的被捕，有的跑掉，一部分離開了臺灣。而關在孤島上的，即一直掩旗息鼓，不敢再露面。[97]

97 王育德，〈臺灣光復後的話劇運動〉，《王育德全集》（臺北：前衛出版社，二〇〇二），頁一八九。

當時戲劇界的肅殺氣氛，幾個月之後來臺公演的「上海觀眾演出公司」仍深刻感受到。[98] 這個職業劇團是一九四七年十月在臺糖公司邀請下，帶來吳祖光的歷史劇《清宮外史》、顧一樵的《岳飛》、曹禺《雷雨》、英國平內羅（Sir A.W.Pinero）原著改編的《愛》（《續絃夫人》）以及張駿祥的《萬世師表》，其來臺的目的，一如其他中國劇團，是希望「能為臺灣這塊戲劇處女地上，輝煌地開闢出一畝模範園地。」除了在臺北中山堂演出外，「上海觀眾演出公司」也前往中南部巡演，為期半年，刺激了沉寂的臺灣戲劇界，特別是中南部的國語話劇界，也因「上海觀眾演出公司」的演出而帶動表演風氣。[99] 不過，「上海觀眾演出公司」仍感受到臺灣人跟他們雖然「兄弟

98 「上海觀眾演出公司」係一九四六年由張駿祥與黃佐臨發起，在「苦幹劇團」與中央電影場的基礎上成立，負責人為劉厚生與耿震。「苦幹劇團」是一九四二年由上海淪陷區的職業劇團以「齊心合力，埋頭苦幹」的精神改組而成，負責人是黃佐臨，主要演員有吳仞之、丹尼與孫浩然等人，一九四六年停止活動，後由黃佐臨等人改組為「上海觀眾演出公司」。「上海觀眾演出公司」曾演出《清宮外史》、《結婚進行曲》、《北京人》等著名劇目，一九四八年停止活動。

99 朱可立，〈展開臺灣新劇運，迎觀眾公司來臺〉，《臺灣新生報》，一九四七年十一月三日，第二版。

1945 年王育德（前排中扮演長者）編演的《新生之朝》於臺南延平戲院演出。
（圖片來源：國立臺灣文學館）

相見，卻已經成了陌生人一樣，推動國語運動，交流祖國文化等的工作，仍有迫切的需要」。[100]中國戲劇界人士看到臺灣族群的對立，也希望這個問題能有改善，而改善的方法依然是迫切的需要「推動國語運動，交流祖國文化」。

「二二八事件」之後臺灣現代戲劇多由中國來臺官員、文化人、劇團主導的情況更加明顯，也結束了臺灣自日治以來的近現代戲劇。一九五〇年代以後的現代戲劇界主力是中國來臺的話劇劇團以及在臺灣成立的業餘劇團，皆以「國語」發聲、外省演員為主的戲劇演出。出現在舞臺上的臺語戲劇，只有傳統戲曲與通俗新劇團體，「鐘聲劇團」在民間演出的廣告，標榜加演「獨特的樂舞隊，醉人音樂迷人的歌唱，豔麗美女群總出演」。[101]在劇院演出的臺語舞臺劇，除了「實驗小劇團」之外，只有像省立師範學院學生蔡德本於一九四七年在朴子用臺語演出由曹禺《日出》改編的《天未光》，這種小型、另類的演出了。[102]

臺灣文化人王詩琅在一九四八年戲劇節寫了一篇〈勗本省戲劇工作者〉，並投書報社，雖然語氣委婉，但仍意有所指：「（戲劇）對象既然是在廣大的民眾，那麼本省劇運主體，自然應以本地人為主，外來人為輔。」[103]這幾句話充分反映戰後臺灣本地戲劇家的心聲。「二二八事件」最後以武力鎮壓收場，一場看似無政府狀態的「民亂」表面上雖告平定，卻深化成族群間的仇視與對立，臺灣本地劇人與中國戲劇界之間也失去許多交流的機會。

「二二八事件」之後，臺灣的本土與現代戲劇活動陷於停頓。只有大禹依照原訂計畫，一方面積極招募演員，籌劃新戲演出，一方面等待好的工作機會，也希望能找到劇團有力的支持者贊助。大禹並非不知大環境的險惡，他在〈破

100 上海觀眾演出公司全體同仁，〈掀起臺灣新戲劇潮——迎第五屆戲劇節〉，《臺灣新生報》，一九四八年二月十五日，第四版。

101 參見《臺灣新生報》一九四六年至一九五六年廣告。

102 蔡德本在一九四九年於師院組織「臺語戲劇之友社」，發行《龍安文藝》，「利用大眾性的臺語，來啟蒙一般大眾」，以對抗外省學生組成的戲劇之友社。

103 王詩琅，〈勗本省戲劇工作者〉，《和平日報》，一九四八年二月十五日，第二版。

車胎的劇運〉文章中就寫道，「二二八事件無疑是無情的爆裂彈，劇壇也因此元氣大傷」，大禹觀察從「二二八」以後的劇運，除了有公給薪餉的劇團外，民間劇團誰也不敢拿演出來支撐招牌！」。[104]除了威權的政治體制之外，嚴格的戲劇審查制度，繁重的娛樂稅對所有表演團體——不分「本省」與「外省」，都是最沉重的負擔。他曾經撰文直指問題所在：

> 回過頭來，我們且說劇人自己窮湊來作散兵演出，奇貴的設備費用，意料不到的閒雜零支、驚人倍加的宣傳費用，坐收漁利的中間利厚、娛樂稅、印花稅，總合近百份四十的捐，權威祖宗的贈券，你兄我弟的揩油，寫不盡寫，外還加上啼笑皆非的劇本內容問題。[105]

儘管感嘆「演劇？這是什麼時候！」、「算了吧，破車胎，打不起氣來，擱著它吧！」大禹在這個時候選擇勇敢嘗試在「本省人」、「外省人」之間那條「深廣的鴻溝」上，「用演劇架座可以交流、來往的橋樑」，儘管不知確知是否於事有補？

104 陳大禹，〈破車胎的劇運〉。

105 陳大禹，〈如何建立當前的劇運〉，《臺灣新生報》，一九四八年四月二日，第四版。

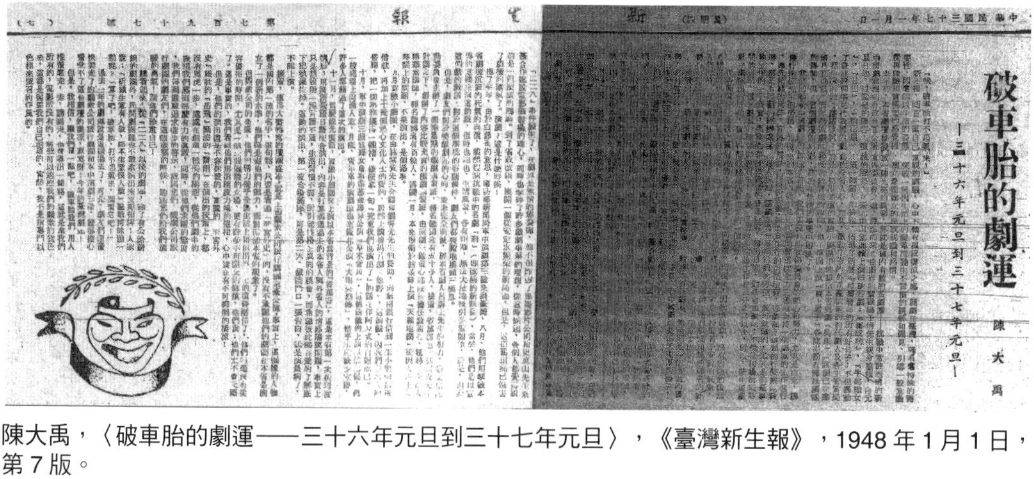
破車胎的劇運
—三十六年元旦到三十七年元旦—
陳大禹

陳大禹，〈破車胎的劇運——三十六年元旦到三十七年元旦〉，《臺灣新生報》，1948年1月1日，第7版。

2、他鄉與故鄉：掀起臺灣劇場漣漪的那幾年

2-1 陳大禹與「實驗小劇團」的創立

陳大禹畢業於上海東亞體專，曾經在中小學教過體育，雖非戲劇或文學專業出身，至少可知應有優異的體能，他喜歡的還是戲劇，也以戲劇聞名。一九三三年體專畢業，返鄉擔任教員時，即以業餘劇人身分積極參與戲劇運動，因為不是出自戲劇科班或藝術相關科系，大禹的人文藝術與劇場知識主要來自個人實務經驗，或是自行研修、身體力行的成果。

他的一生可分成三個階段：（一）從出生到來臺灣（一九一六～一九四六）；（二）在臺時期（一九四六～一九四九）；（三）回歸故里（一九四九～一九八六）。第一個階段是從一九三〇年代初開始實際參與戲劇活動，到一九四〇年代初的大約十年時間，參加過「鶯聲劇社」（「國防劇社」）、「銀海劇社」、福州「實驗小劇團」以及各種抗日演劇宣傳隊，編導過許多戲，不過並未留下太多的演出紀錄或戲劇著述，只能從其零散的報刊文章、劇本、手記，及其家人、親友口中，約略了解他的戲劇、文學理念。

陳大禹一九四六年十月某一日從上海搭船到基隆，再轉臺北，這是他第一次來臺灣，也是生平唯一的一次。他來臺北之前，瀟帆已因會計工作關係先來這裡住幾個月了，大禹在十月的哪一天抵達臺灣，原本應該是有明確日期，但這個簡單答案在當事人來臺二年多之後如驚弓之鳥返回中國大陸，至親好友有意無意地避免談到與大禹有關的任何事。如今禁忌解除，這個對大禹有特別意義的日子，竟然沒有人記得起來，大禹哪一天來臺灣，果真被遺忘了。兩夫妻在臺北住了二、三年，對大禹而言，這二、三年不是預定的旅臺期限，而是臨時變更在臺灣的生活計畫，才提前返回中國大陸。

當年的大禹，踏上臺灣土地的那一刻應該就有幾分熟悉與親切感，他成長的地方——龍溪與臺灣地理位置接近，是許多臺灣人的原鄉，不僅語言相同，風俗習慣亦無大異，初來乍到的大禹，除了有不少戰後從閩南來的同鄉朋友，到處都可看到開漳聖王廟以及祖籍「福建省漳州府」的臺灣人，大禹比起從其他省份來臺的中國人，更能適應本地的生活環境。當時在行政長官公署及所屬機關做事的人，有不少福州與閩南漳泉人士，人親土親，大禹或多或少認識一些當官的同鄉，他也頗能積極地利用自身地緣關係，可能的人脈以及語言上的優勢，在臺灣展開新生活。

大禹在臺灣遲遲未能找到適合而又固定的工作，從當時的實際情況來看，他似乎沒有認真找工作，或者說，他並不想隨便找個差事。大禹期盼在臺灣的發展機會是在戲劇方面，仕途、經商、賺錢似乎都不是他當時的最終目的。然而，要在臺灣推展戲劇活動，沒有固定工作，沒有可靠的資金來源，沒有屬於自己的班底，自然窒礙難行，當時的大禹顯然不是老謀深算型，他似乎只是把握眼前熱情，走一步算一步的人。

大禹在臺灣可能運用的資源，一部分是青年時期在閩南建立的人際關係（如蔡繼琨），再方面，是當年在福建推展劇運的在臺同仁（如姚少滄、姚勇來等人），另外，則是來臺灣之後結識的文化人與戲劇界朋友（如王井泉、辛奇）。曾經在日本學習劇場，有舞臺經驗的辛奇可算大禹來臺後較早結交的臺籍文化人。為兩人拉線的是辛奇大嫂的弟弟，他也是漳州人，曾經接受情報訓練，在軍統局局長戴笠手下工作，與大禹為舊識；兩人在重慶重逢，回臺灣之後介紹辛奇與大禹認識。

大禹夫妻抵達臺灣之前，行政長官公署宣委會已於一九四六年二月十九日宣告「本省電影戲劇事業，演出影片或戲劇，除電影應照本省電影審查暫行辦法之規定辦理之外，戲劇應於演出前，將劇本送請宣傳委員會審查」，八月二十二日行政長官公署又制定「臺灣省劇團管理規則」，主要規定：「凡欲在本省組織劇團者，須由主持人向宣傳委員會申請呈記，經核准發給登記證後，方准在本省境內演出，其在本規則施行前已成立之劇團，應於本規則公布施行後二十日內補行登記」（第三條）：「劇團登記，分成立登記及上演登記。」（第四條）；「劇團違反本規則規定不申請登記者，除禁止演劇外，並得處主持人七日以下之拘留，或五十元以下之罰鍰。」（第八條）而劇團申請上演登記時應記載下列各事項：（一）劇本名稱；（二）著者姓名及著作時間；（三）上演地點與時間。[1]

陳大禹盼望在臺灣擁有一個劇團，可以創作，可以排戲、演戲，可以實踐自己的戲劇理念，但要組織劇團就要申請劇團登記，當時大禹可能評估過想做劇場，憑他一己之力很難完成，所以還沒有認真打算成立一個完全屬於自己的嶄新劇團，而是跟往昔中國大陸時期的戲劇界伙伴一起，延續福州「實驗小劇團」的命脈，讓它在臺灣重現，這應該也是大禹來臺灣之後就已湧現的想法。雖然「實驗小劇團」的歷史可追溯一九三〇年代的福州時期，但在臺灣仍必須重新登記。一九四六年十一月大禹與姚少滄、林頌和、沈淑琛、沈娵璋、姚勇來、王玲燕等昔日「實小」元老，加上來臺灣之後新加入的同志王淮、陳春江、辛奇等人籌組新「實驗小劇團」。籌備的時間不長，一九四六年十一月二十七日，也就是大禹來臺的一個多月，「實驗小劇團」就正式向「臺灣省行政長官公署」宣傳委員會登記了（登記號碼八四），「代表人」就是「陳大禹」。

當時登記的新舊劇團很踴躍，總計一九四六年八月二十八日至一九四七年三月十五日「臺灣省行政長官公署」撤銷之前，共有一百七十八劇團辦妥登記，有本地人士組成的劇團，也有中國大陸來臺演出的劇團，前者包括「臺灣藝術劇社」、林摶秋「人人演劇研究會」與「人劇座」，後者除了「實驗小劇團」，還有來臺巡演的「新中國劇社」等。[2]「新中國劇社」登記日期一九四六年十二月十九日（登記號碼九二），申請人汪鞏。其他登記的外省劇團包括以公務員為主的「青年藝術劇團」（青藝劇團），登記日期是一九四六年十二月二日（登記號碼八七），申請人是姚冷。

1 呂訴上，〈光復後的臺灣劇運——臺灣省行政長官公署時期〉，《臺北文物》三：三（臺北，一九五四），頁七八～八二。

2 一九四七年前後依法向省公署宣傳委員會登記的劇團有一百七十多團，其中舊戲一百三十團。見呂訴上，《臺灣電影戲劇史》，頁三三八～三四一。呂訴上，〈光復後的臺灣劇運——臺灣省行政長官公署時期〉，頁七八～八二。

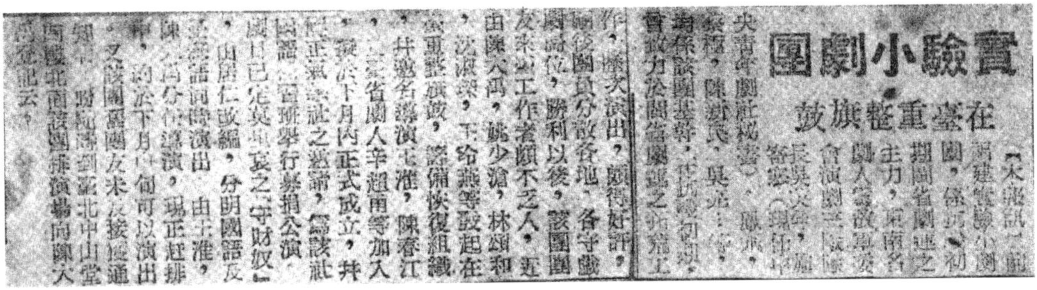
實驗小劇團
在臺重整旗鼓

〈實驗小劇團在臺重整旗鼓〉，《臺灣新生報》，1946 年 11 月 29 日，第 2 版。

「實驗小劇團」採取復團的型態，而不是新創劇團，在當時臺灣的戲劇環境，也是一個新聞宣傳策略，這個源自中國的業餘劇團，在戰後之初的臺灣「又開始復活了」，成為它的宣傳賣點。《臺灣新生報》一九四六年十一月二十九日以「實驗小劇團在臺重整旗鼓」為新聞標題，刊登「實驗小劇團」復團消息：

（實驗小劇團）係抗戰時期福建劇運之主力，故軍委會演劇三隊隊長吳英年、施寄寒（現任中大青年劇社秘書）、蔡極、陳新民、吳亮，均為該團主幹，在抗戰初期曾致力於閩省劇運之拓荒工作，勝利後，該團友來臺工作者頗不乏人，由陳大禹、姚少滄、沈淑琛、林頌和、王玲燕等發起在臺重整旗鼓，籌備恢復組織並邀名導演王淮、陳春江及臺籍劇人辛超甫等人擬於下月內正式成立，應正氣學社之邀請，為該社國語補習班舉行募款公演，劇目已定莫里哀之《守財奴》，由居仁改編，分國語、臺灣語同時演出，由王淮、陳大禹分任導演，現正趕排中，約於下月中旬可以演出。[3]

這則報導提到很多與「實小」有關的人名，包括福州創團時期的吳英年、施寄寒、蔡極、陳新民、吳亮，以及來到臺灣的陳大禹、姚少滄、沈淑琛、林頌和、王玲燕，與新加入王淮、陳春江、辛超甫等人，新聞報導的最後還加一小段「又該團舊團友未及接獲通知者，盼隨時到中山堂四樓北面排演場向陳大禹登記云」，從新聞內容看，

3 〈實驗小劇團在臺重整旗鼓〉，《臺灣新生報》，一九四六年十一月二十九日，第二版。

在臺灣重組的「實小」成員包括部分曾參加福州「實驗小劇團」的元老級團員，另外，也有若干曾參加江西「建藝劇團」、福建「抗建劇團」和浙江「中心劇團」的人，故有代表中國東南地區的幾個抗日時期戲劇團體在臺重建之說。

署名「白揚宋」的戲劇界人士云：「來臺灣後，在這當兒，無意中竟會到『建藝』的姚少滄兄，這真是一件幸事。一天他告訴我：他聯合了一些劇人，組織了一個『實驗小劇團』。人馬是「『建藝』、『抗建』、『中心』的一班老伙伴，這倒使我有點驚喜——過去東南劇壇的三支主力，現在合流了。」[4] 由「實小」帶出其與中國對日抗戰時期的幾個劇團之淵源，乍聽起來陣容似乎極為浩大，其實三個劇團在臺人數不過十人左右。

一九三六至一九三七年福建民眾教育館（處）從外地召聘戲劇專家來福州指導戲劇教育，進而催生了「實驗小劇團」，當時的專家來自京滬、北平，包括王紹清、陳新民、施寄寒、鳳飛、吳亮、姚少滄等人，某些資料——如前述趙玉林〈參加抗日救亡劇運的回憶〉並未出現陳大禹，一九四六年滄江寫的〈實驗小劇團簡史〉則把當年二十歲陳大禹在福州的資歷列為與王紹清、吳英年同級的專家，可能也是就近參考大禹、姚少滄的意見，賦予大禹領導「實驗小劇團」的正當性。「實小」的相關成員中，如姚少滄、姚勇來、沈媛璋夫婦、王玲燕等人，都是跟大禹一樣，在福建時期就參加了，其中姚少滄在太平洋戰爭後於重慶參加教育部劇教三隊在川黔滇巡迴演出，一九四二年回到福建接掌民教三團，在閩西各地巡迴。[5] 姚勇來夫婦與媛璋妹淑琛是福州「實小」重要青少年演員，王玲燕是淑琛中學同學，在中日戰爭期間有多次參與「實小」的劇運。

「實小」在臺北成立之後，「元老」們大多有參與劇團實務，但在第一齣戲《守財奴》之後就放手讓大禹發揮，

4 白揚宋，〈也算祝詞〉，《人民導報》，一九四六年十二月十七日。
5 滄江，〈實驗小劇團簡史〉，《自由報》，一九四六年十二月十九日。

大禹也成為「實小」唯一代表人及編導，一來大禹比一般其他成員更積極投入，「實小」是他來臺灣之後才開始籌備，可說是他一手帶頭成立，再則劇團主要成員除了大禹之外，多半另有專職，例如姚少滄是行政長官公署宣委會「電影攝製場」幹事，一九四八年辭職後，擔任《中國雜誌》的攝影記者，姚勇來原為公署新聞室科員，[6] 並兼《臺灣新生報》編輯，沈嫄璋則為《臺灣新生報》記者，林頌和當了律師，陳春江在臺電上班，至於第一齣戲之後才加入的石山、楊渭溪則在臺糖、臺灣貿易公司上班。

陳大禹義無反顧投入劇團組織、戲劇排演、資金募集，樂在其中，沒有固定收入，生活花費全賴妻子吳瀟帆在中學當會計的薪資，劇團營運所需除了大禹自己張羅，需要各方協助。在大禹奔走下，「實小」也有不少臺灣本地人的支持，「山水亭」老闆王井泉是主要贊助者之一，他是日治時期與戰後之初臺灣新劇運動的重要推手兼見證者，張維賢的「星光演劇研究會」與林摶秋、張文環的「厚生演劇研究會」與「人劇座」都與王井泉關係密切。「實小」經常性費用的一大部分就是靠王井泉支援，「山水亭」偶爾成為「實小」的團址或聯絡處，劇團招收團員的廣告還這樣寫：

> 本團徵求對戲劇有研究興趣的男女朋友，有志者，請向（或賜函）臺北市大稻埕（延平北路）山水亭詢問登記，以便函約會談。[7]

為了讓一齣戲順利演出，「實小」除了妥善安排劇組人員，在前兩齣戲都特別聘請黨政與藝文界要人與社會名流擔任演出委員，第一齣戲《守財奴》掛名者包括柯遠芬、李翼中、李友邦、胡福相、林紫貴、黃朝琴、柳健行、蔡

吳瀟帆少女時代照片。

6 國史館臺灣文獻館，《臺灣省行政長官公署職員輯錄（一）》（南投：國史館臺灣文獻館，二〇〇四），頁二九一～二九二。

7 見《原野》節目單後附「實驗小劇團定期公演」廣告。

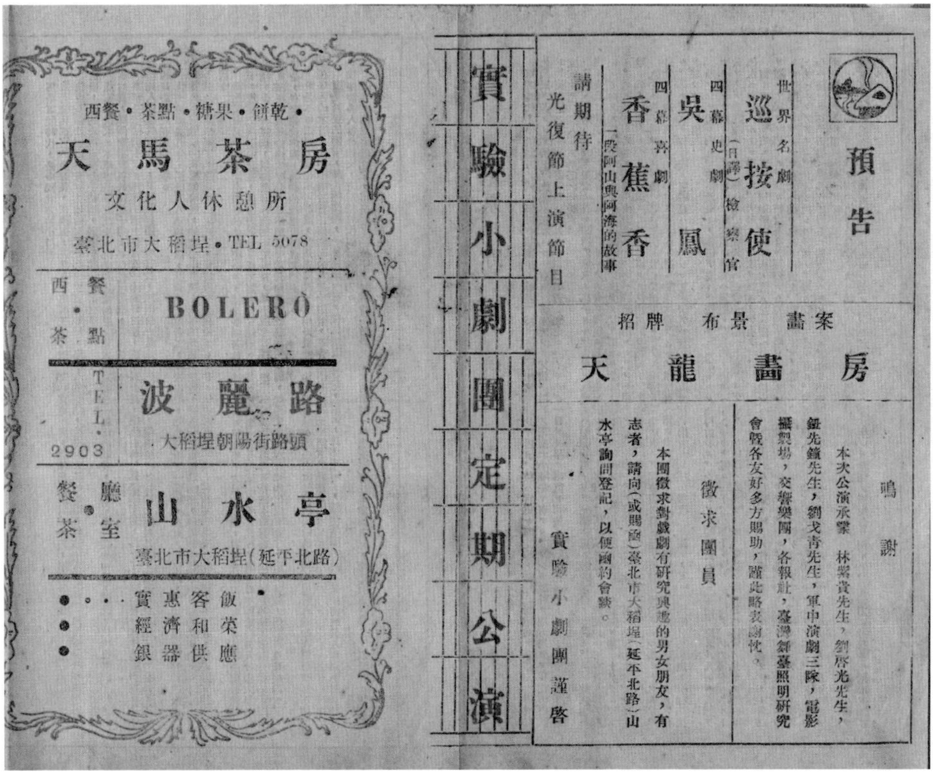

「實驗小劇團」徵求團員的廣告。（辛奇提供，國家電影及視聽文化中心典藏）

繼琨、白克、盧冠群等人，可以想見，這些演出委員應不少是蔡繼琨的關係而列名。柯遠芬當時任臺灣省警備總部參謀長，李翼中、李友邦分別是中國國民黨臺灣省黨部的正、副主要委員，林紫貴是臺灣省黨部《機關畫報》發行人，黃朝琴時任臺灣省臨時參議會議長，胡福相是「臺灣省行政長官公署」警務處長，柳健行是「臺灣省行政長官公署」機關刊物宣傳委員會《新臺灣畫報》主編，曾被行政長官公署指派擔任日產轉民營的臺灣電影戲劇公司監理人員，白克是臺灣省電影攝製場場長，盧冠群為中國國民黨文宣部臺灣特派員，也是臺南發行的《中華日報》的首任發行人、社長。

陳大禹及「實驗小劇團」的成立與演出有兩位有力的支持者，一位是出身黃埔四期、曾任福建保安處參謀長，後隨陳儀來臺，擔任臺灣省警備總司令部參謀長的廣東梅縣客家人柯遠芬，他是行政長官公署期間（一九四六年九月～一九四七年四月），臺灣行政長官兼警備總司令陳儀之下掌實權的人物；另一位是年少時留學東京帝國高等音樂學院，一九三六年以管絃樂作品《潯江漁火》獲得「日本現代交響樂作品」徵曲比賽首獎、深受陳儀器重的音樂家蔡繼琨，他是原籍臺灣鹿港的晉江人，柯蔡兩人在臺灣的職務與地位，皆因陳儀之興敗而有所影響。

柯遠芬、蔡繼琨都曾是「實小」演出委員，大禹及「實小」與兩人有不同程度的關係，所得到的庇蔭也略有差異。柯遠芬與「實小」的關係，除了柯掛名「演出委員」，還可從創團第一齣戲《守財奴》，為柯主持的「正氣學社」募款，並借其場地排練看出，但柯給予「實小」的助力較難評估，大禹與他的私人關係也不明顯。「實小」《守財奴》國語組導演王淮倒曾提及與柯遠芬的淵源是在來臺之前，在福建保安處政治部工作時，當時柯遠芬（別號為之）正是保安處參謀長，王淮一九四六年來臺，也是「民國三十五年間經臺灣省警備總司令部參謀長柯遠芬的幫忙，於同年六月十八日自上海攜眷搭海晨輪抵基隆上岸」。[8] 依王淮的說法，柯氏是他最感恩的人之一：

> 入世後因對是非善惡觀念深刻，過於耿介，且不善逢迎，素不為大人先生之所喜愛，自己真是吃虧不少，惟在福建保安處政治部時極得黃處長靜山公、柯參長為之公、鄺主任笠雲公之青顏，異遇數蒙破格拔擢，堪為平生得意時矣。[9]

「實驗小劇團」在臺灣的第一檔戲《守財奴》甚至是為柯遠芬的「正氣學社」國語補習班籌募活動基金，而「實小」在臺灣重建的目的，當時擔任臺灣省警備總部參謀長、同時也是「正氣學社」社長的柯遠芬在節目單寫了「為實驗小劇團公演說幾句話」所言：

8 法務部調查局，〈王淮調查筆錄〉（一九七一年四月十六日），《王淮案》國家檔案局資料檔案，檔案號 AA11010000F/0055/301/04447。

9 法務部調查局，〈王淮自傳〉，《王淮案》國家檔案局資料檔案，檔案號 AA11010000F/0055/301/04447。

戲劇是社會教育的工具，它以故事的編排和演員的技巧來現示忠奸順逆，使觀眾們有所感動，擇善而行。戲劇的力量非常偉大，一個國家文化水準之高低，可以戲劇來衡量它。中國戲劇至今仍沿漢唐舊制，毫無發展進步，因此亦可反映出中國文化自漢以後便漸次退步，距離于今日先進國不知有若千千萬里。至於我國的新劇——話劇，至今不過二、三十年的歷史，但我國的文化就在這二、三十年中起了一個極大的變化，前進了好幾步。北伐的成功、抗戰的勝利、話劇確實盡了不可磨滅的責任。

這個實驗小劇團是在抗戰中生長起來的，在福建努力了好幾年，對抗戰有不少的貢獻，但它隨著抗戰的勝利，這小小的團體也就復員了。這一次由於在臺灣工作的幾位團員認為臺灣是話劇的處女地。尤以臺灣文化與祖國文化脫離了半世紀實有設法把牠〔它〕聯接起來的必要，所以這個小劇團又開始復活了，負起了他們未完的責任。

這個小劇團第一次的演出是《守財奴》，是當前極具意義的一齣好戲，在目前利慾薰心，大家爭著發財的時候，實在有出演此戲的價值，尤其希望發財的人們多看。

今天我所衷心感謝的，是他們以這次演出的收入，除了開支以外，全部給正氣補習班作為基金。他們這種急公好義的崇高行為，確實比演戲有其更大的意義。[10]

「實小」第一齣戲與具軍統色彩的「正氣學社」如此密切結合，似出於對當時臺灣演出環境的判斷，這不應是大禹一個人的決定，可能是包括蔡繼琨、王淮、姚勇來夫婦的共同意見。

柯遠芬與大禹以及「實小」的關係，可以從兩邊在臺灣的時間做推測。大禹於一九四六年十月來臺，十一月「實

10 《守財奴》節目單。

驗小劇團」成立，一九四九年四月離臺；柯於一九四五年九月來臺，一九四七年五月離臺赴中國大陸，雙方在臺灣交集的時間不過六、七個月，這段期間柯掌握權柄，大禹跟他應談不上有私誼。從現有資料來看，柯氏給予大禹或「實小」經費與人事安排上的助益似乎不大，比較可能是藉柯氏的職務與名氣可免於各方不必要的刁難與騷擾。「二二八事件」期間大禹及「實小」這些「外省人」平安無事，大禹甚至還能保護其他「外省人」，未嘗不是因為有柯遠芬這個「靠山」，不過，另一個原因應該還是大禹與「實小」這些「外省人」，「二二八事件」期間並未介入敏感性組織，或有特殊「踰矩」的行動。

相對柯遠芬，蔡繼琨與陳大禹、「實小」的關係至為明顯，蔡氏於一九三七年從日本回國後深受時任福建省主席的陳儀信任與重用，先擔任福建省政府教育廳音樂指導，開始在福州籌備福建音樂專科教員訓練班與福建省立音樂專科學校，並出任首任校長，戰後應陳儀之邀來臺，任臺灣省警備總司令部軍簡二階（少將），創辦臺灣省警備司令部交響樂團，擔任團長兼指揮。大禹藉蔡氏建立藝文圈人脈，借用交響樂團的辦公空間及排練場地，甚至住進「省交」宿舍。「實小」創立之初，蔡繼琨的角色特別值得玩味，他不只是支持者，也在有意無意中表現出劇團名義上領導人的架式。歐陽予倩與「新中國劇社」抵臺後，白克和臺灣省電影攝製場與「實驗小劇團」曾於一九四六年十二月十四日聯合舉辦茶會招待，蔡繼琨還以「實小」負責人——而非「省交」團長兼指揮的身分致歡迎詞，《臺灣新生報》一九四六年十二月對這場茶會的報導：

> ……宣委會電影攝製場與實驗小劇團，昨日下午二時假電影場聯合舉行茶話會招待歐陽予倩，及新中國劇社全體社員，首由蔡繼琨以實驗小劇團團長之身分，起立報告招待會意義，歐陽予倩報告抗戰以來劇運發展之動向，白克亦致簡單歡迎詞，本省戲劇工作人員代表辛超甫，報告本省過去之戲劇動態，直至四時許散會。會後，並由電影場放映歌舞名片《星光四射》及新聞記錄片，觀畢，以〔已〕萬家燈火矣，全體與會人員皆大歡

喜而散。[11]

歐陽予倩當時也以為「實驗小劇團」是「臺灣省交響樂團」附屬團體，而蔡繼琨兼任「實小」劇團的團長。[12] 其實也不僅歐陽，當時新聞界普遍認為蔡繼琨是「實小」的領導人。

「實小」創團公演《守財奴》時，正是「新中國劇社」抵臺，掀起一波戲劇高潮之際，新聞報導常把「實小」與「新中國劇社」相提並論，《天津民國日報》曾以〈實驗小劇團深受歡迎〉為標題介紹「實驗小劇團」：[13]

> 這個劇團，雖是以「實驗」與「小」字自名，但據說已有相當的歷史，現在來到臺北重整旗鼓，第一砲開放的是根據法國莫里哀的《慳吝人》改編的《守財奴》，並且還別開生面的分日夜場，以國臺語分別演出，成績也算不錯，不過在評價上，被認為稍遜於《雷雨》，這對於劇本的選擇也大有關係……。[14]

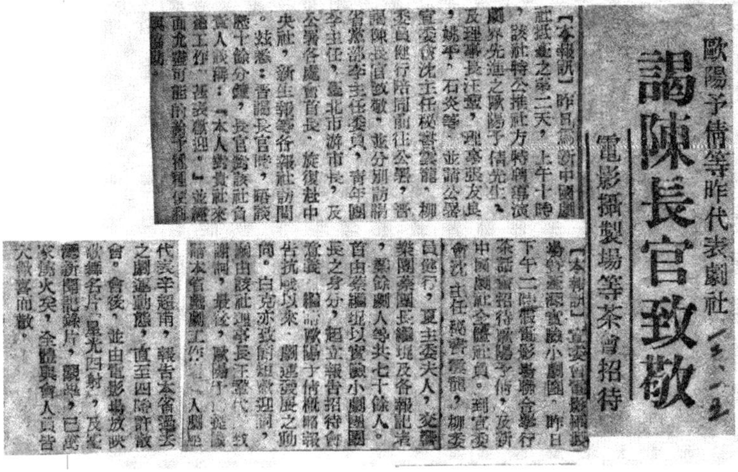
歐陽予倩等昨代表劇社
謁陳長官致敬
電影攝製場等茶會招待

〈歐陽予倩昨等代表劇社 謁陳長官致敬 電影攝製場等茶會招待〉，《臺灣新生報》，1946 年 12 月 15 日，第 6 版。

11 〈歐陽予倩昨等代表劇社 謁陳長官致敬 電影攝製場等茶會招待〉，《臺灣新生報》，一九四六年十二月十五日，第六版。
12 歐陽予倩，〈劇運在臺灣〉。
13 《上海新聞報》報導，一九四六年十一月五日。
14 〈實驗小劇團深受歡迎〉，《天津民國日報》，一九四七年二月二十八日，第八版。

的出色老闆：

《天津民國日報》雖說「實小」的《守財奴》稍遜於「新中國劇社」的《雷雨》，但也特別介紹「實驗小劇團」

但是實驗小劇團現在卻找到一位出色的老闆，一位音樂家，又是熟識的文化工作者蔡繼琨氏，又兼任了實驗小劇團的團長，蔡先生創業的精神，有他過去的許多事例，相信實驗小劇團將因而開放燦爛的花朵，據說他們已在借新中國劇社的板樣，在努力學習創造，備造在新中國劇團離臺以後，奮起繼續耕耘臺灣新戲劇運動的園圃。[15]

「實小」第一齣戲《守財奴》的演出節目單，蔡繼琨除了列名「演出委員」，並沒有劇團的相關職稱，可能因為長官公署專職官員，不便在民間團體掛名，不過，蔡繼琨也大方地在「實小」《守財奴》公演時寫了「幕前言」：

遠在九年以前、神聖的抗戰開始、實驗小劇團也在客觀的努力和主觀的爭取下誕生了出來。而後在祖國東南的海濱曾以艱忍不拔的英勇姿態苦苦工作了將近二年，在這中間他們的血汗奠定東南尤其是福建的劇運的堅實基石。雖然陪伴著抗戰情勢的轉變，不幸結束了這一生命，然而那輝煌的成就至今尤溫暖著人們的深心懷念。

光復以後，一部分實小的劇人劇友，先後渡海來臺，為了那難忘的以往和此地無戲的苦悶，在幾位熱心的劇人努力和賢達的人士的協助下而打起了重建的旗幟，尤其在無人無錢的窘迫下而能迅速的公演，這確是值得驚喜和愉快的，在此應當深深的感謝正氣學社柯社長的熱心，在他的扶植下，我們才有了今天。

尤其此次新中國和歐陽予倩恰於此時來到了臺北，這無論在心理上和實際工作中，都給予實小以無限的熱情啟

15 〈實驗小劇團深受歡迎〉。

示鼓勵和幫助，這更是令人奮感無限。

最後代表實驗小劇團的全體同志向新中國和歐陽予倩先生致最崇高的謝忱，並向熱情的觀眾致無上的敬禮。[16]

簡單介紹了「實驗小劇團」的緣起及其推動劇運的精神，也傳達了他與大禹以及「實小」之間的革命情感。

蔡氏確實給陳大禹及「實驗小劇團」不少協助，若說兼任「實小」團長應該是美麗的錯誤，不過，「實小」確實也沒人掛「團長」的頭銜，實際負責的陳大禹通常也都掛名「編導」、「導演」或是「代表人」。「實小」團址的所在地主要還是視陳大禹而定，除了他「上班」的交響樂團，演出場所臺北市中山堂，以及前述王井泉所經營的「山水亭」皆曾是「實小」的流動聯絡處。

「實驗小劇團」成立之初的構想是，在演出時分「國語」與「臺語」（閩南語）兩組進行，希望藉以吸引不同族群的觀眾，增加「本省人」與「外省人」之間的交流，極具現實意義，國語組配合「提倡國語」政策，再方面又顧及臺灣的文化環境與風土人情，以臺語演出，在當時部分的中國文化人眼中，這樣的演出組合頗有新意。

《上海新聞報》署名王康的〈劇運在臺灣 實驗劇團儼然鼻祖 臺語國語文化交流〉報導，提到「實驗小劇團不僅是本省劇運的鼻祖，而且是本省人與外省人合組的模範作用的藝術團體」：

他們每演一劇，都分成國語臺語兩組，國語組演員由外省人擔任，臺語組的演出則由本省人負責，他們一方面完成了文化交流的使命，同時也促成了本省人與外省人的友誼和相互間的了解，該團經費多由本省愛好藝術之士籌措，山水亭酒店主人王井泉先生即是該團的後臺老闆之一，這位先生把開館子賺來的錢花在文學、藝術上

16 《守財奴》節目單。

己十年如一日，最難能可貴的是他討厭沽名釣譽，出錢補助藝術團體總是不聲不響。[17]

祖籍福建安溪，在臺灣出生，四歲去中國大陸，戰後才回到臺灣的陳少岩（石山），談到他當年參加「實驗小劇團」的經過：

> 是我主動報名，陳大禹在臺灣刊登廣告，徵求業餘演員有志者都可以參加，我看了就去，一交談因為我國臺語雙聲帶，他非常歡迎，而且看我外貌還可以，他覺得是個小生材料，馬上就吸納了。不然追隨他的人很多，像史東山夫婦來臺灣，他就只帶我去見他。我當初在臺灣有看《清宮外史》是大陸劇團，印象非常深刻，像後來李行演《清宮密史》，兩相比較，那差的遠了。老實說我當初在大陸北平時，唐槐秋的劇團有個訓練班要招生，不是正式演員，我和幾個同學都去報名，結果他〔唐槐秋〕認為都不夠格都被刷下來。所以我年輕時對話劇非常熱衷，在臺灣看到有個機會就去參加，會參加劇團最初就是如此。當初因為彌補的心態參加劇團，根本也沒招考，陳大禹一看就投緣了，而且我又是雙聲帶，馬上吸收成為團員。陳大禹在指導別人時可能常常比手畫腳，但對我就是常常讓我自由發揮，最多比一比臺步。我是算國語組，但我是雙聲帶，要講臺語也行。[18]

雖然大禹把「實小」的演出分國／臺語兩組，受到正面的評價，但同樣也在推行國語／提倡國語戲劇的政治氛圍中，也有批評的聲浪。當時一篇作者署名「揚聲明」的文章說：

17 王康，〈劇運在臺灣 實驗劇團儼然鼻祖 臺語國語文化交流〉，《上海新聞報》，一九四七年十一月五日。

18 陳俐如訪談，〈石山（陳少岩）先生訪談〉，臺北市木柵陳宅，二〇〇五年十月二十一日。

石山（陳少岩）。
（圖片來源：陳少岩提供）

1946 年石山（左）在重慶南路、衡陽路口與臺糖同事合影。（圖片來源：陳少岩提供）

> 光復到現在，整整一年多了，臺灣還沒有一個正式的劇團來擔當起「展開臺灣劇運」這一現實的任務。雖然有一兩個以本省話演出的劇團，但都是業餘性的，沒有一個好的環境，讓以本省話演出方言劇去發展，就是說這一兩個劇團內在和外在都有些缺陷。
>
> 光復後從西南、東南許多內地的人都來臺灣了，大家見面碰頭交換意見，都有這樣一個希望，「鼓起臺灣劇運浪潮」。……一部分劇人同時在發起組織臺灣戲劇協會分會，想有系統有計畫的，共同來推動展開臺灣的劇運工作。……同時歐陽予倩先生領導的新中國劇團也將來臺灣了，這對大家都是一個很大的鼓勵。……從福建來臺灣的實驗小劇團也得上演莫利〔里〕哀的喜劇《慳吝人》了。[19]

這篇文章顯然把推展臺灣劇運、鼓起臺灣劇運浪潮的重責大任，寄望在中國大陸的劇團、劇人身上，而非用「方言」演出的臺灣本地「業餘」劇團。

「實驗小劇團」演「莫利哀」的《慳吝人》（《守財奴》）帶來一點期待。雖然號稱是福州「實小」在臺復團，擁有一些創團元老，實際上也等於是大禹一人獨力支撐的劇團，以劇團為家，全心投入，把自己的家（宿舍）當劇團「招待所」，就如前文所述，其他創團元老也樂於讓大禹當劇團領導人，無須經過選舉、競爭、內部改組的程序，自

19 揚聲明，〈從開展臺灣劇運談到守財奴的演出〉，《國是日報》，一九四六年十二月十七日。

然而然，他就成為該團的實際負責人。然而，在當時的政治環境中，沒有太多的資料可了解大禹如何領導這個不是很健全的劇團，其他團員也少有以文字描述「實小」或陳大禹，倒是籍貫山東的王淮在一九七一年涉案所做的自白書對大禹的領導做了負面的評價：

> 陳（案陳大禹）地域觀念極重，尤其派系觀念極重，他的班底清一色閩南人，可以說是清一色「薌潮」的人，排外性極大，我在《吝嗇人》（《守財奴》）中演戲是臨時代庖性質。[20]

他的自白書中有一節談「陳大禹和他的劇團」：

> 在「新中國」、「觀眾公司」在臺北演出期間，陳大禹上方活躍人物之一，他與楊渭溪、李克明、姚少滄及辛姓本省人，合組了一個劇團，在「新中國」、「觀眾公司」之後也接連著上演了《香蕉香》（陳大禹自編自導，分國語臺語兩組演出），及莫里哀名稱《吝嗇人》，我均曾通過正氣出版社的關係向總部中山俱樂部借得經費共舊臺幣壹拾伍萬元之資助他，我並曾在《吝嗇人》客串一角（男主人翁的兒子），演主角者為當時在教育處服務的陳春江（現在臺，不悉住所），已均在中山堂演出，但效果奇慘，害我賠了伍萬多元，半年後才逐漸還清……，陳隨後演出後即避我不見，服裝道具燈光也都搬走，一空至今，未再見到。[21]

王淮當時為了脫罪，以懺悔自白的方式交代誤入歧途的經過，他不得不拚命擠出一些往事做交代，也許事隔二十幾年，王淮對「實小」及大禹的事蹟已極模糊。

20 法務部調查局，〈王淮自白書〉，《王淮案》國家檔案局資料檔案，檔案號 AA11010000F/0055/301/04447。
21 法務部調查局，〈王淮自白書〉，《王淮案》國家檔案局資料檔案，檔案號 AA11010000F/0055/301/04447。

2-2 作為創團第一齣戲的《守財奴》

「實驗小劇團」在臺灣重建之後的第一次公演，是一九四六年十二月十七日起三天在臺北市中山堂舉行。劇目是莫里哀（陳大禹作莫利哀）的《守財奴》五幕喜劇，由居仁改編，三天的演出皆分日夜兩場，日場臺語、晚場國語，分別由陳大禹與王淮擔任導演，辛奇佈景設計、姚少滄燈光設計，「居仁」是陳大禹寫作時常用的名字。

大禹在臺北籌劃「實小」第一齣戲是有其盤算的，當時他一直在思考一個問題，就是如何使劇本更適合臺灣觀眾。大禹選擇以《守財奴》的喜劇風格來處理社會議題，原因之一在於這齣戲的素材是他熟悉的——至少曾經於一九四〇年代初在漳州演出過，當時是用另一個譯名——《慳吝人》，只是當初的演出本不知是採用哪種譯本，以及如何演出？雖然曾經演過這齣戲，但大禹在臺北推出《守財奴》幾乎是重新來過，而從大禹籌備《守財奴》時手頭沒有中文的翻譯本，也沒有其他任何改編本，可判斷戰時大禹在漳州演的《慳吝人》，接近街頭劇或以簡便、克難方式演出，與一九四六年底的劇場版《守財奴》完全不可同日而語。

大禹一九四六年底的這齣《守財奴》是從日文版重譯，再改編成富於地方色彩的腳本。因為大禹不諳日文，由辛奇根據日文劇本逐字翻譯、解釋。[22] 大禹演《守財奴》這齣戲強調是為了讓「陷在痲痺狀態中，舊的僵了，新的還沒有生長出來」的臺灣戲劇圈能「迅速跨到與內地劇運的水平點」，讓臺灣的戲劇運動能跟「祖國內地」一致。[23] 顯然大禹也認為臺灣本地的製作水準是無法跟「內地劇運」相比，他在臺灣劇場的努力目標之一，就是要迅速讓臺灣戲劇的水準能跟「祖國內地」一樣。

22 居仁（陳大禹），〈守財奴的改編〉，《自由報》，一九四六年十二月十九日。

23 居仁（陳大禹），〈守財奴的改編〉。

《守財奴》公演時合影，左起吳瀟帆、陳大禹、姚少滄、辛奇。（圖片來源：陳大禹家屬提供）

「實小」的《守財奴》改編本與莫里哀原著差異比較大的地方，應該是為了更貼合臺灣觀眾的習慣，不只在人物名稱上都適當的改寫，如「安東」、「美珍」、「敏慈」，媒人的角色也改成臺灣習慣中常見幫人牽線說親的媒人婆「王婆」，至於核心人物吝嗇的「阿巴公」則沒有改寫，不知道是因為要保留作品核心人物的辨識度，還是因為「阿巴公」音近臺語的「鴨霸」（á-pà，形容人蠻橫不講理），意義也相近，因而意外產生的趣味性，使這個角色名稱被保留了下來。

「實小」《守財奴》公演節目單上，有關於這齣戲的「本事」：

阿巴公是一個固執自私的老人、慳吝成癖惟錢是命，在他的苛刻習慣底下，他的兒女們安東與美珍——感受到無窮的痛苦，連他們各人自己的戀愛，也被窘迫得在暗地裡叫苦、抱怨。

那一天，職業媒人王婆，憑著她的天〔蓮〕花妙舌，說動了阿巴公的風流念頭老興一發，不可收拾，摸者灰白的鬍子，直想去親親一個少女的太年輕了的嫩臉，可是，天曉得，那個少女卻正是他的兒子安東的愛人——敏慈。

事情就是這樣發生了，廣泛性的失業潮浪，飢寒威脅著每一個不能自立的青年，他們面對著殘酷的事實，而豎不起自己的脊椎骨，委屈、忍辱一直突不破這道難關，他們輾轉在顯得可笑的情勢下，呼喚著生存的慾望。最後，是天外的激幸，一個以卑鄙對付卑鄙的報復，竟然弄得阿巴公哭爸喊媽，而且乞憐地暴露了自己孤怪的弱點，這使青年們覺醒起來，決心向自救的路上突進，而阿巴公在氣憤之餘，仍高喊著：「我還不死呢」！[24]

「實小」演出的《守財奴》從劇情上看，依然保留著原劇老父親求娶兒子心上人引發的一連串紛爭，但本事中提到因為失業浪潮，青年人生活被時勢所逼，不得不忍辱負重，是原劇所沒有的，應該是為了貼合時事而修改的情節，和原劇的結構有所不同。雖然從本事中無法判斷最後扭轉局勢，打擊阿巴公的情節是什麼？但對比原劇本結局，透過阿巴公最後賠了夫人又折兵，卻還是自認為佔了便宜，只惦記著金錢的窘態，嘲諷他的貪財吝嗇。大禹在臺灣編導《守財奴》的重點不在守財奴性格，而是戲劇中那位遭受折磨的青年人。他認為青年人所以忍受苦難，是因為有其社會性因素，如果問題能得到合理的解決，即使還有守財奴這種人，也喪失其威脅性。

大禹這個臺灣演出本注重青年人角色如何覺醒與呼喚眾人翻轉階級壓迫，透過這一齣十六世紀的法國劇作，大禹最想探討的是「為什麼在二十世紀的今日，還有那許多青年在類似的情形底下，遭受著那種莫名的苦難？」[25] 如果懂得這種悲哀，也不願意這種悲哀存在。大家就應該「肯拿出赤子無忌的紅心，勇敢和真誠地為社會進步而奮鬥，因為

24《守財奴》節目單。

25 居仁（陳大禹），〈守財奴的改編〉。

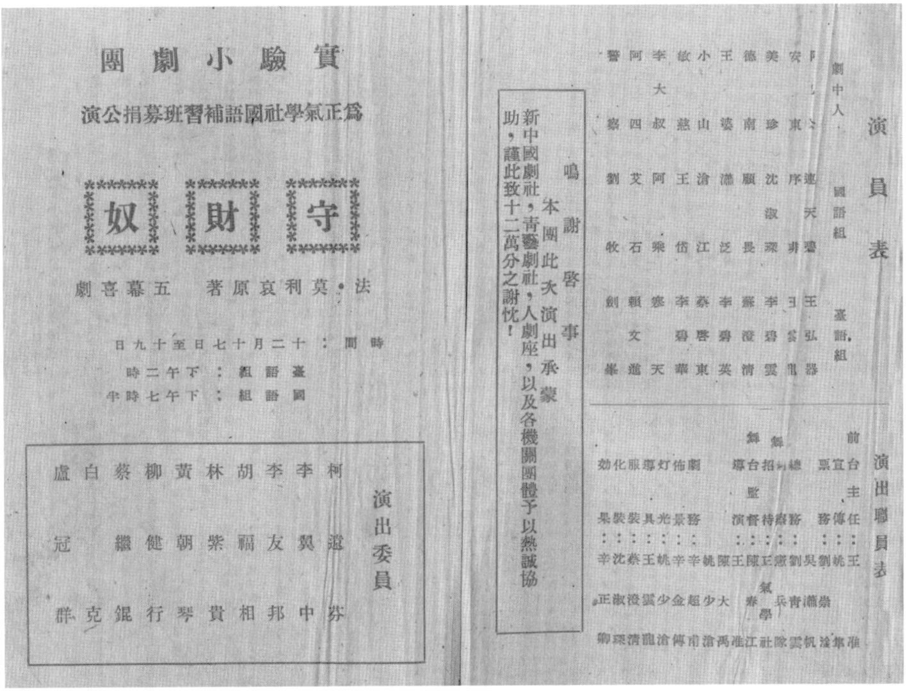

實驗小劇團

爲正氣學社國語補習班募捐公演

守財奴

法・莫利哀原著　五幕喜劇

時間：十二月十七日至十九日

臺語組：下午二時

國語組：下午七時半

演出委員

柯遜芬　李翼中　李友邦　胡福相　林紫貴　黃朝琴　柳健行　蔡繼錕　白克　盧冠群

鳴謝啓事

本團此次演出承蒙新中國劇社，青藝劇社，人劇座，以及各機關團體予以熱誠協助，謹此致十二萬分之謝忱！

演員表

劇中人	國語組	臺語組
阿巴公	連天臺	王弘器
安東	序非	王雲龍
美珍	沈淑琛	李碧雲
德南	顧長	蘇澄清
王婆	潘泛	李碧英
小山	滄江	蔡啓東
敏慈	王佶	李碧華
李大叔	阿乘	寥天
阿四	艾石	賴文進
警察	劉牧	劍峯

演出職員表

前台主任　宣傳　票務　總務　招待　舞台監督　導演　劇務　佈景　灯光　道具　服裝　化裝　効果

王崇准　姚滿隼　劉青淦　吳兵帆　劉雲　憲氣春學際　王社　陳江　王大准　陳少禹　姚超滄　辛金甫　辛少傳　姚雲滄　王澄龍　蔡淑清　沈正琛　辛卿

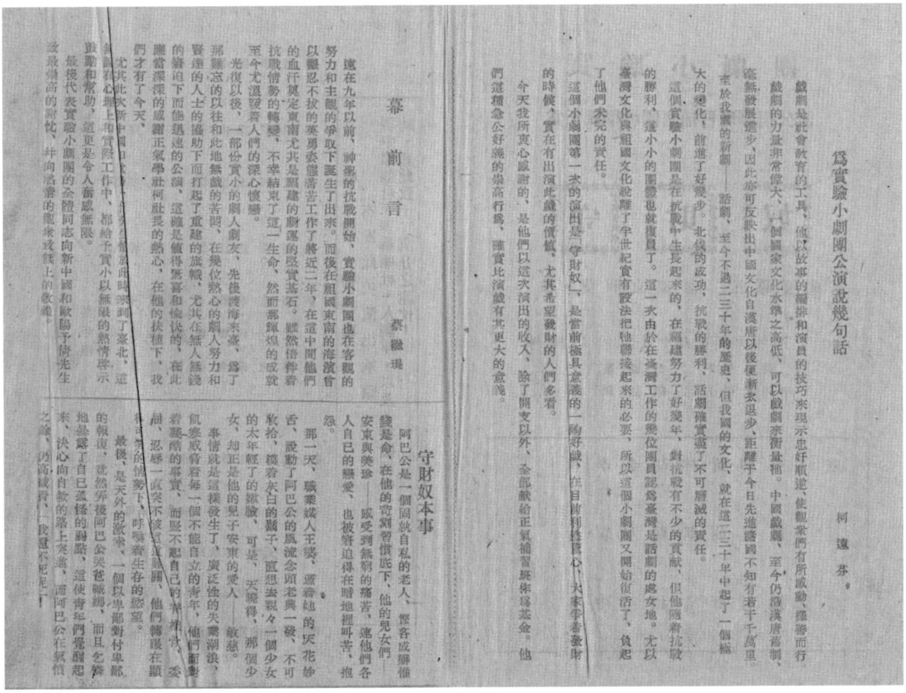

爲實驗小劇團公演說幾句話

柯遠芬

戲劇是社會教育的工具，他以故事的編排和演員的技巧來現示忠奸順逆，使觀衆們有所感動，擇善而行。戲劇的力量非常偉大，一個國家文化水準之高低，可以戲劇來衡量牠。中國戲劇，至今仍沿漢唐舊制，毫無發展進步，因此亦可反映出中國文化自漢唐以後便漸衰退步，距離于今日先進諸國不知有若干千萬里。至於我國的新劇——話劇，至今不過二三十年的歷史，但我國的文化，就在這二三十年中起了一個極大的變化，前進了好幾步。北伐的成功，抗戰的勝利，話劇確實盡了不可磨滅的責任。

這個實驗小劇團是在抗戰中生長起來的，在福建努力了好幾年，對抗戰有不少的貢獻，但他隨着抗戰的勝利，這小小的團體也就復員了。這一次由於在臺灣工作的幾位團員認爲臺灣是話劇的處女地，尤以臺灣文化與祖國文化脫離了半世紀實有設法把牠聯接起來的必要，所以這個小劇團又開始復活了，負起了他們未完的責任。

這個小劇團第一次的演出是「守財奴」，是當前極具意義的一齣好戲，在目前利慾薰心，大家爭着發財的時候，實在有出演此戲的價值，尤其希望發財的人們多看。

今天我所衷心感謝的，是他們以這次演出的收入，除了開支以外，全部獻給正氣補習班作爲基金。他們這種急公好義的崇高行爲，確實比演戲有其更大的意義。

幕前言

蔡繼琨

遠在九年以前，神聖的抗戰開始，實驗小劇團也在客觀的努力和主觀的爭取下誕生了出來。而後在祖國東南的海濱曾以艱忍不拔的英勇姿態苦苦工作了將近二年，在這中間他們的血汗奠定東南尤其是福建的劇運的堅實基石。雖然倍伴着抗戰情勢的轉變，不幸結束了這一生命，然而那輝煌的成就至今尤溫暖着人們的深心懷戀。

光復以後，一部份實小的劇人劇友，先後渡海來臺，爲了那難忘的以往和此地無戲的苦悶，在幾位熱心的劇人努力和賢達的人士的協助下而打起了重建的旗幟，尤其在無人無錢的窘迫下而能迅速的公演，這確是値得驚喜和愉快的，在此應當深深的感謝正氣學社柯社長的熱心，在他的扶植下，我們才有了今天。

尤其此次新中國劇社……時來到了臺北，這無論在心理上和實際工作中，都給予實小以無限的熱情啓示鼓勵和幫助，這更是令人奮感無限。

最後代表實驗小劇團的全體同志向新中國和歐陽予倩先生致最崇高的謝忱，並向熱情的觀衆致紙上的敬禮。

守財奴本事

阿巴公是一個固執自私的老人，慳吝成癖惜錢是命，在他的苛刻習慣底下，他的兒女們安東與美珍——感受到無窮的痛苦，連他們各人自已的戀愛，也被窘迫得在暗地裡叫苦，抱怨。

那一天，職業媒人王婆，遊說着她的厌花妙舌，說動了阿巴公的風流念頭老興一發，不可收拾，摸着灰白的鬍子，直想去親々一個少女的太年輕了的嫩臉，可是，天曉得，那個少女，却正是他的兒子安東的愛人——敏慈。

事情就是這樣發生了，廣泛性的失業潮浪，飢寒威脅着每一個不能自立的青年，他們面對着醜陋的事實，而堅不起自己的……屈，忍辱一直突不破這道難關，他們轉輾在艱苦……的情勢下，呼喚着生存的慾望。

最後，是天外的激幸，一個以卑鄙對付卑鄙的報復，竟然弄得阿巴公哭爸喊媽，而且乞憐地暴露了自已孤怪的弱點，這使青年們覺醒起來，決心向自救的路上突進，而阿巴公在氣憤之餘，仍高喊着，「我還不死呢！」

《守財奴》節目單。（辛奇提供，國家電影及視聽文化中心典藏）

我們都是不甘沒落而指望生活向上的人。」[26]

「實小」《守財奴》分為國語、臺語兩組演出，分別由王淮、陳大禹負責。國語組導演王淮與陳大禹的生活狀況與工作態度頗有不同，大禹心無旁騖專注戲劇創作與展演，當時王淮外務甚多，劇場只是偶一為之的玩票。相對大禹的篤定，王淮顯得特別謙卑，他在演出刊物的「導演贅語」就毫不掩飾這齣戲給他的壓力：

……我朝夕不安的為了這件事是整整苦了一個月，這中間我曾接受了誠懇的朋友的忠告，而使我加倍的焦灼無主，我試圖著更進一步的去理會這巨著的內包，然而不幸我失敗了，我過於自信這笨拙的頭腦和思維，而今是造成了一個不能一致的矛盾，然而我也曾想依照演員的優越技術來彌補導演的不足，然而連這一想，也為了導演的貧乏在不能彌補的缺陷下而毀壞了整個的表現，所以這現存的表現在觀眾面前一切的成就，都是高明的演員的偉大創造，而失敗的地方卻應由導演的低能而愧慚的。因為我曾想把這一劇本身所特具的表現派色彩冲淡，而以嚴肅寫實方法來處理它，而使所表現的一切不致趨於下流，然而直到現在這只不過是我個人的一個試圖和幻境而已。……[27]

出現在「實小」演出《守財奴》節目單的「演出委員」，有上文已述的柯遠芬、李翼中、李友邦、胡福相、林紫貴、黃朝琴、柳健行、蔡繼琨、白克、盧冠群等，皆屬黨政要人與社會名流，出現在「實驗小劇團」公演《守財奴》特輯上的劇組名單如下：

26 陳大禹，〈吹破石榴粒粒紅——《談裙帶風》〉，《臺灣新生報》，一九四八年四月十六日，第四版。
27 王淮，〈實驗小劇團 公演《守財奴》特輯 導演贅語〉，《自由報》，一九四六年十二月十九日。

從這個演職員表可看出當時「實驗小劇團」幾個重要成員都身兼要職，例如姚隼（姚勇來）負責宣傳，吳瀟帆除了飾演王婆還身兼票務，姚少滄除了燈光還掛名導演，應該是支援性的工作，沈娘璋妹淑琛除了飾演美珍，也負責為演員化妝，辛奇則是劇務兼做佈景。「實小」臺語演員有戰後來臺的閩南籍人士，也包括終戰前後新劇演出的臺灣人，如出身士林演劇挺身隊，曾在「厚生演劇研究會」《高砂館》、《閹雞》、《壁》、《羅漢赴會》演出的賴文進（賴曾），以及曾參加林摶秋「人劇座」，在《罪》裡演出的王雲龍。另外，曾經於戰後的一九四五年九月在臺北成立的輕音樂團擔任歌手，隨後加入「臺灣藝術劇社」與辛奇同為社員的王弘器，加入「實驗小劇團」成為臺語組主要演員，應該是辛奇的關係。[28]

國語組的演員以「實小」原有班底為主力，劇組名單中比較特別的是「糾察／憲兵隊」、「招待／正氣學社」，「正氣學社」列名「招待」是因為「實驗小劇團」演出《守財奴》同時為「正氣學社」的「國語講習班」舉行募款義演，排練場地也特別移到「正氣學社」。「正氣學社」的背後組織是成立於一九四五年三月三日的「正氣出

28 呂訴上，〈光復後的臺灣劇運——臺灣省行政長官公署時期〉，頁七四～七五。

演員表	劇中角色	國語組	臺語組
	阿巴公	連天碧	王弘器
	安東	序非	王雲龍
	美珍	沈淑琛	李碧雲
	德南	顧長	蘇澄清
	王婆	瀟泛	李碧英
	小山	滄江	蔡啟東
	敏慈	王岱	李碧華
	李大叔	阿乘	寒天
	阿四	艾石	賴文進
	警察	劉牧	劍峰

演出職員表	職稱	姓名
	導演	王淮、陳大禹、姚少滄
	前臺主任	王淮
	宣傳、總務	姚隼、劉青雲
	票務	劉崇淦、吳瀟帆
	舞臺監督	陳春江
	燈光	姚少滄
	道具、服裝	王雲龍、蔡澄清
	化妝、效果	沈淑琛、辛正卿
	劇務、佈景	辛超甫、辛金傳
	糾察、招待	憲兵隊、正氣學社

表 1：「實驗小劇團」《守財奴》演出特輯劇組名單。

《守財奴》臺語組劇照。右：阿巴公（王弘器），中：美珍（李碧雲），左：德南（蘇澄清）。（辛奇提供，國家電影及視聽文化中心典藏）

《守財奴》劇照。（辛奇提供，國家電影及視聽文化中心典藏）

《守財奴》劇照。（辛奇提供，國家電影及視聽文化中心典藏）

《守財奴》第一幕臺語組劇照，右：德南（蘇澄清），左：美珍（李碧雲）。（辛奇提供，國家電影及視聽文化中心典藏）

版社」，由柯遠芬擔任社長，出版《正氣半月刊》（後改月刊），一九四六年十月三十一日該出版社為慶祝「蔣主席六秩華誕」，響應全國各省獻校祝壽運動，特創設「正氣學社」，分補習班及函授班。[29]柯遠芬在「實小」義演《守財奴》時，讚揚「實小」：「他們這種急公好義的崇高行為，確實比演戲有其更大的意義。」在《守財奴》演出節目單上，「實小」特別有一欄「鳴謝啟事」，記「本團此次演出承蒙新中國劇社、青藝劇社、人劇座，以及各機關團體予以熱誠協助，謹此致十二萬分之謝忱！」[30]

因為戰後初期臺灣的戲劇演出，根據外國名劇改編的情形並不多見，「實小」首齣戲的演出氣勢不弱，《守財奴》的呈現被當時的報紙譽為「這實在是本省光復後話劇界最大之貢獻。」[31]文化人紛紛在報紙上發文表達支持，媒體也大幅報導，《人民導報》、《自由報》、《和平日報》、駐臺七十軍機關報《自強報》分別在十二月十九日製作「實驗小劇團莫里哀公演特輯」，對於莫里哀和《守財奴》喜劇出現不少介紹文字，其中詩人雷石榆——舞蹈家蔡瑞月夫婿，寫了一首〈在靈魂的鏡子之前〉新詩，詩前註明「為《守財奴》的演出而作」。因為外界期待，劇組相對有壓力，辛奇為了預防觀眾期待過高，在首演當日的《人民導報》上還特別寫到：「莫氏的《守財奴》在一六六九年在巴黎國家劇院出演時，一般的反應很惡劣」，但是筆鋒一轉，「當時反應不良的戲劇，總有一天會給人認識的。日後這個作品博得熱烈的擁護，演出於世界各地的舞臺，毋容多言」。

《守財奴》在演出後頗受好評，官方的《臺灣新生報》也說「演出成績極佳」。[32]甚至有文化人直指「實小」

29 〈正氣學社正式開課〉，《民報》，一九四六年十一月一日，第三版。
30 《守財奴》節目單。
31 《和平日報》，一九四八年二月十五日，第二版。
32 《臺灣新生報》，一九四六年十二月十八日，第七版。

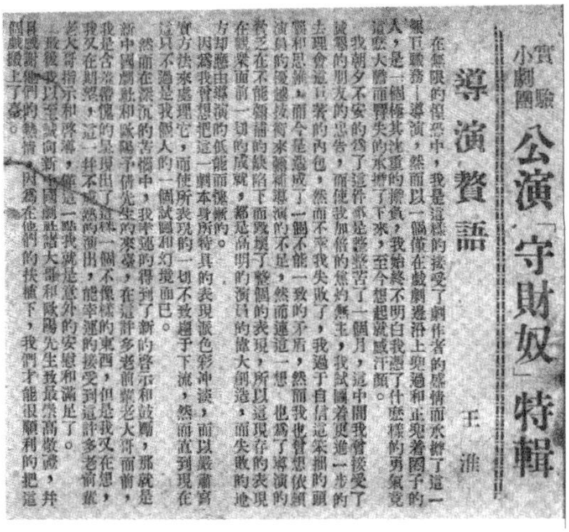

實驗小劇團 公演「守財奴」特輯

導演贅語

王淮

在無限的惶恐中，我是這樣的接受了劇作者的感情而承擔了這一艱巨職務—導演，然而以一個僅在戲劇邊沿上兜過和正兜着圈子的人，是一個極其沉重的擔負，我始終不明白我憑了什麼樣的勇氣竟這麼大膽而冒失的承擔了下來，至今想起就感汗顏。

我朝夕不安的為了這件事是整整苦了一個月，這中間我曾接受了諸愛的朋友的忠告，而使我加倍的焦灼無主，我試圖着更進一步的去理會這巨著的內包，然而不幸我失敗了，我過于自信這笨拙的頭腦和思維，而今是造成了一個不能一致的矛盾，然而我也曾想依賴演員的優越技術來彌補導演的不足，然而連這一想，也為了導演的藝之在不能彌補的缺陷下而毀壞了整個的表現，所以這現存的表現在觀衆面前一切的成就，都是高明的演員的偉大創造，而失敗的地方卻應由導演的低能而負責的。

因為我曾想把這一劇本身所特具的表現派色彩沖淡，而以嚴肅寫實方法來處理它，而使所表現的一切不致趨于下流，然而直到現在這只不過是我個人的一個試圖和幻覺而已。

然而在深沉的苦惱中，我幸運的得到了新的啓示和鼓勵，那就是新中國劇社和歐陽予倩先生的來臺，在這許多老前輩老大哥面前，我是含羞帶愧的呈現出了這樣一個不像樣的東西，但是我又在想，我又在期望，這一幷不成熟的演出，能幸運的接受到這許多老前輩老大哥指示和啓導，僅這一點我就是意外的安慰和滿足了。

最後我以至誠向新中國劇社諸大哥和歐陽先生致最崇高敬禮，并且感謝他們的熱情，因為在他們的扶植下，我們才能很順利的把這個戲鐵上了臺。

王淮，〈實驗小劇團 公演「守財奴」特輯 導演贅語〉，《自由報》，1946 年 12 月 19 日。

在物資艱困的環境下上演此劇，「多少帶有宗教家的犧牲精神」。[33] 從當時留下的劇評中發現，成功的原因可能部分歸功於「臺詞方面，有許多切合臺灣語的語氣；以及注意我國風俗習慣；其次是情節的改變，使劇情取得圓周式的變化。」署名「陳知青」的作者在一篇文章認為「實小」演出的《守財奴》「不但努力著本省的劇運，而且給我國的喜劇前途啟發了光明的大道」。[34]

「實小」演出《守財奴》獲得不錯的迴響，不過，公演結束不久，國語組編導王淮因故求去，此後「實小」的運作基本上雖仍維持國臺語兩組進行，而編導中心就幾乎全繫在陳大禹一人身上了。王淮離開「實小」的原因很複雜，應與其當時忙於做「事業」有關。演員石山（國語組）、莊鏡賢（國語組）、楊渭溪（國、臺語組）則是在《守財奴》演出後陸續加入。

33 心如，〈從「守財奴」說到莫里哀 為實驗小劇團本月廿日公演作〉，《臺灣新生報》，一九四六年十二月七日，第七版。

34 陳知青，〈提高對喜劇的認識——觀「實驗小劇團」守財奴演出之後〉，《國是日報》，一九四六年十二月二十日。

2-3 《吳鳳》演出計畫與《原野》的舞臺呈現

吳鳳入山去

一九四七年十月二十五日這天，是臺灣光復兩週年，各界盛大慶祝。「實驗小劇團」原訂這一天演出頗具臺灣風土色彩的《吳鳳》，由陳大禹編導，整齣戲的音樂與「臺灣省交響樂團」合作，由辛奇負責服裝與佈景。為了演出需要，劇團還計畫公開招考二十位原住民演員。公演《吳鳳》的消息傳出後，受到各界重視，並寄予極大的期望：「對於各種參考資料之蒐集，力求正確真實，並將該劇全部配樂，擴大樂團伴樂，該項樂曲，現正由交響樂團管絃隊隊長王錫奇、副隊長周玉池，積極在編選中，準備於十月光復節隆重獻演。」[35]

這項配合光復節慶祝活動的演出計畫應是主辦單

35 〈光復節演「吳鳳」〉，《臺灣新生報》，一九四七年八月二十三日，第四版。

劇運在臺灣
實驗劇團儼然鼻祖
臺語國語文化交流

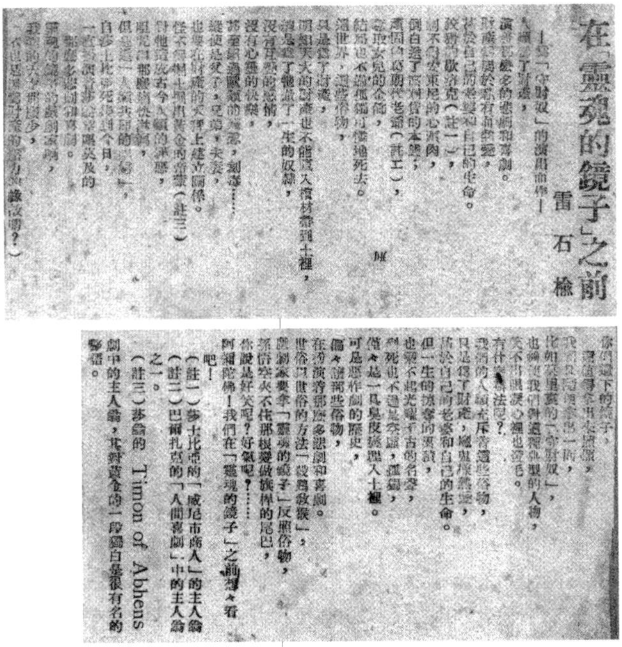
在「靈魂的鏡子」之前
雷石榆

(左)「實驗小劇團」被譽為「臺灣劇運的鼻祖」，《上海新聞報》，1948年11月5日；(右)雷石榆為「實驗小劇團」首演《守財奴》賦詩。（辛奇提供，國家電影及視聽文化中心典藏）

位臺灣省政府邀請，與「省交」合作，只是不知雙方默契或是協議的內容為何？本來「實小」與「省交」合作是最沒有問題的，畢竟大禹與蔡繼琨關係良好，平常就是「省交」的自己人，還是「省交」的幹事。大禹在籌畫這齣戲時，把重心放在劇本的編撰，以及舞臺服裝、道具的設計與製作，最具關鍵的經費問題反而沒有把它列為首要之務，當時主辦單位給予「實小」的製作經費應極為有限，大禹還得對外尋求贊助，不過，一切仍緊鑼密鼓地進行，但也很快發現演出經費的籌措並不順利，為了節省製作經費，辛奇透過關係，向臺大考古人類學系商借三個人頭標本模型，又從外面商店借來劇中需要的若干道具，但服裝及其他製作經費仍無著落。最終這個籌備數月的製作還是無法如願上演，主要原因就是經費出問題。

「實小」從創團以來經費是一直是短缺的，《吳鳳》的製作經費有不足，難道前一齣《守財奴》或緊接下來演出的《原野》、《香蕉香》就沒發生問題？如果先前的《守財奴》或後來的《原野》、《香蕉香》的經費問題能夠解決，《吳鳳》應該同樣可以，《吳鳳》在檔期排好的情況下，籌備數月之後喊停，應該是跟「慶祝光復兩週年」的主辦單位協調上出了問題。「實小」歷來製作，「省交」皆未參與，《吳鳳》是「省交」與「實小」唯一合作演出，然「省交」當時的經費已日益拮据，這次與「實小」藉慶祝光復之名擴大演出，若省府在經費上未全力支持，便窒礙難行，《吳鳳》演出計畫的中挫，也反映沒有陳儀的蔡繼琨及「省交」在營運上受到極大的限制。

陳大禹這齣《吳鳳》原具有應景的現實意義，他將漢人「民族英雄」吳鳳的故事改編成劇本。[36] 其創作的動機仍

36 《吳鳳》劇本手稿與《建國月刊》上刊登略有不同之處，劇本手稿中有人物表及尾聲，《建國月刊》上並未刊登；《吳鳳》人物表（以先後出場為順序）：主持者、番族男女、清兵甲乙（隨縣官出場時應加二人至六人）、一番人（即後老番）、林芳商販後任地方保正、許海地方保正、陳古（吳鳳之岳父）、吳珠（吳鳳之父）、縣官即清知縣、蘇雲幕僚（即師爺）、吳鳳一番人通譯事務官（即通事）、番人族長朱奐烏族番社長（即知母勞社）、侍衛番人、阿都番人族長之孫、番人甲乙、吳丁巽（吳鳳之次子）、吳奇玉（吳鳳之長孫）、家人。

在表現其一貫的族群和諧觀念，這齣戲最後並未正式在舞臺呈現，但劇本於一九四七年十一月起在《建國月刊》發表，劇情敘述十八世紀初臺灣府諸羅縣社口地區的漢族與山族（鄒族）互不相容，清朝將山族視為化外的「番族」，禁止漢番往來。當時官商常連成一氣，矇騙山族，以獲取不法利益，而山族也常下山「出草」獵取漢族人頭。

吳鳳因通曉山族語言民情，常為他們治病，深受山族人歡迎，被縣官聘為通事。吳鳳上任後，說服山族利用先前獵取的四十六個人頭，以一年祭一人頭的方式取代以往的「出草」，漢番因而維持四十六年和平。另外，吳鳳也教導山族農耕，並訂立番漢通商章則，杜絕漢人訛詐山族，因而被尊稱「吳鳳爺」，不過吳鳳也因為斷絕商人獲取暴利的機會而遭到漢人怨懟。四十多年後原有的四十六個人頭都已「祭」完，新上任的頭目阿都在族人慫恿下，想借「出草」展現威儀，要求吳鳳答應。吳鳳苦勸無效，與阿都約定，隔日有一戴紅巾穿紅袍人士出現，即為可獵殺之人。山族人依約行事，獵殺之後發現竟是他們景仰的「吳鳳爺」，痛心疾首，決定廢除獵人頭的陋習。

本劇結構完整，序幕開場的形式，讓主持人成為作者的代言人，融入陳大禹對吳鳳這個歷史人物的詮釋。主持人將「番族」人如珍禽異獸般介紹給觀眾，宣稱「這個世界，最可怕的是優秀人種的優越感」。呼籲大家「不要嘲笑他們穿著這麼古怪的衣裳」。序幕大肆批評日本「侵略者」將「高山族」排除在文明的社會之外，「住在全臺灣最大的發電廠的旁邊沒有電燈用，吃飯還是用沒洗的泥手去抓。」接者回溯清康熙年間，朱一貴起兵反清時，舉事的人也為了生活上的不平，紛紛乘勢起來報復，藉以暗示新來的國民政府如果再讓原住民族赤裸地面對肉與肉、血與血的鬥爭，他們絕不會忘記刀槍的。

「吳鳳」曾擔任清朝通事，日治時期殖民政府為強化其教化高山族人「無私奉公」、「自我犧牲」的價值觀，將他的故事編入臺灣公立學校的教科書，以配合皇民化政策的宣揚。而國民政府時代教科書中的吳鳳事蹟，則表彰其「捨身取義」的儒家精神。[37]陳大禹以「居仁」之名創作的《吳鳳》，基本上是參照中田直久的《殺身成仁通事吳鳳》裡無私奉公的吳通事，並受到一九二〇年代中國問題劇影響，在角色的詮釋上融入人性化的觀點。[38]

陳大禹將吳鳳的角色，從傳說中的人物拉回現實社會裡，因此當年邁的吳鳳面對年輕族人堅持出草時，作者在舞臺指示裡就以「憤怒」、「恨」、「尖酸」、「自嘲」、「傷痛」、「暴躁」、「疲乏地」標示他當時的情緒。吳鳳甚至忍不住對老蕃說：「（恨）你，你們這班蕃人，沒有一個人性的，神，神，你們的神是什麼樣子，狗豬禽獸。」此時的吳鳳，早已跳脫刻板印象中的完人形象。在第三幕，垂垂老矣的吳鳳赴義前夕內心充滿矛盾，儘管口中嚷著：「我不死，難道我還叫別人死！」但卻交代兒子：「你立刻去替我做一個紙人，騎馬拿刀，一手拿著蕃人的頭，我要是有什麼不測，你們不要哭，立刻當空燒了紙人馬，高喊『吳鳳入山去』，我死了就要做厲鬼，永遠不教蕃社平安。」

從上述兩種情緒的轉折來看，長期在山中耕耘的吳鳳並非「視死如歸」，而是為了忠於職守，不得不做出這樣的決定。他心裡十分害怕，四十多年來的努力付諸流水，還得頭顱落地賠上老命，因而越想越氣地說出「死了就要做厲鬼，永遠不教蕃社平安」的毒誓。這樣的吳鳳，顛覆教科書神格化的「民族英雄」形象，也推翻他「從容赴義」的高尚情操，卻深刻描繪劇中人物面對失職的氣急敗壞，以及死亡前的恐懼，增添角色的人性化，頗具當代戲劇觀點，也與後來人類學者李亦園、陳其南等人研究有所呼應。根據晚近學者考證，吳鳳「成仁取義」的身分係由統治者所建構出來的「神話」，擔任通事的吳鳳並無視民如殤，若按照傳統祭儀，當時獵人頭的山胞（即今之鄒族）不可能將已死

37 見李亦園，〈傳說與課本——吳鳳傳說及其相關問題的人類學探討〉，《文化的圖像》（臺北：允晨出版社，一九九二），頁三二五～三七二；陳其南，〈吳鳳的神話〉、〈再論吳鳳〉、〈歷史的斷層與褶曲——吳鳳、連橫和日本人〉，《文化的軌跡》（臺北：允晨出版社，一九八六），頁一一三～一三一。

38 間ふさ子，〈陳大禹劇作《吳鳳》的特徵和意義〉，《海峽兩岸臺灣文學史學術研討會論文集》（廈門：廈門大學臺灣研究中心，二〇〇五），頁二七八～二八八。

去的人頭分成四十多年獻祭。鄒族暫停「出草」的習慣並非感佩通事吳鳳的身教，似是當時族人遭到瘟疫入侵，族人以為是吳鳳怨靈報復所致，而漢人教課書中的吳鳳傳說，也有醜化鄒族人士之嫌，半世紀前國內原住民意識逐漸興起，原住民多次向執政當局抗議吳鳳故事的爭議，教育當局從善如流，將吳鳳故事從教科書中刪除。

陳大禹《吳鳳》劇終吳鳳被殺，標示出閃電、雷火等舞臺指示，以及重傷的吳鳳「緩緩立起」，在雷電交加的情境裡，蕃眾答應不再殺人，在這裡大禹讓吳鳳因為犧牲個人生命而羽化成神，並革除蕃人出草習俗。而在處理吳鳳的歷史形象部分，大禹賦予人性化的怨懟與無奈，增加吳鳳的角色厚度，這樣的表現手法在大禹日後的《水仙花》劇本也可以看到類似的詮釋。

大禹的編劇手法善用舞臺上的象徵意義，從吳鳳剛任通事職務時，夫人即為他訂製一套紅色的衣帽，那時身穿紅色衣帽的吳鳳「紅豔豔的打扮，就像天上的神一樣」。劇情發展到第四幕，當吳鳳穿上紅色衣帽赴義，卻因為紅色衣物在綠色叢林中，產生強烈對比而引發原住民的「野性」，讓吳鳳中箭落馬而亡。辛奇在訪談中曾經提到「吳鳳，他穿紅色的衣服可能只是一個偶然，碰巧又在綠林中行走，於是對原住民產生一種壓迫感和恐懼才將他殺掉。」[39] 不過，劇本中的紅袍意象，其實帶有濃烈的象徵意味，代表漢族文明與高山族習俗的衝突。從吳鳳擔任通事時，就穿上這件紅袍，肩負消弭族群衝突的責任，最後雖然是紅袍引來死亡悲劇，族群衝突卻得以真正地消弭。

陳大禹回到中國後，又根據《吳鳳》原著修改成《阿里山人——吳鳳通事傳奇》，故事中大幅增加原住民生活的情節，從劇作名稱《阿里山人》即可了解，原住民從原來劇中附屬地位成為故事情節主軸之一。《阿里山人》劇情背景發生在明清之交，鄭成功部屬林鳳圯和阿里山族人通婚後，生下女兒擺擺。無奈明鄭敗亡，林家遣返唐山。擺擺長

39 吳俊輝，〈歷史、自我、戲劇、電影辛奇訪談錄〉，頁五。

大後，因父母雙亡，乃遵照父親遺願，回到阿里山，並得見父親生前舊識吳鳳。當時通事吳鳳已任職多年，不但招募大批來自唐山的佃農上山開墾，輔導山胞耕種，力行仁政，讓山族人不再受剝削，同時廢除屯墾山間田地佃農們的租稅。

為促進漢族和山族的融合，擺擺決定與山族勇士阿穆成婚，讓虎視眈眈的貪官奸商們緊張不已，於是利誘山中佃農李炳擄走擺擺，製造漢族和山族人的分裂。阿穆等山族人因擺擺被漢人擄走，氣憤不已，決定「出草」營救公主，通事吳鳳勸阻無效，並發現利慾薰心的汙吏意圖離間兩族人的惡劣手段。山族人阿穆集結山中勇士，表明「出草」勢在必行，吳鳳眼見災難不可避免，決意以一己之死喚醒山族人，於是與他們約定隔日遇見一穿紅衫戴紅帽者即可獵其人頭。翌日山族人守候於約定地點，渾身火紅之人出現後擊鎗刺殺，才發現竟是族人敬重的「吳鳳爺」，被救出的擺擺亦在此時趕到，悔恨不已的族人當場立誓永不出草，做了政治正確的宣示：永遠記住山族人與漢人系出同源，親如手足，此後將努力共創家園。

陳大禹在臺灣創作《吳鳳》時仍以傳統漢人思維為中心，即使年長的高山族人已表明「吳鳳爺是天降下來救我們的」，那群好勇鬥狠的年輕族人仍不為所動。大禹晚年修改的《阿里山人》，吳鳳赴義之前，「翻出黑棉頭巾的紅裡，黑披風的紅裡，穿戴好，昂首走出家門……」，這黑色外衣下的紅裡（衝突的隱喻）象徵著漢番表面上雖已和平相處多年，最後潛藏的族群危機還是不得不翻開，直到吳鳳的犧牲方能根本消弭。然而，在《阿里山人》的故事中，吳鳳的刻劃便轉向圓熟，但也失去人性化的當代觀點。《阿里山人》中的吳鳳是親山族如弟兄的通事，他在奔赴死亡之約時只感嘆「我現在沒辦法教山族人看透這一些害人的官員、豪紳、社商、社棍的明槍暗箭，不忍心眼睜睜地看著自己畢生精力奮鬥的民族和睦的局面毀於一旦。現在我只能用我的頭顱去喚醒山族人，拘住這個漢番和睦的大局」。[40]大禹塑造的吳鳳這個歷史人物，不只是獨力促進漢番和諧的人物，也是一個無力抗拒「官逼民變」大環境的人。

從《吳鳳》漢番勉強維持平和的狀況到《阿里山人》中融洽相處的情形對照，陳大禹已擴大並美化山族人與漢人間的相處模式，他大量運用原住民歌謠、習俗，包括山族青年追求愛人的節慶、「背簍會」、高山族歌舞、臺灣歌謠等都被廣泛地使用，此時的高山族人不再是未經開化、不通事理的野蠻人，而是祖先從大陸來臺灣的山族，因此吳鳳過世時，年輕的高山族人阿穆說：「我與擺擺一定要永生永世與大陸田戶團結，友善，親如手足，情似一家。」在這個劇本中，番漢和平已透過阿穆與擺擺的結合來完成，兩岸「親如手足，情似一家」的期望，也在劇終時留下伏筆，大禹對臺灣原住民議題的處理，與其說是為了對臺統戰，不如說是不得不迎合當局的施政目標。

《原野》的舞臺呈現

《吳鳳》演出計畫宣告取消，取而代之的是曹禺作品《原野》在中山堂的演出。曹禺是中國話劇史重要劇作家，其作品《雷雨》、《日出》、《原野》、《北京人》皆為現代中國劇場經常演出的名劇，但日治時期未曾在臺灣劇場上演，戰後之初始有中國劇團把曹禺劇作帶進臺灣，最早演出曹禺作品的是「臺北市外勤記者聯誼會」，他們在「青藝劇團」協助下，於一九四六年十一月四至六日在臺北市中山堂演出的《雷雨》，而後「新中國劇社」、「上海觀眾演出公司」在臺巡演期間分別在臺北市中山堂上演《日出》與《雷雨》。[41]

40 陳大禹，〈阿里山人——吳鳳通事傳奇〉，《陳大禹劇作選》，頁五五。

41 有關戰後初期曹禺作品在臺灣的演出，參見徐亞湘，《臺灣劇史沉思》（臺北：國家出版社，二〇一五），頁四四五～四七五。

《原野》在臺灣演出機會較《雷雨》、《日出》少，而大禹把《原野》作為「實小」在臺灣第二齣正式推出的戲，主要理由之一，竟然就是這個民初背景的劇本服裝與佈景較為簡單，製作成本較低，可以反映當時大禹經費上的捉襟見肘。儘管如此，《原野》演出經費的籌措仍是一大問題。[42] 經由當時是曾任臺灣省新聞處長，也是「臺灣文化協進會」發起人之一，曾掛名「演出委員」的林紫貴等人協助下，大禹向華南銀行借到一筆小額信用貸款，再加上十數個熱心文化人士的資助，《原野》終能搬上舞臺，仍分國語及臺語兩組同時演出。[43] 演出後援會的陣容依然盛大，主要協辦團體是「臺灣文化協進會」，與《守財奴》一樣，仍請一些黨政要人與士紳、文化人列名，包括王井泉、許尚文、周天啟、游彌堅、林呈祿、劉明、林子畏、蔡繼琨、林挺生、謝東閔、陳尚文、藍敏等人。

《原野》的「演出委員」與《守財奴》相較，只有蔡繼琨「留任」，在兩檔戲同時掛名，其餘都換了人。其中王井泉是「山水亭」負責人，臺灣新劇運動重要推手，也是大禹的重要贊助人，許尚文是接收日產「臺灣映畫株式會社」而轉民營的臺灣電影戲劇公司監察人，周天啟是日治時期創立彰化「鼎新社」的主要人物，游彌堅時為臺北市長（一九四六～一九五〇），林呈祿是日治時期臺灣民主自治運動要角，戰後與游彌堅創辦臺灣東方出版社，劉明為延平學院創辦人，林子畏出身板橋林家，是林松壽之子，林挺生為大同工業職校創辦人，時兼中華全國工會總會常務理事，謝東閔時為高雄縣官派首任縣長（一九四六年一月～一九四七年十月），陳尚文則是出身嘉義望族的工程師，後來（一九五〇）出任臺灣省政府建設廳廳長，藍敏出身屏東里港望族藍家，中國大陸閱歷豐富，其夫徐元德為終戰時代表中華民國前往日本參加盟軍受降的徐永昌將軍之子。

一九四七年九月十三日，「實小」假臺北市延平北路「山水亭」餐廳召開記者會，由陳大禹報告「實小」簡史以

42 〈辛奇訪談記錄〉，臺北嵐山咖啡店，二〇〇五年十二月一日。
43 陳大禹，〈破車胎的劇運——三十六年元旦到三十七年元旦〉。

及曹禺《原野》三幕劇籌備經過，「實小」推出「原野」時，藝文界對這場演出寄予厚望，王井泉便認為，「實小」勇於在「二二八事件」後突破戲劇停滯的狀況，令人不禁對戲劇演出又燃起一線生機。[44] 一九四七年九月十九日至二十四日「實驗小劇團」在臺北市中山堂演出《原野》，日場下午一時，夜場七時半，售票地點除中山堂外，還包括天馬茶房、波麗露、山水亭。國語組從九月十九日至二十二日四天，晚間連演四場；臺語組則從九月二十日至二十一日演日場，二十三、二十四日演夜場。《原野》演出時特邀「本省名戲劇家宋非我擔任劇情講解」。[45]

《原野》劇組的演員部分國語組包括莊鏡賢／仇虎、郭輔義／白傻子、石山／焦大星、吳瀟帆（悄泛）／焦花氏、盧理齊／焦母、劍秋／常五；臺語組包括蘇乙民／仇虎、李葉／白傻子、蔡啟東／焦大星、徐麗娜／焦花氏、周萍／焦母、賴文進／常五。當時的《臺灣新生報》演出訊息稱「各該演員均富舞臺經驗，排演熟練，當有精彩之演出。」[46] 演出刊登的廣告詞對《原野》是這樣形容：「愛如火、恨如劍、咄咄逼人！」及「反封建激烈篇」的字眼。

「實小」在《原野》演出的節目單刊登

《原野》節目單。（辛奇提供，國家電影及視聽文化中心典藏）

44 王井泉，〈我的感想〉，《臺灣新生報》，一九四七年九月十九日，第五版。

45 〈「實小」昨招待記者「原野」定十九日演出由宋非我擔任講解劇場，該團發動徵求贊助人〉，《臺灣新生報》，一九四七年九月十四日，第四版。

46 《臺灣新生報》，一九四七年九月十七日，第四版。

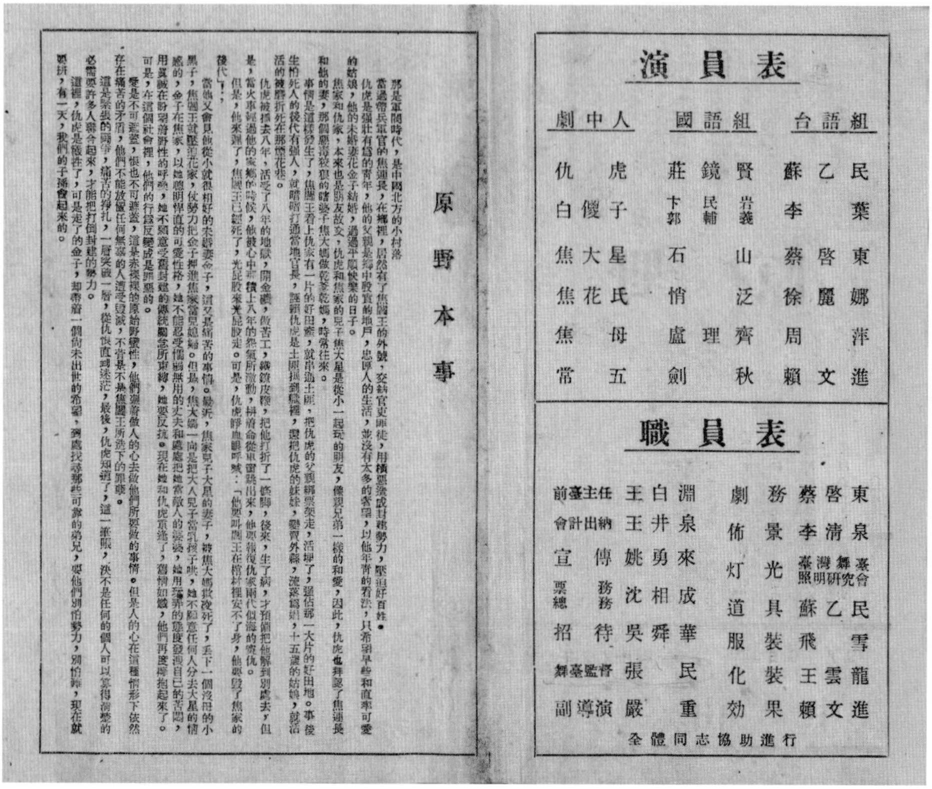

原野本事

那是軍閥時代，是中國北方的小村落

當過帶兵軍官的焦連長，在鄉裡，居然有了焦閻王的外號，交結官吏匪徒，用橫惡造成封建勢力，壓迫好百姓。

仇虎是強壯有為的青年，他的父親是鄉中殷實的地戶，忠厚人的生活，並沒有太多的奢望，以他年青的看法，只希望早些和直率可愛的姑娘，他的未婚妻花金子結婚，過過平順快樂的日子。

焦家和仇家，本來也是朋友故交，仇虎和焦家的兒子焦大星是從小一起玩的朋友，像親兄弟一樣的和愛，因此，仇虎也拜認了焦連長和他的妻，那個惡毒狡狠的瞎婆子焦大媽做乾爹乾媽，時常往來。

事情是這樣發生了，焦閻王看上仇家有一片的好田產，就串通土匪，把仇虎的父親綁票架走，活埋了，強佔那一大片的好田地。事後生怕死人的後代有強人，就暗暗打通當地官長，誣賴仇虎是土匪抓到獄裡，還把仇虎的妹妹，變賣外縣，流落爲娼，十五歲的姑娘，就活活的被磨折死在那煙花巷。

仇虎被抓去八年，活受了八年的地獄，開金礦，做苦工，鐵鐐皮鞭，把他打折了一條腿，後來，生了病，才預備把他解到別處去，但是，當火車經過他的家鄉的時候，他被心中那積上八年的怨氣所激動，拼着命從車窗跳出來，他要報復仇家兩代似海的冤仇。

但是，他來遲了，焦閻王已經死了，光屁股來光屁股走。可是，仇虎睜血眼呼喊：「他要叫閻王在棺材裡安不了身，他要毀了焦家的後代」！，

當他又會見他從小就很相好的未婚妻金子，這又是痛苦的事情。最近，焦家兒子大星的妻子，被焦大媽收拾死了，丟下一個沒母的小黑子，焦閻王就壓迫花家，仗勢力把金子押進焦家當兒媳婦。但是，焦大媽一向是把大人兒子當乳孩子哄，她不願意任何人分去大星的情感的，金子在焦家，以她聰明悍直的可愛性格，她不能忍受懦弱無用的丈夫和處處把她當敵人的婆婆，她用玩弄的態度發洩自己的苦悶，用真誠在盼望着野性的呼喚，她不願意受舊封建的傳統觀念所束縛，她要反抗。現在她和仇虎重逢了，舊情如燃，他們再度擁抱起來了。

愛是不可遮蓋，恨也不可遮蓋，這是赤裸裸的原始野蠻性，他們還着做人的心去做他們所要做的事情。但是人的心在這種情形下依然存在痛苦的矛盾，他們不能放棄任何無辜的人遭受毀滅，不管是不是焦閻王所造下的罪孽。

可是，在這個社會裡，他們的行爲反變成是罪惡的。

這是緊張的鬬爭，痛苦的掙扎，一層突破一層，從仇恨直到迷茫，最後，仇虎知道了，這一筆賬，決不是任何的個人可以算得清楚的必需要許多人聯合起來，才能把打倒封建的勢力。

這裡，仇虎是被害了，可是走了的金子，卻帶着一個尚未出世的希望，到處找尋那些可靠的弟兄，要他們別怕勢力，別怕難，現在就要拼，有一天，我們的子孫會起來的。

演員表

劇中人	國語組	台語組
仇虎	莊鏡賢	蘇乙民
白傻子	卞民岩 郭輔義	李葉
焦大星	石山	蔡啓東
焦花氏	悄泛	徐麗娜
焦母	盧理齊	周萍
常五	劍秋	賴文進

職員表

前臺主任	王白淵	劇務	蔡啓東
會計出納	王井泉	佈景	李清泉
宣傳	姚勇來	灯光	臺灣舞臺照明研究會
票務總務	沈相成	道具	蘇乙民
招待	吳舜華	服裝	飛雪
舞臺監督	張民	化裝	王雲龍
副導演	嚴重	効果	賴文進

仝體同志協助進行

《原野》節目單。（辛奇提供，國家電影及視聽文化中心典藏）

這齣戲的「本事」：

那是軍閥時代，是中國北方的小村落。當過帶兵軍官的焦連長，在鄉裡，居然有了焦閻王的外號，交結官吏匪徒，用橫惡造封建勢力，壓迫好百姓。仇虎是強壯有為的青年，他的父親是鄉中殷實的地戶，忠厚人的生活，並沒有太多的奢望，以他年青的看法，只希望早些和直率可愛的姑娘，他的未婚妻花金子結婚，過過平順快樂的日子。焦家和仇家，本來也是朋友故交，仇虎和焦家的兒子焦大星是從小一起玩的朋友，像親兄弟一樣的和愛，因此，仇虎也拜認了焦連長和他的妻子，那個惡毒狡狠的瞎婆子焦大媽做乾爹乾媽，時常往來。事情是這樣發生了，焦閻王看上仇家有一片的好田產，就串通土匪，把仇虎

> 的父親綁票架走，活埋了，強佔那一大片的好田地。事後深怕死人的後代有強人，就暗暗打通當地官長，誣賴仇虎是土匪抓到獄裡，還把仇虎的妹妹，變賣外縣，流落為娼，十五歲的姑娘，就活活的被磨折死在那煙花巷。仇虎被抓去八年，活受了八年的地獄，開金礦，做苦工，鐵鐐皮鞭，把他打折了一條腳，後來，生了病，才預備把他解到別處去，但是，當火車經過他的家鄉的時候，他被心中那積上八年的怨氣所激動，拼著命從車窗跳出來，他要報復仇家兩代似海的冤仇……。
>
> ……這裡，仇虎是犧牲了，可是走了的金子，卻帶著一個尚未出世的希望，到處找尋那些可靠的弟兄，要他們別怕勢力，別怕難，現在就要拼，有一天，我們的子孫會起來的。47

「實驗小劇團」演出的《原野》因為劇本是中文寫成，陳大禹在處理戲劇結構上更動不大，劇情背景也更接近演出當下的時空，因此單看本事的敘述，不管在人物還是劇情上，與原劇沒有顯著的差異，只是結尾的詮釋就明顯不同。相對曹禺《原野》劇本偏向意象式、表現主義式敘事方式，大禹的《原野》可能是為了讓觀眾不會對劇情感到不解，在本事中直接地對作品的命題做出詮釋，指出仇虎和金子兩人是為打敗封建的層層欺壓，作出反抗，雖然以兩人之力仍難以成功，仇虎終究犧牲了自己，卻也讓帶著象徵下一代希望的金子走脫。

「實小」演出《原野》，觀眾反應並不如預期，除去對於演員表現和舞臺技術的批評，可能也跟觀眾看戲習慣的落差有關，報刊上有人撰文批評《原野》演出「臺詞欠熟練，以致語言音節錯誤」、

《原野》廣告。

47《原野》節目單。

「演出成績是差強人意」，並有「觀眾半路『開小差』的現象」，但因為「在這個『六俠』、『飛金剛』、『艷舞』等麻醉東西充斥的今天」便不再苛求。[48] 不過，也有人持肯定態度，認為「在《原野》裡人物典型都由劇作者的觀念化而被侷限於單純了……除了臺詞有生澀外，幾乎沒有缺陷……《原野》的上演是一件值得興奮的事。」[49]《原野》演出外界有褒有貶，大禹則自承演出不太成功，至多只是差強人意，原因在於「主辦人的昏庸，把一切事務搞得一團糟」。[50] 大禹提到的這位昏庸的主辦人，應該是自嘲，顯然《原野》在製作、排演、演出過程並不順利，以致影響票房以及劇場效果，不過，《原野》之後，大禹仍然馬不停蹄，再傾全力籌備《香蕉香》的演出事宜。

2-4《香蕉香》的那一夜

一九四七年十一月一日正式在臺北市中山堂公演的《香蕉香》，是「實驗小劇團」成軍以來最為人所知，最具代表性的製作，也是戰後初期臺灣戲劇史上一齣備受矚目的現實主義劇作。然而，《香蕉香》的劇本並未流傳，有關這齣戲的情節以及劇場資訊，只能依靠報章雜誌的廣告與報導，以及當時參與者的口述資料，還原這齣戲的梗概。

《香蕉香》又名《阿山阿海》，是一齣以「二二八事件」為背景，探討外省人（阿山）、本省人（阿海）之間族群衝突的四幕喜劇，是陳大禹「臺灣風景線」系列創作之一，《香蕉香》劇中人物陳明心的臺灣印象，是陳大禹的親身體驗，反映「二二八事件」前臺灣社會的戲劇，因為情節涉及阿山阿海，劇組不再像《守財奴》和《原野》

48 汪漪，〈不是劇評——《原野》觀後〉，《臺灣新生報》，一九四七年九月二十九日。
49 鄭鐵民，〈看原野〉，《臺灣新生報》，一九四七年九月二十四日，第五版。
50 陳大禹，〈破車胎的劇運〉。

分國語／臺語兩組演出，而是以一組的國臺語和日語多元語言演出。陳大禹所謂「本省第一次依現實情形，用國、臺、日語配合演出，打算溝通過去本省人與外省人的感情隔膜問題」，因以「二二八事件」為背景，自然而然也是一齣社會批判性強烈的戲劇。[51]

這齣戲演出時，「二二八事件」雖已過了八個月，但整個事件餘波盪漾，臺灣社會仍舊籠罩在這個世紀慘變的陰影之下。《香蕉香》的戲劇情節可謂是在歷史情境中進行，也等於是劇作家在告訴觀眾（民眾），這個發生在幾個月前的不幸事件，一路燃燒下來，現在還會怎麼走下去？這齣戲因而也帶來情境劇與寓言劇的意味。

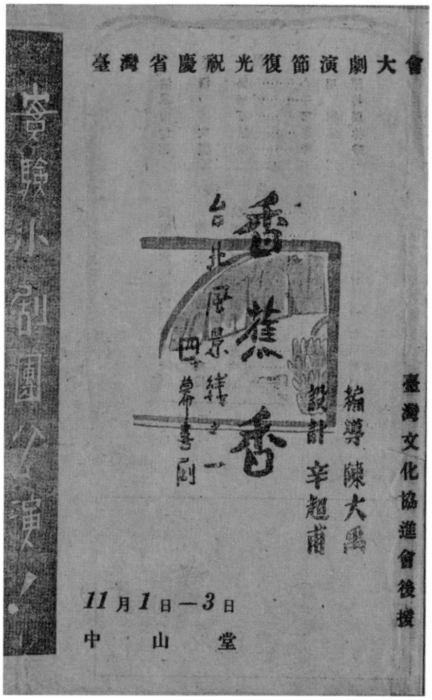

《香蕉香》節目單。（辛奇提供，國家電影及視聽文化中心典藏）

以往「實小」公演會請名人掛名「演出委員」，出現在《守財奴》、《原野》的演出委員有柯遠芬、李翼中、李友邦、胡福相、林紫貴、黃朝琴、柳健行、蔡繼琨、白克、盧冠群、王井泉、周天啓、林呈祿、林子畏、林挺生、陳尚文、許尚文、游彌堅、劉明、蔡繼琨、謝東閔、藍敏等人，《香蕉香》推出時不知何故，沒有「演出委員」，只把「臺灣文化協進會」列為後援單位。《香蕉香》刊登的廣告，以及節目單的劇情內容，標明是四幕戲劇，《香蕉香》演出

51 陳大禹，〈破車胎的劇運〉。

宣傳與「臺灣省慶祝光復節演劇大會」結合，「光復節觀賞券特別優待看話劇」，一連數天在報紙大打廣告，並且預售劇本，報紙廣告上寫著動人的文宣：「事實在哪裡？真相在哪裡？請退到客觀地位」、「常見的事，常聽的話」、「是否具有特殊性的臺灣」、「是甜？是辣？從體驗裡去感覺」、「願阿山阿海是親熱有趣的稱呼」、「一段阿山與阿海的故事」、「在生活裡笑，笑得有意味」。[52]

大禹自述編導這齣戲的動機「是打算溝通過去的『本省人』與『外省人』的情感隔膜問題，事實上只是想說明一種語言不通、生活習慣不同，所引起性格上異同的誤會，而希望彼此能在愛的了解底下把執偏拔掉。」[53]當時的「本省人」稱外省人叫「阿山」，「半山」則是從中國大陸回來的臺灣人，大禹《香蕉香》裡謂與「阿山」相對的「本省人」自稱或被稱為「阿海」其實並不普遍，大禹後來把劇名從《阿山阿海》改為《香蕉香》，是藉香蕉做隱喻，來傳達他的族群思維。因為香蕉是臺灣特產，很香很甜再怎麼熟爛都不會生蟲，可以代表臺灣的風土人情。不過，《香蕉香》裡的香蕉意象在戲劇裡也不明顯，劇中人物並未刻意談論香蕉，只有一開始劇中人提著一串香蕉作禮物，拜訪朋友時，才看到它的出現。

《香蕉香》劇情敘述中日戰爭剛結束時，南方人陳明心（半山）懷著美麗綺想與憧憬，回臺灣探訪戰後發跡的老朋友周家寧（全山），發現本省人和外省人之間，存在著一道難以跨越的隔閡。《香蕉香》演出節目單有一段劇情說明，開頭是小段似乎混用中日臺語文，不易理解的文字：

> 去年臺灣光復週年的時候，內地來的，臺灣總以明媚的風光招待落荒的心情，水流似的頽靜，晚風似的舒適，

52 見《香蕉香》廣告，《臺灣新生報》，一九四七年十月二十五～二十九日。

53 陳大禹，〈破車胎的劇運〉。

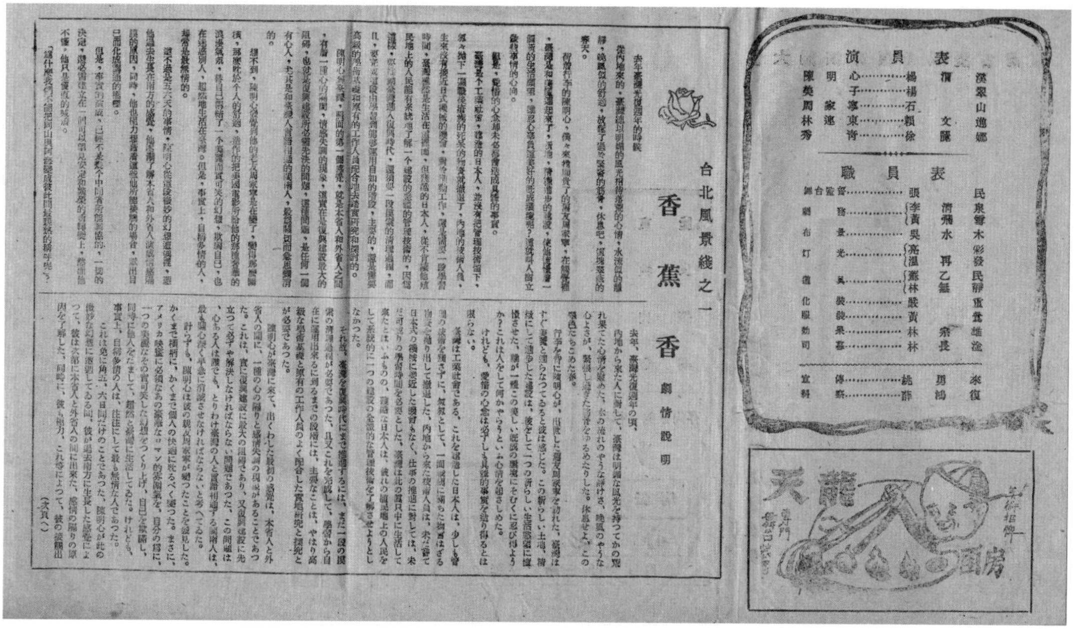

台北風景綫之一

香蕉香

劇情說明

演員表

陳明心……楊渭溪
美子……楊翠
周家寧……石山
林進東……賴文進
秀琦……徐麗娜

職員表

舞台監督……張民
劇務……李清泉、黃飛雪
布景……吳水木
燈光……亮、溫再彩
道具……蔡乙發、林無民
化裝……嚴靜
服裝……黃重
効果……林宗華
司幕……林長塗
宣傳……姚明來
資料……許鴻復

《香蕉香》節目單內頁。（辛奇提供，國家電影及視聽文化中心典藏）

放鬆了過於緊窘的筋骨，休息吧，這塊翠蔭的春天。[54]

這段可視為情境的文字之後，才有人物登場，寫了一大段像交代劇情也像討論社會問題，仍不容易讀懂的長文，不過，大概可以理解情節：

荷著行李的陳明心，僕僕來找顯貴了的舊友周家寧，在觸覺裡，臺灣是和美麗連起來了，新地，稍微進步的建設，使他憧憬著一個新的生活願望，誰忍心辜負這美好的既成環境呢？這就叫人樹立做些事情的心向。

但是，愛戀的心念卻未必都會造成具體的事實。

臺灣是個工業社會，奠定建設的日本人，並沒有把管理技術留下，匆匆拋下一個戰後瘡痍的死呆的物資就撤退了，內地的技術人員，生來沒有接近日式機械的機會，對於推動工作，還是需要一段學習時間，臺灣人雖然是生活在這裡面，但殘酷的日本

54 《香蕉香》節目單。

人，從不肯讓他殖民地上的人民能有系統地了解一個建設的整體的管理技術的，因為這樣，要推動臺灣進入復興時代，還須要一段摸索的清理過程，而且，要完成這段由學習到能夠運用自如的階段，主要的，還是需要高級的學術基礎和原有的工作人員配合地去踏實研究和探討的。[55]

接下來的敘述，是從中國南方來的陳明心看到老友周家寧的轉變，變得驕橫奢華，他逐漸了解本省人和外省人情感隔閡的原因，仍然是交代戲劇發生的背景，以及劇作者所要傳達的微言大義，而未觸到劇情「本事」：

陳明心到臺灣，照面的第一個感覺，就是本省人和外省人之間，有著一種心的隔閡，情感失調的現象，這實在是復興建設最大的阻礙，也就是復興建設所必需先決的問題，這種問題，是任何一個有心人，尤其是和臺灣人言語相通的閩南人，最為關切而急思彌消的。

想不到，陳明心發覺到他的老友周家寧是在變了，變得那麼驕橫，那麼耽溺於個人的舒適，造作的把美國電影所給他的那種奢華的浪漫氣氛，替自己構結了一個美麗而其實可笑的幻想，欺騙自己，也在迷惑別人，超然地生活在臺灣。但是，事實上，自稱多情的人，卻常是最無情的人。

這不過是五六天的事情，陳明心從這段微妙的幻想遭遇裡，憑他過去生長在南方的感覺，他逐漸了解本省人和外省人演成情感隔膜的原因，同時，他也極力想藉著這些他所能接觸的場合，獻出自己而化成溝通的橋樑。

但是，事實的演成，已經不是幾個中間者所能調協的，一切的決定，還必需建立在一個可以望見安定和繁榮的新轉變上，然而他不懂，他只是傻直的喊著。

55 《香蕉香》節目單。

「為什麼我們不能把阿山與阿海變成彼此間最親熱的稱呼呢？」[56]

這些文字使用大致也反映了當時的政治文化環境與戲劇生態，按中文解說的節目單上標記「從現在來回憶過去的一段，我們當不無警惕。」顯然是編導這齣戲的陳大禹有感而發的，而「為什麼我們不能把阿山與阿海變成彼此間最親熱的稱呼呢？」也是他最直接、強烈的訴求，但通篇文字的執筆者不像陳大禹，較像是大禹、辛奇等幾位具中、日文背景的同仁集體寫作。

由於《香蕉香》的立意良好，「臺灣省新文化運動委員會」從新聞中得知「實小」「為促進本省同胞與外省同胞間情感交流起見，近將倡演『香蕉香』五（四）幕喜劇」之後，特別致函劇團，籲其協力推動新文化工作。收到公函的陳大禹倍感責任重大，覆函省新文化運動會表達願「效其棉薄」。[57]他在回覆「臺灣省新文化運動委員會」的公函時，特別告知該會，該劇為慎重起見，「曾邀請文化界戲劇界人士舉行劇本座談會，詳予討論，認為內容對於促進情感交流部分尚需有所強調，故不擬草率從事」。[58]當時大禹曾以重新整理劇本為由，讓《香蕉香》延後一星期上演，事實上，劇本當時已經通過當局審查，取得演出證，大禹仍堅持審慎修

56 《香蕉香》節目單。
57 〈新文化運委會致函實小劇團，請協助推動新文化〉，《臺灣新生報》，一九四七年六月三日。
58 〈新文化運委會致函實小劇團，請協助推動新文化〉。

新文化運委會
致函實小劇團
請協助推動新文化
【本報訊】省新文化運動委員會以報載本市實驗小劇團爲促進本省同胞與外省同胞間情感交流起見，近將倡演「香蕉香」五幕喜劇，無任欽佩，特致函該團協力推動新文化工作，實驗小劇團准函後，特覆函願爲本省新文化運動効其棉薄，并說明陳大禹著「香蕉香」一劇，爲慎重起見，曾邀請文化界戲劇界人士舉行劇本座談會，詳予討論，認爲內容對於促進情感交流部份尚需有所強調，故不擬草率從事，特交原作者重予整理，延後一期上演，七月份，該團將另行演出其他名劇云。

新文化運動委員會致函「實驗小劇團」。

《香蕉香》舞臺佈景。（辛奇提供，國家電影及視聽文化中心典藏）

改，以臻完美。[59]

《香蕉香》原訂一九四七年十一月一日晚間在臺北市中山堂舉行首演，二日、三日兩天日、夜各一場。《香蕉香》的上演時機，是臺灣戰後物資非常短缺的時代，該劇是在所有幕前幕後人員竭盡所能四處張羅後，才得以順利上演。辛奇回憶當時自己忙裡忙外，一下燈光，一下效果，佈景都是他一個人動手、設計完成的。[60]至於其他演出必需品，有演員石山從上海設法帶來舞臺燈光三組以及化妝用的凡士林等用品，[61]整齣戲就是採用這種克難的自助方式，才勉強完成這一齣日後留名臺灣戲劇史的《香蕉香》。首演當晚中山堂近兩千個座位幾乎滿座，主要得力於「實小」後援會的協助，尤其「山水亭」老闆王井泉、文化界耆老王白淵和地方聞人蘇穀保等人出力最多，其中曾任臺北市龍山區區長的著名中藥商蘇穀保個人就承銷了近半數的票券，分贈給親朋好友與公司員工。

根據當時飾演劇中人周家寧的石山回憶，[62]戲一開始就是他演的外省股長，正在宿舍裡使喚本省籍的女傭，還不時地對她辱罵、凌虐，表

59 《臺灣新生報》，一九四七年六月十六日。
60 〈辛奇訪談記錄〉，臺北嵐山咖啡店，二〇〇五年十月十七日。
61 陳少岩（石山）致《中國時報》影劇版函，二〇〇〇年九月五日。
62 陳俐如訪談，〈石山訪談記錄〉，臺北木柵陳宅，二〇〇五年十月二十一日。

現了外省官員剛到臺灣時帶著戰勝者的氣勢。後來半山陳明心（楊渭溪飾）由中國來臺，拜訪周家寧時還提了一串香蕉，這是外省人眼中貴重的臺灣土產。劇情進行到一半時，女傭報告外頭發生暴動，舞臺後方並傳來群眾喊叫「打死外省人」的喧鬧聲，方才作威作福、氣勢凌人的「全山」周家寧立刻嚇得發抖，轉而請求女傭將他藏匿起來，明心看到家寧這一幕，內心頗有感觸。

以族群仇恨為戲劇背景，穿加兩個族群之間的人情義理，特別是年輕世代跨族群的愛情故事為主線，是東西方戲劇常見的題材，在臺灣戰後以降的劇場、電影作品以本省人與外省人的族群矛盾作為戲劇衝突點，最後族群大和解，冤家變親家，更是通俗喜劇最常見的手法，陳大禹在當時肅殺的政治環境中，敢於一九四七年底以《香蕉香》處理「二二八事件」與本省人和外省人的敏感話題，並且把《香蕉香》定位為「喜劇」，毋寧是太過相信「喜劇」的效果能夠壓過政治性情節，而這方面的自信應該來自早前編導外國作品《慳吝人》、《金錶》的經驗，以及「實小」在臺第一齣《守財奴》的喜劇風格受到好評；然而，法國莫里哀經典劇作的演出，不談劇場藝術層面，光以政治利害考量，臺灣威權時期以戲劇手法，諷刺三百多年前的法國政治與社會，與利用當下政治事件創作一齣喜劇，所面對的風險是天南地北的，即便以古諷今，指法罵臺，其衝擊力豈可同日而語。大禹這齣《香蕉香》所涉及的題材敏感性與劇場不可預測性，遠遠超過大禹的理解與想像。

《香蕉香》演出當晚的觀眾多是臺灣人，也有少部分外省人，戲劇演到「二二八事件」發生時，觀眾群起激憤，對於舞臺上陳明心的言論也有共鳴，一片叫好聲，讓《香蕉香》負責舞臺美術同時做音響效果的辛奇印象深刻的是，戲中有一段場景是以「二二八事件」爆發為背景，當時辛奇在舞臺

王井泉（1905-1965）。

蘇穀保（1883-1966）。

《香蕉香》上演廣告，《中華日報》1947 年 10 月 29、30 日。

內側一邊放音效，一邊高喊「打啊！打外省人啊！」、「打乎死！」之際，臺下觀眾居然隨著劇情激動起來，「本省人」觀眾跟著喊「對！對！打乎死！」，臺上臺下亂成一團，結果招來軍警「登臺」，四幕戲只演了一幕，就由軍警宣布停止演出，並驅走觀眾。《香蕉香》不但當晚演出中斷，隔天之後的檔期也被禁止了，可說是最短命的戲劇之一，劇團在中山堂門口張貼停演的告示，理由是演員生病了，不能上演。[63]根據辛奇的回憶，「實驗小劇團」公演《香蕉香》完全按照教育廳核定的劇本，不過，楊渭溪扮演的南方人陳明心慷慨激昂的臺詞則屬演員即興演出，引發本省籍觀眾與外省籍觀眾吵成一團，離場時仍在激烈討論，有人認為這齣戲反映言論自由，有些人則認為有「煽動觀眾」之嫌，由於演出內容直接諷刺貪贓枉法的戰後接收大員，觸動國府政治敏感神經線，當天晚上就遭到禁演命運。曾經是「實小」演出委員的臺北市長游彌堅在首演之夜演出中輟時，赴後臺指責陳大禹與劇團演員「你們怎麼搞成這樣子，讓我這個市長下不了臺，你們不能再演了。」[64]演員石山（陳少岩）也清楚記得游市長離開之後，他正在卸妝，後臺還在忙碌，此時大禹突然接到警總的緊急電話，接聽完電話之後，整個人愣在後臺，意志消沉，當時他目睹了那個場面，此情此景至今印象深刻。[65]

《香蕉香》首演當晚爆發的劇場衝突，報紙都有報導，但內容很簡短。十一月二日《中華日報》刊登「停演」消

63 陳大禹，〈破車胎的劇運〉；呂訴上，《臺灣電影戲劇史》，頁三五四～三五五。
64 〈辛奇訪談記錄〉，臺北嵐山咖啡店，二〇〇五年十月七日。
65 〈石山訪談記錄〉，臺北木柵陳宅，二〇〇五年十月二十一日。

息，聲稱因為團員生病，因此演出取消。[66] 同日的《和平日報》以〈「香蕉香」內容帶煽惑性〉為標題，報導「昨（一）晚在中山堂首次公演之香蕉香一劇，內容係描述一來自內地之公務員（劇中為科長）濫用職權，作威作福，及漠視民艱，勤於女色等類故事，並插打諢科，以博取觀眾一笑，咸認為在慶祝光復節聲中，演出此類帶有煽惑性之劇本將加深本省與內地同胞間之隔膜，殊非所宜。」[67]

這篇報導謂「咸認為在慶祝光復節聲中，演出此類帶有煽惑性之劇本將加深本省與內地同胞間之隔膜，殊非所宜」，應該是當時情治單位的態度，實與演出前「臺灣省新文化運動委員會」以該劇具促進族群和諧旨意，要求「實小」配合推動新文化運動的看法大異其趣，這是以結果論判斷劇場是非；不過《和平日報》十一月二日當天報導並未提到《香蕉香》被禁演的訊息，十一月三日才以〈「香蕉香」昨日停演，改舉行國樂大會〉的新聞標題，證實這齣戲被停演，比《中華日報》慢了一天，報導內容為「前（一日）晚中山堂上演之「香蕉香」一劇，內容帶煽惑性，致引起各方誤會，已誌昨（二）日本報。茲悉：省府新聞處頃已通知市政府轉知有關方面自二日起停止上演該劇，並經改為舉行國樂

66 〈「香蕉香」停演，中山堂今晚改國樂大會，明下午起開始放映電影〉，《中華日報》，一九四七年十一月二日。

67 〈「香蕉香」內容帶煽惑性〉，《和平日報》，一九四七年十一月二日，第三版。

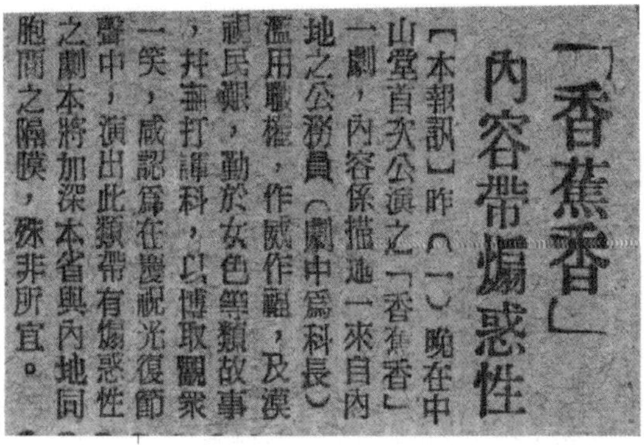

「香蕉香」內容帶煽惑性

【本報訊】昨（一）晚在中山堂首次公演之「香蕉香」一劇，內容係描述一來自內地之公務員（劇中爲科長）濫用職權，作威作福，及漠視民艱，勤於女色等類故事，並插打諢科，以博取觀衆一笑，咸認爲在慶祝光復節聲中，演出此類帶有煽惑性之劇本將加深本省與內地同胞間之隔膜，殊非所宜。

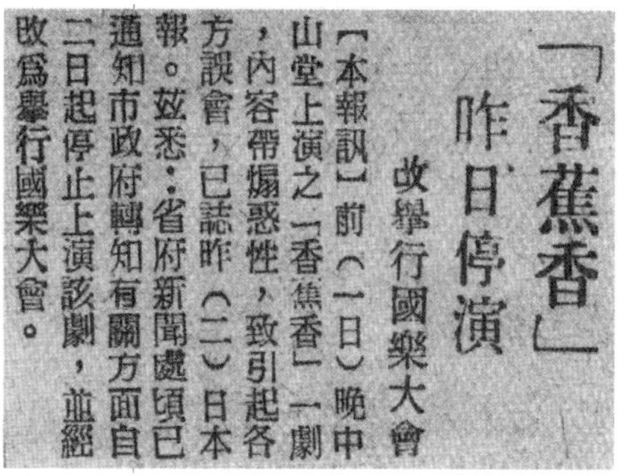

「香蕉香」昨日停演

改舉行國樂大會

【本報訊】前（一日）晚中山堂上演之「香蕉香」一劇，內容帶煽惑性，致引起各方誤會，已誌昨（二）日本報。茲悉：省府新聞處頃已通知市政府轉知有關方面自二日起停止上演該劇，並經改爲舉行國樂大會。

《香蕉香》停演新聞，《和平日報》，1947 年 11 月 2（左）、3（右）日。

大會。」[68] 從新聞報導顯示，演出當晚「有關單位」即已做出停演之命令，但報紙接獲訊息的快慢不一。當時的報導透露《香蕉香》被停演的原因與煽惑群眾有關，但如何煽惑，並未描述，《香蕉香》被禁演的事件討論的人其實不多，當時媒體尚不發達，對這場演出事件並未有太多報導，當晚親歷這個事件的人更屬少數中的極少數。

為什麼這齣具官方色彩的臺灣省新文化運動委員會「無任感佩」，譽為能促進族群和諧理念，而且通過演出許可，在慶祝光復節檔期上演的劇目，最後卻突然被官方禁演呢？《香蕉香》的那一夜，中山堂究竟發生了什麼事？《香蕉香》的演出出了什麼狀況？

據當年曾目睹《香蕉香》演出及發生衝突事件的一位觀眾，事隔一甲子後以「容之」筆名，連續兩日在美國發行的《世界日報》發表〈陳大禹與香蕉香〉追憶：

> 《香蕉香》描寫臺灣光復後情形，「阿山」是個公務員，屬中級的課長，住日式房子。戲開幕時，展現在觀眾之前的是日式客臥房，下女（僕人）進屋不見了主人，房內空空如也，她大感奇怪。後來聽到放被褥的衣櫥內有聲音，拉開紙門一看，阿山竟睡在衣櫥內。原來阿山不了解「榻榻米」住房，以為沒有床，不知該睡何處，就睡到櫥內去了。這是「糗」阿山。還有不少笑話，譬如阿山進屋不脫鞋，在「榻榻米」上亂走；洗澡泡在日式浴桶內擦肥皂等等，大出外省人洋相，演得淋漓盡致。臺下本省人看了，哈哈大笑，喝彩叫好。
>
> 接著阿海登場，他是阿山手下的小職員，捧了一盒禮物來拜訪，請阿山在「書類」（文件）上蓋印。因他住進了一幢日本人搬走的空屋，沒有辦合法的承租手續，也沒有付房租。現在政府要把房子分配給他人居住，趕走阿

68〈香蕉香昨日停演，改舉行國樂大會〉，《和平日報》，一九四七年十一月三日，第三版。

海一家人。他急得走投無路，請阿山幫忙，只要在「書類」上蓋了課長的印，機關就出證明，日產管理處就認定阿海居住合法，可以住下去了。

當時日本人搬走後留下的空屋很多，政府接收下來很傷腦筋，因為空屋要有人看管才行。若沒有人住，過幾天很可能連門窗都不見了。阿海要住，只要合法去登記，不用花錢，甚至房租也免了，不像後來承租日產房屋要頂費什麼的。

阿海攜來「禮物」，盒子很大，裡面包了一層層的紙，阿山拆開了，最後發現是四塊小小的飴糖，意思意思。阿山和阿海由於言語欠通，竟引起誤會，阿山把禮盒丟出門外，趕走阿海。

這下阿海冒火了，忍耐不住，罵道：「你是中山裝口袋多多？……」

這話是罵阿山要鈔票，阿山被侮辱了很生氣，打電話要開除阿海「頭路」（工作）。兩人鬥氣發狠，快要打起來了。……這中間又來了阿海的小妹，阿山正在追求她，郎情妾意，這回被阿海闖進來破壞了好事。……戲演到這兒，臺下觀眾情緒高漲，外省人觀眾說侮辱他們，臺省人也說是罵他們。阿山被「糗」時，臺下阿海叫好，外省人噓聲不絕；阿海被「糗」時，臺下阿山喝彩，阿海則大罵「三字經」。結果後來大家不是在看戲，觀眾挑起情緒對罵，真要大打出手了。[69]

「容之」的回憶阿海所帶禮物是四塊小小飴糖而非香蕉，與辛奇、石山等人的記憶略有出入，其餘極貼近當時的演出情形，應是親歷劇場而記憶力又佳，才能如此復原演出現場，而他在正式演出前曾在西本願寺「臺灣省交響樂團」排練室看過「實小」的彩排，應是與陳大禹或「實小」熟識的人，他對《香蕉香》描述應說有些是根據劇本彩排時的印象，包括阿海所帶禮物。「容之」隔日又在同一家報紙繼續談《香蕉香》（應是一篇文章《世界日報》編輯分兩天

[69] 容之，〈陳大禹與香蕉香〉，《世界日報》，二〇〇六年十二月七日，第四二三七一版。

刊登）：

（續昨日）憲警眼看再不阻止，就要鬧出大事件，於是就上臺命令閉幕，不准再演下去。可憐四幕劇只演了第一幕，就禁演了。……

我看過劇本，且在他們彩排時，看到全劇演出，彩排在中華路西本願寺，實驗劇團和省交響樂團，當時均設在寺內，陳大禹也住在寺內。後來大殿被火焚燒，變成了難民攤棚。

未演出的劇情大意是，事情經過峰迴路轉，阿山的女同學從大陸到臺灣，暫住在阿山家，她在臺工作，政府把阿海住的日式房子分配給她。阿海發現要趕他搬家的，竟是阿山家的「查某」（女人），又見她和阿山很親近，就當面問她：「妳是不是課長的牽手？」

那女同學不明白「牽手」的意思，以為是指朋友，就點頭承認。這下子誤會更大了，臺語「牽手」是指夫妻，阿海誤會阿山已婚，還要「調戲」他的小妹，越想越生氣，阿海趁酒醉時，手執武士刀砍殺，阿山嚇得沒命奔逃。

如此鬧得人仰馬翻，不堪收拾時，阿山女朋友的未婚夫來了，證明她不是阿山的妻子，且她的未婚夫另外分配到房子，因此他們結婚後同住。她把房子讓給阿海住，阿海不必搬家了。阿海的小妹夾在男友和阿兄之間，盡力調解，總算雙方誤會消除，言歸於好，圓滿閉幕。……[70]

這篇報導把《香蕉香》來不及在劇場呈現的部分還原，當時劇團團員懷疑戲被禁演，是青年軍第二〇五師劇團搞鬼，因為他們前一檔演出《大明英烈傳》時，觀眾寥寥無幾，看到接檔的《香蕉香》爆滿，心裡不舒服，於是煽動觀

70 容之，〈陳大禹與香蕉香〉，《世界日報》，二〇〇六年十二月八日，第四二三七二版。

眾鬧場，給治安單位禁演的藉口。不過，事隔半世紀，碩果僅存的演員石山回顧當年的禁演事件，仍認為《香蕉香》「旨在喚起族群融合，在中山堂演出當夜，座無虛席，普獲觀眾共鳴，惜對政府施政略進箴諫，觸動當時臺灣社會最敏感的神經線，應是被禁演的主要原因，至終場即接情治單位電話禁演。」[71] 這齣戲反映臺灣社會現狀，劇中的「阿山」前倨後恭的醜態，明顯地諷刺外省人，當然引起警備總部注意，尤其在「二二八事件」之後的敏感時刻。

原本創作目的在消弭省籍隔閡的《香蕉香》，舞臺呈現被認為帶有煽惑性，加深本省與內地同胞間的隔膜，殆非大禹始料所及，《香蕉香》被禁演對大禹與「實小」都是極大的打擊，畢竟劇團經費拮据，要製作一齣戲原本就不容易，如今被以「煽動群眾」的理由禁演，連帶也影響大禹及劇團的後續戲劇行動。《香蕉香》演出時，柯遠芬已離開臺灣，如果他仍在位，《香蕉香》或可免除被禁演的命運，不過，當時國民黨在國共內戰中已居頹勢，雖然國軍在「二二八事件」之後不久攻入延安共黨根據地（三月十九日），在假象的勝利之後，緊接著就是山東與東北一連串的戰爭失利，大半個中國遍地烽火，國民黨統治地區的學潮如火如荼展開。而後的臺灣大環境日益艱難，大禹與「實小」所遭遇的困境，與其說是因為沒有柯遠芬的加持，不如說是整個局面造成大禹最後的出走。前述有「臺灣交響樂團之父」之稱的蔡繼琨，在當時的臺灣藝術文化界擁有一定的地位，也因陳儀從行政長官職位下臺，在臺灣省政府的角色受到影響。

陳大禹在一九四八年三月五日的《臺灣新生報》發表〈臺灣需要話劇〉時，仍毫不避諱地提起《香蕉香》那一夜：「記得，在『香蕉香』演出的情形，人眾是怎麼熱烈關心於這個現實問題的話劇，當時散場的時候，我們聽見一個外省人的聲音：『這該是言論自由的時代了！』」接著陳大禹以自豪的語氣寫道：「從這句話裡，我們接受了多少的欣慰，因為當局的光榮也是我們自己的光榮！」[72]

71 陳俐如訪談，〈石山訪談記錄〉，臺北木柵陳宅，二〇〇五年十月二十一日。
72 陳大禹，〈臺灣需要話劇〉，《臺灣新生報》，一九四八年三月五日，第八版。

大禹生前自撰〈陳大禹政歷表〉在一九四七年四月至一九四八年的經歷是「自寫劇本《香蕉香》演出被禁停演，我亦被反動警備司令部詢問，其後力求恢復演出皆遭阻礙不果，我亦被遣散」，這個〈政歷表〉雖屬回歸中國大陸後所寫，但可信度極高，亦即《香蕉香》演出後他被警備司令部「拘捕」，最後導致他在「省交」的幹事職務被解聘。《香蕉香》事件使得大禹在臺灣難得擁有的一個職位——「臺灣省交響樂團」幹事，於一九四八年四月被遣散。

《香蕉香》被停演對「實驗小劇團」其他成員的影響如何，每個人感受不同。石山說「事後並無一人遭遇任何困擾」，這句話應是指當下並無人受逮捕或審訊而言。[73] 石山演《原野》時係在臺糖公司任職，演《香蕉香》時是在臺灣省衛生處工作，他被臺糖公司免職，他說「與演《香蕉香》無涉，實肇因於二二八事件」，石山寫下事件時他親身的大事：

一

「六十年前二月二十八日」取締販售私菸過當，引爆民憤，剎時猶如野火燎原，波及全省，公賣局重慶南路門市部遭民眾攻擊尤烈，時少岩方恰在當年臺糖公司上班，與鬧事地點，近在咫尺，大陸同仁已不知去向，僅存臺籍員工留守。

二

不久前，少岩曾草擬「臺糖員工勵志社」組織章程，總公司暨糖廠臺籍員工泰多報名參加，群推少岩任董

73 〈石山訪談記錄〉，臺北木柵陳宅，二〇〇五年十月二十一日。

事長，方擬進行票選理事等事宜暨向公司報核，突發生「二二八」事件，當日留守臺籍職工要求開會，舉少岩為主席，開會時發言盈庭，意見駁雜，咸以：

(1)今逢發薪日，「動亂」時間難以蠡測，倘遷延日久，恐有「斷炊」之虞！是否開啟萬華倉庫，搬出倉糖販售應急？

(2)紛提待遇不公情事，激動者甚有主張參加「抗爭」行列。

三

經少岩費盡唇舌，分析「利弊得失」，盡量說服與會者：

(1)大陸現雖「內戰」方殷，但彌平臺灣亂局仍行有餘力，如不久派兵來臺鎮壓，則我等擅自開倉販糖屬違法行為，一旦追究，後果嚴重，望稍安勿躁，可否待明日上午由少岩會同二位員工偕赴總經理沈振南寓所面洽，沈氏於次日偕有關人員由臺籍員工護送前來公司處理問題。

(2)經與會人員同意後散會，然其時已無交通工具，少岩雖隸北縣淡水鎮，但幼隨先父赴大陸經商，兄弟三人均未接受日本教育，不諳日語，兼又外型酷似「阿山」，若獨自回寓，恐遭不測，幸賴四位臺籍同仁自告奮勇，一路護送，沿途遭遇盤查，均異口同聲力證少岩係純種「阿海」，始安抵家門（自開封街至泰順街），堪謂歷盡艱險。

(3)次日少岩會同臺籍員工赴沈寓，要求明晨十時沈氏親來公司處理問題，立獲同意，依約於三月二日由臺籍同仁護送抵達公司，開會時，少岩坦率以陳，獲沈氏指示偕來職員：

甲、即於當日上午發放薪資。

乙、倘有不公事宜，當儘量斟酌輕重依序次第合理解決。

丙、面囑少岩於此期間乘交通車按時上下班，並派員輪流值班，以維公司安全，並通知各廠臺籍員工堅守崗位，儘量保護工廠設備，免遭破壞，差幸泰多安然度過。

四

國軍登陸，全省風聲鶴唳，草木皆兵，時公司內大陸忘年交江老先生銜沈氏命來寓面告因承受重大「壓力」囑少岩自提辭呈，雖經據理力爭，表示倘無少岩極力勸阻，萬華倉庫應已變賣一空，公司暨臺糖各廠恐亦難保滋生事端，少岩對公司竭盡心力，維護安全，諒沈總必有所聞，少岩不敢居功，但也不應「不獎反黜」，請問公理何在?天道寧論?江老兄允代轉陳。詎翌日江再次來寓告知「沈承受極為沉重壓力」，解職應改為免職，但遺缺可由家兄遞補，宿舍照住，用資補償，並囑少岩速自應變，免遭不幸……。[74]

石山的際遇反映公家單位員工在「二二八事件」期間的無奈，他的故事發生在《香蕉香》之前，辛奇的經歷則又有些不同，《香蕉香》禁演之後很多朋友警告他要小心，因為已被總警注意，辛奇於是潛回廈門，躲了好一陣才回到臺灣。[75]《香蕉香》演出前後並未看到戲劇界、文化界有關這齣戲的評論，一切表面看起來風平浪靜，似乎也反映當時文化環境與戲劇氛圍的詭異。《香蕉香》因為劇本未見流傳，也未見對這齣戲的文本與舞臺呈現、演員表現有第一手的描繪與評價，很難具體記述戲劇的真正藝術價值何在，劇中出現大量的「言論派」風格，似乎帶有幕表戲的即興表演成分。大禹潛藏之後，相關訊息無影無蹤，一九五〇年代的臺灣藝文界或是學術界，大禹的名字已經不太有人記

74 陳少岩（石山）致作者信函，二〇〇七年二月十五日。

75 〈辛奇訪談記錄〉，臺北嵐山咖啡店，二〇〇五年八月二十四日。

得。

就陳大禹及「實驗小劇團」的演出新聞而言，報導最多的是第一齣《守財奴》，而後《原野》、《香蕉香》相對遞減，這應該與「二二八事件」之後冷峻的政治與社會文化氛圍有關，《香蕉香》因被禁演，許多人更不敢或不想多談，這齣戲因而漸被淡忘，當時討論臺灣話劇（新劇）的文章，包括王育德的著作並未提及《香蕉香》。大約到呂訴上的《臺灣電影戲劇史》（一九六一）問世，對於《香蕉香》的演出才有較完整的介紹：

> （一九四七年）十一月一日起在臺北市中山堂，為慶祝臺灣省光復節而舉行演劇大會，由實驗小劇團第三次又上演陳編導的臺北風景線之一的「香蕉香」又名「阿山阿海」（全四幕喜劇）。設計辛超甫。演員表：陳明心（楊渭溪）、美子（楊翠）、周家寧（石山）、林連東（賴文進）、秀青（徐麗娜）。這是一本特殊的喜劇，描寫「二二八」前後本省和外省同胞間誤會的原因和發展，作者從劇本中指出，說明誤會的起因是為語言和生活習慣的不同。劇本裡俏皮的諷刺很多，至上演之日，戲還沒有演完，劇場內已引起混亂，本、外省的觀眾吵鬧成一片，雙方都說劇本侮辱觀眾，致當局第二日就下令禁演。這齣的演出，第一夜全場滿座，可是第二天，戲院門口一張告白，說是演員病了，不能上演。這個風波就此平靜下去了。[76]

賴文進。（賴武雄提供）

《香蕉香》中的賴文進。

76 呂訴上，《臺灣電影戲劇史》，頁三五四～三五五。

呂訴上這段文字介紹算是為後來的研究者，提供大禹及「實驗小劇團」較完整的印象，這齣現實主義強烈的戲劇，象徵性大於藝術性，劇場藝術反而成為次要，從演出時引發觀眾對立，遭受禁演，也賦予陳大禹與這齣戲在戰後初期臺灣戲劇及劇場史的特殊地位，陳大禹因《香蕉香》較為人知，《香蕉香》也隨陳大禹而留名。

2-5 歌詞與歌謠創作——〈淡水的河流〉及〈杯底不可飼金魚〉、〈農村酒歌〉

陳大禹在臺期間頗留意臺灣民間歌謠的資料蒐集，並嘗試進行歌謠與詩詞創作。對於詩歌民謠，大禹除了自身從小就有興趣，也受到林清月作品及其採集工作的啟發。林清月（一八八三～一九六〇）是出生臺南的臺灣總督府醫學校第四屆畢業生，在行醫之餘也致力於民謠的蒐集、演唱，他在《歌謠集粹》的自序云：「對臺灣的民謠別有興趣，凡聽既記，有聞必錄，時時歌唱以自娛」。[77] 陳大禹在一九四八年間於《公論報》的〈遊藝版〉陸續撰寫與詩歌相關的文章，第一篇寫作是以林清月的採集記錄意譯為本，在一九四八年七月二十七日發表〈臺灣民間歌謠〉十五首。[78]

陳大禹記錄的民間歌謠善用各種生活隱喻的趣味，如描述男女相戀，男方被迷得「神魂被娘迷落鍋」，只好向女子求告「灶裡不要緊燒火」，生動的描述了墜入愛河的男女如同在鍋上火爆的熱情；他也以自然事物類比女子美貌的「鳳梨成熟真好味，甘蔗新出吃不甜」，但即便風味各異，各花入各眼，「只要中意便值錢」；「含笑過午香蕉味，夜合最香月光時」，生動立體的描寫了一個得了相思病的男子，從午後相思到夜半輾轉反側的心緒，即便充分的迻譯歌謠的意思，大禹也常覺得容易減損閩南語歌謠唸誦的韻味和趣味，他在寫作歌謠時一直苦惱，如何找到一個能夠兼

---

77 林清月，《歌謠集粹》（臺北：中國醫藥新聞社，一九五四），頁一。

78 陳大禹，〈臺灣民間歌謠——根據林清月先生記錄意譯〉，《公論報》，一九四八年七月二十七日，第四版。

具音律和意義表達的落筆方式。

在前述〈臺灣民間歌謠〉十五首之後，陳大禹又於一九四八年十二月《公論報》上發表了名為〈淡水的河流（歌踊〔誦〕樂章）〉的作品。

〈淡水的河流〉分為上下兩部分，舞臺上結合了管弦樂團、舞蹈、朗誦等元素，第一部名為「風從大陸上吹來」，描述了海洋的無邊無際與浩蕩，以自然的力量壯闊無情，飢餓人群鋌而走險，各自移動，或是逃亡或是流浪，襯托了人類的渺小；第二部「原始的呼喚」則描寫人們終於來到島嶼，進入山林之後的歌詠，表現出島嶼的自然之美，以及淳樸醇厚的民情，最後以仿寫泰雅族歌謠的山歌作結。[79]

〈淡水的河流〉是一次詩歌體裁的嘗試，大禹在長篇敘事詩中，透過對自然情景的描寫，敘述了一段人們越過險惡蒼茫的大海，來到一處島嶼，徜徉在自然秀美的山林之中，終於能夠在月下開懷暢飲，互相唱和。這樣的故事在開篇時，以連續的單音節字詞，形容出海洋的廣闊遼遠，「迂／闊／遠鑼／碎而密／洶湧而來……

79 陳大禹，〈淡水的河流（歌誦樂章）〉，分別刊登於《公論報》一九四八年十二月五、十二、十九、二十六日，第六版。

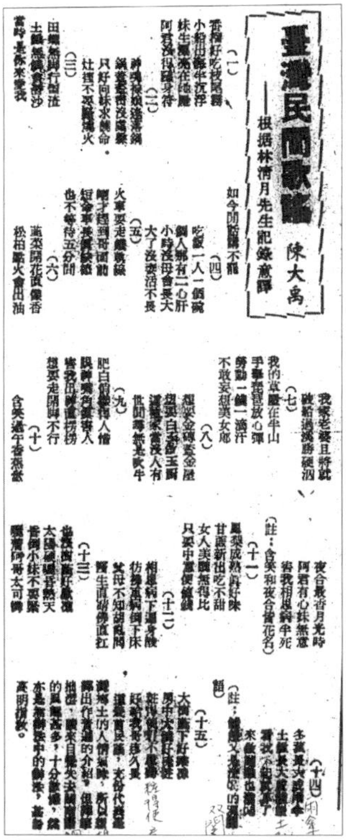
臺灣民間歌謠 陳大禹
根據林清月先生記錄意譯

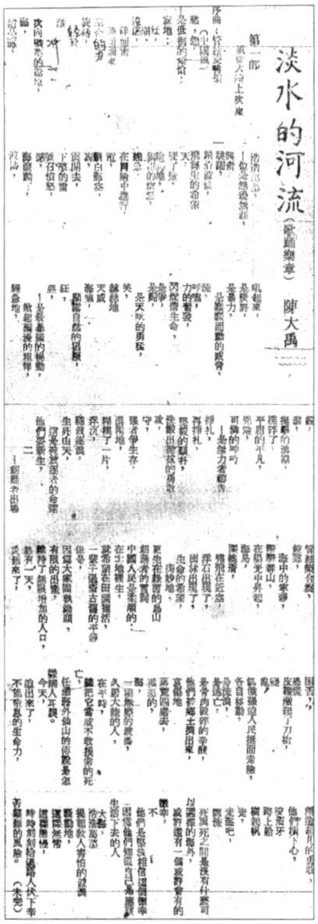
淡水的河流（歌誦樂章） 陳大禹

陳大禹在《公論報》刊載的〈臺灣民間歌謠──根據林清月先生記錄意譯〉、〈淡水的河流〉。

海／這是海。」海上的波濤、電閃雷鳴、兇悍的海吼，都構成一幅廣闊無邊，天地不仁的景象，襯托出人類在天地間的渺小；緊接著，朗誦者出場，在他的敘事中我們看到了人群，「中國人是柔順的／在土裡生／就希望在田園裡活……有限的出產／維持了無限增加的人口／終有一天／災難來了……。」這些人們為了在「死與死之間」另尋出路，因此將目光放在了平時不敢摸索的地方，「任憑海外仙山的傳說是怎樣耀人耳膜」終究是平時「不敢摸索的死亡」，這些被放逐者為了新生，來到了海上。

被「大陸上吹來的風」帶來的人們，艱辛的越過波濤之後，來到了島嶼，看見了美好的自然風情，並且受到了當地人的淳樸相待，進入山林之中與人們一同混雜而坐，不分你我，在月色下飲酒作歌，氣氛歡樂融洽。詩歌中生動描寫了宴飲的畫面，畫面的中心也出現了人物，頭目站出來吆喝一聲後，帶領眾人飲酒歡鬧，領唱歌曲「月亮出來在海上唷／像什麼呢？／嘿嗬嘿／嘿嗬嘿／月亮像你，你不是月亮？／嗬嗬呀嘿」，接下來到尾聲前的幾段歌曲，雖為陳大禹所寫，但歌詞與唱和結構仿作泰雅族山歌，試圖模擬出原住民歌謠描述生活，以及反覆唱和的曲調，與開篇描述大海的冷酷與冰冷無情，形成鮮明的風格上的對比。

〈淡水的河流〉在敘事詩歌的嘗試上，頗有古典希臘戲劇詩的風味，雖然並沒有特別註明，但開頭對環境的描述好像安排了歌隊或合唱曲，在敘述中對環境的描寫逐漸帶出故事的引子，隨後一名朗誦者自眾聲喧嘩中獨立出來，講述了人群的故事，隨著情節的推進也開始出現了角色，以及由角色所發聲的歌曲，不知是否陳大禹作為戲劇家的習慣，在詩歌的創作中也加入了場景描寫和角色，讀起來多了幾分生動和有趣，他在作品中利用對自然環境的描述，隱喻了人群的處境，以及對於民間歌謠的仿寫嘗試，雖然是階段性的實驗作品，尚未臻成熟，敘述觀點也不脫中國／漢族中心的文化模式，但可以看到他勇於嘗試詩歌敘事，而從他後來擔任薌劇編導時的創作，也可看出其中的脈絡。

陳大禹民間歌謠的資料蒐集與創作，最值得重視的是與音樂家呂泉生合作，為呂氏的曲子寫歌詞，其中最膾炙人口的是〈杯底不可飼金魚〉：

飲啦！杯底不可飼金魚，好漢剖腹來相見；
拚一步，爽快麼值錢！
飲啦！杯底不可飼金魚，與到食酒免揀時；
情投意合上歡喜，杯底不可飼金魚！
朋友弟兄無議論，要哭要笑記在伊；
心情鬱卒若無透，等待何時咱的天！
啊，哈哈哈……
醉落去！杯底不可飼金魚！

豪邁的歌詞，隨著整首曲子的旋律輕快激昂兼又緩慢壓抑，加強了樂曲音調和節奏的穿透力。〈杯底不可飼金魚〉創作於族群問題嚴重的「二二八事件」之後，以及國民政府遷臺前夕兵荒馬亂的時刻。從現知相關資料印證，以劇場為重心的陳大禹生前在為〈杯底不可飼金魚〉創作歌詞時，應該只是玩票性質，而未為此大事張揚，所以他的家族、戲劇界朋友，幾乎沒有人注意到這首曲子與大禹的關係，也不知他當時如何創作歌詞，大概只有與他合作的呂泉生知道這首曲子的來龍去脈。

呂泉生年輕時留學日本學習歌劇，曾參加一九四三年四月二十九日由林摶秋、張文環、王井泉等人在「山水亭」成立的「厚生演劇研究會」，這個皇民化運動時期臺灣人重要的演劇團體，從當年九月三日起連續六個晚上在「永樂座」推出《閹雞》、《高砂館》、《地熱》、《從山上望見街市的燈火》等劇，由呂泉生做音樂，轟動一時。戰後呂氏在臺灣廣播電臺上班，曾應蔡繼琨之邀，擔任「臺灣省警備總部交響樂團」合唱隊隊長兼指揮，與經常在交響樂團進出的陳大禹，兩人年紀相同（一九一六年生），相互熟識並不讓人意外。或許當時的大禹除了戲劇，也已展現了他對歌謠採集的興趣與專長，讓呂泉生印象深刻，兩人才會共同創作歌曲。

據呂泉生的說法，從一九四七年「二二八事件」發生之後，「本省」人與「外省」人之間的心結愈結愈深，對立的情況也愈來愈嚴重，他和大禹皆深以為憂，想寫一首能表達人類和諧情感的歌曲，藉歌曲消彌外省人與本省人之間的族群嫌隙，並期勉大家不管來自何方，都要和睦相處。於是由「本省」人呂泉生作曲，「外省」人陳大禹作詞的〈杯底不可飼金魚〉於焉而生。呂泉生創作這首歌曲之前，曾聽過趙元任作曲、劉半農譯詞的〈茶花女中飲酒歌〉（一九二六），歌詞有一句：「天公造酒又造愛，為的是天公地母常相愛」，深得呂泉生的心，所以他決定也要用臺語寫一首像〈茶花女中飲酒歌〉一樣，情境活潑、又口語化的飲酒歌，以「酒」象徵「愛」，隱喻對人類和平共存的渴望。

呂泉生這首曲子以臺灣民謠慣有的小三和弦為基調，配上合乎語言聲韻的旋律，成為一首通俗性與藝術性兼備的歌曲。[80]為這首飲酒歌寫詞的陳大禹使用了許多臺灣俚俗的語言入歌，增加歌詞的親切性與感染力，藉著「飲啦！杯底不可飼金魚，好漢剖腹來相見」、「情投意合上歡喜，杯底不可飼金魚！朋友弟兄無議論，要哭要笑記在伊」、「心情鬱卒若無透，等待何時咱的天」的歌詞，希望人們放下憂愁，以酒化解一切仇恨。整首歌曲時所欲傳達的，不僅止於勸飲享樂，隱藏在歡快旋律、豪氣歌詞中的是，對被撕裂的臺灣社會的期待。

在執政當局尚未開始對臺語創作歌曲加以限制的年代，〈杯底不可飼金魚〉整首歌如民謠般發源自庶民的生活語

80 參見陳郁秀、孫芝君，《呂泉生的音樂人生》（臺北：遠流出版公司，二〇〇五），頁二六八～二七〇。

言，不似文人墨客雕琢詞藻的行酒令、勸酒詩，而是貼近一般親朋好友相聚，酒酣耳熱之際，所傳達的最自然、豪邁、暢快的聲音。歌詞淺白、曲調活潑，卻又寓意嚴肅，是一首氣勢磅礴而又動聽的曲子，與傳統臺語歌多半內斂、幽婉、哀愁的曲調與歌詞不同，展現庶民文化中另一面向的活力，令人聽來十分欣喜暢快。站在現代的角度聯想〈杯底不可飼金魚〉背後所想表達的寓意，即使讓人聯想到《茶花女》中的〈飲酒歌〉風格，〈杯底不可飼金魚〉與威爾第歌劇勸人及時行樂，享受當下美酒的勸飲含意已不同。

〈杯底不可飼金魚〉的創作發想於「二二八事件」發生之後，但完成應該晚於一九四八年中，整個創作時間前後在一年之上。[81] 它的第一次發表會被安排在一九四九年四月十八日，於臺北市中山堂舉行的「臺灣省音樂文化研究會」第二屆演奏會，由呂泉生親自演唱，張彩湘鋼琴伴奏。「臺灣省音樂文化研究會」是由臺籍樂壇精英與知識青年組成，其中不乏留學日本、畢業於音樂學校的專業

81 莊永明曾於一九九九年打越洋電話到美國給呂泉生，得到的回答是呂氏創作發想於「二二八事件」之後，陳大禹先提議要寫這首弭平傷痕的歌，這首閩南語飲酒歌是他提出「梗概」，以酒化解恨，再由陳大禹寫詞，後因《香蕉香》劇作涉及白色恐怖而跑回大陸去……。顯然時間上有落差，見本書頁八～九。

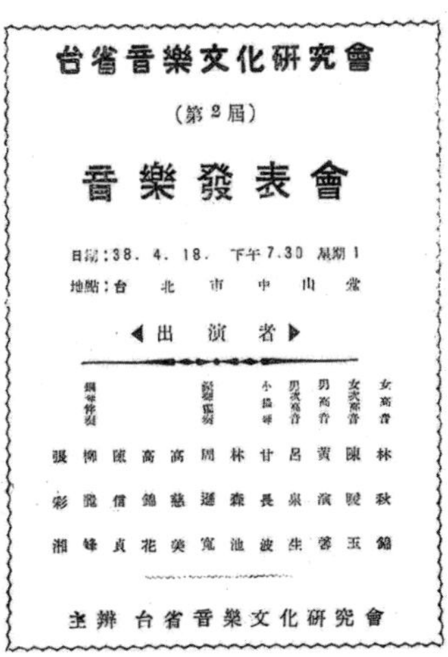
台省音樂文化研究會

（第2屆）

音樂發表會

日期：38. 4. 18. 下午7.30 星期1

地點：台北市中山堂

◀出演者▶

張彩湘 柳麗峰 陳信貞 高錦花 高慈美 周遜寬 林森池 甘長波 呂泉生 黃演馨 陳暖玉 林秋錦

主辦 台省音樂文化研究會

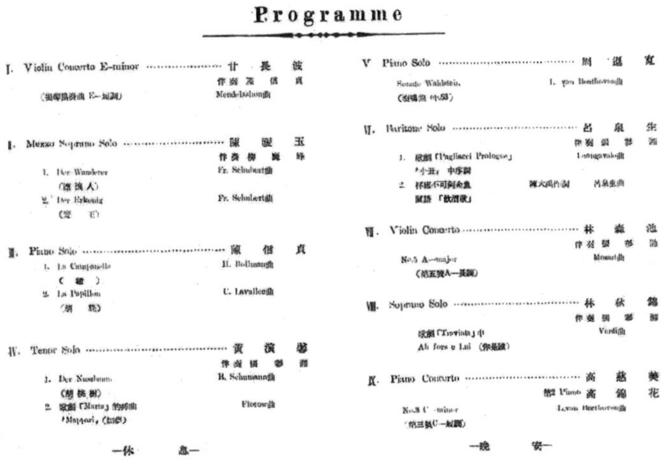
Programme

I. Violin Concerto E-minor …… 甘長波
伴奏 陳信貞
Mendelsshon曲

II. Mezzo Soprano Solo …… 陳暖玉
伴奏 柳麗峰
1. Der Wanderer Fr. Schubert曲
2. Der Erkonig Fr. Schubert曲

III. Piano Solo …… 陳信貞
1. La Campanella
2. La Papillon C. Lavallee曲

IV. Tenor Solo …… 黃演馨
伴奏 張彩湘
1. Der Nussbaum R. Schumann曲
（胡桃樹）
2. 歌劇「Marta」的歌曲 Flotow曲

—休息—

V Piano Solo …… 周遜寬
Sonate Waldstein

VI. Baritone Solo …… 呂泉生
伴奏 張彩湘
1. 歌劇「Pagliacci Prologue」
「小丑」中序調
2. 杯底不可飼金魚 陳大禹作詞 呂泉生曲
閩語「飲酒歌」

VII. Violin Concerto …… 林森池
伴奏 張彩湘
No.5 A—major Mozart曲
（第五號A—長調）

VIII. Soprano Solo …… 林秋錦
伴奏 張彩湘
歌劇「Traviata」中 Verdi曲
Ah fors e Lui

IX. Piano Concerto …… 高慈美
第2 Piano 高錦花
No.3 C-minor L.van Beethoven曲
（第三號C—短調）

—晚安—

臺灣省音樂文化研究會第二屆音樂發表會（1949年4月18日於臺北市中山堂），節目單上「陳大禹」為〈杯底不可飼金魚〉作詞人。（資料來源：開放博物館）

音樂家。這個研究會舉辦第一屆演奏會時，呂泉生並沒有參加，第二屆舉辦前，主辦人之一的張彩湘邀呂氏共襄盛舉，二人在商討曲目時，呂氏決定演唱義大利作曲家雷昂卡發洛（R. Leoncavallo, 1857-1919）歌劇《小丑》（*Pagliacci,* 1892）中之〈序曲〉（"Prolog"），張彩湘算時間還可再安排一首，呂氏正好也剛寫完〈杯底不可飼金魚〉（當時叫〈臺語飲酒歌〉），決定音樂會當天就演唱這兩首歌曲。

不過，這首歌剛完成時，研究會成員有人反對用臺語唱飲酒歌，要求更換曲目，呂泉生不從，後來張彩湘請呂氏來「臺灣省音樂文化研究會」試唱，才讓成員印象完全改觀。這首曲子在臺北市中山堂正式演唱，當天陳大禹臨時缺席，應該是風聞已被列入黑名單，選擇潛逃出境；為擔心受到牽連，當時的呂泉生不得不把作詞者的名字予以隱晦，其實一九四九年四月之前作曲呂泉生、作詞陳大禹已多次出現，一個月後政府實施戒嚴（五月二十日），「臺灣省音樂文化研究會」在集會管制後就停止活動。不過，〈杯底不可飼金魚〉首次發表會好評不斷，流傳到今天，一直是學習美聲唱法的聲樂家最愛演唱的臺語歌曲之一，不僅出現在音樂殿堂，一般販夫走卒對這首曲子也能琅琅上口，「杯底不可飼金魚」一語成為庶民大眾的俗諺，也是智慧的語言：「興到食酒免揀時，情投意合上歡喜」以及穿插整首歌曲的「飲啦！」吆喝聲，未經雕琢，便將酒逢知己千杯少的畫面感勾勒出清晰的輪廓，曲子的旋律也自然流布在友朋酒場歡聚的感性交融之中。

陳大禹與呂泉生的主要詞曲合作，除了〈杯底不可飼金魚〉應該還有多首，目前確知的有〈農村酒歌〉，它的原曲是以臺灣歌仔戲中的〈留傘調〉及〈三盆水仙〉兩個曲牌旋律寫成，發表於一九四八年，可能比〈杯底不可飼金魚〉稍早。[82] 一九四八年「臺灣省博覽會」（十月二十日~十二月五日）博覽會手冊上歌謠演唱會記有呂泉生的「臺聲合

82 徐玫玲曾發布兩份樂譜圖片，分別為〈杯底不可飼金魚〉及〈農村酒歌〉，樂譜上可見標示為呂泉生作曲、陳大禹作詞。〈農村酒歌〉上標示著「新莊鎮合唱團」，徐玫玲謂此樂譜為一九四〇年代的油印譜，應是呂泉生當時相關連的合唱團用譜。參見徐玫玲，《歌我人聲——一九四〇年代與呂泉生相關之歌譜研究》科技部專題研究計畫，二〇一〇年（計畫編號：MOST 109-2410-H-030-006）。

唱團」，同時一九四八年十一月二十七日《臺灣新生報》上有「歌謠演唱大會」於十一月二十八日晚上七點半在臺北市中山堂舉行的廣告，內容寫著主辦單位是「臺灣廣播電臺」和「臺灣省文化協進會」，演出團體包括「臺聲合唱團」、「臺聲兒童歌唱隊」、「新莊鎮合唱團」、「臺灣基督長老教會聖歌隊」、「XURA 六姊妹」，節目內容包括臺灣民謠、臺灣歌仔戲調、童謠、高山民謠、宗教音樂、外省名歌、藝術歌曲、抗戰名歌，其中「新莊鎮合唱團」〈農村酒歌〉樂譜記有「作曲：呂泉生」、「作詞：陳大禹」的字樣。

〈農村酒歌〉歌詞：

（男）眾仙會合、見面三杯酒；少年面紅、老的在撚嘴鬚，一陣姑娘真正優秀。
（女）環來旋去、是欲按怎樣。
（男）來坐一下、相應酬；毋通害兄頭暈、打歹目睭。
（女）人阮是出來納涼找清幽，歹運碰著恁，這些夭壽！僥倖欲死食甲彼多酒。
（男）歹生氣啦，請飲一杯酒。
（女）阮無愛啦！恁那返去，著去撞大樹！
（男）有酒通飲、攏總勿記得憂愁。
（男）日時作息、汗流甲閃滴；鋤頭放落、身濕較慘死，透風落雨著看天時，
（女）有時有瞬、不樂也是豬。
（男）酒拿來，飲三杯，毋免閃來閃去、甲阮地假細字。
（女）做人攏同款，打拼做式頭；勞動免來哭，無人這腳梢！誰人親像你，逐日灌肚猴。
（男）王爺較大、管我不到！

（女）騙人不識！看恁返去，耳仔敢會落！
（男）歹命真慘、碰著這個大三八，嘿（厚伊）！
（混聲）暝時集會大家真歡喜，
（男）厚酒飲落、開脾兼壯氣，
（混聲）酒飲箸挾、罔講罔去。
（女）講來講去愈講愈有字，夭壽青仔叢，閣袂替人死，
（混聲）做恁憨憨戇戇，假做無聽見。
（男）姑娘若這惡，無按歹生氣。
（女）動著無較好，我是無驚你。
（男）總無按呢生，大家是厝邊。
（女）知影上蓋好，給我坐好勢！
（男）真失禮唔！
（女）講甲按呢生，害阮想歹勢。
（合）大家相好一直笑到天光時。嘿（厚伊）！

〈農村酒歌〉的主要旋律採用歌仔戲的〈留傘調〉與〈三盆水仙〉，其中〈三盆水仙〉是歌仔戲樂師杜蛆（一八九六～一九五〇）創作的歌仔戲新調，又名〈遊園調〉，運用在男女歡樂、遊山玩水的場景。歌仔戲在一九二〇年代發展過程中，一些樂師、音樂家在原有的七字調、哭調之外，為歌仔戲創作新調，豐富了歌仔戲的音樂性，戲曲與流行歌謠之間也建立了交流的平臺，〈農村酒歌〉先以「眾仙會合、見面三杯酒」創造豪邁的歡樂場景，再以「少年面紅、老的在撚嘴鬚，一陣姑娘真正優秀」，帶出情竇初開的青澀少男與一群美少女，老人家一旁撫嘴鬚笑看青春洋溢的年

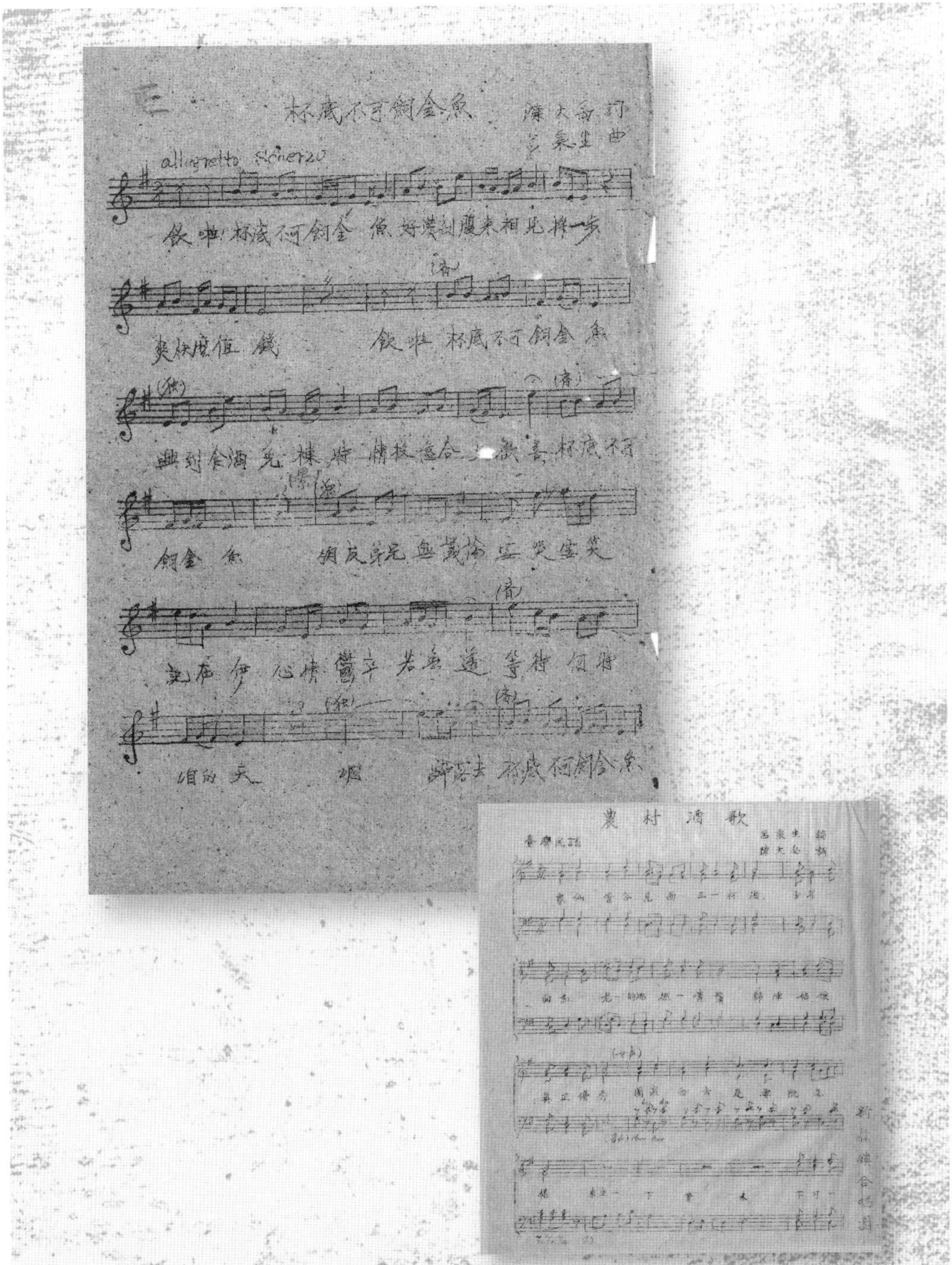

新莊鎮合唱團用樂譜。（圖片來源：徐玫玲提供）

輕人相互調情，十足是農村生活喜樂圖繪。

〈農村酒歌〉另一個創作源頭是〈留傘調〉，出自車鼓戲《大補甕》，原來敷演的是一段家喻戶曉的戲曲故事——益春留傘，這段故事許多戲曲說唱都有，梨園戲（戲仔）著名劇目《陳三五娘》（《荔鏡記》）之〈益春留傘〉可視為源頭，小生（陳三）小旦（益春）兩個角色藉著一把傘表演一段禮教家庭的男女私情。因愛慕五娘並認為「妹有意」而藉故入黃家當僕的官宦子弟陳三，因久久得不到五娘青睞，忿而收拾行囊就欲離開黃家，五娘貼身丫環益春急忙出來抓住陳三的傘，阻止他離去，以對唱的方式生動地演出一段陳三五娘熾熱而又隱晦的感情，車鼓的許多曲調來自南管，但演唱型式奔放自由，不事雕飾，歌仔戲裡的益春留傘在風格上亦如車鼓，未像「戲仔」的流麗悠遠，卻極具生活情趣。

〈農村酒歌〉中男女對答酬唱的曲調，既像歌仔戲男女主角以歌抒情，一來一往的對唱，又像村夫村婦樸質而又十分逗趣的生活應答，大禹寫這首歌詞時，掌握了益春、陳三兩人之間互相調侃，五娘欲擒故縱、陳三欲走還留的場景，一來一往，表現出市井生活中輕鬆活潑的一面，或有寬慰戰後不安的社會氛圍的意圖，尤其是「二二八事件」後餘波盪漾的政治恐懼與族群裂痕。

3、劇場的一顆流星

3-1「無業・失業」仍活躍在臺灣藝文界的陳大禹

陳大禹在臺期間，不管有無固定職業，或失業、無業，大部分的心力都以業餘劇人身分投入「實驗小劇團」，以及臺灣相關演劇運動，除了戲劇創作、演出，他對臺灣藝文生態與社會文化議題同樣關心，也結識許多外省、本省文化人，經常一起出現在當時臺灣大小藝文場合。大禹在自撰的〈陳大禹政歷表〉對一九四六年十月至一九四七年三月「失業」的「境況說明」：「因決心搞民主戲劇，不進官場，組織業餘劇團演出」，所謂「決心搞民主戲劇，不進官場」，並非浮誇之詞，大禹的目標是有一天可以從業餘劇人變成職業劇人，帶領一個職業劇團演自己想演的戲，這個理念終其一生沒有機會實現。

「二二八事件」或《香蕉香》禁演事件，對大禹戲劇志業的影響不可謂不大，但當下似乎也未帶來太大的衝擊，讓他因而消沉，或許三十歲出頭的他除了做戲的心，其他行業都沒有太大的興致，而且他本來就沒有擔任什麼重要職務，也不會有明顯的得失之心或身外之物損失。《香蕉香》的風波之後，他仍一如在臺灣的每個日常，汲汲營營奔走他的劇場事業，也經常與一干文化界人士共同討論臺灣藝術與文化前途。

一九四七年十二月二十三日「臺灣省藝術建設協會」（藝建協會）正式成立，並召開會員大會，選出理監事，蔡繼琨出任協會首任理事長，這個協會以「本省藝術界同人，協進本省藝術建設事業」為宗旨，任務是「凡有關本省藝術建設，均以主動或協助行動，作有計畫的推進，並注意本省藝術研究同人之聯誼工作」。[1] 藝建協會有半官方性質，

1 首屆「臺灣省藝術建設協會」其他理監事，包括常務理事：楊三郎、李石樵；理事：白克、呂泉生、郭雪湖、黃得時、陳清汾、高慈美、蕭而化、蒲添生；候補理事：藍蔭鼎、呂赫若、葉葆懿；常務監事：王井泉；監事：唐守謙、李梅樹、王錫奇、莫大元；候補監事：陳夏雨、李超然。參見呂訴上，《臺灣電影戲劇史》，頁三五七。

原屬省政府的「臺灣省交響樂團」也歸協會管轄，反映原本經費來自官方公務預算的「省交」資源愈來愈緊縮。藝建協會一九四七年底創立時陳大禹還不是理監事，但在隔年年底理監會改選時就當上理事，蔡繼琨仍為理事長，王井泉則被推舉為常務監事，其他理事名單包括白克、李石樵、楊三郎、王錫奇、唐守謙、廖大瑞、汪精輝、蕭而化、蒲添生、陳清汾、郭雪湖、高慈美、葉葆懿等人，顏江淮、呂泉生、藍蔭鼎等人則為候補理事。[2]

儘管「實驗小劇團」演出《香蕉香》受挫，但仍是「二二八事件」以來，臺灣代表性劇團之一，陳大禹也是當時最活躍的戲劇界人士之一，儘管「臺灣省藝術建設協會」理事屬空頭銜，至少顯示陳大禹具有一定的社會聲望，舉凡當時重要藝文集會，他常是座上賓。一九四八年年初「實驗小劇團」與「上海觀眾演出公司」、國防部「演劇第三隊」等單位籌備慶祝第五屆「戲劇節」，大禹是十一位籌備委員之一。[3] 一九四八年三月五日「臺灣省文化團體聯合會」開始籌備，五月四日在臺北市成立，大禹（實驗小劇團）與杜聰明（臺灣科學振興會）、葉明勳（記者公會）、蔡繼琨（藝術建設協會）、孫萬枝（文化協進會）、莊琮耀（政治學會）、曾今可（雜誌聯誼會）、王正（外勤記者聯誼會）、林紫貴（臺灣文藝社）、白克（電影工作隊）、吳劍聲（國防部政工局演劇三隊）、汪精輝（中華音樂教育社臺灣分社）、繆天瑞（交響樂團）等人擔任籌備委員，公推林紫貴擔任主任委員。[4]

一九四八年十一月二日下午「臺灣藝術建設協會」、「臺灣文化協進會」、「實驗小劇團」在臺北市中山堂舉行聯誼茶會，歡迎「『南京國立劇專劇團』暨『中央廣播電臺臺灣訪問國樂演奏隊』，以及臺北市藝術文化界約八十

2 〈藝術協會選理監事青年文協定明成立〉，《公論報》，一九四八年十二月二十四日，第三版。
3 〈籌慶戲劇節〉，《公論報》，一九四八年一月十八日，第三版。
4 〈省文化團體聯合會 即日開始籌備組織〉，《公論報》，一九四八年三月五日，第三版。

人」。[5] 一九四九年三月陳大禹還跟吳劍聲、金姬鎦等人在臺北市發起成立「臺灣戲劇協會」。[6] 約略可看出，講話口吃的大禹在《香蕉香》禁演後，依然活躍於臺灣藝文圈。

一九四八這一年陳大禹也經常在《臺灣新生報》的〈橋〉副刊發表文章，這是《臺灣新生報》在「二二八事件」之後重新調整人事，於一九四七年八月一日推出的新副刊，目的是像「橋」一樣，融合臺籍和外省人士，重啟族群間的溝通。擔任〈橋〉副刊主編的是中國上海來的歌雷，〈橋〉副刊以三日或間日形式出刊，「一度沉寂的臺灣文藝界，再度熱絡起來」。[7] 歌雷在創刊號裡發表了類似宣言的〈刊前序語〉稱：「橋象徵新舊交替，橋象徵從陌生到友情，橋象徵一個新天地，橋象徵一個展開的新世紀。」又說：「拋棄那些曾經終日呻吟的文字，那些文字就是使人鑽小圈子、傷感、孤獨、帶有濃厚傳染病菌的，因為，唯美主義與傷感主義在今日讀者中已經沒有需要。」「一個文藝工作者，最重要的是真實、熱情與生命。」

在後來的幾次文學論戰裡，〈橋〉主編歌雷雖然一再聲明自己的立場是公開的、中立的，卻無可否認〈橋〉實際

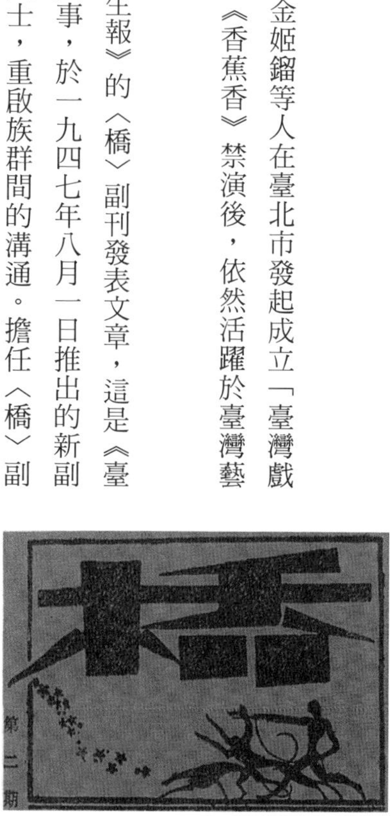

《臺灣新生報》〈橋〉副刊。

5 〈文協茶會歡迎國樂演奏隊〉，《公論報》，一九四八年十一月三日，第三版。

6 〈藝文短波：在臺劇人開聯誼茶會〉，《臺灣新生報》，一九四九年三月三日，第二版；〈戲劇界大聯合戲劇工作者昨舉行聚餐決定組織臺灣戲劇協會〉，《臺灣新生報》，一九四九年三月五日，第二版；〈打開臺灣劇運的難關 在臺劇人籌組戲劇協會〉，《公論報》，一九四九年三月六日，第六版。

7 歌雷以「新寫實主義」為名，號召文人揚棄唯美感傷主義式的文學寫作，以「人民的」、「生活的」、「戰鬥的」、「革命的」文藝信念出發，共創臺灣文學園地。「橋象徵新舊交替，橋象徵從陌生到友情，橋象徵一個新天地，橋象徵一個展開的新世紀。」為了體恤臺籍作家不擅中文寫作，歌雷接受日文稿件，聘人翻譯成中文後，予以刊出。臺籍的楊逵、黃昆彬、林曙光（瀨南人）、葉石濤、彭明敏、王錦江（王詩琅）、孫達人（孫志煌）等人，均能在這塊文學園地發聲。參見〈刊前序語〉，《臺灣新生報》〈橋〉副刊，一九四七年八月一日，第三版。

上是推動「新現實主義」文學的大本營。包括歌雷本人的講稿在內，都不忘記把「人民的」、「生活的」、「戰鬥的」、「革命的」……形容詞掛在嘴上。[8]〈橋〉維持了二十個月之久，共出刊二百三十三期，無疑是同時期副刊中水準最高、影響最大的刊物之一，刊登一般文學創作之外，並曾掀起數次文學論戰。一九四七年十一月，〈橋〉副刊引發一場有關純文藝與普羅文藝的論戰，持續約三月餘，當時陳大禹可能正忙著《香蕉香》遭到禁演的善後處理，並未參與這場筆戰，但隨後有關臺灣文學的討論，大禹則披掛上陣並成為要角之一。一九四八年三月起，歌雷邀請包括楊逵在內不同省籍的文化人舉行九次的茶會，討論臺灣文學、文化相關的議題，內容並刊登在《臺灣新生報》〈橋〉副刊。

第一次茶會曾針對臺灣歷史的「特殊性」，以及「臺灣文學」的正名問題熱烈討論，這是繼一九三〇年代鄉土文學之爭後，另一次重要的臺灣文學論戰，掀起這場論戰的作家、文化人以及參與者，多屬三〇年代中國新文學思潮的信仰者、崇拜者，儘管他們對過往的臺灣新文學運動，或完全茫然無知，或認識並不精確，絕大多數都是懷著寬容、善意的提攜，要把中國五四以降，「民主科學」的新文學運動的天籟福音散布到沉寂的臺灣寶島文壇上來的意願卻十分強烈。[9]陳大禹在第一次茶會討論如何建立臺灣新文學時，針對文藝作品所反映的現實性發表看法。他認為不能在〈橋〉上感覺到時代精神，因為當時大家都患了一種過分的被害恐懼病，以致因噎廢食，不敢下筆為文，他呼籲文藝工作者控訴這些不合理的苦悶現實，方能促進社會的文化進步，不愧身為臺灣的文藝工作者。[10]

當時的臺大文學院院長錢歌川從戰前戰後的時空環境，探討「臺灣文學」在不同時期應有的特質與定位。他

8 彭瑞金，〈記一九四八年前後的一場臺灣文學論戰〉，收錄於《臺灣文學探索》（臺北：前衛出版社，一九九五），頁二二四。

9 彭瑞金，〈記一九四八年前後的一場臺灣文學論戰〉，頁二二三～二二四。

10 陳大禹，〈我們寫的作品是不是反映了現實？〉，《臺灣新生報》〈橋〉副刊「如何建立臺灣新文學，第一次茶會總報告」，一九四八年四月七日，第四版。

陳大禹：「我們寫的作品是不是反映了現實？」

剛才好幾位先生說，「橋」有相當浪漫主義的氣氛，我個人因對浪漫主義這名詞的定義未能把握，所以不敢是否，但，有一點是不容否認的，就是我們不能在「橋」上嗅覺到時代和現實，苦悶時代有苦悶的特徵，怨恨的現實有該怨恨的特質，這些，都是使我們感覺真實的道路，而「橋」的顯露是比較懸空的，雖然，我們也不能否認橋在讀者中間所發生的一種水準文藝的成就，而我們應該從這時代形成的環境因素來推想；「橋」的編者責任只在集和編，但如不能集編到這種反映現實的文章，他有什麼辦法呢？今天，我們集會在這裡的，都是「橋」的作者，請問各位自己寫了沒有？為什麼不寫呢？我說，現在倒不是要求於編者，而該是要求於我們作者的本身了，不隱諱地說，今天的時代，大家都犯了一種過份的，被害的恐懼病，而事實雖也有相類似的情形存在，但，我們根本就不應該因噎廢食而自己關了門，因為，實際情形未必想像中的那麼嚴重，而我們應該有把握住自己的力量，所以，我要提出呼喊，在今天，我們應該負起突破這死寂風氣的責任，為苦悶的現實樹立說話的水準，這樣，我們才對得起自己的文藝工作，對得起讀者，讓我們掙斷這些不合理的綁綑，促進社會文化的進步。

陳大禹在《臺灣新生報》〈橋〉副刊作者茶會發言「我們寫的作品是不是反映了現實？」

認為日治時期臺灣「文學活動陷於停頓狀態」，需要「有志藝文一途的作家群使用臺灣的地方語言於藝文創作中」；但臺灣光復後，民族、語言均與中國統一，若稱「臺灣文學」似無必要，就如同「內地」四川並沒有「四川文學」之稱，若另立名目，似有如「日本文學」一詞，有與「中國文學」對立之嫌。[11] 針對錢氏主張，大禹在六月十六日〈橋〉副刊發表〈「臺灣文學」解題——敬致錢歌川先生〉一文。大禹以普羅文藝觀為基礎，認同日治以降楊逵等人充滿民族自覺的文藝作品，「這些不甘奴化的有心之士，他們是怎樣堅強地反對侵略，怎樣努力地要喚醒民族自覺的意識。」[12]

一九四八年六月二十五日，楊逵在《臺灣新生報》〈橋〉副刊發表了著名的〈臺灣文學問答〉一文，呼籲作家群不分省籍打破隔閡進行交流。這篇文章內容概要早已於一九四六年五月在《和平日報》發表。楊逵在文章中主張「臺灣文學」有別於「祖國文學」發展的歷史背景，其他省份不需要另立名目，但獨獨臺灣需要建立「臺灣文學」。因為日治時期臺籍文人早已透過日語接觸世界著名文學，汲取其文學養分，並藉此展現島上人民的生活風景，「臺灣文學」

11 石家駒，〈序一：一場被遮斷的文學論爭——關於臺灣新文學諸問題的論爭（一九四七～一九四九）〉，《臺灣文學問題論議集一九四七～一九四九》（臺北：人間出版社，一九九九），頁一五～一六。

12 陳大禹，〈「臺灣文學」解題——敬致錢歌川先生〉，《臺灣新生報》〈橋〉副刊，一九四八年六月十六日，第四版。

因此是生活在臺灣這片土地上的人所創造的文學，迥異於「祖國內地」的各省文學。[13]

〈橋〉副刊舉行第二次茶會時，有關臺灣文學定位仍是熱門議題。在那個身處臺灣，卻又無人敢公開強調臺灣不屬於中國，臺灣文學非中國文學支流的年代，每個人談起「臺灣」、「臺灣文學」都小心翼翼。大禹在會中發言希望大家重視臺灣的特殊性，在與「祖國文化」合流、一致的前提下，創造出「無特殊性」的文藝。大禹承認臺灣自有其特殊的歷史背景，也從自己的閩南人身分，察覺出臺灣人與閩南人在氣質上的不同。針對錢氏所謂「臺灣文學」一詞似有與「中國文學」對立之說，他則認為太過嚴重。「臺灣文學」之名對大禹而言，亦無妥當與否的問題，臺灣實具有特殊的歷史淵源，一如所謂「邊疆」，「臺灣文學」與「邊疆文學」因而地位相同，在接受「中國文學」為主流的前提下，「臺灣文學」即便另起名稱也無不妥。

陳大禹的臺灣文學觀基本上是站在「臺灣文學」與「祖國文學」合流的基礎上，與楊逵、歌雷的普羅寫實文藝觀並無太大的歧異。不過，在大禹的觀念中，「臺灣文學」終究是祖國文學的一支，他將「臺灣文學」和「邊疆文學」一詞類比，引來臺籍作家瀨南人（林曙光）為文抨擊這種說法「感覺莫名其妙」。[14]他指責大禹對臺灣歷史不甚了解，臺灣特殊性的形成並非如其所謂主要來自日人統治，臺灣的山川風物與荷、西等國統治都是臺灣文學異於中國文學的因素。瀨南人主張「臺灣文學」的目標並非只是「邊疆文學」，而應放在構成中國文學的成分，從而使中國文學充實內容，並達到世界文學的水準。

13 楊逵，〈「臺灣文學」問答〉，《臺灣新生報》〈橋〉副刊，一九四八年六月二十五日，第四版。

14 瀨南人，〈評錢歌川、陳大禹對臺灣新文學運動的意見〉，《臺灣新生報》〈橋〉副刊，一九四八年六月二十三日，第四版。

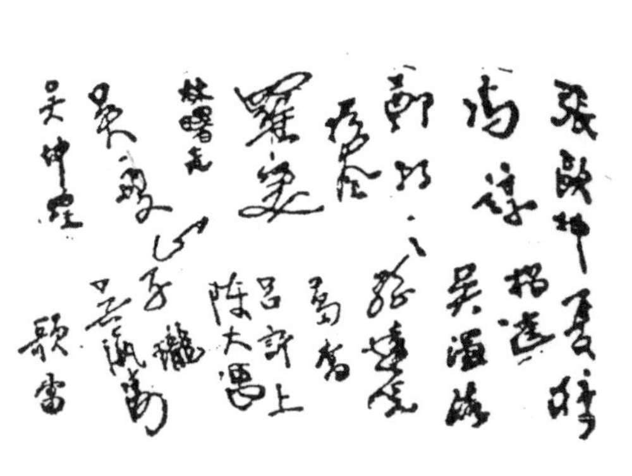

《臺灣新生報》〈橋〉副刊舉辦「如何建立臺灣文學」第二次作者茶會簽名單，上有陳大禹簽名。

針對瀨南人的批判，陳大禹回應「自己並不大認識臺灣，而只是一個有心想認識臺灣的人而已。」他將「臺灣文學」和「邊疆文學」一詞類比，並非將「臺灣文學」置於「中國文學」正統之外，更無瞧不起「臺灣文學」之意。[15]在當時的政治氛圍下，雖然瀨南人也與陳大禹一樣，均同意「臺灣文學」是構成「中國文學」的一部分，但本來輕重就有所不同，彼此間對這個帶有敏感性的歧見也無法消解。當時加入論戰的外省籍作家，對日治時期以來臺灣文藝發展多不甚了解，他們的文藝觀大半繼承中國五四以降反封建反傳統的文學主張，儘管善意地認同以楊逵為首的臺籍作家，在殖民統治下以作品為弱勢族群發聲，不過，卻很難理解臺籍作家與外省籍作家繼承的文學脈絡原本不同，表現型式也有差異，因而兩陣營展開的對話基礎也有極大落差，難以有效對話。不同陣營間的文人持續針對臺灣文學的主體性筆戰，至一九四九年三月，仍未取得共識。隨著四月六日發生「四六事件」，〈橋〉副刊主編歌雷、楊逵遭逮捕入獄，〈橋〉副刊匆匆落幕，這場文學論戰也無疾而終。

參與這場文化論戰使陳大禹了解臺灣與中國大陸之間存在的不同，也發覺「自己並不大認識臺灣」，卻是一個有心想認識臺灣的人。他繼續從劇場觀察，更加確認語言在表演與劇本創作的重要角色，在當時「提倡國語」的政治正確下，他了解保存臺語劇場的必要性。大禹早在開始改編《守財奴》時，已經在劇情中運用國臺語混雜的現象，當時他對現實語言的使用仍在摸索階段，並無明確的文化思考，因而效果不彰，他坦承：「關於這次的臺詞的寫作，因為貪圖欲使國語、臺語都能通用的方便，所以混雜而寫，結果反有許多不倫不類的生澀。」[16]大禹觀察到戲劇演出與藝文創作條件惡劣，呈現一片他所謂的「酷烈的死默」。[17]文人作家與藝術家言行常受到限制，劇團動輒以「煽動、挑

15 陳大禹，〈瀨南人先生的誤解〉，《臺灣新生報》，一九四八年六月二十五日，第四版。

16 居仁（陳大禹），〈守財奴的改編〉，《自由報》，一九四六年十二月十九日。

17 陳大禹，〈讓出話劇的生路〉，《臺灣新生報》，一九四八年二月十七日，第四版；陳大禹，〈臺灣需要話劇〉，《臺灣新生報》，一九四八年三月五日，第八版。

撥族群」的理由被禁止演出。他曾先後發表〈破車胎的劇運〉、〈讓出話劇的生路〉、〈臺灣需要話劇〉等文，強調創作需要自由，而「自由，自由，其實這並不太難理解的東西。」卻因為言論不自由，造成臺灣空氣沉悶，戲劇活動停滯不前。

一九四八年至一九四九年初，國民政府在國共內戰受到重挫，導致國內政治、經濟問題益加惡化，臺灣局勢阢隉不安，不過當時仍有若干非關軍事的新聞，算是暴風雨中出現的片刻和風麗日，其中之一是一九四八年五月五至十六日第七屆全國運動會在上海舉行時，臺灣派出的代表隊大顯身手，男子田徑賽還奪得總錦標，女子隊第四名，嘉義人「飛毛腿」陳英郎個人榮獲四項冠軍更是名滿全國。另一件大事是一九四八年十月二十五日為慶祝臺灣光復三週年，臺灣省政府在修建好的臺灣總督府（今總統府），盛大舉辦博覽會，展示臺灣文物及出產品。省主席魏道明並在臺北市中山堂舉行慶祝光復節演劇大會，由省內外各戲劇團體演出，大禹也加入工作的行列。

「臺灣省博覽會」遊藝部分包括電影、話劇、音樂、舞蹈、地方劇、木偶戲、皮影戲等，分作兩個場所舉行，第一場所在臺北市中山堂，上演話劇及音樂會等，第二場所在中山公園（新公園，後來的二二八公園）的音樂臺與臨時搭建的露天劇場舉行，音樂臺有音樂會，露天劇場則上演地方戲及雜耍，中山堂和新公園音樂臺兩場所節目各進行一個半月，在中山堂舉行的話劇表演，除邀請「南京國立戲劇專科學校」來臺公演，臺灣各業餘劇團與學校劇團也參加演出，規模相當宏偉。[18]當時參與演出的學校劇團有臺北的建中、北一女中、成功中學、臺灣省立師範學院、臺灣大學等校，本來亦安排「實驗小劇團」排演《臺北酒家》，由陳大禹編導，「惜因故不能上演」。[19]

18 呂訴上，《臺灣電影戲劇史》，頁三六四。
19 呂訴上，《臺灣電影戲劇史》，頁二六五。

這時候的陳大禹已於一九四八年四月結束「臺灣省交響樂團」為期一年的幹事職務（一九四七年四月～一九四八年四月），離職的原因應該與《香蕉香》這一檔戲出狀況有關，換言之，這是《香蕉香》事件的後遺症。不過，大禹結束「省交」幹事職務，緊接著又到臺灣省博覽會擔任幹事，仍為臨時性工作。臺灣省博覽會開幕期間是一九四八年十月二十日至十二月五日，根據大禹自撰的〈政歷表〉，他在博覽會任職期間是在正式開幕之前的五個月（一九四八年四月～一九四八年九月），顯然這是被安插的差事，大概與蔡繼琨有關，工作內容應該是節目規劃、安排與聯繫之類，那時中國時局混亂，「南京國立戲劇專科學校」演完《大團圓》後，因南京告急，不得不迅速返回中國。[20]

除了參與藝文與公共事務，一九四八年至一九四九年初對陳大禹個人較具意義的事，應該仍是寫作與作品呈現計畫，他在《香蕉香》之後繼續創作劇本，包括《寂寞繞家山》與《臺北酒家》，其中《臺北酒家》列為「臺北風景線」之二，另外，還為呂泉生的創作曲子〈農村酒歌〉與〈杯底不可飼金魚〉寫歌詞，以及計畫將《疑雲》舊作重新在臺北演出。大禹在《香蕉香》公演遭禁之後一、二年之間，未曾針對禁演事件抨擊過治安當局，他的言行也未明顯受到限制。但回歸中國之後，可能因為環境不同，心情也有所差異，在自撰的〈陳大禹政歷表〉中提到這一段歷史時，說法就明顯不一樣：「自寫劇本《香蕉香》演出被禁停演，我亦被反動警備司令部詢問，其後力求恢復演出皆遭阻礙不果」，大禹回中國大陸後，會這樣書寫，與其說是對當時戲被禁演的含恨在心，不如說是回到「解放」後的中國，必須強化被國民黨迫害的經歷吧！

---

20 呂訴上，《臺灣電影戲劇史》，頁三四九。

3-2 以劇場啟發熱誠——陳大禹的戲劇文化觀

陳大禹認為中國話劇是萌芽於人民生活的藝術，最大特徵便在於反映現實、激勵社會、追求自由解放。這些理念成為大禹戲劇文化觀的主要部分，「這一切都是為了國家的需要，人民的需要。」深信戲劇是充滿覺醒的鐘聲，是喚醒無知人民的良方。[21] 由於對戲劇充滿熱誠，也累積一定程度的演出經驗，在一九三〇年代後期的漳州、省會福州，到戰時福建省政府所在地永安，多年的劇場生活使他在福建成為具編導演能力的「戲劇多面手」。[22]

一九四一年五月中旬陳大禹為了籌募出征軍人家屬救濟基金，導演了一齣莎劇《奧賽羅》改編的《疑雲》，公演時他寫了一段「演出的話」，可以反映他當時的藝術態度：

一、為什麼要有這一次演出？

雖然我們相信我們對於「藝術」是什麼？「戲劇」是什麼？的確不太懂，可是我們一夥兒的熱情是高昂沸騰，因為這一次原為籌募出征軍人家屬救濟基金所演出，念到終日苦於砲火，用頭顱來為國家爭獨立，用鮮血來為民族爭自由的戰士奮不顧身地站上真理的前哨。……

二、為什麼要演《疑雲》？

自抗戰軍興以來，漳城的劇運是在緊張時勢的巨輪向前前進，一般劇友們在技術上之研究，莫不一日千里，……所以決定選一齣較完整的劇本來掩飾我們的缺點。《疑雲》原名《奧賽羅》，是劇聖莎士比亞之劇作，它在藝術

21 陳大禹，〈讓出話劇的生路〉，《臺灣新生報》，一九四八年二月十七日，第四版。
22 吳瀟帆，〈手抄筆記〉。

年輕時期的陳大禹。（圖片來源：陳大禹家屬提供）

方面講《奧賽羅》是莎氏悲劇中最完美的一篇，最富戲劇性，用家書的方式講述了一個故事，能使大家的心浮現慘痛的思緒。為了技術上的不熟練，又不願辜負觀眾的熱誠，就這樣地決定拿《疑雲》來上演。[23]

從陳大禹這段文字大概可看出他對戲劇的追求，及其在地方推動戲劇運動的目的了，通篇文章不到四百字，一再談「不太懂戲劇、藝術」、「技術上不熟練」，這些謙卑、滅自家威風的話語，也幾乎沒有點到《奧賽羅》的藝術性或劇場美學，文章透露的整齣戲之微言大義就是民族正氣，所以儘管對「戲劇」、「藝術」不太懂，但為了國家民族可以義無反顧，藉著戲劇舞臺宣揚民族自由、社會正義。值得一提的，陳大禹參與的劇運，演出的內容未必只是發生在生活周遭，也不是只能演型式簡單、煽動性強的街頭劇，如莎劇或莫里哀這類經典名劇，即使「不太懂」照樣挑戰而不計成敗毀譽，大禹選擇名劇演出，一部分原因就是藉經典的崇高性展現對戲劇的熱情，講明白一點竟然是藉一齣較完整的劇本來掩飾劇場的缺點，這樣直白的表達是一般戲劇家難以想像的，應該也是在困厄演出環境下，才會想出來的劇場策略吧！

一九四六年十月大禹抵達臺灣之際，臺灣社會存在的語言情況十分多元，有臺語（閩南話）、客語、原住民語、日語、「國語」與若干「外省」方言，而在臺灣的「外省」人即使使用南腔北調，也只能以「國語」統稱。「本省」的戲劇編導、演員、觀眾大多不諳中文或「國語」，劇本、舞臺語言不是臺語便是日語，而在「國語」政策主導下，「本省」戲劇舞臺演出被地方化或邊緣化。身為漳州人的大禹，較能理解臺灣多元語言的特殊性，也較為臺灣觀眾設想，瞭解縱使執政當局強力推行國語，壓迫其他語言，不見得會有大效果，反而容易造成社會緊張與族群對立，他呼籲要以同理心同情臺灣人語言驟斷的困難，因為在臺灣的大多數人都是一生下地就看見日本警察帽徽的，而在現實生

23 陳大禹，〈《疑雲》演出的話〉，《閩南新報》，一九四一年五月十五日。

活中，他們卻是遭受生平第一次的全面移轉，從迴然不同的主權、制度、語文從頭學習，大禹認為應該理解臺灣人艱難的生活變革課題。

大禹在臺灣時期的戲劇作品具有強烈的批判性，常反映現實社會困境，表現族群對立與衝突，即使是改編外國劇本，亦秉持相同理念，劇本內容與舞臺呈現也常以多種語言反映現實環境，在當時的戲劇界可算是一項突破。他認為造成族群隔閡的原因，是來臺政權「進化」程度不夠，讓臺灣人對執政者理想破滅，充滿困惑。他也不認為臺灣人尚存的「日本」習慣是「奴化」行為，更不同意有「毒化」民眾，妨礙國家建設的問題。大禹指出當時臺灣人還會緬懷日本時代的某些施政措施，但思懷過去乃是人之常情，不容曲解，與其說戀慕，不如說過去日人在臺的作風，還比較適近臺灣人的習慣與理想，而且僅止於此，因為他們事實上是無意再接受任何異族統治的生活，世界上也沒有一個民族能安心讓外人統治的。大禹呼籲愛惜臺灣，臺灣是值得愛惜的。[24] 解決族群衝突的唯一方法，就是尋求彼此的認識和諒解，這種幾近烏托邦式的理想，那個時候來臺的「戰勝國」大小官員與中國來臺文化人是很難聽得進去的。

大禹將戲劇視為呈現時代精神的工具，重視戲劇的現實性與批判性，企圖藉戲劇改變社會現狀，他也注意到戲劇的娛樂性，而所謂娛樂性絕不是往下流的庸俗與笑談，尤其是帶有社會意識的諷刺喜劇，讓人「笑是笑得那麼有意識，笑得讓身經類近事實的人呆愣欲哭，這才算是一個美妙的諷刺喜劇。」[25] 在〈如何建立當前的劇運〉一文中，大禹認為「假若使正當娛樂的成本，又不是大眾所願意消費的，這亦無能於現實，所以，在這個原則上，我們必須要做到大眾所願意接受的娛樂才有辦法。」他強調「這是不允許劇人自認本行是高高在上的文化教育的時代」，重視戲劇的社

24 陳大禹，〈臺灣需要話劇〉。

25 陳大禹，〈起舞弄清影——三談《裙帶風》〉，《臺灣新生報》，一九四八年六月十八日，第四版。

會功能，但不認為唯有嚴肅的戲劇才能針砭時事，主張劇場經營不妨「以娛樂的立點來配合設計」。[26] 大禹在臺期間執導的作品偏好喜劇，應即是出於兼顧戲劇社會功能、觀眾娛樂休閒與劇場經營的策略考量。

大禹改編莫里哀的《守財奴》時，在喜劇的元素之中，強調「社會性」問題，質疑社會公義何以無法獲得改善，何以階級衝突仍然嚴重存在，他企圖以戲劇啟發群眾對社會改革的熱誠，同樣也顯現他對社會紊亂、文化混雜的憂慮。大禹作品中一再出現的主題，就是族群和諧，《香蕉香》更是藉舞臺澆胸中塊壘，由戲劇批判社會、反映現實，並希望藉此刺激觀眾反省，消弭省籍仇恨，促進族群和解。不但在臺時期的《香蕉香》與《吳鳳》如此，回到中國後的作品，如《阿里山人》與《東渡漂泊記》，主題仍在表現漢人以及「山胞」攜手努力，建設臺灣的理想。

《香蕉香》中南方人陳明心（楊渭溪飾）出場，以即興演說的方式發表劇本上所沒有的臺詞，時而坐在椅子上慷慨激昂，時而走到臺前向觀眾呼籲。先以「國語」大聲疾呼，再以臺語長篇大論，要大家不要有阿山、阿海的區別，不要有鴻溝、仇恨，彼此要打成一片，同心協力建設臺灣。臺下觀眾一陣叫好，也有人發出抗議。這種舞臺表演類似文明戲、幕表戲，也是臺灣職業新劇、歌仔戲常見的表演方式。臺上、臺下沒有嚴格規範，舞臺閱歷豐富的演員不需要有劇本，可以即興表演，並與臺下觀眾建立互動，讓臺上臺下的呈現成為劇場演出的一部分。

大禹離臺前最後一個作品《裙帶風》同樣反映他的戲劇觀。大禹原本就重視這齣戲的批判性，他認為裙帶關係存在世界上任何未脫離封建制度的國家，每個人多多少少都有被迫害恐懼病。在大禹的觀念中，勇於提出問題加以檢討改善，正是社會進步的主要因素。「《裙帶風》的社會意義不在劇情本身，而在它的『尖銳的諷刺鋒芒』頗能切中時

[26] 陳大禹，〈如何建立當前的劇運〉。

弊。所以能替抑鬱不得志的人們出口冤氣，同時向官老爺警告：『當心，別亂來！』」[27]而他會想要「實小」做這齣舞臺劇，原因之一也是當時上映的同名電影《裙帶風》自我設限，他的話劇《裙帶風》決心要揭露官場的黑暗與腐敗，發揮一個戲劇人的社會良心。[28]當時來臺巡演的「上海觀眾演出公司」原定也安排這齣戲的演出，但因為租不到場子，排好未演，而「實小」的《裙帶風》演出計畫，也因故無法演出。[29]

一九四八年六月二十日晚上七點，大禹在臺北市中山堂為臺灣大學學生導演洪謨編寫的喜劇《裙帶風》，這是臺灣大學各學院學生自治會聯合會為歡送應屆畢業同學，邀請臺大戲劇研究會演出。大禹會為臺大學生導演《裙帶風》，除了這齣戲本身的現實意義，也顯示大禹在積極推動「實驗小劇團」的戲劇創作、演出的同時，注意到學校演劇的問題，他會接受臺大學生邀請導戲，正是基於對學校演劇的重視。本來東亞國家的現代戲劇發展史，中上學校就有業餘演劇的傳統，以中國來說，若干學校的演劇活動頻繁，如天津南開學校（中學、大學）演劇尤富盛名。[30]臺灣在日治時期以臺北高校為中心的「新劇祭」，在新劇運動史上有一席之地。[31]戰後官方提倡「國語戲劇」，來臺工作的外省籍教師若對戲劇有興趣，很有可能就會在工作崗位上推廣話劇，戰後之初臺北的建國中學、成功中學、臺灣省立師範

27 陳大禹，〈如何建立當前的劇運〉。

28 陳大禹，〈千里之失：二談《裙帶風》〉，《臺灣新生報》，一九四八年五月十日，第四版；陳大禹，〈起舞弄清影——三談《裙帶風》〉。

29 〈劇人耿震一行下周由臺返滬〉，《大公報》（上海版）一九四八年五月十三日，第四版。

30 中國十九世紀末、二十世紀初學校演劇情形可參閱鍾欣志，〈晚清「世界劇場」的理論與實踐——以小說《黑奴籲天錄》的改編演出為例〉，《中央研究院近代史研究所集刊》七四（臺北，二〇一一），頁八三～一三一。鍾欣志，〈晚清新知識空間裏的學生演劇與中國現代劇場的緣起〉，《戲劇研究》八（臺北，二〇一一），頁二一～五八。

31 參見中山侑（志馬陸平），〈青年與臺灣（二）——新劇運動的理想與現實〉（青年と臺灣（二）：新劇運動の理想と現實），刊於《臺灣時報》一九七期，一九三六年四月一日；參見黃英哲主編：《日治時期臺灣文學評論集》第一冊（臺南：國家臺灣文學館籌備處，二〇〇六），頁四七五；徐聖凱，《日治時期臺北高等學校之研究》，臺灣師範大學臺灣史研究所碩士論文，二〇〇八。

學院、臺北女子師範學院、屏東師範學校和臺大校園演劇活動都很蓬勃，對臺灣現代戲劇發展皆具意義。[32]《裙帶風》演完隔日，《臺灣新生報》的「文化消息」欄報導「觀眾均冒雨前往觀劇，扮演的演技熟練，頗得好評」。[33]《公論報》則報「是夜觀眾擁擠，表演尚佳」。[34]有一篇劇評認為臺大學生是業餘演員，因為年紀尚輕生活體驗不夠，舞臺經驗和表演技術較差，加上包括劇本選擇不當，學生不容易演繹成人「官場中營私舞弊、勾結拍馬等玩意兒」的戲，演出的角色形象缺乏深度，只有模糊的浮影，要演好「除非是奇蹟」。（參見本書第四章4-3《裙帶風》）

隨後大禹提出的回應極強調演出的意義，他認為劇評人對業餘團體的演出不應當這麼嚴格，因為戲劇表演的重點是「演出時呈現的時代意義」。[35]更何況，讓大家看見這些毫無舞臺經驗的熱情青年演出，觀眾竟沒中途跑光，可見當時臺灣的觀劇水準提高。大禹對所謂學生缺乏官場經歷，以致演出不佳之說，也不以為然，他認為面對沒有劇場和表演經驗、少看好戲的「陌生演員，談體驗與表現之間實在是毫無用處的，我們不能等待，因為官老爺和官太太是不肯出來演裙帶風的，假使楞頭楞腦的出來演，也不見得會演得如你所理想的親切，你信不信？……」，大禹認為官場舞弊已深，希望用戲劇暴露官場弊端，而且不能再等了。[36]

大禹的編導風格

陳大禹跟很多同年代的劇運人士一樣，並沒有受過正式的劇場訓練，所有與戲劇相關的技術與觀念都來自個人的

32 徐亞湘，《臺灣劇史沉思》，頁四〇九。
33 〈文化消息〉，《臺灣新生報》一九四八年六月二十一日，第五版。
34 〈臺灣地理學會成立 臺大學生公演話劇《裙帶風》劇〉，《公論報》，一九四八年六月二十一日，第三版。
35 陳大禹，〈關於學校劇的選擇〉，《公論報》〈遊藝版〉，一九四八年七月四日，第六版。
36 陳大禹，〈關於學校劇的選擇〉。

戲劇研讀、觀賞與舞臺歷練，換言之，他演戲、寫劇本、當導演都是自己摸索出來的，編導作品的舞臺呈現則是按部就班的，演戲、排戲皆從劇本開始。劇本固然重要，需要透過導演把劇本搬上舞臺，指導演員把戲演出來。作為一齣戲的編導，大禹認為最重要的是對於劇本的詮釋，以及針對演員個人基本功做訓練。[37]大禹的導戲通常採取最直接的方式，由演員立即傳達。例如《香蕉香》劇中安排外省股長辱罵、凌虐本省籍女傭的情節，來表現兩種族群、兩種階級的對立；《吳鳳》則企圖透過漢籍通事吳鳳，化解山上原住民「出草」漢人習俗，來促進兩族間的和平共處；《寂寞繞家山》表現當時「光復區」社會經濟困難，民眾連基本溫飽都無法滿足的衰敗現象；《臺北酒家》序幕則透過原本淳樸的農家少女美紅被生活所逼，磨練成手腕高明的歡場女子，與外省酒客周旋，從而揭露當時社會真實的黑暗面。

大禹對演員的表演訓練，重視動作、臺詞、性格、化妝等不同層面。為課程編寫的「表演方法課課程概要」中，特別提到舞臺動作的意義在於反映「要做什麼？為什麼這樣做？怎樣做？」他所運用的演員訓練方法，主要來自個人的劇場經驗，回歸中國後的一九五〇年代初，正逢中共舉國向蘇聯學習，連帶地近代表演理論大師史坦尼斯拉夫斯基的表演體系（Stanislavsky System）成為全國劇場標的之年代。[38]大禹也順應潮流，學習史氏表演體系，並把這一套運用在課堂和劇場上，強調表演應從生活出發，真實反映生活以及發揚戲劇的社會使命。

大禹導戲要求演員先對劇中人物進行角色以及人物動機的分析，也常要求演員進行對戲劇情境的內在觀察與反

37 吳瀟帆，〈手抄筆記〉。

38 史坦尼斯拉夫斯基的表演體系在一九二二年史氏率團至美國演出後廣為西方所知，並在一九三〇年代左右引進中國，被視為符合現實主義的演劇理論，因此在中國劇場界掀起學習熱潮。史氏體系早期強調演員在舞臺上應出現真正的、自然的「體驗」，而不只是對角色外在動作、姿態等的「再現」模仿，所以又稱為「體驗派」。史氏主張演員在揣摹角色時必須細心研究分析角色的心理狀態，並深刻「體驗」角色在各種不同心理狀態中的情緒，如悲傷、喜悅、痛苦或憎恨等。史氏著有《演員的自我修養》與《我的藝術生活》等書，為瞭解史氏表演體系的重要作品。

省，希望舞臺人物動作能表現出角色行為的動機，並藉戲劇借古鑑今，改變現實社會的苦難。在辛奇經驗中，大禹排戲時注重演員的肢體語言，演員必須完成他所要求的走位或動作，即使撒嬌、拋媚眼這類小動作，他往往自己先示範一遍，再要求演員照做。[39]

大禹來臺之後第一齣戲編導作品《守財奴》，利用劇中主角阿巴公來諷刺現實世界中的不公不義，他認為戲劇結尾非常巧合的大團圓安排毫無意義，因而選擇從第五幕第四場以後加以改變，大禹在有關《守財奴》改編的文章中並未敘述如何改變，但明顯是想藉此劇喚醒觀眾注意現實問題，這也是他選擇演出劇目的重點之一，類似的編導想法反覆出現在大禹的戲劇言論中。前述舞臺的多語言運用為大禹編導作品主要特色之一，他從生活經驗出發，重視舞臺表現的現實意義，尤其臺灣歷經日本五十年的統治，日常臺語中有些新事物常直接以日文稱呼（如「巴士」バス），舞臺上國語、臺語甚至日語常交錯使用，這是大禹透過戲劇，呈現臺灣不同族群的生活文化場景，也是安排演員與觀眾、臺上臺下溝通交流的手法。

不過，「實驗小劇團」是一個業餘劇團，演員的表演能力與戲劇經驗各異，包括從未受過戲劇訓練的外行人，曾參與地方戲劇活動的業餘演員，以及深受北京、上海「話劇」概念影響的戲劇愛好者。由於演員背景不同，表演經驗互異，大禹與演員的互動也有所不同。對於部分「國語」嫻熟，較具話劇經驗的演員，大禹較尊重他們表演的自主性，例如有豐富中國話劇觀賞經驗的演員石山，國、臺語雙聲帶加上外型俊秀，年輕時一度報考唐槐秋劇團附設訓練班，回臺灣後看到「實驗小劇團」招考演員廣告，立刻報名參加，未經考試就被大禹錄取，而後排戲時，大禹比手畫腳，大費唇舌地指導其他演員，卻常讓石山自由發揮。

39 〈辛奇訪談記錄〉，臺北嵐山咖啡店，二〇〇五年八月六日。

依石山的個人經驗，他覺得大禹指導演員的表演示範，動作大而火爆，以當初在《原野》這齣戲裡扮演仇虎的演員的舞臺表現來看，「簡直像演三本鐵公雞（平劇）那樣，又劈腿，又甩身……。」[40]相較於當時臺灣導演（例如林搏秋）的日本劇場訓練，陳大禹的戲劇概念都是自己自修，劇場的經驗也多來自戰時福建「省」演劇活動，無法與競爭激烈的上海劇團導演相比擬，不過，大禹導戲有他的堅持，強調劇本所承載的時代意義，因此演出是否能諷刺現實狀況，對於社會現況是否起針砭作用，是他指導演出的重點，也是他導戲的基本態度，至於演員演技的好壞，似乎不是他認為最緊要的事，或因如此，演員的劇場表演參差不齊。當時劇評人對「實驗小劇團」的評價也不一，有些劇評常對演員的「舞臺語言」有所批評，其中有一篇是這樣說：

（實小）演員臺詞生硬，聲音更低，那使坐在前面幾排的觀眾也很難聽得清楚，這更降低了演出的效果，任何劇本的演出，演員的「舞臺語言」的熟練，是其成功的主因，因此這次《原野》的演出成績是差強人意的。[41]

不過，有日本劇場工作經驗的辛奇認為陳大禹導演手法、戲劇理念雖與當時本省劇人不盡相同，對臺灣戲劇界仍發生衝擊，而分國、臺語兩組演出同一戲碼的方式，融合國、臺語的兩邊劇人，做不同經驗的交流，吸引更多的觀眾進入劇院，擴大戲劇影響層面，這是他的主要貢獻之一。當時「實小」國語演員多來自福建，臺語部分因大禹初來缺乏本地人脈，就委由辛奇負責召集，兩人合作無間，臺語戲劇演出因而能在「二二八事件」後延續下來。在《守財奴》裡飾演安東的「實小」臺語組演員王雲龍，開演前曾在《人民導報》發表感言：

---

40 〈石山訪談記錄〉，臺北木柵陳宅，二〇〇五年十二月十三日。

41 汪湇，〈不是劇評——《原野》觀後〉。

由於導演的指導，才開始認識到真正的喜劇口白，和過去所演過的喜劇口白有許多不同的地方。這都是因為過去所演的喜劇都是太隨便太低級趣味的東西，所以也演不出甚麼味兒來，真像猴子跌下樹一樣，對於我個人的演技還是請觀眾諸位來批評吧。在這一次對於表現的方法與感情得益很多，外省人的導演法可也有幾點不同的地方，差不多全部動作，都很符合演劇的本格。[42]

王雲龍在這篇文章所稱的外省導演就是陳大禹，可見其導演手法已影響若干臺灣演員的喜劇觀念。一九四九年春回到中國大陸的陳大禹，其後半生的戲劇人生改變極大，除了新疆的六年，大部分時間在漳州，包括漳州藝術學校（一九五八年五月～一九六一年十月）、漳州戲劇家協會（一九六一年十月～一九六二年六月），繼續從事戲劇教學與研究工作，在漳州藝校的戲曲導演課程裡，大禹維持一貫強調戲劇主題、劇本分析、角色內心詮釋、演員的出場任務等「概念式」的導戲方式。至於舞臺走位上，只做一般性的指導，他認為戲曲的動作自有表演程式，演員必須靠自己的基本功來完成，他的導演概念在課堂、舞臺都是如此，鼓勵學生、演員思考。大禹將話劇強調演員內心詮釋的導演手法，搬到一九五〇～一九六〇年代的戲曲舞臺上，改變戲曲演員的演出習慣，從某方面來看也是培育戲曲演員的新手法。

42 《人民導報》，一九四六年十二月十七日。

我所演的悲劇和喜劇

王雲龍

時日過得眞快，人劇座自第一次公演以後，已經有二個多月了。這期間我仍埋沒於演劇的生活裏。

是幸運吧？我們這一次倒能夠出一臂之力來參加於實驗小劇團演出，內心感到非常的感奮。

過去我在「罪」中所飾的「文克」和現在「守財奴」中所飾「安東」想來比較一下。從「罪」的劇本看起來，或許要認爲是一個故事中的主角吧，本來悲劇角色的演出是很容易的。我本來的理想是喜劇方面，並且曾努力地演過幾回，所以當要飾演文克的時候，總感到非常的燥心和害怕。可是最後到底擔起了飾文克的角色上了臺，這可說是由於林博秋先生所苦心領導的結果，從此以後使我對悲劇才感到一點興趣。同時對悲劇發生了很大的傾向。

可說口白感情和表情等要給觀衆們能夠得到很好的感想的劇中主要的人物，如果以自由的身體和清瞭的內心不能夠表現出來的話，那只是根據劇本了。

關於這次守財奴的劇裏，剛好由我配飾「安東」，這就是喜劇中的一員，當套排練的時候，由於導演的指導，才開始認識到眞正的喜劇口白，和過去所演過的喜劇有許多不同的地方。這都是因爲過去所演的喜劇都是太隨便太低級趣味的東西，所以也演不出甚麼味兒來，眞像猴子跌下樹一樣，對於我個人的演技還是請觀衆諸位來批評吧。

在這一次對於表現的方法和感情得益很多，外省人的導演法可也有幾點不同的地方，差不多全部動作，都很符合演劇的本格。

我能夠飾上悲喜劇的二種演出，眞是我絕好的機會，我也希望以所有的精神來期待着有所成就。

王雲龍，〈我所演的悲劇和喜劇〉，《人民導報》，1946 年 12 月 17 日。

陳大禹後半生數十年的戲劇生涯有相當長的時間在從事戲劇教育，他的戲劇觀念與編導手法也透過課程設計與課程內容呈現傳達。在大禹的「話劇理論教授提綱」教材中，大禹開宗明義地提出「為什麼說，戲劇是反映生活的藝術」[43]這個屬於老生常談、卻又十分重要的問題，顯示大禹最關注的，仍是戲劇演出時所呈現的社會意識。他非常重視戲劇的實踐，認為導演固然應該忠實呈現劇作在劇場上的整個面相，而非只是劇作家的代言人，「劇作家在整個戲劇藝術形成的過程中，只為導演完成一部分的工作，導演仍應主觀地在劇本的基礎上加以創造，或注入新的詮釋，演員則需具備一定的文化素養，並受過表演訓練，導演的任務則是充分啟發演員創造角色的作用。」這種總體劇場的概念，毋寧也是大禹作為劇場導演的基本認知。

大禹一九六二年五月後進入漳州薌劇團工作，擔任薌劇的編導，一直至退休，這是他人生最後一份正職的工作。漳州薌劇團的前身可追溯到一九四○年代龍溪產

43 〈陳大禹手抄課程題綱〉，一九五八年。

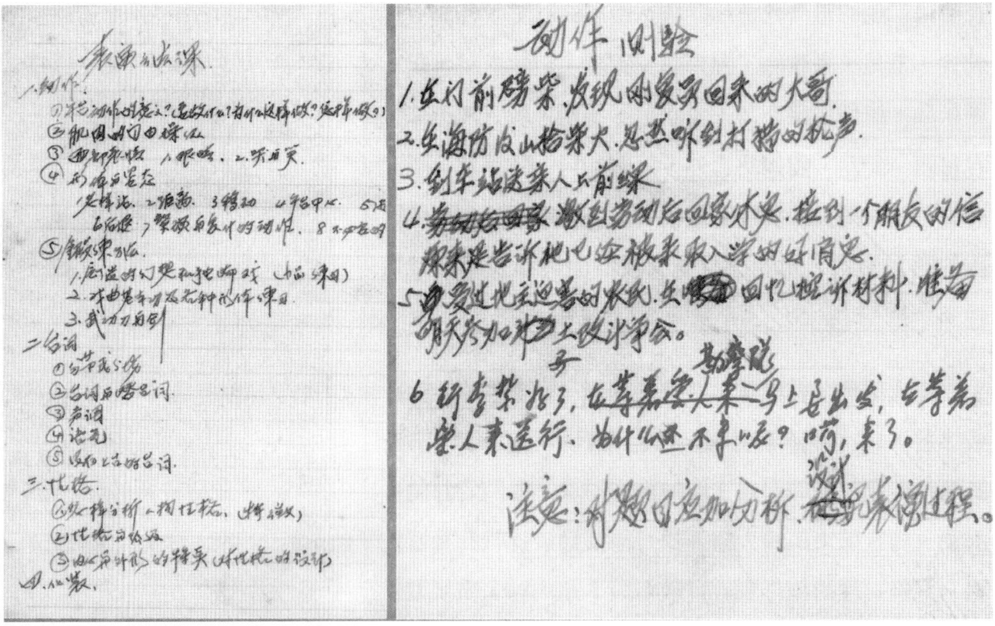

陳大禹手抄筆記。（圖片來源：陳大禹家屬提供）

筍地區，俗稱「筍仔班」的農民子弟組織，這種子弟班原為業餘，後來也做職業演出，一九五三年以「筍仔班」為主結合其他民間戲班組成漳州「筍仔薌劇團」（共和制），一九五六年底漳州市人民政府出面改組成漳州市薌劇團。[44]初期的薌劇團演出，常演「活戲」，導演只要「說戲」將劇情解釋給演員了解，演員便能在臺上自由發揮，一般有「筍仔班」演出經驗的漳州薌劇團導演，在民間演出時多以演「活戲」的方式進行，大禹則不同，他不擅長「說戲」、「做活戲」，也不願改變他的導演方式，他認為劇本才是戲劇演出的第一要素，一定要先有劇本，才能進行導演工作，由於不擅長戲曲唱腔、科步，大禹導演歌仔戲時，也常要搭配另一名熟悉戲曲程式的專才，方能將一齣戲完整搬上舞臺。

大禹在漳州時期先後創作十數個現代薌劇（歌仔戲）劇本。其中《望穿秋水》、《紅軍進漳州》都出現了大禹個人的臺灣經驗。《望穿秋水》以來自中國的林躍西與臺灣女子陳珊瑚的一段分分合合戀情，象徵兩岸間對峙的政治情況。《紅軍進漳州》劇中一段「竹林事件」街頭劇宣傳臺灣人在日本殖民之下的悲慘生活，進而表現出紅軍（共軍）願意敞開胸懷，接受臺灣人民共同投入農民運動與革命的行列，這些作品部分運用他的臺灣經驗，但也配合中國大陸的政治正確。《望穿秋水》裡女主角陳珊瑚歷經千辛萬苦地奔向海峽對岸尋找夫婿，《紅軍進漳州》裡紅軍的角色從頭到尾一味地崇拜、歌頌毛澤東。

在薌劇（歌仔戲）劇本創作上，大禹長於結合話劇的編劇技巧，使劇本內容充滿現代感。不過，劇中人物仍以類型化的方式來表現，每個角色都有鮮明的立場與單一面向的人物塑造，成為劇作家突顯事件與情境的直接代言人。

44《中國戲曲志・福建卷》編輯委員會，《中國戲曲志・福建卷》（北京：新華書店，一九九三），頁五〇五。

3-3 官民合作企業化——陳大禹的劇團經營概念

福建「實驗小劇團」時代的陳大禹，並非劇團的核心人物，也看不出他對團務有什麼特別參與，在臺重建的「實驗小劇團」大禹則是唯一全職的代表人，前後大異其趣。在臺時期雖然創團幾位元老（如沈㟲璋、姚少滄）曾撰文談到「實小」，接下來就幾乎不見他們的發言，原因應該是元老團員除了大禹之外，其他人各有正職，對於團務或僅能量力而為，或只是抱著玩票的心態，沒有人能像大禹一樣，會為一個業餘劇團投入全部的心力，也因為大禹的一頭栽進，總管大小事務，「實小」才能在短時間內成立，隨即開始大型演出，並分為「國語」、「臺語」兩個劇組，「國語」組導演是王淮，「臺語」組則是大禹，[45]後來王淮因故求去，就由大禹負責所有演出。

作為劇團負責人／代表人，大禹不但擔任編導工作，更須扛起劇團營運／生存的重責大任，包括演員訓練、排演在內的劇場專業，以及籌措經費、演出製作、對外交際公關……等。當時的劇團經營與戲劇演出不但缺乏政府補助、企業贊助，還必須繳納可觀的娛樂稅。換句話說，大禹經營「實小」的時代大環境相當嚴苛。娛樂稅最高時達百分之四十，加上設備費、排演費、宣傳費與公關費用等開支，對於劇團經營者是相當大的挑戰。面對實際困境，視戲劇為一生志業的大禹曾發想出劇團經營理念，並且在報紙上發表看法，儼然劇團藝術行政與管理專才，有趣的是，當時的大禹在親友眼中是一個成天只想戲劇，不事生產，連家庭、子女都不能照顧，家事無法「料理」的人。家庭開支仰賴妻子張羅，連親戚都被他拖累，義務幫他扶養兒女，這樣一個生活不及格的人，居然能整理出一套劇團經營理念，實在是異數。

不過，戲劇演出理念與實務之間原本就存在極大的落差，就「實小」的實務經驗來檢視大禹的劇團經營，也未必

[45] 歐陽予倩，〈劇運在臺灣〉。

合格：他編導的幾齣戲都有財務的困境，甚至無法支付演員（特別是臺語演員）演出費或車馬費：籌備《吳鳳》演出時，並未事前就經費問題做好規劃，臨時輟演，而以《原野》代之，《原野》演完之後，大禹也承認演出製作「一切事務搞得一團糟」。不過，從大禹所瞭解（或掌握）的劇團經營概念或能更深入探討他的戲劇觀，同時有助於對臺灣當時戲劇環境的理解。

「實驗小劇團」成立之初，曾找來一群支持者贊助劇團活動，演出時還有聲勢壯大的演出委員會，《守財奴》演出委員包括柯遠芬、李翼中、李友邦、胡福相、林紫貴、黃朝琴、柳健行、蔡繼琨、白克、盧冠群；《原野》演出委員包括王井泉、許尚文、周天啓、游彌堅、林呈祿、劉明、林子畏、蔡繼琨、林挺生、謝東閔、陳尚文、藍敏等人，俱屬社會名流，但這些人脈對陳大禹及「實驗小劇團」究竟有多大助力，卻也難具體評估，特別是在七十多年前政治局勢難測的臺灣，所謂「演出委員」應是掛名的居多，能像蔡繼琨、王井泉提供實質助力者極少。

當年的陳大禹最終夢想是組織一個職業劇團，但就當時的臺灣戲劇環境談何容易，他在〈如何建立當前的劇運〉一文中云：「當前，建立一個職業劇團，以現在既有的演劇水準，頂多每月勉強能做一次像樣的演出，而這筆維持費用，總在臺幣二百萬元左右……，任誰聽到都是搖頭咋舌的。」[46]所以他呼籲政府能協助解決稅制與戲院租金的問題：「為了我們都是窮小子的緣故，在演出上，我們遭受許多經濟上的困難，現在，單只無可再省的應用物品的購備，還有那繁雜的必須費用，計算已在臺幣一百五十萬元以上，假使，再給我們加上娛樂稅和太重的戲院租金，那我們更要加上百萬以上的負擔，這種情況，在任何文化事業，都將被壓制得不能動彈。」[47]

46 陳大禹，〈如何建立當前的劇運〉。

47 實驗小劇團，〈呼籲觀劇合作運動〉。

一九四七年九月「實驗小劇團」演出《原野》時，陳大禹發起贊助運動，徵求贊助人，捐五百元即為贊助員，劇團贈送招待券一張。[48] 當時文化界與新聞界人士對於陳大禹的熱情與理想多予以正面的支持，除了《臺灣新生報》刊登他徵求贊助的呼籲外，遠在上海的著名戲劇家洪深也隔海聲援，他在上海《大公報》〈編後記〉中刊載一篇臺灣讀者來函：

> 臺灣實驗小劇場訂十九日起演出曹禺作品《原野》共分國語、臺語兩組。此次演出主辦人為臺灣省文化協進會，導演陳大禹，講解劇情宋非我。以捐稅過重，該團又係是無經費津貼之團，乃發起徵求贊助人辦法。凡一次捐助該團基金滿臺幣五百元者，即為該團贊助人，該團贈券一張（滿一千元者贈二張，餘以此類推），且今後該團各項活動，均應與贊助人取得聯繫……。[49]

但這種方式未必能幫助劇團維持正常演出，大禹羨慕一九四六年十二月「新中國劇社」來臺公演有宣傳委員會白克等人妥當安排，劇團毋須為演出瑣事煩憂，票券等都有人打理。[50] 除了門票收入與成本難以收支平衡外，演出場地申請也是令劇團相當頭痛的問題。「實小」的公演都在臺北市中山堂，這是當時演出團體最優先考慮的場地，但檔期安排並不容易。大禹曾針對「全臺最佳演出場地」——臺北市中山堂管理的紊亂為文猛烈抨擊。在大禹觀念中，當時的情形似乎是有辦法的人才能借到中山堂演出，例如軍中演劇三隊拿出國防部的大函准予租用四天，然而「實小」即使付租金，卻拿不到檔期，並遭受冷言冷語，而稍後教育會主辦的兒童劇演出，又能順利租借到場地，顯然主辦單位有

48 〈「實小」昨招待記者《原野》定十九日演出 由宋非我擔任講解劇場，該團發動徵求贊助人〉，《臺灣新生報》，一九四七年九月十四日，第四版。

49 洪深，〈編後記〉，《大公報》（上海），一九四七年九月三十日。

50 陳大禹，〈破車胎的劇運〉。

良好的黨政關係所致。[51]

大禹怨嘆中山堂的場地租借經常不能如意，比不上有「良好的黨政關係」的其他申請者，但「實小」《守財奴》、《原野》、《香蕉香》三齣主要的戲都在中山堂演出，所謂「實小」拿不到檔期，不知是指哪一齣戲？當時許多劇團都有借不到臺北中山堂的困擾，「上海觀眾演出公司」結束臺灣巡演前的最後一齣戲《裙帶風》，就是因找不到適合場地而放棄演出，這也反映戰後初期表演重心的臺北演出場地嚴重不足的問題。

陳大禹因實際參與劇團經營，對於當時氣氛低迷的臺灣戲劇生態，有其務實的看法，他曾提出若干改善建議：要使劇場經營體質健全，應使劇場經營走向「企業化」。最根本的方法是官民合作，以「企業化」方式來經營。也就是

51 陳大禹，〈中山堂的管理問題〉，《臺灣新生報》，一九四八年六月十二日，第四版。

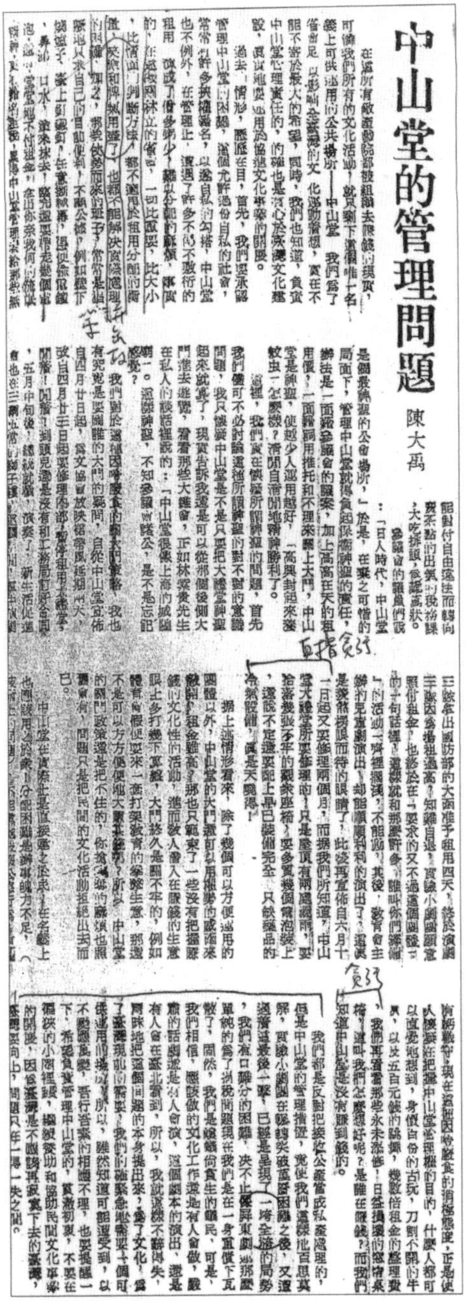
中山堂的管理問題
陳大禹

陳大禹，〈中山堂的管理問題〉，《臺灣新生報》，1948年6月12日，第4版。

說，「在低價的需要下，舉辦正當娛樂，而成為至少不能虧本，最好能賺錢的企業。」他認為這樣的主張，在臺灣現實的環境中是有實現的可能。[52]

大禹「企業化」的具體設計包括：

一、場地方面：

建議政府選擇一座設備較完備戲院，委由民間藝術團體管理，或另成立專職管理機構，定期繳納租金給國家。同時劇院本身亦聘任三十人左右的專職人員，負責劇院本身經營事務，領導所有演出的各部人才，視情形需要邀請中國著名團體演出。同時招募業餘戲劇工作者，在各級文化事業單位，成立相關研究會、讀書會與進修班。

二、節目設計方面：

以四週一期，每週輪流演出不同類型的表演：話劇、電影、平劇、改良地方戲、輕音樂、舞蹈、國樂、說唱、民謠表演、音樂歌詠演奏會、獨幕劇。

三、經費來源方面：

大禹提出發售入場券的構想「臺灣省各界業餘娛樂活動觀覽券」，要求當地各公務機關、工廠學校、民營企業等單位，當成員工福利之一，長期認購。入場券優待價以當時票券定價的四分之三。依照大禹經驗，考量實際戲劇人口，基本的發行量是五千張至六千張，以此估算每月約可有三百萬元左右進帳，足以應付

52 陳大禹，〈中山堂的管理問題〉。

演出時的各項開支。[53]

前述一九四七年九月他在《原野》推出時即發起贊助運動，公開徵求贊助人，捐五百元即為贊助員，劇團贈送招待券一張，一九四九年再提「觀劇合作運動」，觀眾繳納五百元，贈送入座券二張；對此大禹還聲明「並不是故意逃避稅金的變相售票」，希望「賢明的當局必能予以同情支援」。[54]依大禹的看法，這是官方與民間雙贏的方式，政府有稅可收，民間戲劇團體壓力減輕，可以生存。無奈大禹的「書生之見」，並未能獲得政府重視，而他的「實驗小劇團」在籌備上演《裙帶風》時，立刻面對經費不足的問題。大禹提出「觀劇合作運動」，想出類似今日「會員制」的構想，以徵求會員的方式，避免稅金的壓迫，藉以增加演出收入。然而，當年大禹的創見最後還是行不通，本欲由「實小」演出的《裙帶風》，因王井泉不支持而作罷，改為指導臺大學生戲劇社團演出。有感於孤軍奮戰無法改變臺灣戲劇現狀，一九四九年三月四日，大禹與若干戲劇界人士在臺北發起「臺灣戲劇學會」，推展戲劇運動，曾邀請在臺劇人舉辦座談會，呼籲政府降低戲劇娛樂稅，可惜戲劇學會最後仍只是紙上談兵而已。[55]

陳大禹一生都與「戲劇」有關，但真正經營劇團都是在臺灣短短二、三年間的事，當時的他不顧家計，全心全意投入劇運，還能對劇團經營講得頭頭是道。二十一世紀的今天，回顧陳大禹的劇場經營理想，以當年的時空脈絡來說，算是走在時代的前端，今天藝文界所期盼的免稅政策或會員制度，並未超出陳大禹的想法太遠。對於這一位土法煉鋼起家、戲劇生涯並不平順的業餘劇人，他所具有的劇場熱誠與經營理念令人欽佩。

53 陳大禹，〈如何建立當前的劇運〉。
54 陳大禹，〈呼籲觀劇合作運動〉。
55 黃仁，〈臺灣光復初期的話劇活動〉，《臺北市話劇史九十年大事記》（臺北：亞太圖書出版社，二〇〇二）；〈打開臺灣劇運難關——在臺劇人籌組戲劇協會〉，《公論報》，一九四九年三月六日。

3-4 來不及告別——突然消失的戲劇家

陳大禹及「實小」的創團元老以福建籍或曾在福州、廈門工作者居多，在臺灣的人脈主要是一些「福建」同鄉關係，以及陳儀當福建省主席時期（一九三四～一九四一）的部屬。懷著熱情來到臺灣的大禹並未因「阿山」的身分取得讓人羨慕的職位，在臺期間大禹歷經了臺灣現代史上最慘烈的「二二八事件」，以及國軍清鄉整肅所引發的巨大影響，雖未直接惹禍上身，卻親身目睹族群的衝突擴大，以及一日比一日險惡的局勢，雖然如此，大禹仍在「二二八事件」這一年的十一月推出《香蕉香》，企圖藉這一齣戲來化解「阿山」、「阿海」之間的族群對立，結果反而引起一場劇場內的衝突，導致戲被禁演。《香蕉香》演出環境明顯比一年前《守財奴》演出險惡許多。

因為國共內戰的加劇，一九四八年以後臺灣學生運動蜂起。一九四八年二月十八日，魯迅的好友，臺大中文系系主任許壽裳被暗殺，文化界預感國民政府即將展開鎮壓，許多中國大陸來臺人士選擇返回中國大陸。[56] 一九四八年四月十八日第一屆國民大會代表通過《動員戡亂時期臨時條款》，主要著眼應付當前國家緊急危難，得為緊急處分，蔣介石總統據此於一九四八年十二月十日頒布全國戒嚴令，除臺灣與新疆、西康、青海、西藏之外，全國各省市宣告戒嚴。然而，仍無法遏阻國民黨的潰敗，一九四九年一月蔣總統宣布引退，由副總統李宗仁代理。

當時的臺大、臺灣省立師範學院等院校皆有學生社團，對國民政府普遍表達不滿，以「結束內戰，和平救國」、「反飢餓、反迫害」作訴求並積極串聯，戲劇及表演亦是其中重要的一環，「臺大話劇社」、「麥浪歌詠隊」、「自由畫社」、「師院劇團」、「師院臺語戲劇社」等學生藝術性社團常對政治與社會文化議題發出聲音，引起官方側目，

56 橫地剛著，陸平舟譯，《南天之虹》（臺北：人間出版社，二〇〇二），頁二八二。

視為中共同路人。[57]大禹與當時的學生戲劇社團之間有一些接觸，一九四八年中就曾經為臺大學生導演批判官場醜態的《裙帶風》。

一九四九年三月二十日，臺大何姓學生與師院李姓學生共騎一部單車，經過大安橋附近時，被臺北市中山路派出所謝姓警員取締，雙方發生衝突，兩名學生被轉送四分局（大安分局），隨後師院學生二百多人，以及臺大學生四百多人至四分局抗議，要求釋放學生，嚴懲肇事警察，並由警察總局局長出面道歉。後來學生雖獲釋，學生卻以局長遲遲不肯道歉為由，聚集一千多人遊行示威。事情發生後，當時的臺灣省主席兼警備總司令陳誠令所屬採取強硬的措施，四月五日軍警人員以清查「匪諜」為理由，逮捕臺大與師院學生十數人。

當天晚上，兩校學生自治會幹部在師院緊急集會，決定四月六日上街頭示威抗議。不料當天清晨，臺灣省警備總部副總司令彭孟緝親自率領軍警包圍師院宿舍，學生自動集中在宿舍北棟樓上，用餐廳桌椅堵住樓梯通道，與軍警對峙，最後一百多名學生被帶走，移送法辦的有二十多人，失蹤、死難者難以估計。原任省立師院院長的謝東閔因這次事件辭職，由劉真接任，校方組織「整頓學風委員會」。此後，軍訓教官進駐校園，情治人員滲透校內體制，學生因「叛亂」被逮捕的例子屢見不鮮。[58]

「四六事件」前楊逵撰寫《和平宣言》，主張以和平方式停止國共之爭，呼籲政府以臺灣人民為念，澄清政治，致力建設，落實地方自治。根據楊逵回憶，這篇宣言由楊逵與曾留學日本明治大學的《臺灣新生報》臺中辦事處主任鍾平山（一九〇八～二〇〇〇）討論後，再由楊逵執筆撰寫，油印二十餘份分送各界參考，其中一份寄到臺北《臺灣

57 陳翠蓮，《四六事件與臺灣大學》（臺北：臺灣大學圖書館，二〇一七），頁三六～三七。
58 有關「四六事件」始末，參見陳翠蓮，《四六事件與臺灣大學》，頁七七～一二九。

新生報》總社給歌雷，歌雷收到後未允刊登，恰為上海《大公報》記者來訪瞥見，取走宣言並做成報導，事後歌雷也遭逮捕。上海《大公報》於一九四九年一月二十一日刊登《和平宣言》全文，見報後引發各界關注，當時已發表省主席任命的陳誠閱報之後要求嚴懲，四月上任後即逮捕楊逵、鍾平山和歌雷等人。一九五〇年四月十四日臺灣省保安司令部軍法處認定楊逵和鍾平山「共同以文字為有利於叛徒之宣傳」，判處楊逵有期徒刑十二年，鍾平山有期徒刑十年，歌雷被羈押三百餘日後獲釋。[59] 歌雷獲釋後一度失業，曾經營廣告公司，擔任嘉義《臺灣日報》代總編輯，一九五九年在復旦大學同窗劉昌平引介之下進入《聯合報》，曾擔任編政組主任、〈萬象版〉副刊編輯，一九六七年再轉任《經濟日報》副刊創刊主編，一九六七年九月十九日因同意刊登社會寫實小說《噩夢》內容被指有損國軍形象，報紙被迫停刊四日，歌雷和報社其他同仁二十餘人同遭去職處分，後曾任《美華報導》發行人。[60]

一九四九年四月十八日呂泉生作曲的〈杯底不可飼金魚〉在臺北市中山堂首次發表，由作曲家親自演唱，作詞人陳大禹在這個盛會中缺席，「四六事件」之後，他從臺灣消失，而且很快地連名字也成了禁忌，親朋好友有意或無意、主動或被動與他劃分界線，不但將相關的文件、圖片、書信悉數焚毀，也避免談到這個人，以免受到株連，這是戒嚴時期任何牽涉政治案件的人常有的遭遇。

59 檔案管理局，〈保安司令部（三九）安潔字第六六六號判決書〉，《陳軍等叛亂案》，檔案編號 0039/1571/75293044、0039/1571/77221730/162/099。一九五〇年代記者出身的政治犯戴獨行謂「接著聽說筆名歌雷的新生報副刊主編史習枚，因『組織』投稿作者聯誼和搞讀書會被捕，刑期十年，而在一九九七年底，前中央研究院副院長張光直出版的回憶錄《蕃薯人的故事》中，則把史習枚列入『四六事件』涉案名單」，戴獨行，《白色角落》（臺北：人間出版社，一九九八），頁四三；林曙光，〈感念奇緣弔歌雷〉，《文學臺灣》一一（高雄，一九四四），頁三三。

60 參見陳百齡，〈報業政治獵巫：一九五〇～八〇年代《臺灣新生報》政治案件〉，收錄於政治大學圖書館特藏管理組編，《未完結的戰爭：戰後東亞人權問題》（臺北：國立政治大學圖書館數位典藏組，二〇一九），頁六六～六八；〈本報前副刊主編史習枚週日公祭〉，《經濟日報》，一九八七年十月三日，第十一版。

大禹在四月的哪一天離開，他自己沒有標記確切日期，當時臺灣的親友無人認真探究或保留記憶。楊渭溪一九六九年的判決書提到陳大禹因演《香蕉香》一劇「挑撥本省與外省人感情，為治安人員發覺注意，即於三十八年潛離臺灣」，應該是楊氏被偵訊當年的印象式說法。《香蕉香》事件距離一九四九年四月大禹潛逃約有一年五個月，其間大禹仍相當活躍，他真正感到身家受到威脅，應是時序進入一九四九年之後。大禹在臺灣的妻舅所了解的是，「四六事件」爆發後，當時大禹風聞執政當局將清查曾在〈橋〉副刊發表文章的作者，自己亦榜上有名，乃選擇此時逃離臺灣，為避免夫妻同行引人注意，吳瀟帆還悄悄在報刊刊載離婚啟事，兩人分別搭船離開臺灣。[61]

當初與大禹一起離開的高仲明只記得是一九四九年四月中旬離開，在基隆招商局購買船票，搭乘英國貨輪往香港。但這一趟輪船沿途裝卸貨物，從基隆到高雄，再從高雄到韓國仁川，然後從仁川開往香港，幾天的航程中，乘客皆不得離船上岸，旅途辛苦可想而知。陳高兩人抵達香港後，住在吳瀟帆的親戚處，等候開往中國的船隻，六月初搭船到天津轉往北京，兩人自此分手。[62] 瀟帆則是同一年的九月初才帶次子東東搭船離開臺灣，到香港後蒙大禹同窗好友蔡大燮致贈旅費，返回北京與大禹相會。

陳大禹自撰的〈政歷表〉提到這段逃亡經歷：

> 淮海戰役後，國民黨逃臺日眾，全臺震撼，陳誠主臺，瘋狂鎮壓學生運動，波連〈橋〉副刊編輯史拾（習）枚被捕，傳言清查文章作者，我亦黑名單上有名，我在朋友資助逃亡香港，候船月餘，乃及到北京時已六月初了。

---

61 〈吳厚禎訪談記錄〉，電話訪談，二〇〇五年九月十三日。
62 〈高仲明訪談記錄〉，臺北—北京電話訪談，二〇〇五年十月二十三日。

大禹在「四六事件」發生後，是否如其所言，已經名列黑名單？前引趙琴臉書貼文謂其查閱所有資料未見任何大禹是左翼以及被列為黑名單的證明，她認為陳大禹與「四六事件」毫無關連：

「四六事件」，或稱四六學潮，為政府於一九四九年四月六日逮捕師大、臺大學生引發的事件。其背景為一九四八年，當時有不少大陸來臺就讀學生以及本地知識分子都有社會主義政治傾向，臺灣師範學院串聯臺大所發起要求提高公費待遇的「反飢餓鬥爭」，以「救苦、救難、救饑荒」為主的學生運動。這和邱書所說因「四六事件」當局將陳大禹列入黑名單的說法，他又不是學生，不是太過牽強了嗎？[63]

大禹自言「四六事件後，我亦黑名單上有名」，是當事人主觀的判斷，並且心生害怕，與其是否真的被列入黑名單是兩回事，如果他真的被列入黑名單，豈會因「他又不是學生，不是太過牽強了嗎？」其實，大禹至遲在一九四八年初已被情治單位注意，臺灣省警務處著手辦理《可疑分子考管——高仲吾行動可疑陳大禹、楊渭溪嫌疑案》已要求相關人員查復「奸嫌」陳大禹、楊渭溪等活動情形內容：

據續報查陳大禹、楊渭溪二人現均係交響團團員，陳奸係閩龍溪人，專從事戲劇工作，自少時即參加該地「薌潮劇社」與該社奸匪分子柯聯魁友善，抗戰時一度前往桂林、重慶與廈門兒童劇團奸黨分子為伍，楊奸係廈門人，原為小學教員，曾參加廈門青年流亡團，在福建龍溪一帶活動，該組織後被當局取締，該奸等因與奸黨施青龍、洪學禮等認識，思想頗受影響，本省光復後來臺，楊奸先任貿易局職員，與交響樂團團長蔡繼琨因係過

63 趙琴〈〈杯底不可飼金魚〉禁歌說？（上）作曲者呂泉生非「受難者」詞作者陳大禹列黑名單？〉（文章已下架，擷取日期：二〇二二年九月十六日）。

去福建同事（蔡係福建戰地歌詠隊隊長），楊奸係隊員，曾一度前往泯里拉，為代閩前主席陳儀慰問僑胞，始任現職。[64]

這份「調查」提到陳大禹在「省交」身分並不精確，卻也是當時許多人的印象，而大禹此時可能尚不知道自己已被調查。陳大禹「奸」「匪」身分被確定，應是一九五〇年破獲中共臺工委會與北市工委會案中，從李東益案扯出陳大禹，進一步追查，當時臺灣省保安司令部與臺灣省警務處全面查緝李東益時，也調查其重要關係人等，其中包括李東益「結拜兄弟」陳大禹，根據當時情治單位掌握的線索，陳大禹已於去年（一九四九）夏棄職赴滬，由其同學介紹轉赴北平參加匪黨受訓，嗣派香港，擔任吸收青年學生及情報工作。[65] 情治單位所掌握的這一段大禹行蹤，因為嫌犯逃亡，罪證確鑿，也印證一九五〇年代氣氛的緊張，而後「逃亡」中的大禹，情治單位偵辦其他案件時，常也把大禹拉出來，對他做缺席審判。

前述情治單位「耳聞」大禹回中國大陸後再被派到香港，從事青年學生及情報工作，若以〈陳大禹政歷表〉自述以及相關資料相印證，便會明白純屬子虛烏有。

陳大禹離開臺灣之後的國家情勢，國民黨軍一洩千里，隨著遼瀋、平津、淮海（徐蚌）會戰的慘敗，四月二十四日南京失守，代總統李宗仁飛桂林，國民政府從南京遷往廣州，十月一日中華人民共和國在北京成立，十月十三日李代總統自廣州出走桂林，不久以治病為由赴香港，再轉赴美國，國民政府先後又遷重慶、成都，一路顛沛流離，最後在十二月七日遷臺北，而李代總統並未同行，臺灣政局發生一連串巨大的變化。國民政府在中國大陸全面崩

64 〈代電張健吾同志〉（一九四八年三月二十三日），《可疑分子考管——高仲吾行動可疑陳大禹、楊渭溪嫌疑案》國家檔案局資料檔案，檔案號 AA01010000C/0037/304.2/0010。

65 《可疑分子考管——高仲吾行動可疑陳大禹、楊渭溪嫌疑案》國家檔案局資料檔案，檔案號 AA01010000C/0037/304.2/0010。

潰前夕，於五月二十日臺灣省政府宣布戒嚴，五月二十四日《懲治叛亂條例》這個戒嚴時期特別刑法在立法院三讀通過，六月二十一日公告施行。

一九五〇年三月蔣介石總統復行視事，六月二十五日韓戰爆發，臺灣在美、蘇對峙的冷戰結構下獲得安全，在頒布戒嚴令與《懲治叛亂條例》之後，國府又根據戒嚴法頒布《戡亂時期檢肅匪諜條例》（一九五〇年六月）、加上《刑法一百條》（內亂罪）啟動藉以防堵左翼思想，臺灣從此進入全面性思想禁錮、言論控制的威權統治時期，「反共文學」、「戰鬥文藝」主導了戒嚴時期的藝術文學創作。一九五〇年代以降的逮捕行動不分省籍，相較於「二二八事件」受害人以臺籍人士為主，白色恐怖時期外省籍學生、文化人、作家遭到迫害者，更不知凡幾。另外還頒行《臺灣省戒嚴時期新聞雜誌圖書管制辦法》，明定不得為「共匪」宣傳，不得違背反共抗俄國策，不得挑撥政府與人民情感，否則予以查禁。隨後根據此法，又頒布《檢查取締違禁書報雜誌影劇歌曲實施辦法》，規定所有「共匪及已附匪作家著作及翻譯一律查禁」。[66]

陳大禹當年離臺心境，現代人已難具體瞭解。在那個人人自危的年代，恐怕也不能輕易向別人陳述內心感受。「實驗小劇團」成員石山（陳少岩）二〇〇五年接受訪談時，提到陳大禹決定離開臺灣前曾來找他，囑咐他維持「實驗小劇團」運作，但「實小」並非有固定人事與經費編制的劇團，沒有像大禹這樣一手張羅的人更難以維持，石山後來將劇團申請結束登記。[67]曾經以國、臺語雙語演出聞名的臺灣「實小」就此宣告結束。石山的這段回憶很難具體印證，若大禹離行前真的敢向石山透露行蹤，表示他對石山的信任，不然就是假設性、試探性的「託孤」？

66 臺灣省雜誌事業協會雜誌年鑑編輯委員會，《中華民國雜誌年鑑》（臺北：臺灣省雜誌事業協會雜誌年鑑編輯委員會，一九五四），頁四～七。

67 陳俐如訪談，〈石山訪談記錄〉，臺北木柵陳宅，二〇〇五年十月二十一日。

「四六事件」楊逵、歌雷下獄，而後影劇編導白克、劇作家簡國賢、木刻版畫家黃榮燦[68]死於非命……，「實驗小劇團」同仁姚勇來、沈媜璋、楊渭溪、王淮、廣播劇導演崔小萍等人身陷囹圄；此所以後來的研究者和一九九〇年代的臺大和臺師大（前師院）的校園「四六事件真相調查委員會」，都把「四六事件」視為臺灣校園白色恐怖的開端，由校園漫延到社會各個角落。[69]

大禹在臺灣停留兩年半，應非最初來臺前所設定的期限，他未能在臺灣長留，與臺灣的政治大環境與藝文環境生態的巨變有關。一九四九年四月以後，大禹如果繼續留在臺灣，或能像大部分文化人一樣自我節制，識時務為俊傑，避免因言論與藝術演出賈禍，平安度過白色恐怖／戒嚴時期，並能擁有安定自在的生活；但以大禹年輕時的個性，這種假設性很難想像，就算「四六事件」後他人仍在臺灣，很有可能被逮捕，就算逃過這一劫，往後的時日還是難料；他應該還是一如往昔，從事較具社會批判的戲劇活動，如此一來就難保不會出事。

對大禹提攜有加的蔡繼琨，一九四九年五月離開一手創辦的交響樂團，轉赴馬尼拉擔任中華民國大使館商務參贊，後來辭職從商，並在菲律賓從事音樂活動，在中國大陸國共易手前夕諜影幢幢的臺灣，若干「省交」團員受到監控，甚至連蔡繼琨本人也成為被調查的對象，在後來的楊渭溪案、王淮案中皆被列入調查。[70]只是人在菲律賓，八〇年代初回中國大陸，報效「祖國」的蔡繼琨，也未能對與他關係至為密切的楊渭溪叛亂案與「陳匪大禹」事發聲。

68 黃榮燦，四川人，擅長版畫創作與木刻。一九四五年底來臺，與本省籍作家楊逵、王白淵以及外省籍文化人許壽裳、雷石榆等人，致力於兩岸文化交流與溝通日本五十年殖民統治後兩岸的隔閡；著名作品木刻版畫〈恐怖的檢查——臺灣二二八事件〉，呈現當時臺灣民眾人心惶惶、風聲鶴唳的恐懼之情。一九五二年白色恐怖時期，被控以「從事反動宣傳」罪名，槍決於馬場町，時年三十七歲。

69 黃榮村，《時代與往事：我的學習與奉獻之路》（臺北：遠流出版公司，二〇二四），頁一一五。

70 法務部調查局，《王淮案》國家檔案局資料檔案，檔案號 AA11010000F/0055/301/04447。

前文已述一九六一年呂訴上的《臺灣電影戲劇史》記陳大禹及「實驗小劇團」演出《香蕉香》事較具完整性，也因為這段敘述，戰後一九六〇～七〇年代的臺灣戲劇史研究者，知道大禹及其《香蕉香》，並視為當時重要演出之一。其實呂氏這一段描述也帶有某些機緣，如果《臺灣電影戲劇史》再晚幾年出版，一九六〇年代及一九七〇年初情治單位偵查的叛亂犯案件，陳大禹已常出現在偵查員與「嫌犯」的對話中，白克於一九六二年九月十四日被羈押到一九六四年二月二十二日被槍決，在警總人員審訊中多次被質問其與陳大禹的關係，[71] 而在相關檔案裡，「據聞陳大禹已於去（一九四九）秋參加北平偽政府組織，唯任何職務不明」。[72]

曾經當過警察分局長的呂訴上生前對陳大禹潛回大陸敏感性的身分或許略有所聞，如果一九六〇年代呂氏仍未察覺，一九七一年王淮的自白書多次把呂氏與陳大禹並列，「陳大禹共匪思想極明顯……改良臺灣歌仔戲之呂訴上同為陳之摯友」。[73] 又稱陳大禹曾大吹大擂說他「在臺得天獨厚，可以得在地劇人呂訴上、宋非我（王淮謂宋二二八時已伏法，誤）等支持」。[74]「在白克倡導下和朱鳴岡的提示下，我（王淮）又構想共匪在臺文教據點，又做了一次很艱苦的努力計畫，以慶祝戲劇節為名，聯合在臺外省人籍劇人籌組臺灣省劇人協會，以實現我的陰謀，我與白克等人私下議定，公推白克為會長或理事長，並由陳大禹負責聯繫閩南籍藝人，呂訴上及辛某聯繫本省籍藝人，我負責聯繫外省籍劇人，並分別代表三股力量來支持白克當選。」[75]

71 法務部調查局，《白克案》國家檔案局資料檔案，檔案號 B3750347701/0052/3132517/517/1/002。
72 國家檔案局，《可疑分子考管——李唐溪、李東益、連濟民、陳大禹、汪輝等案》檔案號 AA01010000C/0039/304.2/0377。
73 法務部調查局，〈王淮自白書〉「四、陳大禹和他的劇團」，《王淮案》國家檔案局資料檔案，檔案號 AA11010000F/0055/301/04447，頁一〇〇。
74 法務部調查局，〈補充自白〉，《王淮案》國家檔案局資料檔案，檔案號 AA11010000F/0055/301/04447，頁一二一。上述宋非我（二二八時已伏法）有誤。
75 法務部調查局，〈王淮自白書〉「四、陳大禹和他的劇團」，《王淮案》國家檔案局資料檔案，檔案號 AA11010000F/0055/301/04447，頁一二二。

作者2005年出版的《呂訴上》（左）；呂訴上於1961年出版的《臺灣電影戲劇史》（右）。

面對當時的政治氛圍，以及王淮為求自保所做的交代，強調呂訴上與陳大禹的「摯友」關係，兩人還有一些密謀的自白書，呈交情治單位，如果當時呂氏仍然健在，王淮這些推測性或捕風捉影供詞，對鑽研臺灣戲劇數十年的他都是不可承受之重，恐難免會被偵訊，而當時《臺灣電影戲劇史》若尚未出版，這部內容牽扯到陳大禹的書，是否還能順利出版也難逆料。

4、來不及登臺的作品

陳大禹在臺的戲劇創作著重反映底層民眾現實生活，以及他們心中的聲音，除了盛大演出的《守財奴》、《原野》、《香蕉香》外，還有《寂寞繞家山》、《吳鳳》、《臺北酒家》、《裙帶風》等作品。

4-1 《寂寞繞家山》（《蟄》）

《寂寞繞家山》劇本敘述戰後初期中國某個經濟蕭條的「光復」區，呈現兩種截然不同的階級：一種是順勢崛起，不顧民生凋弊，佔用國家資源的特權階級，另一種則是不懂得攀附權貴，貧病交迫，無法生存的小人物。大禹這個劇本於一九四八年六月起在《台灣文化》分上中下三篇發表，劇情發生的時間是民國三十五年冬天，也就是大禹剛來臺灣（一九四六年十月）不久。本劇發生的地點標示為某光復區，似乎也就是臺灣，本劇是否為他當時的心情寫照不得而知，但《寂寞繞家山》的劇名、情節確實引人聯想。

劇中的主角吳家聲是戰時參軍的愛國青年，「勝利」後自「內地」歸來，家中只剩靠修補衣服維生的年邁老母親，以及常來家中幫忙的表妹林玉英。玉英因生活所逼至酒家上班，而發國難財致富的趙伯韜是家聲的舊識，也是玉英的恩客。家聲賦閒在家好一陣子，才得伯韜之助，在一家供應事業公司擔任抄寫員。進入公司上班的吳家聲逐漸見識了社會的真面目，發覺公司內部揩油水的情形嚴重，雖感不平卻也無力阻止。他原有的滿腔熱血，在這個沒有正義的公司裡消磨殆盡，取而代之的是無盡的悲哀，藉酒精麻醉自己，放任身體日漸衰弱，對他而言，生命已無意義，現實社會的人身並不值錢。

反而是公司的司機個性正直，不容旁人侵佔公家物資，因而惹惱上級人員，藉故刁難。某日，老實司機氣不過上級的蠻橫出手打人，因而被解職，並需付賠償金。司機之妻希望將此事訴諸輿論，尋求同仁幫助，家聲基於義憤，協

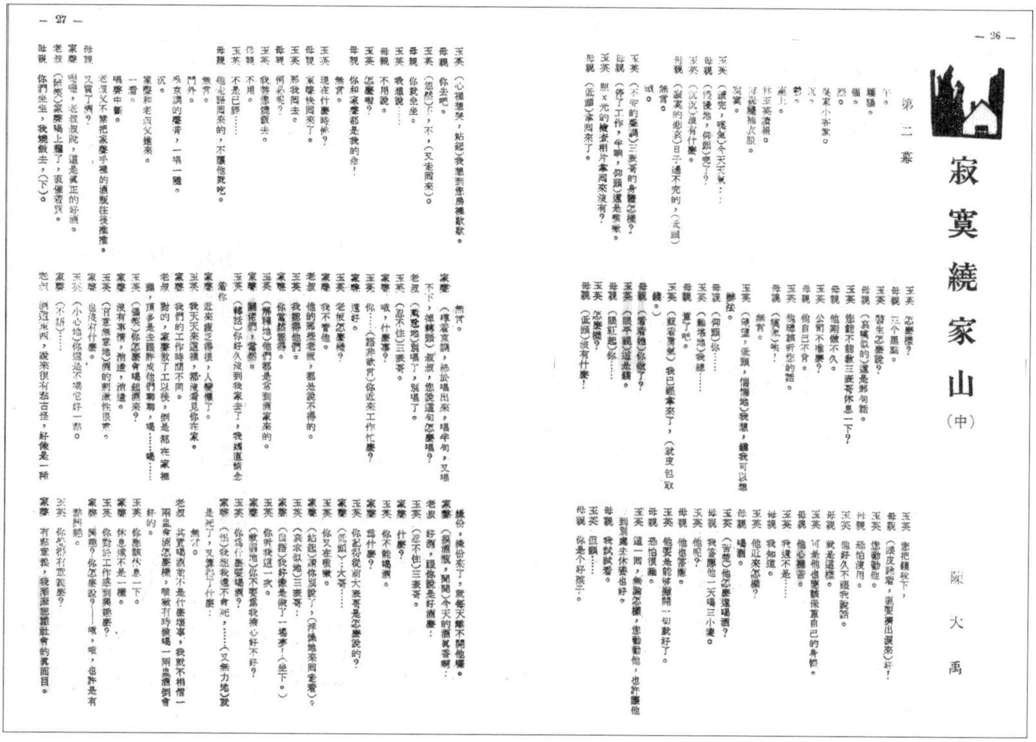
— 26 —

寂寞繞家山（中）

陳大禹

第二幕

— 27 —

《寂寞繞家山》劇本。

助撰稿，並投書報社，但稿件尚未見報即被情治人員逮捕，後經林玉英向趙伯韜求援，始被釋放，從此家聲意志更加消沉，終致一病不起。家聲的醫藥費都是玉英在酒家陪笑的皮肉錢，病情始終未見起色，玉英一籌莫展，與家聲母親淚眼相對。劇情最後在吳家賣房子，為家聲籌辦喪事的哀戚中結束。

《寂寞繞家山》「這齣戲傳遞著一股令人窒息的生活景況，劇中描繪了一幕社會的冷酷現狀——一個人若連基本的溫飽都無法維持，便遑論理想與尊嚴。然而劇中多數角色對於艱苦的生活都已司空見慣，唯獨吳家聲這個剛剛回鄉者無法適應這種模式。家聲敏感和單純的秉性，頗有悲劇英雄的特質，但應該也同樣反映了陳大禹對社會的觀察，透露出作為一個有志之士，卻困在現狀中有志難伸的窘迫。即使自內地抗戰歸來，擁有語言優勢，尚且如此卑微，更何況是生活遭逢劇烈變化的底層民眾，即便擁有一技之長仍難以維生，就算真能找到糊口的工作，他的神經仍敏感地覺得「現在的生活，每天總要擔心一點什麼，究竟是什麼大家又說不出口。」最後仍落得家破人亡的處境。

陳大禹看待臺灣的特殊處境，有著敏銳而深刻的理解，他曾在《臺灣新生報》上發表的〈臺灣需要話劇〉文章中，指出臺灣——是勝利的「光復區」中，一個最具特殊性的島地，因為其經歷過異文化殖民的時間悠久，一個社會自然的經過了數代的更迭，包含文化與語言也經過殖民政府的全面置換，致使當時在社會上的人們，大多是受著日本的教育，遵守著日本的法治，一路成長上來的，即便他們在知識上知道自己的祖先及其故鄉和大陸來的同胞相同，也能意識到自己和日本人不同，但在現實生活中仍然經歷了一次從主權到文化語言的全面移轉。在大禹敏銳的筆下，對臺灣人的處境懷抱著同理心，「臺灣光復半年後，社會上明顯地就發生了這些嚴重的課題，而且，大家也都知道，解決問題的辦法，就是尋求認識和諒解，但是，事實並沒有橋，也不打算造橋。」

大禹似乎也將他所見的臺灣社會景況，化為吳家聲在劇中無助的吶喊，家聲所看到的世界是「一個寬敞的悲哀，底下是無聲的呻吟，上面是殘暴的狂笑」。趙伯韜等人代表的是滿嘴官話，不知民間疾苦，借職務之便，大肆剝削的一群，所反映的是蠻橫無理、貪贓枉法、踐踏人權的國民政府接收官員。民眾則是這個時代、這個世界的犧牲品，「道理是你們的，痛苦是我們的」。《寂寞繞家山》所描述的社會，就如劇中人許成面對鄰居死亡時所說的：「他，他死得好，他比我們快活。」

儘管吳家聲不見得就是陳大禹本人，但應可視為許多底層民眾的化身，也是大禹對社會的觀察與體驗所化約的戲劇人物。那時候的「光復區」，有專業技術、有做事能力的人，難以養家糊口（如劇中許成一家）。就算勉為其難，

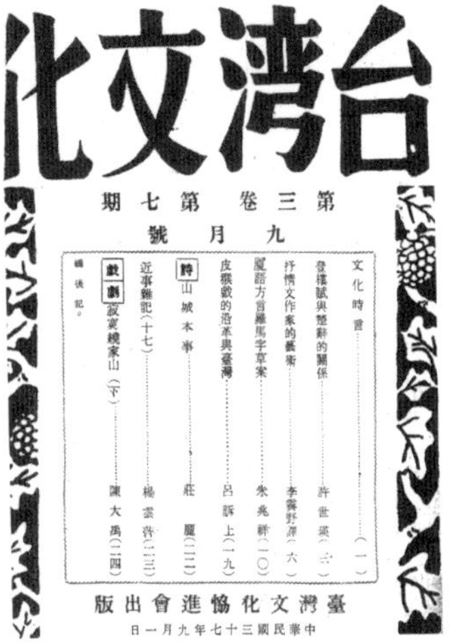

《寂寞繞家山》劇本刊載於《台灣文化》雜誌，分上中下三期刊登。

謀得糊口的小差事，往往必須違背自己的良心，跟著上司同流合汙。戲劇因而傳達作者內心最深切的悲哀，以及沉重的怒吼，透過劇中人物的口吻，對整個社會發出呼籲與警告，並對國民政府代表的統治階級指出質疑與批判，一是對國民政府的官僚腐敗不滿，二是指出政府治臺期間發生的社會衝突，乃是肇因於缺乏理解以及溝通的橋樑，他這樣寫道──「在現實生活的感受裡，也不是多喊我的祖宗是你的祖宗所能分解的。」「我們所看見的，倒是那種在美國電影上常見的，一見面，抱著她的腰，用自己的嘴硬堵住別人的嘴強要求愛的辦法。」

但與吳家聲不同的是，陳大禹仍相信要透過戲劇的力量，促成理解和改進現況，他對於臺灣人的處境懷抱憐憫與理解，並認為臺灣人「厚實而單純」、「天真卻多偏執和莽直」的性格，是來自於日本統治半世紀以來穩定發展、豐衣足食、民生富足的自然而然結果，以現代角度觀之，難免覺得這份同理心也包含了藝術家理想的投射，以及一相情願的片面理解，但是從他留下的隻字片語中，也看見了他希望促成對話、同理和相互理解的企圖，並且認為臺灣人民之所以會懷念統治他們的異族，乃是因為受日本教育機械化服從，溫順而天真不懂獨立思考的緣故，因此更要透過「話劇」的力量，訓練出觀眾批判和獨立思考的精神。

陳大禹認為言論自由最為重要，政府真正治理臺灣也需要給人民言論自由與獨立思考的空間，臺灣人民才能從長時間殖民的思想桎梏中解脫出來，社會才有機會減少衝突、增加理解，因為「只有臺灣這塊乾淨地，容許我們創造一個模範省」。可惜在政局動盪、百廢待舉的時代，一個戲劇家的吶喊最終還是淹沒在歷史洪流之中，他的想法可視為一位懷抱著社會改革熱忱的知識人所堅持的理念，並非天真而不合時宜，就是要有人勇敢、持續地做下去，如同吳家聲在劇中最後兀自掙扎，要母親和玉英「勇敢活下去！」的遺言，成了對當時「發瘋了」社會的沉重指控與諷刺，也是陳大禹的意志之所寄託。

4-2《臺北酒家》——權勢與貧弱兩世界

陳大禹曾參與一九四八年《臺灣新生報》〈橋〉副刊的一場臺灣文學論戰，之後開始思索如何在戲劇中有意識地呈現臺灣戰後語言混雜的實況，以及反映語言溝通不良所導致的族群對立問題。一九四八年七月在〈瀨南人先生的誤解〉一文發表後三個星期，他在〈橋〉副刊上發表《臺北酒家》劇本。劇中人物分別使用國、臺與日語多聲帶臺詞，作為自己對這一場文學論戰的省思。他誠懇地說了一段話：

> 為了不能曲解現實或漠視現實，在個人的習作裡，感受了一個技術上為難下筆的困惑，……無論從任何方面看來，現實的臺灣，不管是社會架構，經濟生產，風習生活，都有其不庸忽視的，歷史演成的，一種混成體的特殊性，表現最明顯，尤其是語文之混雜，……最成問題，還是如何寫作方能適應普通閱讀者的瞭解，這點，到現在為止，我自己還是找不出路來。[1]

陳大禹的《臺北酒家》劇作前並刊登他的創作初衷：「為了不能曲解現實或漠視現實，在個人的習作裡，感受了一個技術上為難下筆的困惑」，大禹認為尤其不能忽視的是，臺籍民眾除了與中國子民血脈相承外，臺灣在實質上的社經架構其實已演化成一特殊個體，迥然不同於中國內地，尤其是當時語言上呈現的混雜現象，讓大禹坦承對於文藝創作「我自己還是找不出路來」，於是大禹拋磚引玉，用三種語言創作了《臺北酒家》這個劇本，希望參與論戰的作者們都能一起來討論。

事實上，《臺北酒家》只完成序幕，在《臺灣新生報》〈橋〉副刊刊出之後，複雜的語言問題，隨即引起文壇的

1 陳大禹，〈臺北酒家：一個劇本的序幕〉，《臺灣新生報》〈橋〉副刊，一九四八年七月十四日，第四版。

熱烈討論。當時的評論多鼓勵、肯定大禹的大膽嘗試，以及勇於挑戰的獨特性格。只是這樣的創作處於實驗階段，在內容、表現型式上仍不夠純熟，也曾引來一些批判。大禹的《臺北酒家》在發表〈序幕〉之後即離開臺灣返回中國大陸，也許時空環境丕變，心境不同，後來也未針對此劇本再作發展，即使如此，大禹的《臺北酒家》〈序幕〉描繪臺灣底層生活的一景，不只真實而深刻的反映光復初期臺灣社會的複雜問題，也展現他對弱勢階層的關懷。

《臺北酒家》背景是戰後初期的臺灣農村家庭，窮困的農家女子為生活所逼，前往大都市的臺北酒家工作，與酒客周旋，把自己武裝成六親不認的歡場女子，而酒客中自然也包括有權勢的外省人。《臺北酒家》場景發生在臺灣人張隆才夫婦開設的酒家，燈紅酒綠，充滿東洋風味，尋芳客人來人往，嬉戲笑謔之聲終日不絕。臺籍少女春治家中務農，生計困難，又積欠高利貸，由兄長蔡北斗帶往酒家找舊識美紅，準備步她的後塵來酒家上班。

適巧外省籍尋芳客莊銘福、許德修也前來酒家找美紅，因見不到美紅，與酒家主人隆才爭吵，連帶牽扯出隆才與銘福、德修二人之間的恩怨。原來臺灣光復時，這家酒家現址屬於待接收的

中華民國三十七年七月十四日

臺北酒家
一個劇本的序幕
陳大禹

序幕

充軍

陳大禹，〈臺北酒家：一個劇本的序幕〉，《臺灣新生報》〈橋〉副刊，1948年7月14日，第4版。

「日產」，銘福曾協助到過中國大陸的隆才取得房屋合同，自恃有功，常對隆才頤指氣使，兩人之間也漸生嫌隙。美紅不願得罪有權有勢的銘福、德修二人，出來奉茶，一旁目睹的少女春治深怕美紅受到欺負，忍不住詢問酒家女主人才嫂，方知美紅與已婚的德修有曖昧關係。在才嫂口中，美紅處世手腕靈活，應付尋芳客綽綽有餘，「生成是妖精來出世的」，原來生活的壓迫與磨練，早已把淳樸的農村婦女蛻變成精明的酒女了。[2]

《臺北酒家》一開始即讓樂師吹奏「略帶清幽情調」的〈望春風〉，搭配著女給（服務生）迎客的畫面；繼而是「諧謔」的〈抖抖動〉（即〈丟丟銅仔〉）配上男女打情罵俏，酒家老闆隆才笑說：「這些豬！」接著在悽愴的流行歌〈補破網〉音樂中，北斗帶春治入場。這個未完成的劇作無法將角色鋪陳完備，劇中臺灣與外省男性各有兩位（北斗、隆才與銘福、德修），其餘為臺灣女子。其中最讓人不解的應該是北斗，他「仲介」同庄女孩到酒家找工作，應該已不是第一回了吧？他與美紅的關係是什麼？而酒家老闆隆才見到鄉下來的春治、北斗，隱隱有種都市人睥睨鄉下人的神氣，當美紅聽到春治因家裡無錢才來酒家找工作，義憤填膺：

> 什麼代誌都是到頭來的，遇著了無話可講啦，所以大家要覺悟，徹底的，是要臺灣人自己站穩，將來才有希望啦！您看，我現在作這種烏龜生理，敢不是為大家在打拼一下，一間店，用這樣多女給，敢也不是在替眾人維持……這種頭家敢不是和烏龜頭同樣……。

兩位外省男性盛氣凌人，堅持要美紅「當番」（坐檯），並說：「臺灣的女給啊！只要你給錢，還不是愛怎麼樣就怎麼樣？她們生來就是那樣賤的。」德修在酒家開業沒多久就迷上了美紅，他在銘福與隆才吵架時，會為兩者緩頰，

---

2 陳大禹，〈臺北酒家（續完）〉，《臺灣新生報》〈橋〉副刊，一九四八年七月十六日，第四版。

可是在美紅上來陪酒時，卻完全「消音」，只有銘福與美紅的對話。《臺北酒家》反映當時農村生活難以維持，必須靠女性犧牲學業、青春，甚至靈肉時，男子不僅無力保護，甚至還是將女性推入火坑的黑手。北斗看到相識的女性美紅（可能是他的妻子）陪酒，只能「胸中火燒」，用臺語罵一聲：「您母黎」（他媽的）就往外走（下臺去）。色厲內荏，拋下在場的女性，讓她們獨自面對問題。而臺灣女性（如美紅）就只能勇敢的接受命運，就像抽到誰當番，誰就得去面對客人一樣。

《臺北酒家》中揭露了臺灣現實社會，為了反映生活語言，大禹嘗試在劇作中以多種語言混合使用，頗具現實意義。同時為了方便不通國語的人士閱讀，大禹在劇作中加入大量日語及閩南語註解，卻因使用的日語常有錯誤，遭到指責。[3]《臺北酒家》著重口語演出的表現形式是戲劇的核心工作之一，也是口語文學體裁的記錄，面對臺灣的歷史環境產生多語言環境（生活用語融合了日語、臺語、「國語」，但書寫語言僅能使用日文字和漢字）時，大禹需要面對的語言挑戰，自然不亞於現代的創作者。他的劇本常以戲劇反映社會現狀，因此更有迫切需要以貼近生活的語言表現，雖然《臺北酒家》是未完成的作品，但也看出作者嘗試在劇作中使用多元語言記錄現實社會語境的努力。

當劇中角色者選擇以不同語言說話時，同時反映他們的心態。銘福、德修來酒家時，因美紅「當番」，老闆隆才叫玉蓮代理，銘福對玉蓮說話都是用「國語」，玉蓮解釋時也用不熟練的「國語」。隆才上場向二位外省人說明時是用「國語」，卻在爭執時口出「臺語」。銘福與美紅交談，原來講「臺語」，銘福對美紅說明德修是特地來看她的，當美紅說她認識德修的太太時，銘福語言轉成「國語」。他後來拉住玉蓮的手，並命令關上門時，用的仍是「國語」。酒店老闆為討好客人，會使用客人熟悉的語言，酒客為了討好女給，會使用女給熟悉的語言，可是一旦爭執，要罵人、

[3] 林曙光，〈文學與方言——《臺北酒家》讀後〉，《臺灣新生報》，一九四八年八月十九日，第四版；朱實，〈讀《臺北酒家》後〉，《臺灣新生報》，一九四八年七月二十六日，第四版。

「命令」或威逼他人時，使用的還是自己能夠流暢表達的語言。

銘福要玉蓮叫美紅上來。

銘福：（國語）不成，什麼代理？叫她自己來。

玉蓮：（學國語）死（是）啦！死（是）啦！

銘福叫隆才到酒間問話時。

隆才：（學國語）愈（二）慰（位）有石（什）摸（麼）鬼（貴）輸（事）？

銘福：（國語）你要不要做生意？

隆才：（學國語）生李（意）當年（然）要左（做）。

等美紅「當番」時，銘福怒容全消地講起臺語。

銘福：驢（你）摸（沒）來，溫（阮）都梅（未）曉爵（食）。

《臺北酒家》呈現陳大禹在國語、臺語、日語三種語言與不同角色間的使用模式如下表。

利用不同語言因為發音相近所造成的訛誤，製造舞臺效果，相當符合通俗喜劇裡稀鬆平常的滑稽原則，但是放在戰後初期的臺灣社會，開觀眾母語的玩笑，卻頗有諷刺性。當然，臺灣除了

角色人物	語言使用的時機		
	臺語	國語	日語
隆才	大部分	與酒客講話	罵人、新名詞（如「酒家」）
才嫂	全部		
北斗	全部		
春治	大部分		稱呼美紅時
玉蓮	與酒家裡的人	與酒客談話時	送東西給酒客時
美紅	大部分	與客人爭執時	敬茶
銘福	與美紅大部分用臺語	與玉蓮、隆才用國語	
德修	全部		
開場時的女給	國語與日語交流，偶爾也夾用臺語		

表 2：《臺北酒家》不同語言與不同角色間的使用模式。

閩南語、國語、日語之外，尚有客家話、原住民語，語言向來是大禹長於表現的強項，他在臺期間的劇作所開創的語言形式，頗能透視臺灣族群衝突以及語言歧異性。不過，大禹在《臺北酒家》似已無力在日語、國語、閩南語之外，再增加另一種語言。

《臺北酒家》刊出後，在〈橋〉副刊主編歌雷號召下，文藝作家紛紛投書表達意見，這也是陳大禹的戲劇創作中引起較多討論的作品。當時文化界對《臺北酒家》的意見約略分為三類，一類是沙小風（高仲明）代表的肯定意見，一類是林曙光（瀨南人）、朱實（朱商彝）、蕭荻代表的中性意見，一類是麥芳嫻代表的負面意見。

沙小風是陳大禹友人高仲明的筆名，表達的是一貫支持的立場。他以當時左翼人士「歷史進步」的史觀以及普羅文學立場，強調文學既然是大眾的，它就應該直接和人民大眾發生密切關係，時代沒有不進步的道理……，文學已從飲酒吟詩的風花雪月，成為一種主動且強有力的革命工具，為大眾所擁抱，而《臺北酒家》正是肩負著這種使命。沙小風認為這齣戲表現了深藏在社會中的問題，是現在社會的寫生。對於大禹的寫作策略，沙小風認為「利用方言寫作乃是一種最現實，最合情理的做法」，因為「只要我們不太健忘的話，我們很可以明白，臺胞和外省的同胞所以不能合作的基本因素，是因為語言上的不同而引起的。」[4]

林曙光（瀨南人）不贊同陳大禹在〈橋〉論戰中所提，「臺灣文學」等同於「邊疆文學」的想法，但也明白指出「語言文字確是臺灣文學方法上一個重大的問題」，贊同以方言寫作臺灣文學。他認為陳大禹的《臺北酒家》雖大致掌握閩南語、日語的語言使用，但仍不夠，反而變成一些奇怪的文字排列。林曙光認為大禹的創作雖值得鼓勵，但不必提倡閩南話的寫作，開歷史進化的倒車，「這正如不必積極提倡日文寫作一樣，對臺灣文學不僅沒有好處反而有壞

4 沙小風，〈評《臺北酒家》〉，《臺灣新生報》，一九四八年七月十九日，第四版。

處」。應該在作品中選擇臺灣歷史中「最特殊」的成分發揚。5

外省籍的蕭荻與朱實對《臺北酒家》則有些期待，蕭荻認為語言只是工具，重要的仍是內容，如何揀選有助於臺灣和外省同胞相互了解的題材才是重點。6 朱實也稱讚陳大禹的嘗試開了「新生面」。本省、外省作者要密切聯繫，互相學習，共同來開拓這片處女地，「對於臺灣民謠，流行歌曲以及風俗習慣應該有研究與瞭解。」7 麥芳嫻則以較為嚴苛的角度批判《臺北酒家》，是一「殘缺不全的畸形物」。她雖然同意「臺灣文學」類近於「邊疆文學」，有其特殊色彩在，也「了解陳大禹的苦心」、「同情陳先生本意」，她身為一個閩南人，閱讀此劇已很吃力，更何況是其他族群。她認為文學的語言不是日常口頭語的複製，需要經過作家的選擇及改造，方能成為作品，不是陳大禹「那樣以三兩句閩南語，三兩句國語、日語合起來的文字（語言）。」8

綜觀看來，當時劇評人對《臺北酒家》的嘗試多半鼓勵，但對陳大禹語言運用能力則有意見。大禹對於前述劇評

評「臺北酒家」
沙小風

沙小風，〈評《臺北酒家》，《臺灣新生報》，1948年7月19日，第4版。

5 林曙光認為「一、應用的範圍應該限於具有特殊性的：A、固有名詞；B、國語裡所沒有的；C、足以增加精彩的；D、更能表現地方特性的；E、國語比較難以表現的。二、應用的態度應該：A、慎重考慮字義是否不錯；B、避免濫用儘量減少；C、文藝可以通俗化，但通俗的並不就是文藝。」〈文學與方言——《臺北酒家》讀後〉，《臺灣新生報》，一九四八年七月十九日，第四版。

6 蕭荻，〈讀《臺北酒家》的序幕〉，《臺灣新生報》，一九四八年七月二十六日，第四版。

7 朱實，〈讀《臺北酒家》後〉，《臺灣新生報》，一九四八年七月二十六日，第四版。

8 麥芳嫻，〈文學的語言——兼評《臺北酒家》〉，《臺灣新生報》，一九四八年七月二十三日，第四版。

意見並未回應，不過後來他在《公論報》刊載幾篇臺灣風土民情的文章：〈臺灣民間歌謠——根據林清月先生記錄意譯〉、〈淡水的河流（歌誦樂章）〉四篇，或許已有深耕臺灣鄉土的認知了。[9]

〈橋〉論戰中可以窺見，當時文人正面臨到的問題不僅只是劇作使用的語言是否易於閱讀或溝通的辯論，而是包含臺灣文學的主體性，以及戲劇作為社會改革工具的文學作品功能性問題。在臺灣文學是否屬於「邊疆文學」的討論上，似乎可以注意到當時的文人也正在摸索與辨認臺灣文學的書寫，因為臺灣的語言環境雖然特殊，但並非完全像是特殊地區有自成一格的語言與書寫系統（例如蘇州話與吳語字），應該更像是一種族群混雜區自然發展而出的混合語，在小說或散文等書面語的書寫上尚且可以方便閱讀理解為目的，但遇到劇本這類需要反映角色背景、語氣、語言特色的文體，則孰輕孰重頗難以抉擇，這點可以說是直至當今現在的創作者，都還在持續思考的大哉問。

戲劇中的多元語言運用雖有爭議性，但在多元族群相互碰觸的一九四〇年代末仍提供難能可貴的文化性省思，透過《臺北酒家》這個作品引動的討論，也激發出新的思考：不應只將「臺灣文學」視作「邊疆文學」，外省的作家應該和本省的作家互相交流學習，做到臺灣文學本身的提升，也肯定臺灣本土文化加入文學作品的益處。

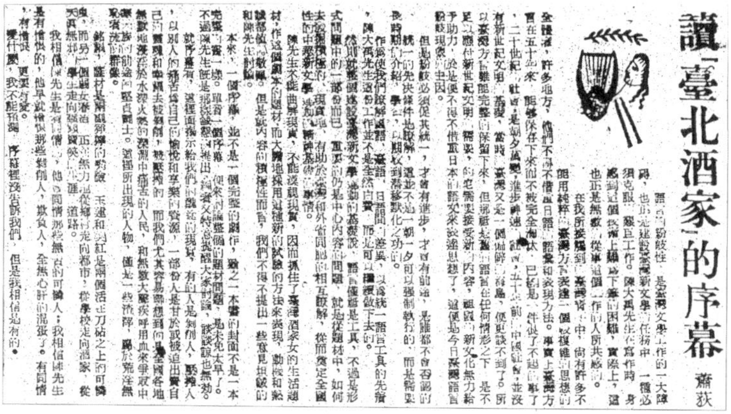
讀「臺北酒家」的序幕

蕭荻

蕭荻，〈讀《臺北酒家》的序幕〉，《臺灣新生報》，1948年7月26日，第4版。

9 陳大禹，〈淡水的河流（歌誦樂章）〉。

4-3《裙帶風》——醜類跳樑，儘是隆冬的肅殺

一九四八年初至一九四九年初，陳大禹的「實驗小劇團」演出計畫並不順利，《臺北酒家》、《疑雲》（莎士比亞劇作《奧賽羅》）公演皆未能順利進行，最後搬上舞臺的《裙帶風》更是一延再延，最後才由臺大學生在臺大禮堂演出。前文已述，「上海觀眾演出公司」劉厚生、耿震、張立德一行二十多人在一九四八年五月十七日離臺回滬之前，原來預定演出《裙帶風》，但因找不到場地而作罷，「繼《裙帶風》後將上演陳大禹編導的《寂寞繞家山》，這是反映臺灣現狀的劇本」，不過，大禹這齣戲並未演出，也未見他提到有關《寂寞繞家山》演戲的事。

《裙帶風》原是三〇年代後期「上海劇藝社」的戲，由洪謨根據英國喜劇改編，雖說是英國喜劇改編，但洪謨「一邊移譯，一邊略參己見而成初稿，然後逐幕交給另一個人去改寫，同時進行排演」。[10]「上海劇藝社」的《裙帶風》是根據洪謨譯本，加上導演潘孑農在排練時的改寫而成，據潘孑農於出版前言所述，原作的英式喜劇風格自然更加含蓄洗練，少有旁支情節的描述，但因為上海觀眾早已習慣辛辣的口味，且「我們這古老的民族是特別缺少英國式的幽默感的」，為了達成針砭社會的功效，因而決定在劇情上「向觀眾適當限度的指明黑白，辨別愛憎」，並增加了角色與情節支線，實是為了達成「演劇的社會意義」。可以說中文版《裙帶風》的寫成與演出目的，與對社會的警醒和批判難脫關係。

這樣的劇本處理讓原著面目全非是可以想像的，以致《裙帶風》出自哪個英國喜劇原著，幾乎不見有人特別留意。這個幾乎完全中國味的「改編」劇本，目的在批判中國官僚政治中走內線，利用裙帶關係的醜惡作風，潘孑農的〈序

10 洪謨、潘孑農合著，《裙帶風》（上海：作家書屋，一九四七），頁二～三。

《裙帶風》〉更直指「這一度沐浴於勝利光彩中的江南故土，又見醜類跳樑，到處儘是隆冬的肅殺景象」。11

《裙帶風》故事敘述水產專家陳建南自國外學成歸國，將專業應用於研究華南鄰近島嶼南屏，於島上居住七年，並著書立說。時政府欲尋覓一水產專才派駐南屏島，陳建南於是委託昔日同窗馬力行代為向其上司說項，欲謀得南屏島派駐專員的職務。馬力行為政府要員鄧同的機要秘書，鄧同有權決定此一職務的人選，已內定其小舅安天成出任。安天成非水產專員，只略懂文書，陳建南具專業能力，本是此職務最佳人選，但其「竟抵不過一根裙帶的牽引」，建南妻陳白琪尤感不平，她得知馬力行與其上司妻鄧太太有婚外情，於是以此要脅鄧太太，鄧太太怕事跡敗露，於是說服鄧同將原定人選換為「專家」陳建南。

不料鄧太太此舉也讓鄧同以為太太與陳建南有不尋常關係，恰好陳白琪亦赴鄧同府上，欲尋鄧太太以確認其夫南屏島職務一事，陰錯陽差遇見鄧同。鄧同見白琪容貌秀麗，復加上誤會其妻與建南有婚外情，明白表達對此事知悉，語言上略有輕薄之意，白琪礙於鄧同為建南上司，未多加解釋。隨後鄧同宴請建南夫婦，席間表達已知悉太太婚外情一事，想要以雙方交換妻子解決此事，鄧妻與建南深覺受辱，宴會不歡而散。鄧同在秘書馬力行陪同下向建南道歉，此時馬力行妻闖入，鄧同才瞭解原來妻子的情人是馬力行，誤會了建南。力行邀建南駐南屏島，但被堅決拒絕，最終仍是安天成出任，鄧同狼狽不已。

一九四七年國泰電影公司將《裙帶風》拍成電影，

11 洪謨、潘子農合著，《裙帶風》，頁一。

魏夫人倡設婦女沙籠

「本報訊」省婦工會主委魏夫人鄭毓秀博士，爲倡導婦女正當娛樂，及增高婦女教育水準，特由婦工會籌設婦女沙籠，附設於該會內，現正積極進行籌備事宜，聞不久即可正式成立。

文協舉辦作品朗誦會

「本報訊」臺灣文化協進會，爲指導青年文藝研究興趣，並促進國語文寫作技術，特舉辦文藝作品朗誦會，暫定每月舉行二次，首次訂七月三日下午八時在中山堂舉行，朗誦作品爲：（1）矛盾：「白楊禮讚」（散文），（2）丁西林：「壓迫」（短劇），（3）「魯迅語錄」，（4）艾青：「向太陽」（詩）。該會並自即日起徵求固定會員，以五十人爲限。會員每月納會費一百元，由該會免費印發講義，凡欲參加者請即向中山堂四樓該會報名索取簡章。

臺大演出「裙帶風」頗得好評

「本報訊」國立臺灣大學同學，廿日晚七時半假中山堂公演洪謨編著之喜劇「裙帶風」，由陳大萬導演，觀衆均冒雨前往觀劇，扮演的演技熟練，頗得好評。

文化消息

《裙帶風》演出剪報，《臺灣新生報》，1948年6月21日。

洪深編劇、李萍倩導演，舒繡文、楊薇薇、周伯勳主演，一九四八年四月在臺北中山堂上映。「上海觀眾演出公司」在取消原先的《裙帶風》演出計畫後，陳大禹接手，本欲在電影演出後，由「實驗小劇團」再度以國臺語兩組方式演出。他曾經在報刊上發表文章，解釋為何要上演《裙帶風》的理由：

現在戰後初期的社會流行著一種過於懦弱性的被害恐懼病，儘管人們對現實有所不滿，甚至暗地咒罵，但任何人都不敢積極地提出現實問題來檢討改善，這種死鬱的沉風，妨害著社會建設的進步，而縱容著惡勢力的滋長，這實在是值得悲觀的存在，同時，我們也相信現在的當局，也決不是願意有這種悲哀的存在，所以我們就決定上演《裙帶風》，果然，我們並不曾遇著太多的留難，映的要映，演的也在積極排演中。[12]

電影如期演出，劇團也積極排演。不過，觀賞過電影《裙帶風》之後的大禹在報上發表評論，批判這支影片是失去諷刺對象，沒有主題的「失敗之作」。大禹認為原作在批判中國走內線，利用裙帶關係的官僚政治，讓觀眾積壓已久的苦悶得到宣洩，電影卻歪曲主題，將劇作中的官場改為商場，影射效果去除，觀眾便無從感覺「針砭」的意味。而且，電影中的水產專家最後接受了職務安排，更是不可原諒，「這等於說，裙帶風已有社會現實的勢力，我們應該舉手投降。」[13]大禹對電影演出版沒有達成作品的使命十分不滿，這也是他積極推動以話劇形式演出的原因。

大禹堅持以話劇型式演出《裙帶風》，顯示他並未因為《香蕉香》禁演一事而對舞臺失去信心。不過，「實小」的《裙帶風》遲遲未能呈現，原因為何？可能跟當時國共鬥爭大事底定，臺灣局勢緊張，「實驗小劇團」的公演不容易再如往常獲得外界贊助有關，加上劇團部分團員此時對演戲意興闌珊，提不起勁，連一向支持大禹的王井泉也不贊

12 陳大禹，〈吹破石榴粒粒紅——談《裙帶風》〉。

13 陳大禹，〈吹破石榴粒粒紅——談《裙帶風》〉。

成演出，大禹迫於形勢，臨時改弦易轍，最後幾乎是在臨陣換將的情形下改由學生戲劇社團演出。這齣戲大禹如何與臺大接上頭？是他主動聯繫，還是臺大學生邀請大禹把這齣戲搬過去，不得而知，大禹相關文章也沒有說明。不管原因為何，大禹至少是欣然同意與臺大學生合作，指導業餘的學生演員演出。一九四八年六月二十日晚臺大戲劇研究會在校內禮堂演出《裙帶風》，作為歡送臺大畢業同學的表演節目，[14]演出的性質與意義自然與在劇場（如中山堂）大不相同。雖然如此，大禹仍然極看重這場表演，曾三度在報上撰文表達他對《裙帶風》劇場呈現的期望：針砭「這個因人（不是因才）設事的傳統社會」，以及「變化多端的裙帶技術」，「讓觀眾生起警惕之心」。[15]根據報導，「是晚觀眾擁擠，表演尚佳」。[16]

不過，署名「藝公」的觀眾在看過戲之後寫了一篇評論，批評「裙帶風雖是一個針對現實的好劇本，但內容所表現的實在離開大學生活太遠了」，他在看戲之前就有這種想法，看完戲之後，據「藝公」的看法，「果然不出所料，演出是失敗的，這失敗的原因癥結即在劇本選擇不當」。[17]這位「藝公」對臺大學生演《裙帶風》的批評有其主觀的成分，他在〈談學校劇的選擇〉這篇文章裡說，大學生適合演出的是像《十字街頭》、《青春不再》、《學府風光》、《少年遊》、《白茶》、《失戀同盟》這種描寫青年學生生活和提示青少年問題，他們「演來駕輕就熟，又親切又適合」，臺大學生無法勝任《裙帶風》這類反映社會黑暗面的戲。

臺大學生如果不適合演出《裙帶風》的原因單純只是學生年輕？當時臺灣並沒有戲劇專門學校，臺大學生不行，

14 〈學府風光：陳大禹為臺大戲劇研究會排《裙帶風》〉，《臺灣新生報》，一九四八年六月十四日，第八版。
15 陳大禹，〈起舞弄清影——三談《裙帶風》〉。
16 〈臺大演出《裙帶風》頗得好評〉，《臺灣新生報》，一九四八年六月二十一日，第五版。
17 藝公，〈談學校劇的選擇〉，《公論報》〈遊藝版〉，一九四八年六月二十二日，第四版。

意味著所有的大學生都沒資格演現實批判性強烈的戲，則中上學校以上校園演劇的面相豈不大為限縮？「藝公」對陳大禹導演臺大學生的《裙帶風》批評嚴厲，明知這場演出不會讓自己滿意，仍然前去觀賞，至少表達「對臺大學生嚴肅的工作，深具敬意」，且就「學校劇的選擇，貢獻一點意見，徵之大禹先生」，可見也是有心人。有位筆名「金戈」的戲劇界人士則說：「這齣戲我們業餘劇人沒有能力去演出，結果讓臺大學生演出，真是慚愧」，[18] 大禹也為臺大學生的表現感到欣慰：

……這次，從未正式演劇的臺大，打開中山堂的大門，讓大家得看見這些素無舞臺經驗的熱情青年一演《裙帶風》，而且，居然沒有叫觀眾們跑光，這點意義，實在是叫我滿意而且得意，尤其是在這個被觀眾劇團提高了觀眾水準的現實。

最後，我想說沒有劇場經驗，少看好戲和沒有表演經驗的陌生演員，談體驗與表現之間實在是毫無用處的，我們不能等待，因為官老爺和官太太是不肯出來演《裙帶風》的，假使楞頭楞腦的出來演，也不見得會演得如你所理想的親切，你信不信？……。[19]

這樣的回應顯示大禹極重視戲劇演出的現實意義，也與《裙帶風》改寫者兼導演潘子農在序文的一席話不謀而合：

……可是此時此地，我們在劇本裡向觀眾適當限度地指明黑白，辨別憎愛，實在也自有其必要性的。難道我們

18 金戈，〈我的話〉，《公論報》，一九四八年七月四日，第六版。
19 陳大禹，〈關於學校劇的選擇〉。

必須拘泥陳舊的藝術形式，竟拋開了演劇的社會意義這一面嗎？[20]

4-4 《疑雲》的疑雲——《奧賽羅》的演出

除了創作歌詞以及參與藝文活動、撰寫文章，陳大禹在一九四八年下半年仍有一些演出計畫在進行，其中較重要的是根據莎士比亞《奧賽羅》改編的《疑雲》在臺北重新演出，時間預定在一九四九年初的春節，這齣戲大禹曾經於一九四一年中日戰爭期間在漳州演出，當時他在《閩南新報》有一段「演出的話」，說明做這齣戲的動機與目的：

> ……我們縱然同樣地想努力，求進步，但到底像前頭已說過「藝術」是什麼？「戲劇」是什麼？懂得不大清楚之故，所以決定選一齣較完整的劇本來掩飾我們的缺點。《疑雲》原名《奧賽羅》，是劇聖莎

20 洪謨、潘子農合著，《裙帶風》，頁四。

川上音二郎於明治座演出莎劇《奧賽羅》，陳大禹曾將此劇改編成《疑雲》。（圖片來源：江頭光，《博多川上音二郎》，福岡：西日本新聞社，1997。頁 196）

士比亞之劇作，它在藝術方面講《奧賽羅》是莎氏悲劇中最完美的一篇，最富戲劇性，用家書的方式講述了一個故事，能使大家的心浮現慘痛的思緒。[21]

雖然如此，當年他是如何演出這齣戲，舞臺、服裝怎麼處理？皆無具體的資料，如今舊戲重演，也不知他會如何製作、詮釋這齣經典莎劇。從莎劇的演出史而言，莎劇在臺灣並不罕見，但都是日治時期由來臺巡演的日本劇團以日語演出，目前所見最早的莎劇是一九〇五年二月六至九日，「村田正雄一座」在臺北「榮座」演出的《奧賽羅》，這四場的演出有劇評譽為是「壯士劇」在臺灣最精彩的演出，[22] 演出後不久「愛澤一座」在「臺北座」也推出《哈姆雷特》（一九〇五），而後有「後藤一座」《奧賽羅》（一九〇六）、「北村一座」《哈姆雷特》（一九〇八）、「藤原一座」《奧賽羅》與《哈姆雷特》（一九〇九）、

實驗劇團籌演「疑雲」

交響樂團定期舉行演奏會

新竹學童棒球隊遠征臺北

△實驗小劇團已有好久沒露面了。最近將重整旗鼓，展開活動，第一個戲是莎士比亞四大悲劇之一「疑雲」。現正日夜排練中。又：臺灣省藝術建設協會決將此劇列為該會春節戲劇欣賞會節目，定本月二十九日（舊曆元旦）起在本市公演。場所尚未接洽好。

△省交響樂團定本月廿二、廿三兩晚假中山堂舉行第三六次定期演奏會，曾鼓樂捷克近代作曲家德佛扎克之傑作「新世界交響曲」，由該團團長蔡繼琨親自指揮演出。另有該團樂務組主任汪精輝及師範學院教授蔡保羅之獨唱及重唱，票價分二千，四千兩種，即日起在該團預先出售。

△省立師範學院音樂系師生為慶祝該院音樂系科學友會成立，於十四日晚七點起在該院大禮堂舉行音樂會，師生們都有很好的演奏成績。

△新竹市學童棒球隊定十五日上午搭車抵臺北，向本市學童們挑戰。本市將以太平國民學校和龍山國民學校兩隊應戰。比賽定十六日上午九點起在臺北公園舉行，共二場。

〈實驗劇團籌演《疑雲》〉，《公論報》，1949 年 1 月 15 日。

21 陳大禹，〈《疑雲》演出的話〉。

22 〈榮座の「オセロ」〉，《臺灣日日新報》，一九〇五年二月十日，第五版。

上山草人劇團《哈姆雷特》（一九一四）等等。[23]

日治時期有日本人在臺灣演莎劇，未見臺灣人或本地劇團演出的莎劇，如果陳大禹在臺灣推出《疑雲》，將是臺灣劇團或本土戲劇人士第一次演出莎劇，在臺灣戲劇及劇場史具有意義，不過，這齣戲是否如期上演，卻一直存在著疑問，從一開頭相關的新聞就十分草率。一九四九年一月十五日《公論報》首先刊出〈實驗劇團籌演《疑雲》〉的報導：

> 實驗小劇團已有好久沒露面了。最近將重整旗鼓，展開活動，第一個戲是莎士比亞四大悲劇之一《疑雲》。現正日夜排練中。又：臺灣省藝術建設協會決將此劇列為該會春節戲劇欣賞會節目、定本月二十九日（春歲元旦）起在本市公演。場所尚未接洽好。[24]

23 陳怡玲整理日治時期莎劇在臺公演情形，可參考：

年代	劇名	劇團／腳本	參照作品	演出地點
一九〇五	《奧賽羅》	村田正雄／江見水蔭	川上音二郎	榮座
一九〇五	《哈姆雷特》	愛澤／土肥春曙、山岸荷葉	川上音二郎	臺北座
一九〇六	《奧賽羅》	後藤／江見水蔭	川上音二郎	榮座
一九〇八	《哈姆雷特》	北村／土肥春曙、山岸荷葉	川上音二郎	榮座
一九〇九	《奧賽羅》	藤原／江見水蔭	川上音二郎	榮座
一九〇九	《哈姆雷特》	藤原／土肥春曙、山岸荷葉	川上音二郎	榮座
一九〇九	《新奧賽羅》	不明／益田太郎冠者	疑仿川上音二郎	不明
一九一〇	《奧賽羅》	不明／江見水蔭	川上音二郎	榮座
一九一一	《奧賽羅》	不明／江見水蔭	川上音二郎	榮座
一九一二	《奧賽羅》	不明／江見水蔭	川上音二郎	榮座
一九一四	《哈姆雷特》	上山草人／坪內逍遙	無	朝日座

參見陳怡玲，《臺灣日治時期之莎劇研究（一八九五～一九四五）》研究計畫報告（臺中：靜宜大學英國語文學系，二〇一二），網址：https://reurl.cc/Re2e89，擷取日期：二〇二四年九月十九日。另外，有關日治時期莎劇臺灣演出資料，參見石婉舜，〈川上音二郎的《奧瑟羅》與臺灣——「正劇」主張、實地調查與舞臺再現〉，《戲劇學刊》八（二〇〇八），頁七～三〇；吳佩珍，〈日本翻案莎劇《奧塞羅》與殖民地臺灣——以《臺灣日日新報》在臺上演紀錄與劇評為中心〉，收錄於《殖民地與都市》（臺北：國立政治大學政大出版社，二〇一五），頁三九～五二；Hsu, Yi-hsin. "Performing Shakespeare in Colonial Taiwan: Early Japanese Settlers and the Bounds of Theatrical Imperialism, 1895-1916", *Popular Entertainment Studies*, Vol. 10, Issue 1-2 (2019), pp. 72-92。

24 〈實驗劇團籌演《疑雲》〉，《公論報》，一九四九年一月十五日，第三版。

這篇報導指出《疑雲》是「臺灣省藝術建設協會」春節的演出節目，照說應該是十分正式的新聞預告，但有若干疑點：

一、這一年的春節是一月二十九日，距離這篇報導發布不過二個星期，《疑雲》預定春節演出，卻「場所尚未接洽好」，雖然「日夜排練中」，並未公布劇組名單。

二、劇團演出世界名劇《奧賽羅》，應是臺灣劇界大事，就一個演出團體而言，票務是至關要緊的事，但新聞報導並未告知讀者如何買票或取票？

這篇報導的新聞來源，不像是「實驗小劇團」主動發布的新聞稿，而像是記者探聽來的訊息。隔天（十六日）的《公論報》繼續有《疑雲》演出的消息：「陳大禹主持的實驗小劇團，近日來在排莎士比亞原著、陳大禹改編的《疑雲》，即莎氏《奧賽洛》（《奧賽羅》），定農曆新年上演於第一女中大禮堂，按《奧賽洛》我們曾有李建吾的改編本名《阿史蒂》，是寫唐代回紇大將阿史蒂殺妻的故事。」這則新聞報導演出是在北一女禮堂，而非以往的臺北市中山堂，難道與大禹在〈中山堂的管理問題〉所透露的「實小」借不到中山堂一事有關？這篇報導突然跳出「李建吾的改編本名《阿史蒂》，是寫唐代回紇大將阿史蒂殺妻的故事」，絲毫未提到跟大禹《疑雲》有何關係？整則短訊像是小報報導一個小型非專業演出的小道消息，同樣未提到《疑雲》的劇組名單。

綜觀一九四九年初幾則與陳大禹《疑雲》相關的演出訊息，與「實小」以往的《原野》、《莫里哀》、《香蕉香》陣仗整齊的製作模式迴不相同，這會是什麼樣的戲劇演出？一月三十一日的《公論報》又刊登一則與《疑雲》有關的文字：

實驗小劇團排演莎士比亞原著「奧賽洛」改編的「疑雲」，將在第一女中大禮堂上演，決定不公開售票，凡欲看這齣戲的觀眾，可向該劇團登記，免費發給入場券

〈言慧珠將登臺演劇 童芷苓近月內不會來臺〉，《公論報》，1949 年 1 月 13 日，第 4 版。

實驗小劇團排演莎士比亞原著《奧賽洛》改編的《疑雲》，將在第一女中大禮堂上演，決定不公開售票，凡願看這戲的觀眾，可向該劇團登記，免費發給入場券。[25]

上述短短七十字的報導，所透露的訊息同樣讓人疑惑：

一、「將在第一女中大禮堂上演」，但未報導正確上演日期，而且這則短訊是與另外九則文化消息同框，編輯所下的大標題是〈言慧珠將登臺演劇 童芷苓近月內不會來臺〉，顯現這則《疑雲》在臺北第一女中的演出訊息，在當天新聞版面處理上不是太重要消息。

二、劇團演出採取送票或賣票，是迥不相同的營運策略與劇場態度，「實驗小劇團」經費並不充裕，《疑雲》在北一女禮堂的演出不賣票，是有贊助人或後援單位？如何採登記送票方式？《疑雲》的劇組資訊不明，是由「實小」的團員演出？如何演出？

不過，同一天《臺灣新生報》歌雷主編的〈橋〉副刊刊載〈世界各研究學者對莎士比亞劇作疑雲（奧賽羅）的批評〉：

> 這篇文章只針對《奧賽羅》（《疑雲》）劇作的特色，「就是能在日常生活中創造家庭性的悲劇」，這種以最自然的心理描繪的作風，在浪漫主義沒落後，寫實主義抬頭的時候，更吸引幾十倍的人心。……

文章作者署名「實驗小劇團宣傳組」，標明譯本出自日本近代莎劇大家坪內逍遙，不同於日治時期川上音二郎

25 〈言慧珠將登臺演劇 童芷苓近月內不會來臺〉，《公論報》，一九四九年一月十三日，第四版。

與村田正雄、福井茂兵衛用的是江見水蔭的劇本，但這不代表陳大禹一九四一年的《疑雲》亦採坪內逍遙日譯本。一九四九年一月三十一日的《公論報》刊登一篇署名「平內逍遙」的〈《疑雲》的特色〉：

> 在莎士比亞所作的三十七種劇本中間，其情節較近家庭私情，結構精潔而近於自然，人物安排最為巧妙配合到完美的狀態，而且最能適合現代人欣賞胃口的，就是奧賽羅（疑雲）這個劇作一般學者論及莎土〔士〕比亞的四大悲劇時，總把這個劇本列在第一位，它的現場演出效果，只有漢姆雷特差堪比擬而已，這個主要原因，就是本劇的動人情節和自然運用的詞藻，毫無矯飾地，能使任何階層人士都可以了解，接受，而發生共鳴作用，前海茲雷斯曾這樣批評道：本劇所表現對於人生的啟示，比莎士比亞其他劇本對一般實際生活更有密切的關係，所以才會這樣直接地引起觀眾的感動。以《李爾王》的悲壯，在氣魄上固是稍勝一籌，但以自然的人情觀點看去，就覺得有些浮離現實。《馬克白》劇中最成功的氣氛創造，在配合上亦有上述的缺陷，《漢姆雷特》的整個故事，更是使我們感覺遊離現實的社會，而《奧賽羅》（《疑雲》）這個劇本，卻是能夠處處以最近人情的鋪敘，掘發深刻人性的共鳴，這就是使本劇能成為最突出的主要原因。（平內逍遙）26

這篇報導其實是轉載，並有改寫，在《奧賽羅》之後括弧《疑雲》，

26〈《疑雲》的特色〉，《公論報》，一九四九年一月三十一日，第四版。

「疑雲」的特色

在莎士比亞所作的三十七種劇本中間，其情節較近家庭私情，結構精潔而近於自然，人物安排最爲巧妙配合到完美的狀態，而且最能適合現代人欣賞胃口的，就是奧賽羅（疑雲）這個劇作一般學者論及莎士比亞的四大悲劇時，總把這個劇本列在第一位，它的現場演出效果，只有漢姆雷特差堪比擬而已，這個主要原因，就是本劇的動人情節和自然運用的詞藻，毫無矯飾地，能使任何階層人士都可以了解，接受，而發生共鳴作用，前海茲雷斯曾這樣批評道：本劇所表現對於人生的啟示，比莎士比亞其他劇本對一般實際生活更有密切的關係，所以才會這樣直接地引起觀衆的感動。以「李爾王」的悲壯，在氣魄上固是稍勝一籌，但以自然的人情觀點看去，就覺得有些浮離現實。「馬克白」劇中最成功的氣氛創造，在配合上亦有上述的缺陷，「漢姆雷特」的整個故事，更是使我們感覺遊離現實的社會，而奧賽羅（疑雲）這個劇本，却是能夠處處以最近人情的鋪敘，掘發深刻人性的共鳴，這就是使本劇能成爲最突出的主要原因。（平內逍遙）

〈《疑雲》的特色〉，《公論報》，1949年1月31日。

容易讓人聯想《疑雲》的譯名出自坪內逍遙，其實坪內逍遙《奧賽羅》（*Othello*）的日文翻譯是用片假名「オセロ」直譯，陳大禹在漳州演出時，梁實秋中譯的《奧賽羅》早在一九三六年就由上海商務印書館出版，一九四一年福建戲劇專刊《劇評》曾刊載一篇作者署名徐君藩的〈莎士比亞：奧賽羅本事之一〉，或許對大禹這齣戲的製作有所影響。[27]《奧賽羅》改成《疑雲》應該是出自陳大禹，而非坪內。《臺灣新生報》〈橋〉副刊與《公論報》同時介紹《奧賽羅》，但都沒有告知《疑雲》演出的任何訊息。

半世紀來，許多研究者把戰後的第一齣莎劇指向陳大禹一九四九年二月「演出」的《疑雲》，言之鑿鑿，但一九四九年初零星的《疑雲》資訊，顯示的是這齣戲沒有明確的表演日期、劇組名單、演出狀況、觀眾反應與相關評論等等，又如何確知「實小」有演《疑雲》，而且是在二月呈現？

所有推測主要是依據呂訴上在一九六一年出版的《臺灣電影戲劇史》（頁三三六）：「（民國）三十八年二月末有實驗小劇團（由陳大禹改編兼導演）排練莎士比亞原著《奧賽洛》改編的《疑雲》，將在臺北市第一女中大禮堂上演，不公開售票，觀眾都可向該團領到入場券。」呂訴上這段文字並不嚴謹，二月末演出是哪一天？當時他在臺中縣先後擔任大甲分駐所長與大甲分局長，如果一九四九年二月末真有演出，為何在十餘年後出版的《臺灣電影戲劇史》還「將」演出《疑雲》？以呂氏一向有收集演出節目單、劇照習慣，這齣《疑雲》在呂氏書中完全未留下資料，呂氏這段記述，應該是直接沿用一九四九年初的新聞資料而未適時更新或做解說。

陳大禹「實驗小劇團」有沒有演出《疑雲》，其實在一九九〇年代之前並未受到注意，以往臺灣莎劇的演出脈絡

27 孫宇，〈臺灣首部中文莎劇演出與光復初期臺灣文化重建研究〉，《中世紀與文藝復興研究》一（二〇二四），頁六四～七九。

多在一九五〇年代以降，莎士比亞劇作的中文譯本出版，劇場界（主要是中國文化學院戲劇系）也從一九六〇年代開始持續改編或再創作臺灣味的莎劇。至於學術研究，一九九〇年代之後才有學者提到陳大禹這齣《疑雲》，但也都把「實驗小劇團」「將」演出《疑雲》，理所當然的視為曾（已）演出。

焦桐在一九九〇年出版的《臺灣戰後初期的戲劇》（臺北：臺原出版社，頁一七九）所列的「戰後臺灣戲劇年表」沿用呂書說法，但少了一個「將」字，意思已不同。王淳美在一九九九年十一月號的《文訊》撰寫〈臺灣現代戲劇史大事紀要一九〇〇～一九九九〉，同樣引用呂訴上的文字，但把「二月末」逕改「二月」；黃仁在二〇〇〇年的《臺灣話劇的黃金時代》，也仍用呂訴上的文字，奇特的是，黃仁在二〇〇二年另一本同出版社的《臺北市話劇史九十年大事紀》進一步標明演出時間是一九四九年二月二十八日，選在「二二八事件」這天演出，不知何所依據？[28] 日本學者間ふさ子在〈戰後初期臺灣における多言語演劇か試み——陳大禹と實驗小劇團〉中，也認為陳大禹的《疑雲》於一九四九年二月演出。[29]《疑雲》若真有跟演出沾上邊，至多也可能只是小型讀劇會或示範演出性質，都與公開性的戲劇演出相去甚遠。

前述說法皆在拙著《漂流萬里：陳大禹》（二〇〇六）出版之前，當時我曾斟酌諸人之說，也參考了由陳大禹撰寫，其妻吳瀟帆整理、王炳南主編的《陳大禹劇作選》（香港：中國經濟出版社，一九九二）和陳大禹著《水仙花——陳大禹劇作選續集》（香港：華頓廣告印務公司，一九九三）等書之後，最後不予採信，在書後附錄的「陳大禹大事年表」中，《疑雲》只列在一九四一年，而不認為一九四九年一月二十九日（或二月二十八日）有演出。

28 黃仁，《臺灣話劇的黃金時代》，頁一四九；黃仁，《臺北市話劇史九十年大事紀》，頁四五。

29 間ふさ子〈戰後初期臺灣における多言語演劇か試み——陳大禹と實驗小劇團〉，收錄於山田敬三編，《境外の文化——環太平洋圈の華人文学》（東京：汲古書院，二〇〇四），頁六二三～六四四。

前述諸家提到《疑雲》，多只是順手記上一筆：《疑雲》（將）在北一女中大禮堂作非售票演出，沒有去注意最後這齣莎劇是否真的上演？或者何以《疑雲》演出如此靜悄悄？近年活動力十足的「臺莎界」學者則義無反顧地相信陳大禹的《疑雲》在臺灣有演出，如美籍臺裔學者黃詩芸（Alexa Alice Joubin）在二〇〇九年出版的英文專著 *Chinese Shakespeares: Two Centuries of Cultural Exchanges* 中將陳大禹搬演的《疑雲》作為臺灣第一部莎劇演出。陳俐如的博士論文《中土化〈馬克白〉：四個演出研究》在〈附錄〉列出的「中土莎劇整理」表同樣也將一九四九年二月的《疑雲》明文列上。這些「臺莎界」大家繼續抓住一點演出預告，擺明二月（或二月二十八日）這齣經典莎劇「已經」演出，也未針對前述「疑雲」多做解說。

比較特別的是，雷碧琦教授還對陳大禹這一齣戲做了具體的闡述，她於二〇一三年五月十日接受臺灣大學文學院臺灣研究中心電子報第八期〈莎士比亞戲劇在臺灣〉的專訪時，說：「陳大禹曾寫過《香蕉香》，於一九四七年上演後，隨即遭官方禁演。一年多後，他選擇在一九四九年二月二十八日，上演改編自莎士比亞《奧賽羅》的劇作《疑雲》。」雷教授據此進一步申論，「《疑雲》演出日期並非巧合而已，從劇本便可知一二，莎劇中《奧賽羅》男主角奧賽羅（Othello）與女主角苔絲狄蒙娜（Desdemona）彼此有著膚色上的差異，相戀通婚的後果，導致悲劇性的結局。透過改編莎劇的作品《疑雲》，身為藝術家的陳大禹，企圖以劇場的方式，陳述他對於戰後初期的悲憫觀點，並表達他對於族群和諧的渴望。」

二〇一六年國立臺灣文學館與英國莎士比亞故居信託（SBT）合作，在臺南辦理「世界一舞臺：莎士比亞在臺灣特展」，「與莎士比亞同行」專題中，雷教授接受梁文菁教授訪談，在一篇以〈臺灣莎劇就是臺灣社會的縮影〉為題的訪問稿裡，再度解說陳大禹《奧賽羅》的演出意義：

> ……我們目前找到最早的一齣（日據時代的不算，就在臺灣的人自己製作的莎劇）是一九四九年，從大陸福州來的陳大禹所導演的一齣戲，是改編自《奧賽羅》，我認為他當初做這齣戲就是透過黑白種族的問題來隱喻臺灣社會本地人、大陸人之間的族群衝突，所以這是一齣非常敏感或者非常在地的戲。它表面上看來是一齣外國戲、是四百年前的戲，可是其實它觸動了當時社會非常敏感的神經。[30]

不知道雷教授對《疑雲》當年實際演出的根據為何？[31] 陳大禹是有演過《疑雲》，那是一九四一年中日戰爭進入最熾熱的時刻，他組織業餘的「動員劇社」，在漳州演出包括《疑雲》在內的十齣戲。一九四六年十月陳大禹來臺，十一月重組「實驗小劇團」，展開他在臺灣短短兩年六個月（一九四六年十月~一九四九年四月）的戲劇生涯。呂訴上所謂一九四九年二月末「將」演出《疑雲》，這在一九四九年一月之前可能確有此事，一九四八年間也可能有《疑雲》的小廣告，但局勢變化太快，陳大禹因為經費短缺，同時承受有形無形的政治壓力，這齣莎劇終究不了了之。在國共內戰末期臺灣局勢險峻的一九四八年至一九四九年初，陳大禹籌備的「實驗小劇團」演出計畫並不順利，《臺北酒家》、《疑雲》公演皆未能順利進行，搬上舞臺的《裙帶風》更是一延再延，最後指導臺大學生演出。臺灣劇場史上如果真有演出《奧賽羅》改編的《疑雲》，確實值得記上一筆，可惜無憑無據。

演戲與個人創作文學作品不同，寫一篇小說或一首詩，可以靜靜地完成作品，等待發表，演戲則不同，經籌劃、

30 梁文菁，《與莎士比亞同行》（臺北：大塊文化，二〇一八），頁八〇。

31 雖然雷教授兩度闡述《疑雲》的演出意義，不過，雷教授有時似乎又持不同態度，例如二〇一五年十二月她刊登在《臺灣文學館通訊》第四十九期的〈莎士比亞到臺灣：學術、翻譯與演出〉並未提及陳大禹的《疑雲》，而是在《王子復仇記》的廣告圖片下標注：「配合莎士比亞四百歲（一九六四年四月二十三日）誕辰，政工幹部學校對外公演《哈姆雷特》（Hamlet），在《中央日報》刊登的廣告號稱是自由中國第一次公演莎翁刻骨銘心的劇著。」（頁二〇）另外，雷碧琦在其二〇一七年出版的英文論文集 *Shakespeare's Asian Journey: Critical Encounters, Cultural Geographies, and the Politics of Travel*（New York: Routledge, 2017）也未再提及《疑雲》。

排練與資金籌措、場地安排、票房行銷，以及正式演出，動作都很大，特別是莎翁名劇，如果有正式演出，未見任何演出報導、評論，非常不可思議。一九四九年初的《疑雲》是否演出充滿疑雲——如果有演出，是由「實小」或當時的學生劇社擔綱？二十一世紀熱情的研究者讓《疑雲》變成一團「疑雲」，至今網路上臺灣大百科〈陳大禹〉詞條與〈實驗小劇團〉詞條說法矛盾，署名「陳碧華」的〈陳大禹〉撰稿人，謂「實驗小劇團」演出過的劇目包括《疑雲》；署名「黃文怡」的〈實驗小劇團〉詞條撰稿人，則謂《疑雲》並未真正演出。

陳大禹的《疑雲》演出如此曖昧不明，也反映中國大陸國共內戰勝負已定的年代，臺灣風雲詭譎，劇場充滿不確定性，陳大禹的工作與生活也受到嚴重影響。

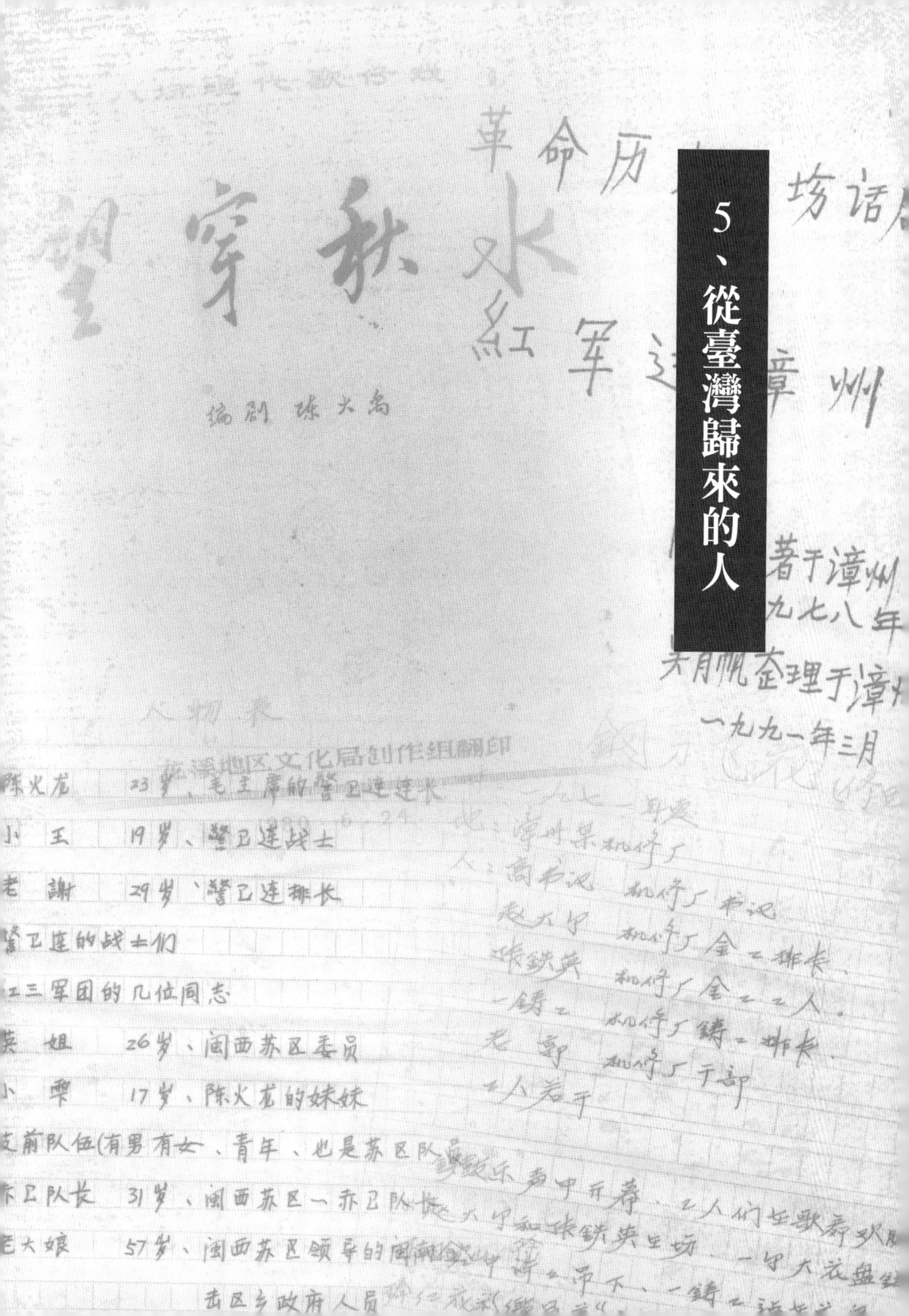

革命历
坊话
红军
章州
编剧 陈大禹
著于漳州
九七八年
吴月帆 整理于漳州
一九九一年三月
人物表
龙溪地区文化局创作组翻印
陈火龙 23岁、毛主席的警卫连连长
小 王 19岁、警卫连战士
老 谢 29岁、警卫连排长
警卫连的战士们
红三军团的几位同志
英 姐 26岁、闽西苏区委员
小 翠 17岁、陈火龙的妹妹
支前队伍（有男有女、青年、也是苏区队员
赤卫队长 31岁、闽西苏区一赤卫队长
老大娘 57岁、闽西苏区领导的闽南
苏区乡政府人员

5、從臺灣歸來的人

5-1 東南與西北：陳大禹在「解放」後的中國

一九四九年四月之後，臺灣再也見不到陳大禹蹤影，雖然人不見了，一九五〇、一九六〇年代的臺灣情治單位偵辦「匪諜」事件，陳大禹卻多次被捲入，包括被指控來臺前就有中共黨員身分，或曾被白克吸收加入匪黨「中共臺灣省工委會文化組」，情治人員與偵辦對象對話中釣出來的大禹中共黨員身分，應該是不存在的，否則一九四九年後半年他回到中國大陸應該是有些禮遇的。大禹自撰〈陳大禹政歷表〉從未寫到「解放」前曾加入中共地下黨或中共組織，從臺灣回到「新」中國的大禹，如果有中共黨員身分的話，應該會堂堂正正地寫在〈政歷表〉上。大禹來臺之前曾經參加中國國民黨（〈陳大禹政歷表〉寫「被迫」），算是「失聯」黨員（至少沒有主動退黨或被開除黨籍紀錄）；回中國大陸後他沒有投靠一九四八年成立的「中國國民黨革命委員會」（民革），選擇另一條路，參加謝雪紅領導的「臺灣民主自治同盟」（臺盟），並以這個身分在華北大學第三部藝術幹部訓練班戲劇科學習。[1]

一九四九年九月陳大禹結束華北大學藝術幹訓班的課程，準備進入上級安排的工作崗位。當時中國局勢仍然混亂，雖然北方已難看到國民黨一兵一卒，但中華人民共和國還未正式登場，大禹的學習證書頒發日期記著「中華民國三十八年九月」，[2] 國家年號表面上仍是以民國為正朔，北平還是北平，直到這一年九月二十七日的中國人民政治協

1 「臺灣民主自治同盟」簡稱「臺盟」，是「二二八事件」後被疑為臺共分子逃往香港的謝雪紅，與楊克煌、蘇新等人籌建，於一九四七年十一月十二日在香港成立。一九四八年「臺盟」宣布擁護中國共產黨領導的新民主主義革命。一九四九年九月，「臺盟」派代表出席中國人民政治協商會議第一屆全體會議，參與制定「中國人民政治協商會議共同綱領」和組建中央人民政府的工作；華北大學是一九四八年八月中共在晉冀魯豫邊區成立的北方大學，與中共幹部學校華北聯合大學合併為華北大學，下設四部（政治訓練班、教育學院、文藝學院、研究部）、兩院（工學院、農學院）。一九四九年四月，華北大學遷入北平，其中三部文藝學院後來發展成中央戲劇學院、中央美術學院、中央音樂學院，一九五〇年十月華北大學改名為中國人民大學。

2 吳藊帆整理，《陳大禹劇作選》，附圖頁三上。

商會議通過北平重新更名為北京，並作為中華人民共和國的首都，十月一日在北京天安門廣場舉行建國大典，宣告新朝的開始，此後中國大陸以西元紀年，不可能再看到民國幾年了，臺灣則沿用中華民國，也可以自由使用西元，但在戒嚴時期的臺灣，北平、北京絕不混淆，而用民國或西元記日期的些微小事，也隱約帶著不可言喻的意識型態與政治認同標示。

在中華人民共和國開國大典現場的千千萬萬群眾之中，陳大禹也是其中一人，他被編列在「臺灣民主自治同盟」的隊伍中，這個以臺籍人士為主的反國民黨、反臺獨勢力應邀出席新朝的開國盛典，象徵意義遠大於實質意義。此時的大禹已經三十三歲，既非中共黨員也非左翼作家聯盟成員，亦未曾在國內外受過完整的劇場訓練，在北京政治與文化中心，論資排輩，不但革命資歷不足，文學與戲劇經歷也不夠，與許許多多建國有功的文化人相較，顯然微不足道，擁有十餘年福建與臺灣戲劇編導經歷的大禹，在中華人民共和國戲劇界的角色，似乎屬於邊陲地區來的新兵。

不過，閩南人陳大禹能以「臺灣同胞」的資格成為「臺灣民主自治同盟」盟員，也等同臺胞的代表，接受中國共產黨的領導，重新學習無產階級革命理論。從陳大禹後半生的經歷來看，他在中華人民共和國取得「臺盟」盟員的政治身分，其實也充滿無奈，甚至帶點唐突。在臺時期他就算曾與「臺盟」的領導人謝雪紅有過接觸，亦無深交可言，辛奇曾耳聞大禹與據稱是謝雪紅秘書的何姓女子有私下來往，不過，並沒有證據。大禹回到中國後參加「臺盟」，可能是經過高仲明的聯繫或安排，不過也只是當個非核心的普通盟員。大禹重回中國能做的第一件事就是再教育，他進入中共的藝術幹部訓練班戲劇科學習，課程內容無從得知，總不外是共黨理論或左翼戲劇、延安戲劇的思想再造。

中共革命時期的戲劇觀，部分繼承了「五四」對民主和科學與愛國主義的追求，以及思想解放的傳統，同時也重視戲劇的階級性以及宣傳與動員功能，藉戲劇鼓舞士氣，闡揚政策。「解放」後的中國在共產黨領導下，無論國家體質或政策方針，皆與國民黨時期有天旋地轉的差異，上上下下學習馬列主義，摒棄封建、陳腐的舊文化，許多中共建國前已成名的知識分子，紛紛發表公開聲明，展開自我批判，宣稱與過去的思想決裂，全中國都開始以「階級」的眼光審視一切，因為就是無產階級工農兵的覺醒，帶來了中國的「革命」成功。[3]

大禹面臨全新的環境，或許曾有思考當初是否應該去臺灣？或者既然去了臺灣，是否應該再回到中國大陸？當他決定回大陸那一刻，或許還來不及思考在臺灣的這一段歷程，對未來在中國的工作與生活，究竟是正面或是負面？

大禹從臺灣輾轉來到北京時，瀟帆也已帶著東東離臺經香港前來會合了，在藝術幹訓班戲劇科「畢業」之後，兩夫妻與次子南下，在上海市委第二工作隊和上海華東區文化部藝術處服務。大禹的工作是處理公文資料，瀟帆則在華東區國營上海百貨公司運輸科擔任主辦會計，一直工作到一九五二年三月，這段期間韓戰（朝鮮戰爭）爆發，中共進入「抗美援朝」戰爭（一九五〇年六月二十五日～一九五三年七月二十七日），戲劇界創作了一批描述朝鮮戰場以及歌誦志願軍英勇的戲劇，瀟帆還在上海工會舉辦的抗美援朝遊藝表演競賽中，以《朝鮮姑娘》一劇獲演員獎，並在抗美援朝宣傳演講比賽得第二名，瀟帆的優異表現可以想見，背後應有大禹的支持與參與。[4]

作為中國話劇發祥地並具有優秀劇場傳統的上海，除了原「國統區」留下的「進步」話劇工作者，又有大批「解放區」文藝幹部來到這座城市，匯合成一支實力雄厚的話劇隊伍。[5] 期待在戲劇及劇場上有所作為的大禹，在人才濟濟的上海沒有參加劇團或擔任劇作編導的機會，其實不只在上海找不到門路，連福建省會福州戲劇界一時亦無插足的餘地，最後大禹向上級表明希望回到故鄉漳州。可是，漳州也不是想回去就可以回去，還得等待時機。

3 陳永發，《中國共產革命七十年》（臺北：聯經出版社，二〇〇一），頁五九二～八三六。
4 吳瀟帆整理，《陳大禹劇作選》，頁一六〇。
5 丁羅男，《上海話劇百年史述》（桂林：廣西師範大學出版社，二〇〇八），頁一八七。

此時的大禹非常需要有人能為他說話，讓上級對他的思想以及劇場資歷有所瞭解，跟大禹一起回到北京的高仲明是可能證明他「清白」的人，高氏後來在北京中國新聞電影製片廠工作，跟大禹一直有信箋往來，這位小大禹十三歲的朋友十分關心大禹，但在中共建國初期的政治環境，他能為朋友仗義執言的機會不會太多，大禹回大陸之初的心目中最能當他保證人的就是著名電影導演史東山。前文已述「二二八事件」前夕，史東山到臺灣勘查電影拍攝環境，期間的行程多由大禹安排，兩人互動頻繁，大禹回歸中國後也與他有來往。史氏曾拍過《青年進行曲》（一九三七）、《八千里路雲和月》（一九四七）等影片，在中共電影界有重要地位，曾於一九四九年九月二十一至三十日出席在北京中南海召開的第一屆中國人民政治協商會議，「抗美援朝」戰爭期間，「主編」北京電影製片廠與朝鮮國立映畫攝影所聯合拍攝的政治紀錄片《反對細菌戰》（一九五二），指控美軍使用生化武器，一九五四年出任第一屆全國人大代表。

史東山曾經想介紹大禹參加中國共產黨，可惜一九五五年二月二十三日因為擔心被牽連到中共建國以來規模最大、株連最廣的「胡風反革命集團案」，在家仰藥自殺，他的英年早逝讓大禹頓時失去一個有力的朋友，自己的言行也因而更加謹慎保守。

大禹從臺灣回到中國大陸後的三十多年人生，對外幾乎絕口不談在臺灣的生活經驗與戲劇演出，即使對子女也是三緘其口，而在歷年來的政治運動中，大禹地主家庭出身的成分以及與臺灣的淵源，常要面對檢驗。一九五〇年冬季開始的中共土地改革運動，發動農民群眾鬥爭地主階級和富農，儘管大禹祖上曾是地主階級，但經過父親耀東這一代慘遭橫禍，以及大禹這一代福建、臺灣顛沛流離，原來的富戶早已成為尋常人家，但曾經擁有的「地主」身分與土地關係仍需交代。

中共從一九四九年十月以後到文革前的十七年，所有的文藝思潮、劇場理論與戲劇方針都是為政治服務的工具，走的是「人民」的路線，貫徹共產黨方針，體現社會主義政策。一九五〇年代初話劇界和戲曲界皆確定「百花齊放，百家爭鳴」的方向，一九五一年五月五日，政務院（國務院前身）以總理周恩來名義發布了《關於戲曲改革工作的指示》，對人民有毒害的戲曲必須禁演者，應由中央文化部統一處理，各地不得擅自禁演，全國進入「改戲、改人、改制」的戲曲改革時期，戲曲之外，具有左翼戲劇、延安戲劇傳統的話劇，則是被視為教育民眾、打擊敵人的利器，其整頓的重心在於建立體制化和提高思想與內容水準。當時中共在政治上正「向蘇聯學習」，戲劇界也在這個號召下，掀起史坦尼斯拉夫斯基表演體系的學習熱潮。[6]

一九五六年三月一日至四月五日在北京舉行的「第一屆全國話劇觀摩演出會」，有來自全國四十一個劇團，二個教學單位和一個演出單位，共二千多名話劇工作者，演出五十齣戲的空前盛舉；一九五六年三月一日至四月四日北京的京劇演出大會，有約五十齣現代京劇演出，這些現代戲用佈景，沒有行頭、行當，工農兵成了主要角色。不過，在劇運蓬勃的同時，這個所謂「新中國」戲劇史上第一次高潮，也潛藏公式化、概念化的創作問題，亦即主題先行、人物類型、圖解政策和直接進行政治說教。[7]

一九五七年下半年後又是一個政治舞臺的大翻轉，從反右運動開始，「大躍進」、「人民公社」接踵而至，毛澤東發動的政治運動，進入文藝界、戲劇界，雖然也帶有一九三〇年代以來左翼戲劇與延安戲劇的色彩，標榜「社會主義戲劇」或「無產階級戲劇」，但展現出來的卻是黨中央藉著反右運動打擊知識分子，摧毀了戲劇中所擁有的民主自由與現代理念，也結束了文藝上的百花齊放時期，帶有「五四」傳統的優秀作品遭到批判；一九六二年九月以後的政

6 參見陸煒，〈從「人民戲劇」到「社會主義戲劇」——「十七年」戲劇思潮和戲劇運動論〉，刊載於「南京大學中國新文學研究中心」網站，網址：https://njucml.nju.edu.cn/5a/f1/c22623a350961/page.htm，擷取日期：二〇二四年十月二十一日。

7 參見胡志毅主編，《中國話劇藝術通史》第二卷（太原：山西教育出版社，二〇〇八），頁三五～三九。

治帶著文藝思潮轉向極左，戲劇運動與文藝思潮急驟改變成為政治鬥爭的一部分，戲劇界大力創作反映「階級鬥爭」、「反修防修」的戲，在一九六二年至一九六四年間形成一個社會主義「教育劇」的熱潮。

一九六四年六月五日至七月三十一日全國第一屆京劇現代戲觀摩演出，推出《紅燈記》、《蘆蕩火種》（後來的《沙家浜》）、《智取威虎山》、《奇襲白虎團》等劇，這些劇目後成為「樣板戲」，全中國戲劇界掀起「向革命的京劇現代戲學習」運動，表面上話劇與歌劇、戲曲出現現代戲熱潮，實際上傳統的戲劇底蘊也融蝕殆盡。中國這段時期戲劇方針與政策的巨變，陳大禹應該有所觀察與體會，「解放」後的中國戲劇界，對大禹來說可謂似近還遠，既熟悉也陌生。他的國民黨背景與色彩並不明顯，甚至曾蒙其害，但「臺灣關係」仍成為他的隱疾，偶爾就會復發；事實上，大禹並不清楚是哪個上級單位明確要求他具體交代在臺灣所作所為，但是，這種憂慮如影隨形而又不知從何而來。

陳大禹在上海工作二年後成為上海市戲劇電影工作協會會員，算是取得與「戲劇」有關的資格認定，也許因為地位太過邊緣，所有文藝思潮與戲劇運動在他的身上看不到太多的鑿痕，他的工作沒有明顯受到影響，對國家戲劇政策也沒有置喙的餘地，而且從一九五二年春以後遠離上海，「面向邊疆」，離中國戲劇界更遠。大禹是一九五二年四月向上海上級單位提出到新疆的請求，理由寫得冠冕堂皇，是要響應中共中央號召，為建立大西北而努力，實質上有自動下放的性質，在「面向邊疆」的中共政策下，大禹似乎沒經過什麼困難，就由華東區文化部藝術處調到新疆屯墾軍。

那個年代的中共大力推動土地改革，並號召軍民開墾荒地，為克服內地長程供輸的困難，一九五〇年在準噶爾盆地南緣進行大規模屯墾，擔負「保衛邊疆，建設邊疆」的任務，當時的新疆有其特殊的政治、軍事與族群環境，在一九四九年十月一日中共建國後一個月，人民解放軍進駐迪化（烏魯木齊）時，新疆仍有反中共的維吾爾民族部隊與效忠中華民國的勢力，一九五〇年代中共以軍事手段消弭新疆的反抗軍，原來進駐當地的中共解放軍轉而將主力投入開墾與生產建設的行列，一九五一年參與屯墾的部隊改稱「屯墾軍」。大禹加入的屯墾軍是前身為紅軍九十一師、新四旅的步兵第六軍十七師，當時的十七師正準備更名為中國人民解放軍新疆農業建設第六師，師部由迪化遷至五家渠。

一九五二年四月大禹帶著妻子瀟帆、長子晶晶、長女心心、次子東東從上海隨著車隊長途跋涉，經過十數天的艱苦行程抵達新疆，並且向十七師報到。隨後在新疆的各部隊，二十二兵團部與新疆軍區生產管理部，合併成「新疆生產建設兵團」，各農業建設師、工程建設師團等生產部隊，也全部劃歸在兵團建制內，一九五四年十一月隸屬中國人民解放軍的「新疆軍區生產建設兵團」正式成立，主要任務是鞏固邊防、加快新疆發展與減輕人民的經濟負擔等。這個生產建設兵團除了最初十幾萬解放軍官兵集體轉業，並在全國「支援大西北，建設大西北」號召下，有計畫地將內地勞動力遷入，[8] 這個兵團改變當地傳統的農牧業的自然經濟，加速農牧加工業、商業、建築安裝業和汽車運輸業的發展，新疆第一批現代化工企業與學校及醫院等，也是由該兵團建立起來。[9] 原本一無所有的戈壁沙漠上，就這樣建起一個又一個的新興城市。

當時投入邊區建設的人甚多，有人滿懷理想，主動下鄉勞動，也有人因為成分不佳而下放，陳大禹「志願」到偏遠的邊區服務，原因可能在於臺灣的經歷，不能在福建找到適合的工作，只好選擇到新疆等待機會。大禹所屬的「新疆生產建設兵團」農六師耕作隊位於天山山脈中段南麓、準噶爾盆地西北緣，處於綠洲與沙漠間的戈壁灘，一九五五年改為昌吉回族自治區。除了耕作與軍事操練之外，農六師耕作隊也附設學校，教育軍人子女。大禹在耕作隊擔任文教工作，講授文化課程與戲劇編導，並帶戲劇演出，這是學生學習課程的一部分，並作為娛樂農耕隊軍人與眷屬的活

8 新疆生產建設兵團史志編纂委員會，《新疆生產建設兵團發展史》（烏魯木齊：新疆人民出版社，一九九八），頁八二。

9 朱浤源，〈以唐為鑑：新疆權力結構的外部形勢及內部運作（一九四四～二〇〇四）〉，「第四屆臺灣與中亞論壇國際學術會議」，「新華網」網站網址：hppt//big5.xinhuanet.com，擷取日期：二〇〇六年三月十五日。

動，瀟帆也在農六師皮服廠擔任會計，至於晶晶、心心與東東兄妹，則在農六師附設的學校讀書。

「新疆軍區生產建設兵團」的漢人與新疆維吾爾人一直各自分離，生活文化也無交集，彼此之間相當隔閡。隨著新疆維吾爾自治區於一九五五年成立，原來隸屬中國人民解放軍的「新疆軍區生產建設兵團」也於一九五六年五月脫離新疆軍區建制，改由中華人民共和國農墾部和新疆維吾爾自治區雙重領導。

新疆時期的大禹白天上文化課、排戲，晚上則勤奮地寫劇本，一方面滿足創作慾，再方面也希望藉稿費來改善家庭生活。他最常投稿的刊物是《劇本》月刊，這是創刊於一九五二年一月，由中國文學藝術界聯合會（文聯）主管、中國戲劇家協會（劇協）在北京發行的全國性戲劇文學創作期刊。大禹常以當時耕作隊實際生活場景創作，並投稿到《劇本》，但都沒有獲得發表的機會，有一次大禹根據一位女拖拉車手的故事創作一齣《女拖拉車手》，強調女性勞動的可貴。作品完成之後，大禹覺得很滿意，唸給妻子與孩子聽，大家也覺得很好，一致認為應該會被採用，於是大禹興致勃勃地把稿子寄到北京，每天期待劇本會出現在這個專業刊物上，最後寄出去的劇本還是未被採用。

當時新疆正逐漸發展起維吾爾語話劇系統，後來成立新疆文工團，建立起以演維吾爾語話劇為主的戲劇隊。一九五七年，在文工團戲劇隊的基礎上，擴建了維吾爾自治區話劇團，設有維吾爾語演出隊和漢語演出隊，主要還是以維吾爾語話劇為發展重點，這些新疆戲劇活動與大禹毫無關連。

大禹一家在新疆辛苦的生活，幾乎忘了戲劇家的身分，而一九五七、五八年間中共開始發起「反右派鬥爭」、「大躍進」，以及「工農商學兵」皆需加入「生活集體化、組織軍事化、行動戰鬥化」的「人民公社化運動」，比起中國其他知識分子，大禹倒是像局外人一般相對輕鬆。當時全中國藝文界受到嚴重迫害，戲劇家也無法倖免。在一九五七年七月至一九五八年三月間出版的共十七期的《戲劇報》上，點名批判了近百名戲劇工作者，吳祖光、王少燕、李暢、趙森林、戴涯、孫家琇、徐步等都受到了嚴厲的批判，並成了「反黨反社會主義」的「右派分子」，許多有才華的作家、藝術家被送去「勞動改造」，他們的藝術生命被扼殺，戲劇隊伍受到很大損傷，很有生氣的劇作被打成「大毒草」，剛剛步出公式化、概念化的話劇又受到前所未有的打擊和震動。[10]

當初陳大禹來新疆工作，與當年來臺灣尋求發展機會，在主觀情境上有些相似，都非第一志願，但在語言文化背景相同的臺灣悠遊自在，就算當時有阿山與阿海的族群矛盾與衝突，在劇場工作上也不能盡如人意，仍有極大的成就感；但新疆是維吾爾語的回教文化區，維漢楚河漢界各行其是，即使在漢族圈子，他的閩南背景毫無用武之地，只能在為耕作隊子女設置的簡易學堂教課。

「新疆軍區生產建設兵團」屯墾的區域是天山南北的戈壁荒漠和人煙稀少的邊境，由於沙漠氣候多變，冬天酷寒，積雪常達二、三公尺，物資條件又差，瀟帆染上嚴重的關節炎與耳鳴，冬天一到就得全身包裹得密不透風，以減輕病痛，苦不堪言，大禹夫婦在新疆的薪水有三分之一用在購買衣物取暖，生活極為艱難。這時遠在臺灣的親戚，包括大禹夫婦的弟弟、妹妹及其家人，儘管生活也不寬裕，與「匪區」聯繫往往還會帶來無妄之災，卻仍心有罣礙，每逢過年時都會設法挪出一筆錢，輾轉寄到中國大陸的大禹手中。陳、吳兩家晚輩至今仍記得，當年親戚還寄了好多雙塑膠鞋給新疆勞改的大禹一家。[11]

由於瀟帆身體一直沒有改善，大禹因而希望調回漳州服務，能讓妻子好好養病，也可以落葉歸根，他一再向上提出申請，卻屢次被駁回。一九五八年，漳州籌辦藝術學校，招募戲劇、音樂、舞蹈等藝術科系的師資，大禹得知這

10 胡志毅主編，《中國話劇藝術通史》第二卷，頁四〇。

11 〈許肖琅（陳大輝女）訪談記錄〉，臺北嵐山咖啡店，二〇〇六年一月二十日。

陳大禹夫婦晚年照片。（圖片來源：陳大禹家屬提供）

個訊息，透過舊友陳開曦向漳州藝校籌備單位請託，終於獲得藝校教職，大禹乃以妻子關節炎嚴重為由，向農六師上級申請調回漳州藝校服務，但組織並不同意，經過多次的請願與爭取，最後組織才同意大禹離職，但不發給離職費，未來就算分配到工作，也不能把新疆年資算在內。這種條件對大禹並不公平，但兩夫婦已無計可施，只好以「自願離職」名義，結束在新疆的生活，全家回到漳州，年資等於從零開始。

大禹夫婦在新疆的生活，辛苦備嚐，昔日的衝勁消磨殆盡，劇場熱情隨之灰飛煙滅，他似乎也學會認清現實，努力配合黨政軍宣傳工作。當初參與「實驗小劇團」劇場活動的辛奇九〇年代初期赴中國拜訪吳瀟帆時，她見面說的第一句話就是：「你當初要是和我們一起回來，我們大禹就不會給人家送到新疆去。」[12]言下有無數的辛酸，瀟帆這句話也許只是見到故人的感慨，實際上就算辛奇跟大禹一起回中國，

12 〈辛奇訪談記錄〉，臺北藝術大學校長室，二〇〇五年十月八日。

能為大禹證明什麼，或改變什麼？

一九五三年第一次人口普查時，新疆總人口為四百八十萬，維吾爾族佔百分之七十五，哈薩克族百分之十，漢族百分之六，其他民族百分之九，一九五四至一九五五年招收山東、河南、河北、四川、江蘇、上海支邊青年及中學畢業生萬餘人，一九五六年更接收河南支邊青年五萬五千青年以及四川、廣東、江蘇等省知識青年。一九八二年第三次人口普查時，新疆總人口增長至一千三百零八萬人，漢族比例上升為百分之四十，維吾爾族下降為百分之四十五，哈薩克族百分之七。這個人口結構在而後三十多年基本維持不變。如果從中共統治新疆開始算起，比較一九五三年和二〇一九年的人口統計數字，新疆的維吾爾族人口只增長了二倍，而像陳大禹一樣的漢族人口卻增長了二十七倍。[13]

大禹在新疆的六年（一九五二～一九六八）是中共新疆政策奠定與積極推動的年代，大禹大概只生活在漢人為主的新疆生產建設兵團耕作隊的圈子，不知外界的變化，中共開發新疆政策以及大批漢族人口移入，給新疆及維吾爾文化以及族群生態帶來極大的衝擊，新疆人口結構明顯改變。本章節所能談論的部分只是陳大禹在新疆的工作、創作與生活，有關新疆的政治與社會、族群問題非本書重點，恐怕也不是當時的大禹關注的議題。

一九五八年陳大禹全家終於獲准回到漳州，這是全家——至少是大禹夫婦期待已久的大好消息，原本以為回到漳州後會有一個自由自在的生活環境，也可以為家鄉做出貢獻，也許是因為期望大失望也大，大禹踏上自己最熟悉、親切的土地，接觸鄉里人物，毫無榮歸的感覺，而且很快發覺一切都很陌生，反而比不上新疆時「認命」的生活。兩夫妻的兒子晶晶和東東認為在新疆的六年，是青少年時代最美好的經驗，生活無憂無慮，對大禹而言，卻很難證明離開

13 邵江，〈慢性種族清洗！中共在新疆施行漢族至上的人口政策〉，刊載於「洞察中國」網站，網址：https://insidechina.rti.org.tw/news/view/id/2076612，擷取日期：二〇二四年十月一日。

新疆是他們全家最佳的選擇。

回到家鄉的大禹，工作環境並不理想，在漳州的藝文界，他的資歷顯然不如長期走中共路線的同鄉文化人（如陳開曦），沒有太大的發言權，遑論能發揮什麼影響力了。從新疆回到漳州，大禹感受截然不同，他曾對家人感嘆，當初應該把妻小送回漳州之後，自己留在新疆，旁人很難理解大禹的想法，一家人天南地北分隔兩方，何以是最佳選擇？也許，為戲劇奔勞一生的大禹內心最渴望的，毋寧是個可以發揮所長，不受干擾的工作環境。家庭生計、子女教養的問題猶在餘事，這樣的思考，顯然是有感而發，尋常人未必能夠體會。

一九六〇年代之後，隨著「左」思潮愈演愈烈，中國藝文界掀起更劇烈的批鬥惡風。在華東區話劇觀摩演出大會中，毛澤東批判藝文界不熱衷朝社會主義道路改革，藝術部門至今仍由「死人」統治的批示在會中被擴大宣傳，從此藝文界掀起整風，一九六六年六月一日《人民日報》發表〈橫掃一切牛鬼蛇神〉的社論之後，中國戲劇界的領導人屢屢被揪出來批鬥，漳州也不平靜。文化大革命爆發（一九六六年五月）之後，漳州所有劇團合併，許多團員離職，大禹也下放到漳州罐頭廠工作，不過，他的實際業務仍是整理檔案資料。

文革初期的一九六八至六九年，四人幫展開反史坦尼斯拉夫斯基及其表演體系運動，大批戲劇作品被打成「毒草」，許多作家與藝術家成為「黑線人物」、「牛鬼蛇神」，中國各級專業劇團幾乎全被撤銷或停演。一九七〇年福建革命委員會決定在六十七個縣市組建七十一個「毛澤東思想文藝宣傳隊」，並將漳州地區薌劇六團合組為「毛澤東思想文藝宣傳隊」，內含編導、演員、樂隊與行政四組，在龍溪地區四處表演，陳大禹也成為宣傳隊編導組成員。一九七五年，四人幫即將下臺之際，漳州薌劇團恢復運作，大禹又轉到劇團工作，仍然擔任編導。

文化大革命的藝文整風直到一九七六年「四人幫」下臺才停歇，文革戲劇則要到一九八〇年代之後，才經由思想解放，重建現代理性主義。不管哪一個階段的藝文整風，大禹都是有驚無險，只輕輕被掃過，很少有被嚴厲審訊、批鬥的遭遇，總能平安度過每一段政治動盪期。事實上，從臺灣回到中國大陸，從北京、上海到新疆再回到漳州的大禹銳氣全失，與當地的藝文人士沒有明顯的互動，也幾乎未曾對藝文環境發表高見，更不會批評國家政策了，他在這個時期的戲劇創作，看不出有任何批判性。

在漳州藝校、劇團服務期間，大禹常隨劇團下鄉演出，也幫忙押戲箱，搬道具，據同仁回憶，有一次劇團到部隊慰問演出，因營區沒有劇場，就用汽油桶當支架，鋪上木板權充舞臺，演出結束後，大家都去休息了，大禹還留在臺上收拾東西，不小心一腳踩偏，二米多長的木板一頭翹起，打斷了他的鼻樑骨，經搶救雖然脫險，卻留下嚴重的後遺症。大禹傷癒後仍堅持隨團下鄉演出，一個寒冷的深夜，他押車回城，不幸從載滿景片的手扶拖拉機車斗上摔了下來，被人發現時他還昏睡在路邊，四肢凍得僵硬，鼻涕沾濕了衣襟……。[14] 回到新中國的生活，大禹、瀟帆兩夫妻幾乎就是為一家溫飽以及基本的尊嚴而活。

吳瀟帆曾親手記下大禹與她的職務等級：

> 陳大禹一九四九年六月入伍參加革命供給制排級幹部，一九四九年六月在北京參加臺盟組織，轉業革命軍人行政管理人員拾貳級幹部。
>
> 吳瀟帆一九四九年十二月在北京參加革命，介紹人郭炤烈同志，同時間在上海市委第二工作隊時參加臺盟組織，一九四九年十二月至一九五一年十二月供給制排級幹部，一九五二年起改為行政管理人員拾貳級。一九五六

14 吳瀟帆整理，《陳大禹劇作選》，頁一五九。

年十二月晉壹級為行政管理人員拾壹級。[15]

大禹和瀟帆回中國之後領的是所謂「供給制」待遇，這是中共於抗戰時期與建國初期，在戰爭狀態和物資供應缺乏的背景下，為各黨政機關、部隊軍人、學校人員及部分家屬按生活基本需要，直接供給的一種分配制度，「供給制」分配情況因不同時空而異，其標準亦隨各地情形而有差別，以抗日戰爭時期的津貼費為例，津貼費的分配根據不同職級設有二十多個標準。大禹與瀟帆「供給制排級幹部」在整個龐大的部隊體系中所屬階層偏下，所領工資並不高。[16] 大禹夫婦後改以「行政管理人員等級」敘薪，這是「供給制」下中共對政府各機關人員採取的級別劃分。[17] 大禹夫婦的薪資雖與普通老百姓相比，基本的生活應有保障，但仍清苦。

陳大禹任教的漳州藝術學校，教學科目涵蓋戲劇、音樂、舞蹈等不同領域，藝術的型式與內容多走民族路線，與現代藝術學校頗有不同，大禹在漳州藝校教授的是「文化課」與「導演課」，前者是普通科目，學生多半不太重視，唯有「導演課」涉及舞臺表演概念，以及戲劇演出實務，算是主要課程，當時學校的編導老師有七、八人之多，每位老師都有一定的任務：一年要改編二部舊劇本，二年創作一部新戲，而且需要導戲。漳州藝校導演老師中，陳開曦、

15 吳瀟帆，〈手抄筆記〉，一九八七年五月二十日。

16 參見吳昶，〈論我國社會主義初級階段的軍人待遇問題〉，《軍事經濟研究》一（一九九一），頁六六～八〇；楊奎松，〈從供給制到職務等級工資制：新中國建立前後黨政人員收入分配制度的演變〉，《歷史研究》四（二〇〇七），頁一一一～一三七。

17 根據一九五二年政務院頒發的《關於全國供給制人員統一增加津貼的通知》規定各級人民政府供給制工作人員統一津貼標準，將中國政府工作人員劃分為二十九級，其中中央人民政府主席等級最高為一級，享受津貼一千五百八十六元，各政府勤雜人員等級最低，第二十九級享受津貼十五元。行政管理人員十二級在整個等級體系中位於中等偏上，享受津貼一百九十四元，是最高等級的八分之一，最低等級的十二點九倍。參見李唯一，《中國工資制度》（北京：中國勞動出版社，一九九一），頁一三五～一四〇。

陳德根都是資深的「重點」導演，對於課程的安排、學生學習劇目的排演有較大的決定權，大禹的戲劇經歷不遜於陳開曦，「導演」這門課實際上卻常擔任陳的副手。

大禹非戲曲科班出身，但有現代戲劇經驗，其上導演課比較採用話劇方法，先帶學生讀劇本，要求注意劇中人物的精神、說話口氣，排戲時較著重講解人物內心思想表現，與劇情主題、劇本分析，讓學生表演劇中人物，而非依戲曲程式，排演生旦淨末不同行當。大禹導戲只做一般性走位，演員的身段、動作也是大致比劃，非如戲曲出身者，從如何出場到九龍口，再走到臺前的全套程式都能一一示範。大禹認為戲曲程式、唱唸屬演員的基本功，無需導演特別交代，他要求演員的是，人物出場必須明白是帶什麼任務出來，到舞臺中間是作什麼？想交代什麼？……。大禹這種「概念式」的導戲方法，有些較有文化意識的演員就頗能接受他的啟發，一般戲曲演員就較不習慣他的教學法。由於不善戲曲唱腔與關目排場，大禹導演戲曲通常還帶一位助教，負責戲曲腔調、科步，兩相配合，才能把一齣戲搬上舞臺。

陳大禹剛進漳州藝校時，名義上是學校教師，實際身分是進入一個俗稱「笱仔班」的民間歌仔劇團當導演，當時民間以「公社」性質組織劇團，在各地劇院、民間節慶流動演出的情形還被容許，團員按其資歷與舞臺表現領取不同薪資，劇團的團務與戲路都由團員共同決定，非如傳統戲班，一切取決於戲班老闆（班主）。在文化大革命之前，「笱仔班」一年演出三百場以上。由於檔期緊密，劇團都利用早上排戲，隨排隨演，通常一天演出三場：中午十二時、下午六時、八時半。由於演出頻繁，演出的劇目又不能經常重複，多由導演或資深演員排幕表戲，依劇本大綱安排角色，由演員即興演出。[18] 當時「笱仔班」的所有導演、演員都習慣這種演「活戲」的方式，唯獨出身話劇舞臺的陳大禹必

18 王宏山，〈憶陳大禹先生〉，《劇談》二（一九九二）。

須依劇本排演，他不擅長、也不願意用「幕表戲」的方式導演一齣戲。在他的舞臺經驗中，劇本是戲劇演出的第一要素，演員沒有劇本就無法演戲。

大禹能把話劇的編導技巧融入戲曲創作，豐富薌劇的藝術表現，與其對民間歌謠的喜愛與資料運用有關，在臺期間，他留意臺灣民間歌謠與詩歌創作型式，常在《公論報》〈遊藝版〉發表他蒐集的資料與劇作，先是〈臺灣民間歌謠——據林清月先生記錄意譯〉一文，稍後又在《公論報》〈遊藝版〉連載詩歌創作〈淡水的河流（歌誦樂章）〉，結構分為上、下兩部，舞臺上結合管弦樂團、舞蹈、朗誦等元素。第一部名為「風從大陸上吹來」，描述海洋的浩蕩與無邊無涯，飢餓強迫人民挺而走險，各自移動，是流浪，是逃亡，是骨肉破碎的辛酸……。第二部「原始的呼喚」進入山林、原野中，從山豬、勇士、彩霞一一歌詠，表現美麗島嶼的自然風情。在這些詩篇中，陳大禹利用歌誦樂章的表現形式，傳達民間生活的自然環境與喜怒哀樂。[19]

回到漳州之後，他曾與薌劇團的編曲陳彬——也就是次子東東的同學，進行了閩南地區小調歌謠的田野調查，在他的手稿中，留有一首採集自盲藝人盧菊的錦歌〈無影歌〉：

聽唱無影是無影，燈蕊黏油鈷破鍋，
四兩米線撒落半斤鹽，一個人吃了嫌較淡，
小旦做客（回娘家）俗送並（餅），
一個六歲女孩子還會偷生子，

陳大禹漳州薌劇團同事編曲陳彬。

19 陳大禹，〈淡水的河流（歌誦樂章）〉，分別刊登於《公論報》一九四八年十二月五、十二、十九、二十六日，第六版。

火輪船划槳免用錫，甲板船一下就划到山城，
海水返較淡，雞公生雞仔，
皇帝娘在刮錫，皇帝真無空（很窮），
太子給人偷挖蔥，轉返來趕著鴨母打雞公，
太監走來漳州新橋頭給人洗屎桶，
講到和尚沒頭髮，買了一支樹仔棕，
來到剃頭店要接上沒頭髮，不接買棕是落空，
和尚想美要頭殼挖兩孔，
東板後禮拜堂做戲在謝尪（菩薩），
戲仔搬什麼，搬了一套白沙國。……[20]

〈無影歌〉以庶民視角觀看，描述的內容活潑生動，情節盡是民間生活場景，極富地方語言的音樂性與民俗趣味，歌謠裡的人物，即便是皇帝、皇后、太子與和尚、戲仔，也無甚階級之分，就如演員在戲臺扮演的角色，無論男女老少或貧賤富貴，都是鮮活的個體。民間歌謠的採集經驗有助大禹在創作薌劇劇本時的唱白寫作與角色塑造，除了把歌謠形式與內容作為戲曲創作的元素，他的樂曲歌詞寫作能力亦極可觀，一九四八年陳大禹並與呂泉生合作，為〈杯底不可飼金魚〉、〈農村酒歌〉寫歌詞，樹立現代臺語藝術歌曲新的風格，可以想見，如果有好的創作環境，大禹在歌謠詞曲方面會有更多的好作品。

一碗石卵仔煮到真正漉（爛）
一碗貓腱水雞腰
一碗豆芽炒香蕉
六月天一碗肉粽還會燒（燙）
一碗熟沙蝦勃勃跳
一碗土蝦公
一碗蘆廢（薈）（粘髮油）
煎油吃著甜與香
一碗蚊掃汍吃著講會醉
醉著跛跛顛
三個細囝落海要做仙
黃山頂一隻船
有船沒舵公
沒帆暨桅會使風
船肚底一個少年老叔公
致到什麼病
致著月里風
致著攣筋瘋
他講癩仔不是症
走來瓦窯給人燒火照日較秋冷（陰涼）
講著無影未是新
古吹花（喇叭花）拿來做風燈
燈蕊硬硬做透青
草枝仔做煙吹
五斗水缸抬來做茶炊
新橋頭
戲棚頂
一泡火真正光
一下照著到廈門
新納坡一隻牛
脖仔伸長長
來到鼓浪嶼
麥仔園偷吃萬外蚯
山城蚊仔惡甲強
蚊仔小腸溜來做陽腸（香腸）
海底臭蟲掠來做五香
一碗蚤母乾油蔥
三項都做好
拿來城門頂
送那個半壁馬大老
大老笑微微
無影也真奇
老鼠會做戲
蟑螂會舂米
此歌無影頭尾唱完備
要聽下段換別物（別樣）

陳大禹採集的〈無影歌〉。

20 陳大禹採集〈無影歌〉內容的閩南語文字記錄尚不精準。

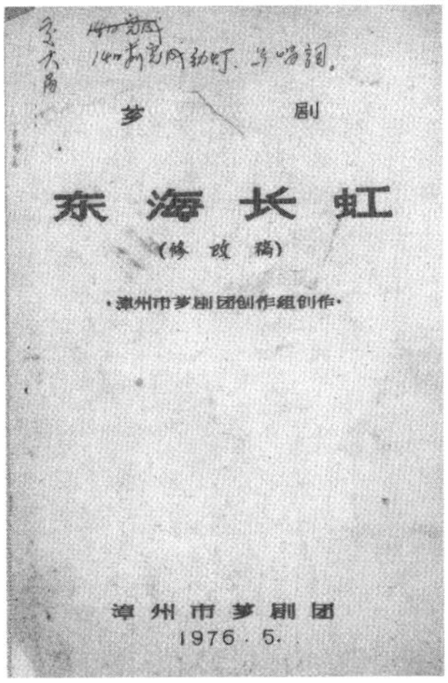

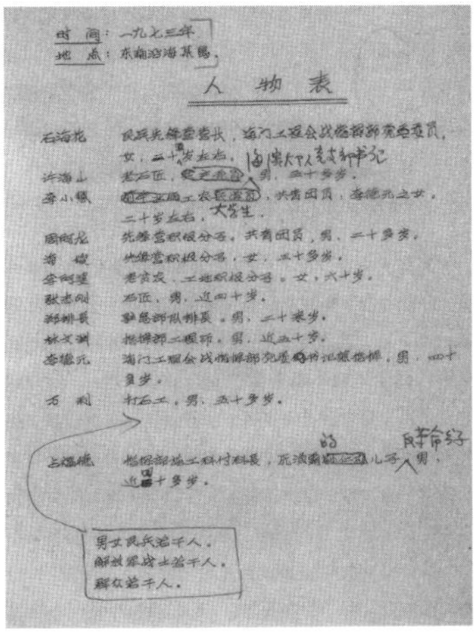

薌劇《東海長虹》（修改稿）劇本封面（左）與人物表（右）。
（圖片來源：陳大禹家屬提供）

在漳州藝校的同事、學生眼中，大禹教書認真，對學生十分客氣，很少疾言厲色，從不與人爭論，依王宏山的印象，當意見與別人不同，或聽不下別人的意見時，口吃的大禹一句口頭禪，就是「你老爺……」，「你老爺不跟你計較」整句話都還沒講完，人已離開了。[21] 一九六一年，陳大禹從漳州藝校調到龍溪專區文化局，在龍溪戲劇家協會負責整理劇本與地方戲劇家資料。[22] 不久，轉往漳州薌劇團工作，擔任薌劇（歌仔戲）編導。

大禹在「筍仔班」時期曾排過不少劇本，其中《江姐》（一九五八）是一齣充滿政治宣傳劇意味的現代薌劇，劇情敷演「解放」前夕，被關在重慶集中營的地下黨人密謀舉事，主人翁江竹筠英勇犧牲，終於一舉「解放」重慶的故事。一九五九年大禹根據閩南民間傳說創作薌劇劇本《水仙花》，與前述《江姐》風格明顯不同。《水仙花》敘述漳州龍溪地區洪荒時代，龍王興起水災，魚肉鄉民，青年獵人陳程及其結拜兄弟蘇坡與之對抗，解救鄉民於水火之中，娶得仙女水仙，造福百姓的故事。[23] 這齣戲可算大禹回歸中國之後的代表作之一；後來並成為漳州薌劇團的重點劇目。

陳大禹在文革時期創作了數齣現代薌劇，劇本主題大多配合黨的政策，描寫全國民眾邁向社會主義天堂的過程，例如《鋼刀飛花》

21 王宏山，〈憶陳大禹先生〉。
22 〈陳大禹調職通知〉，福建省龍溪文化局，一九六一年九月十八日。
23 陳大禹，《水仙花——陳大禹劇作選續集》（香港：華頓廣告印務公司，一九九三），頁一～一〇七。

（一九七二）敘述中國民眾全心協力建設地方，排除萬難，治鐵鍊鋼；《戰天歌》敘述一九六三年漳州民眾齊心合力，力抗旱災；《東海長虹》（一九七六）歌頌在黨的領導下，眾志成城，克服各種邪惡勢力，迎接光明的前景。[24]文革之後大禹編導現代薌劇《紅軍進漳州》（一九七八），這是一齣中共革命歷史劇，由大禹與數位劇團編導一起討論之後，再由他一人執筆完成。《紅軍進漳州》描述毛澤東指揮紅軍進攻漳州，獲得光榮勝利的情節，戲裡的紅軍是解民倒懸、人心嚮往的「王師」，所向無敵，紅軍領袖毛澤東，更是宵旰勤勞、擁抱群眾的英明領袖，相反地，蔣介石（劇中人諧音該死）是勾結日本，置民眾生活於不顧的大反派。[25]

前文已述，陳大禹在中國的後半生無論是思想言論或戲劇作品，與在臺灣時期犀利的批判觀點相較，顯然溫柔許多，不曾對黨政問題提出強烈的異議，也很少針對社會現象，發表較具批判性的作品，反而創作一些頌揚共產黨與偉大毛主席的宣傳劇。大禹的轉變自然是受到當時中國大陸政治環境影響，面對戲劇界整風運動，他選擇明哲保身，小心謹慎以對。

陳大禹從臺灣回到中國大陸後，不再提曾經擁有的劇場光彩，但為了證明清白與能力，讓自己去臺灣前的戲劇經歷盡量能與「進步的」、「左翼的」、中共黨人的劇運做點連結。在中共福建劇運上具象徵意義的「薌潮劇社」，是於一九三四年在中共閩南地下黨指導成立，由柯聯魁（一九一〇～一九三八）領導，柯於一九三八年死於國民黨七五師之手，成為福建戲劇史的烈士，大禹回到中國大陸後自撰的〈陳大禹政歷表〉並未特別提及跟「薌潮劇社」與柯聯魁的關係，但還是註明一九三三年二月至一九三五年九月，「日帝入侵東北後，繼而蠶食華北，吾漳薌潮劇社開始愛國活動，反帝反封建影響文教界，對我很有啟示」，瀟帆則在大禹過世（一九八六）後手寫的〈抗日七七五十週年紀

24 吳瀟帆，〈手抄筆記〉。
25 陳大禹，《紅軍進漳州》劇本重謄手稿，一九七八年。

念，回憶陳大禹同志在中國抗日戲劇運動中的進程略述〉，強調大禹曾與中共黨員柯聯魁一起研究劇運，與「薌潮劇社」成員多有往來。[26]

只是，大禹夫婦生前應該不是很清楚，臺灣一九五〇年代以降偵辦的叛亂事件中，若干被捲入的友人皆主動或被動的，憑空供出大禹一段中共黨人資歷呢！大禹後半生的生活或許也能提供一面鏡子，讓若干被捲入叛亂案、匪諜案的臺灣藝術界、文化界人士，得進一步「正衣冠」，確認是否具有匪諜、叛亂犯身分。

5-2 回歸後的沉寂——大禹後期劇作

陳大禹回歸中國後三十多年的生涯，晚年以薌劇劇本編創為主，較少親自執導。[27]他的薌劇創作現代戲《戰天歌》、《江姐》，古裝戲《水仙花》、《鄭元和》、《釵頭鳳》、《三個王文英》、《望穿秋水》等劇本，並改編《孟麗君》、《十五貫》，參與創作薌劇現代劇《蝶戀花》。遺作由夫人吳瀟帆整理，一九九二年出版《陳大禹劇作選》，翌年再出版《水仙花》。[28]

以下就陳大禹回歸中國時期重要劇作《望穿秋水》、《東渡飄泊記》、《紅軍進漳州》、《水仙花》、《鋼刀飛花》重點介紹。

26 吳瀟帆，〈手抄筆記〉。

27 王炳南，〈陳大禹生平簡介〉，吳瀟帆整理，《陳大禹劇作選》，頁一五五～一六〇；阮位東，〈寫在前面〉，《水仙花——陳大禹劇作選續集》，頁二。

28 陳大禹《阿里山人》與《東渡飄泊記》，見吳瀟帆整理，《陳大禹劇作選》，頁一～一五五；《陳大禹劇作選》選錄薌劇《水仙花》、《鋼刀飛花》及電視劇《壯士與仙女》，其中《水仙花》被列為當時漳州薌劇團重點劇目。

（1）《望穿秋水》

陳大禹於一九八〇年編撰的現代薌劇（歌仔戲）《望穿秋水》，劇情敘述一九六〇年代位於福建沿海的「東海漁業社」黨委書記林有漁之子林躍西出海捕魚，不慎墜落海中，在海上漂流二日之後，被臺灣西部一位名叫阿樂的高山族人救起，交給店家陳老順之女陳珊瑚代為照顧，躍西住在珊瑚處，兩人情愫漸生，私下共結連理。某日躍西身體因突然惡化而昏死過去，珊瑚誤以為躍西過世，悲傷不已，委請阿樂代為埋葬。躍西下葬前突然醒來，由於當時兩岸對峙，為避免外人猜疑，阿樂因而隱瞞躍西未死的訊息，而躍西也一直等待時機，迎接珊瑚回到大陸。

此時珊瑚已經懷孕，其父親新迎娶的繼室惜娘亦懷有身孕，乃對外謊稱自己懷有龍鳳胎，珊瑚方免於閨女生子的窘困。惜娘請託在香港的友人代為找尋躍西在中國的家人，方知林有漁因兒子躍西去向不明，被中共官方以「投敵」名義逮捕。十年之後，陳珊瑚思念夫婿，又擔心公公安危，隻身前往香港工作，並伺機前往中國探視公公。這時的林有漁雖早已獲釋在家，但中共仍因其拒絕交代兒子行蹤而予以監視，連珊瑚與公公的談話，公安人員許其昌都在旁錄音，並冷言冷語，暗諷林躍西歸降臺灣，珊瑚決定留在夫家侍奉公公。

在臺灣的躍西偽裝成啞巴，持高山族阿樂身分證明前去陳家尋找珊瑚，並與兒子望山相認。十年過去，林躍西居住陳家，並栽培望山至日本留學，學習養殖漁業。望山極度思念母親，先行乘船前往中國，終於與母親相認，同時告知父親在臺近況。望山返臺時，中國親人岸邊送行，彼此約定來日再見，卻也感嘆：「一個海峽，何苦雙邊艱難」。[29]

《望穿秋水》劇本封面。
（圖片來源：陳大禹家屬提供）

29 陳大禹，《望穿秋水》手稿，一九八〇年六月二十三日。

《望穿秋水》運用海峽兩地青年男女的聚散，反映臺灣與大陸之間的現實局勢，以及男女間難以割捨的愛戀關係。劇本中呈現的是一九六〇年代臺灣與中國勢不兩立的時空環境，臺灣人民避談中國大陸事務，遇到彼岸的人與物，避之惟恐不及。然而，情勢再如何險峻，還是無法擋住男女間情愫的滲透。劇中男女主角分屬敵我陣營，卻發展出一段浪漫故事，並且有了愛的結晶。姑且不論劇情的合理性，《望穿秋水》這部看似浪漫的言情歌仔戲，實際上是陳大禹任職漳州藝術學校時，以作品表現個人思想的重要代表作品。首先男女主角初識時，女方陳珊瑚就對著男方說：「你，唐山。」男方則對女方說：「你，臺灣。」接著男方就說：「臺灣就是咱的人。」第二場戲裡，男女雙方更合唱著：「海峽攪浪雲霧橫，難禁私情千萬般，船頭換船咱牽手，順風順水回唐山。」刻意把臺灣與大陸視為一家親的「政治正確」。一九八〇年，兩岸間的交流仍是禁忌，劇中鮮明的臺詞，無庸置疑是作者對兩岸關係大鳴大放的表現，仍是為中共政權服務的必然手段，但骨子裡多少還是可看出作者對於臺灣人、臺灣事的無限回味。

從角色的性格與劇情的發展來看，牽強之處甚多，像林躍西為何詐死裝啞巴，以及救人的阿樂又為何要隱瞞躍西未死的訊息，躍西為了等待珊瑚回來，照顧幼兒望山，留滯臺灣長達十多年之久更不合邏輯，因為既對珊瑚懷念萬分，大可攜子從臺灣「躍西」而去，望山長大後，躍西更可立刻「回歸祖國」，與珊瑚團聚，卻遲遲沒有回到彼岸，寧願繼續留在臺灣，做一個偽裝成啞巴的原住民，如此情節過於牽強，卻也值得玩味。他在第六場戲有一段臺詞說：「現在大陸是可以回去，只是去了就沒法再入臺灣了。」衡量陳大禹透過劇中人物說出這句「肺腑之言」，是否對自己於一九四九年的回歸中國有所反省，就不得而知。

《望穿秋水》裡，不僅上一代的戀人兩岸相隔，望穿秋水，就連年輕的望山也要和大陸的春帆，同受兩地分隔之苦。大禹在劇中最後的一首歌詞寫道：「望穿他盈盈秋水，……讓咱們來來往往吧！一個海峽何苦兩邊艱難。」道盡他對於兩岸對峙的看法，以及內心的企盼，而這種企盼也是為了呼應中共的統一大業吧！

（2）《東渡飄泊記》

陳大禹根據現代薌劇《望穿秋水》的情節，另行創作的古裝薌劇《東渡飄泊記》（《林紹枝墾荒水砂蓮》）是陳大禹晚年力作，戲劇發生於十七世紀初的中國廈門與臺灣中部水沙蓮。[30]

陳老順與陳金花父女二人於廈門開設店舖，老順近日迎娶繼室惜娘。時漳州青年林紹枝準備自廈門偷渡前往臺灣，因沿海官兵巡邏嚴密，船隻無法偷渡出海，紹枝困坐船中數日，因飢餓難當而潛往附近店舖討食，由於身體虛弱，竟於店中昏迷，店家女兒陳金花於心不忍，將紹枝藏在閨房，以免被父親發覺，當夜兩人發生一段姻緣，約定將來在臺灣共組家庭。不久，林紹枝赴臺灣墾荒，陳金花也懷了身孕，卻不知夫君下落，思念成疾，幸賴已懷孕的繼母惜娘巧計，對外謊稱懷雙胞胎，代為隱藏金花閨女生子一事。惜娘產子命名賜福，金花之子命名清秀。

兩年後，金花赴當時仍是化外之地的臺灣尋夫，輾轉來到北港，方知林紹枝已是帶兵移墾的大將，經常深入高山族部落。金花因容貌清秀，又善於演唱流行曲，當地土棍劉興欲將其賣入青樓，以便加以控制；為躲避劉興迫害，金花在老船夫協助下，逃往高山族人聚集的水砂（沙）蓮山區，與漢人移民共建家園。時間悠悠過了十六年，林紹枝回廈門尋找金花一家，方知金花人在臺灣，在與岳父陳老順、子清秀相認後回返臺灣。終於在水沙蓮與金花重逢。不久之後，林紹枝又參加抗荷軍，與金花約定驅逐荷蘭人後，夫妻再相聚。清秀長大成人，思念父母不止，於是攜帶父親信物折扇一把，前往臺灣尋父母，巧遇來自水沙蓮之高山族女擺擺，得以與母親金花重逢，並暫居水沙蓮。劉興等人勾結荷蘭人，攜帶武器前來，意欲佔有水沙蓮寶地，清秀等人與之抗衡，巧遇父親林紹枝武裝隊伍，父子重逢。林紹枝命清秀前往國姓爺處知會臺灣軍情，不久國姓爺順利登陸臺灣，驅逐荷人勢力，林紹枝一家人在臺灣團圓祭祖，安

30 本劇本的水沙蓮、水砂蓮，應作水沙連，係泛指臺灣中部日月潭為中心的南投、彰化一帶原住民居住區域的古地名。

居樂業，一家和樂融融。

《東渡飄泊記》將時間背景拉到明末，地點則發生在廈門，林紹枝從廈門偷渡到臺灣，劇本的雛形與《望穿秋水》大致相似，連陳老順、惜娘夫婦姓名以及惜娘對外謊稱懷雙胞胎，代女兒隱瞞未婚生子情節也雷同，然因時空、背景的差異，全劇味道因而不同。從劇情發展脈絡來看，陳大禹顯然企圖將明鄭時期的臺灣歷史融入劇情發展中。這齣戲的情節有不少不合理處，例如林紹枝與陳金花相戀於危難之中，相約在臺灣共組家庭，紹枝隻身赴臺後，當了帶兵官卻要到十六年後才回廈門找尋金花，大禹在《東渡飄泊記》劇本內強調，主角林紹枝是與抗荷英雄郭懷一一起起義，透過廈門人林清秀的接應，趁機引領國姓爺入主臺灣，而清秀正是紹枝的兒子。這樣的戲劇場景處理，一方面利用歷史的架構，一方面又加入劇作家個人的詮釋。

（3）《紅軍進漳州》

《紅軍進漳州》[31]是陳大禹在一九七八年創作的「革命歷史九場話劇」，作者根據一九三二年毛澤東率領紅軍攻進漳州，殲滅國民黨第四十九師軍閥張貞這一段中共黨史編作而成。

31 漳州戰役（紅軍進漳州），一九三二年三月中旬，中國共產黨蘇區中央局在贛州東北江口圩舉行會議，討論紅軍行軍方針。毛澤東提出了向贛東北方向發展，以求在贛江以東、閩浙沿海以西、長江以南、五嶺山脈以北的廣大農村建立蘇區。蘇區中央局否決毛澤東的意見，堅持沿贛江兩岸向北發展，奪取贛江流域中心城市，結果陷入苦戰。後來紅軍分為東、西路軍，臨危受命的毛澤東隨東路軍進攻長汀，判斷閩西地區敵我形勢與漳州易攻難守的地形特點，因此致電蘇區中央局，建議以東路軍攻佔龍岩，奪取漳州，消滅國民黨軍第四十九師，蘇區中央局接受毛澤東的意見，毛即以中華蘇維埃共和國臨時中央政府主席的身分，率領東路軍揮兵漳州，於四月二十日完全佔領漳州，戰役底定。

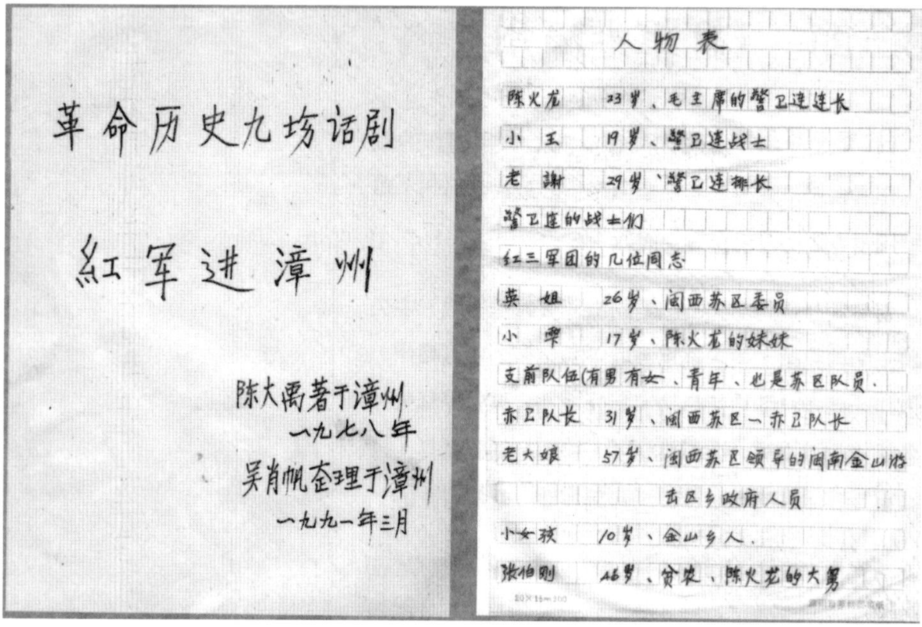

革命历史九场话剧

紅军进漳州

陈大禹著于漳州
一九七八年
吴肖帆整理于漳州
一九九一年三月

人物表

陈火龙	23岁、毛主席的警卫连连长
小王	19岁、警卫连战士
老谢	29岁、警卫连排长
警卫连的战士们	
红三军团的几位同志	
英姐	26岁、闽西苏区委员
小雯	17岁、陈火龙的妹妹
支前队伍(有男有女、青年、也是苏区队员.	
赤卫队长	31岁、闽西苏区一赤卫队长
老大娘	57岁、闽西苏区领导的闽南金山游击区乡政府人员
小女孩	10岁、金山乡人.
张伯刚	46岁、贫农、陈火龙的大舅

《紅軍進漳州》劇本封面（左）與人物表（右）。（圖片來源：陳大禹家屬提供）

當時共產黨內部因為戰略路線差異產生爭議，中央根據王明的建議，要求紅軍攻打贛州奪取中心城市，但戰事歷經一個多月徒勞無功，只好請毛澤東暫停休養，緊急趕到前線坐鎮。毛澤東認為贛州打得贏就打，打不贏就走，這樣的策略卻被王明譏諷為「游擊習性」。毛澤東奉派進軍漳州，每日行軍上百里，對同志細心照顧，噓寒問暖，被認為是「有媽媽的心，擁抱階級兄弟」。一路秋毫無犯，受到民眾歡迎，主動送上飯菜給紅軍充飢，而紅軍也熱情地捲起袖子，幫忙農民插秧。

紅軍戰士陳火龍的妹妹小雯帶來父親陳海潮、大舅張伯剛被軍閥張貞抓去，媽媽當場吐血而死的消息，陳家小雯在悲憤之餘，也加入紅軍行列。在張貞陣營裡，因遭誣陷被捕的陳海潮，不僅不屈服，反而質疑白軍（蔣介石軍隊）為何拒絕紅軍加入抗日行列。紅軍陳火龍一行人在往漳州途中，利用當地的老民政幫忙，引開駐軍注意力，趁機穿越龍山，並巧遇剛從白軍陣容脫逃的張伯剛，靠著他對地形的熟悉，迂迴前進漳州。白軍在參謀長的指揮下，布置重機關槍打算殲滅紅軍，沒想到紅軍在毛主席的策略下三方包圍白軍，一舉攻下漳州。

劇終陳火龍奉命前往廈門，在那裡遇見失蹤已久的父親陳海潮，也得知紅軍漳州一戰，已經打響名號，受到國際注意，大大提振了原已墜入谷底的共產黨士氣。這齣戲不離毛澤東崇拜，劇本裡也不忘對「蔣該死」蔣介石開罵：「蔣介石說：寧可把中國送給日本，也不能交給共產黨。」戲劇的鋪陳與種種描述，都是在極力抹黑頭號「敵人」，不過，在戲劇表現手法上已趨於合理化，不像《日照田水暖》那樣單純地為宣傳而宣傳。就劇本而言，《紅軍進漳州》的戲劇結構相當成熟，劇中運用陳火龍一家人被白軍迫害而加入紅軍，紅軍進攻漳州之際，也陸續帶出陳家一家人的訊息。

這齣戲演的主戲是「紅軍進漳州」，卻也趁機把臺灣納入戲劇情節，紅軍進入漳州之後，陳火龍揭穿蔣介石「攘外必先安內」的賣國陰謀，並決定編一齣名為《竹林事件》的街頭劇，控訴日本政府殖民臺灣，臺灣人民陷入水深火熱中，尤其製糖株式會社更是魚肉鄉民，讓人民過著悲慘的生活。《紅軍進漳州》劇中特別安排王山這個臺灣人角色，他原是劇中賣國賊施波的夥計，因為受到紅軍街頭戲中戲《竹林事件》的感動，堅信「臺灣要鬥爭才有出路，解放臺灣靠紅軍」，於是決定參加紅軍，而紅軍也敞開胸懷，接受這位臺灣同胞，成為真正的革命同志。這齣戲透過街頭演出，鼓舞民眾要打倒日本帝國主義，最後合唱「祖國紅軍快壯大，解放臺灣慶團圓」的口號，表達紅軍抗日到底的決心。

相較於同時期的劇作家，陳大禹的臺灣關係一再地出現在劇本當中，除了表現他異於常人的特殊經驗之外，更重要的是將自己的處境隱藏其中，王山這個臺灣同胞的身分能被紅軍熱情的接受，應該也是回歸中國大陸之後陳大禹內心的期待。

（4）《水仙花》

《水仙花》是陳大禹回到中國後的重要作品。《水仙花》編劇署名謝家群、陳大禹（執筆），劇本之前寫著「多蒙謝家群同志提供民間傳說原始材料的啟發和幫助，特此致謝」，謝家群出身蔡繼琨創辦的福建音專藝術系，任職於漳州市文化局；另外，大禹在漳州藝校的同事陳德根、陳開曦同樣把《水仙花》列入他們的劇作目錄，可能指的是導演作品。這齣戲強烈傳達水仙一家人犧牲成仁，羽化成仙的意象，而他們的善良作為，也得到最佳的報償，頗具教化意義，成為薌劇的代表作品之一。

《水仙花》描寫洪荒時代，龍王九太子於漳州作惡多端，地母、水仙兩位仙人為了照顧鄉民，與龍王九太子形成正邪兩派的大對決，隨後得到凡人獵戶陳程、蘇坡及船家林佬等人的幫忙，才搶下九太子龍珠。陳程將龍珠交給水仙，透過她的幫忙，由龍珠承接露水，創造甘露嘉惠南鄉鄉民，而水仙和陳程兩人也締結良緣，產下雙胞胎，在南鄉過著恬適的農村生活。

龍王九太子失去龍珠之後心有不甘，想盡辦法要奪回龍珠，三番兩次與陳程、水仙爭鬥，情急之下陳程乾脆吞下龍珠，以求一了百了，沒想到龍王綑綁陳程，用化龍丹的方法提煉龍珠。地母和水仙為救陳程，趕赴七寶山奪寶，地母因而犧牲自己，水仙也身負重傷。水仙為了南鄉鄉民日後生活，也不惜犧牲生命，攻下白鶴嶺，讓陳程與兩名幼子都跟她一起淹沒在洪水之中。最後水仙一家人緩緩地浮出水面，成為漳州地區萬古流芳的神話。

劇中大禹使用傳統戲曲中常用的善、惡二元對立來發展劇情：仙人地母、水仙與獵人陳程、蘇坡、船家林佬等人象徵「善」，所作所為皆以漳州百姓的身家安全為念。龍王、九太子與其他的水族則是「惡」的代表，不管百姓死活。這齣戲的重點不在劇中蛻變為水仙花的「水仙」，而在陳程一家的犧牲。劇中角色多是類型化的人物，惡者恆惡，善

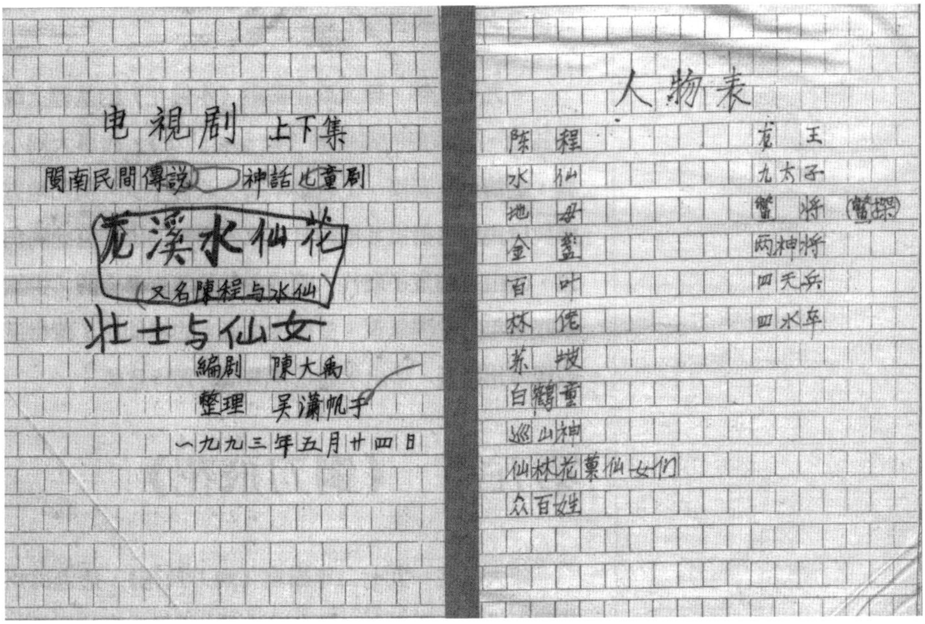
电視剧 上下集

閩南民間傳說 神話 兒童剧

龙溪水仙花

(又名陳程与水仙)

壮士与仙女

編剧 陳大禹

整理 吴瀟帆

一九九三年五月廿四日

人物表

陈程 龙王

水仙 九太子

地母 蟹将

金盏 两神将

百叶 四天兵

林佬 四水卒

苏拔

白鹤童

巡山神

仙林花菓仙女们

众百姓

電視劇《龍溪水仙花》劇本與人物表。（圖片來源：陳大禹家屬提供）

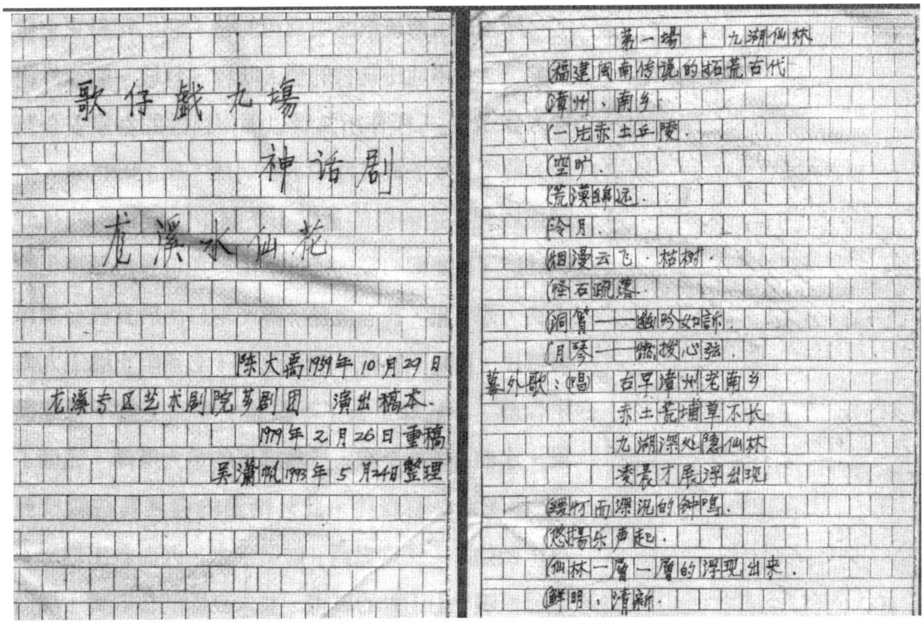
歌仔戲九場

神话剧

龙溪水仙花

陈大禹1959年10月29日

龙溪专区艺术剧院芗剧团 演出稿本

1979年2月26日重稿

吴瀟帆1993年5月24日整理

第一场 九湖仙林

福建闽南传说的拓荒古代

漳州、南乡

一片赤土丘陵

空旷

荒漠辽远

冷月

烟漫云飞、枯树

怪石疏落

洞箫——幽吟如诉

月琴——撩拨心弦

幕外歌：(唱) 古早漳州老南乡

赤土荒埔草不长

九湖深处隐仙林

缓慢而深沉的钟鸣

悠扬乐声起

仙林一层一层的浮现出来

鲜明，清新

歌仔戲《龍溪水仙花》劇本。（圖片來源：陳大禹家屬提供）

者恆善：漳州地母出於責任必須保護鄉民，陳程是因為乾旱無法生存，必須阻止龍王九太子作孽，吞下龍珠是為了不讓龍王奪回，並不考慮後果。水仙面對全家犧牲或拯救鄉民的重大選擇，完備了「悲劇英雌」必要條件。不過，整齣戲情節發展有些雜枝蔓草，例如陳程「忽然想到」破壁求水，因而救出地母；地母慨嘆七寶山山神的厲害，並未立即前往取寶，繼而水仙正在憂慮丈夫（陳程）的情況，白鶴童（白鷺鷥）就來報告陳程的慘況，兩人隨即前去；地母被打死，水仙重傷之際，村民馬上趕來救援……。

陳大禹創作這個劇本《水仙花》，完全是為演出而寫，劇本中有關佈景、場面調度、演員表演動作等問題，皆有適當的設計與提示。單就劇本情節，劇中設計許多打鬥場景，若經導演處理，並搭配道具、服裝，可以想像演出時的動感與趣味性。另外，水仙花原本就是漳州盛產的花卉，大禹在劇中採用漳州民間傳說為素材，將常見的白鷺鷥與地理環境放入劇中，並加入男女求愛「標歌」（褒歌）的地方風俗，充分利用戲曲唱段，表現閩南語語言特色，鄉土味十足。

一九七九年，陳大禹在薌劇《水仙花》的基礎上改編為上、下兩集的電視劇《壯士與仙女》，故事大同小異，劇情更為緊湊。上述劇本缺失改善不少。例如地方神與居民聯合對抗其他神祇，原先由神仙出面協助的角色，改由白鶴童子取代。劇情刻意營造春節期間中國家庭過年的熱鬧氣氛，並藉由供桌上的水仙花、蘆柑這兩樣漳州特產，帶出水仙花在漳州的獨特意象。

（5）《鋼刀飛花》

陳大禹在一九七二年編寫《鋼刀飛花》，透過漳州某省級機修廠工人，以蚍蜉撼樹、螳臂當車的作為，激發工人

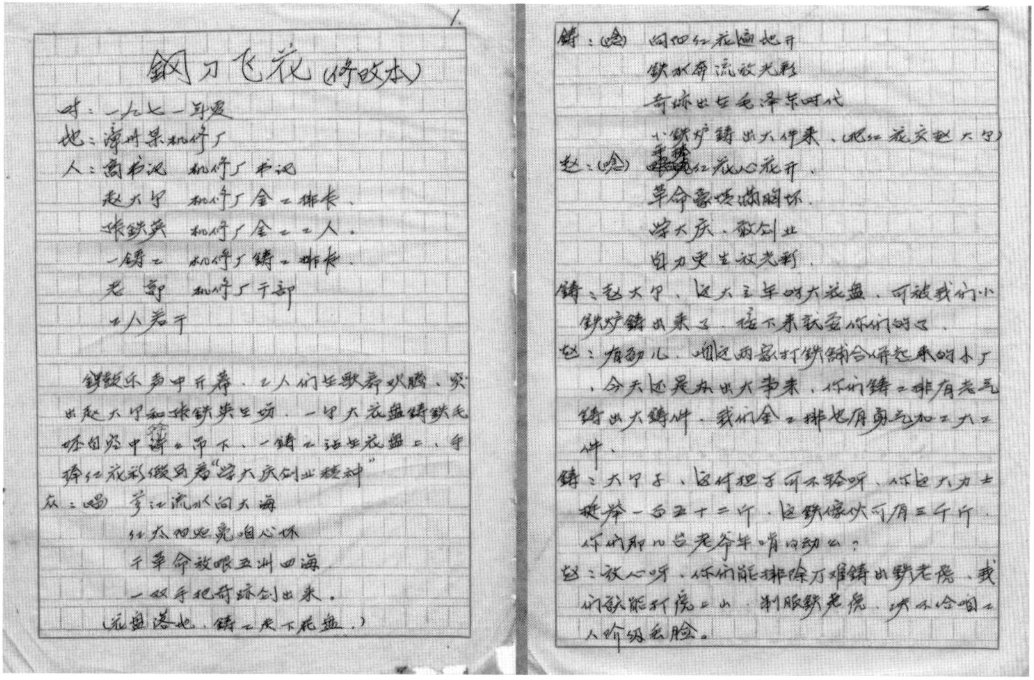
鋼刀飞花（修改本）
时：一九七一年夏
地：漳州某机修厂
人：高书记 机修厂书记
赵大守 机修厂金工排长
张铁英 机修厂金工工人
一铸工 机修厂铸工排长
老郭 机修厂干部
工人若干
锣鼓乐声中开幕，工人们在歌声以腾，突出赵大守和张铁英出场，一个大花盘铸铁毛坯放在中……吊下，一铸工站在花盘上，手捧红花彩缎，上有"学大庆创业精神"
众：（唱）学江流水向大海
红太阳光亮咱心怀
干革命放眼五洲四海
一双手把奇迹创出来。
（花盘落地，铸工走下花盘。）
铸：（唱）向阳红花遍地开
铁水奔流放光彩
奇迹出在毛泽东时代
小铁炉铸出大件来。（把红花交赵大守）
赵：（唱）革命红花心花开
革命豪情满胸怀
学大庆，敢创业
自力更生放光彩。
铸：赵大守，这大三年的大花盘，可被我们小铁炉铸出来了，接下来就要你们的了。
赵：有劲儿，咱这两家打铁铺合并起来的小厂，今天也是办出大事来，你们铸工排有志气铸出大铸件，我们金工排也有勇气加工大件。
铸：大守子，这件担子可不轻呀，你这六尺车床……一百五十二斤，这铁家伙可有三千斤，你们那小台老爷车啃得动么？
赵：放心呀，你们能排除万难铸出铁老虎，我们就能打虎上山，制服铁老虎，决不给咱工人阶级丢脸。

《鋼刀飛花》劇本內頁。（圖片來源：陳大禹家屬提供）

潛力，投入國家建設，表現小工廠大建設的積極意識。

《鋼刀飛花》劇情敘述鑄工排兩家合力鑄造出大鑄件，金工排也要有勇氣迎接挑戰，想辦法用小車床加工大鑄件，他們的努力讓劇中原本不相信鑄工排能加工大鑄件的老郭，慢慢相信他們「螞蟻能啃大骨頭，小廠可以做大事」。

這齣戲主要目的在於鼓勵民眾，積極參與公共建設，單純為宣導特定政策而寫，是政治十分正確的宣傳劇，與同年以其子「陳東東」名義發表的《日照田水暖》劇本性質、目標相仿。

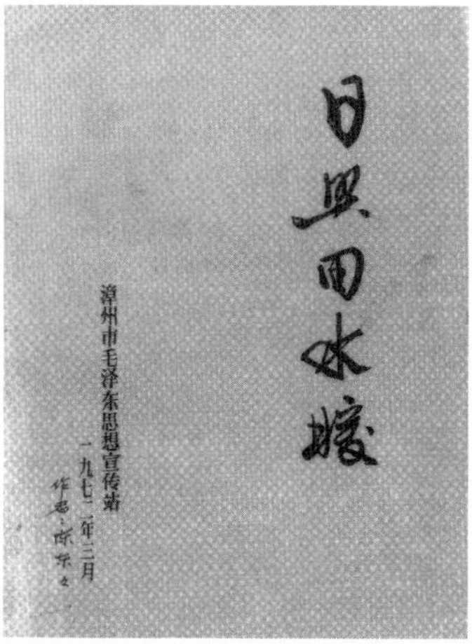

《日照田水暖》劇本封面。
（圖片來源：陳大禹家屬提供）

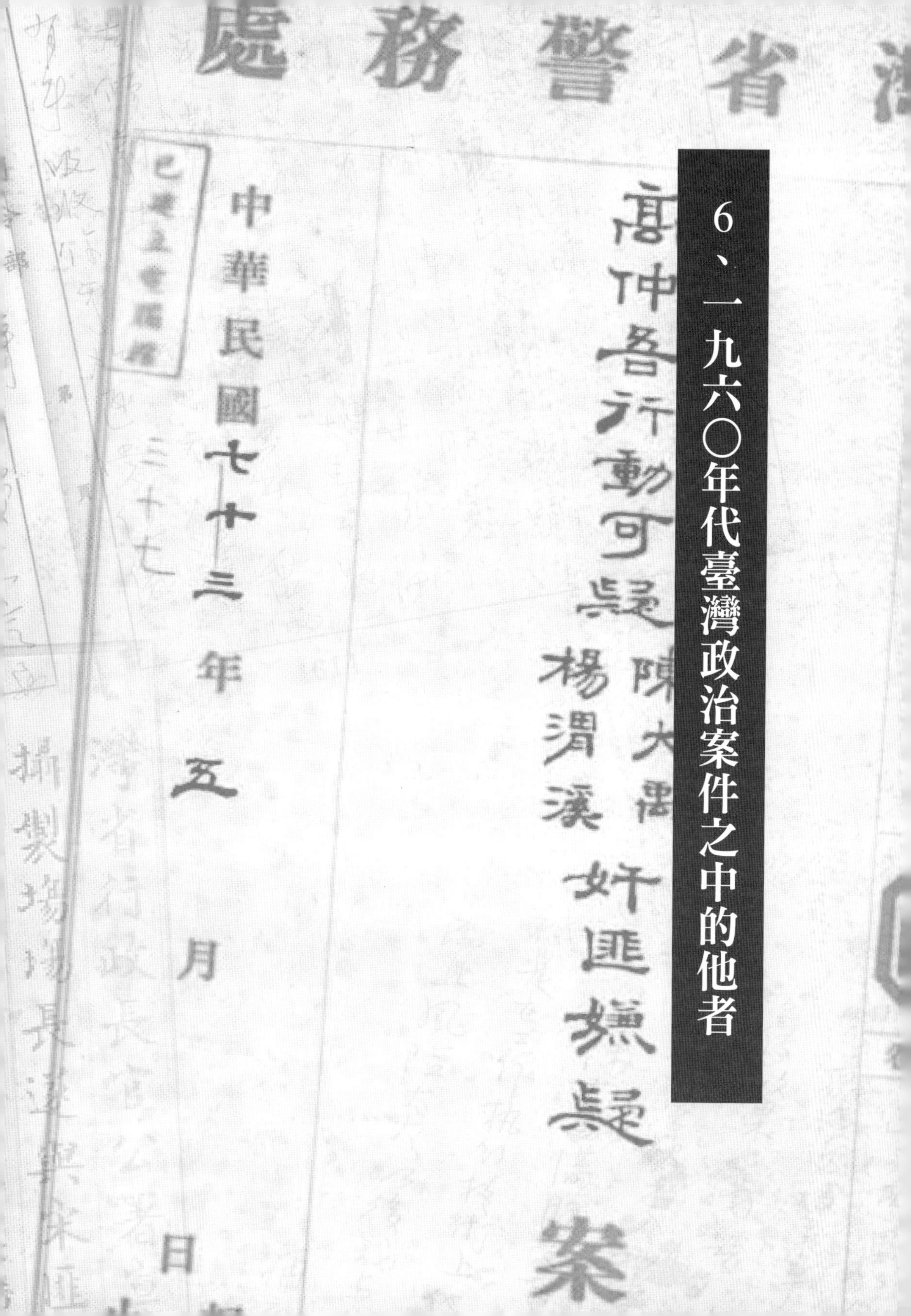

6、一九六〇年代臺灣政治案件之中的他者

陳大禹在臺兩、三年間，編導了幾齣大戲，當時的報紙有不少相關的演出報導，而他也經常在報章雜誌發表一些文章及劇作，可謂當時臺北藝術文化圈的名人。一九四九年春之後，臺灣劇場與藝文界的陳大禹突然消失，而且似乎無人特別注意這件事，陳家親朋好友外表看起來一切如常，藝文界、劇場界沒有人打聽大禹的行蹤。十餘年後，呂訴上於出版《臺灣電影戲劇史》書中論及「光復後臺灣劇運」時，談到陳大禹、「實驗小劇團」及《香蕉香》，[1]書寫雖然簡略，但算是對陳大禹在臺灣推展劇運較具脈絡性的敘述，給予他與「實驗小劇團」一個定位，成為後來研究者追憶與複習這段劇場史的基本素材。

雖然表面上臺灣不再有陳大禹這號人物，但另一個角落的黯黑檔案，人不在臺灣的大禹彷彿仍有一魂一魄長留此間，常被若干叛亂犯或匪諜嫌疑犯從記憶中喚起，出現在他們的口供或與偵訊人員「閒聊」之中，而情治單位也順勢點名大禹，並給予一定的匪黨、奸黨位置。在一九五〇年代以降諸多政治案件中，影劇、文化圈人士受難者難以計數。不談跟大禹互動不多者（如崔小萍、李荊蓀），若干熟識的友人，包括電影導演、臺灣電影製片廠廠長白克、前「臺灣省交響樂團」團員李東益被處死，多名「實小」創團元老或導演、演員包括姚勇來、沈嫄璋夫婦、王淮、林頌和、楊渭溪等人被逮捕下獄，他們「涉」案的歷史都可追究到來臺之前的中國對日抗戰時期。

在前述叛亂犯、匪諜被偵辦過程中，大禹的名字可能「碰巧被提到」，或因發布戒嚴令（一九四九年五月二十日）以及《懲治叛亂條例》（一九四九年六月二十一日）公告之後，陳大禹一直「在逃」，未曾被羈押或審問，沒有被建立「專屬」的犯罪檔案，卻因在別人的案件中被「叫出」，經過偵查，拼湊其與「匪黨」的關係，以及如何進行顛覆的「陰謀」。大禹屢屢出現在別人的政治案件中，所牽涉的「犯罪事實」未必真有其事，極可能是被編織出來的。

---

1 呂訴上，《臺灣電影戲劇史》，頁三五三～三五五。

在情治單位的偵查案件中，大禹在漳州曾組「青年劇社」、參加過中共地下黨組織「藝潮劇社」，也曾在臺灣出任「臺灣省交響樂團」兒童部主任，這些資歷在大禹自撰的〈陳大禹政歷表〉以及相關文章皆未曾提過，而在一九五〇、一九六〇年代的政治案件中，「臺灣省交響樂團」常被提及，楊渭溪和李東益都畢業於福建省立音樂專科學校，是蔡繼琨的學生，來臺灣後也曾經是「省交」的團員，陳大禹並非音樂人，但在情治機關的資料中是「省交」的團員，應該是就他曾在「省交」擔任幹事，以及住在「省交」宿舍的經歷而言，大禹之外，姚勇來也曾借住「省交」，姚氏夫婦皆為「實驗小劇團」成員。

李東益案發生於一九五〇年，姚勇來與沈嫄璋夫婦案發生於一九六六年，楊渭溪案發生於一九六九年，都是一九四九年五月蔡繼琨離開「省交」之後爆發的事件，在此之前的「省交」名稱與音樂活動仍舊，蔡繼琨也一直是團長兼指揮，然而，實際上暗潮洶湧，包括蔡繼琨本人在內，「省交」人事已被祕密調查，在楊渭溪、王淮案件偵訊中，蔡繼琨的身分一再被挑起。

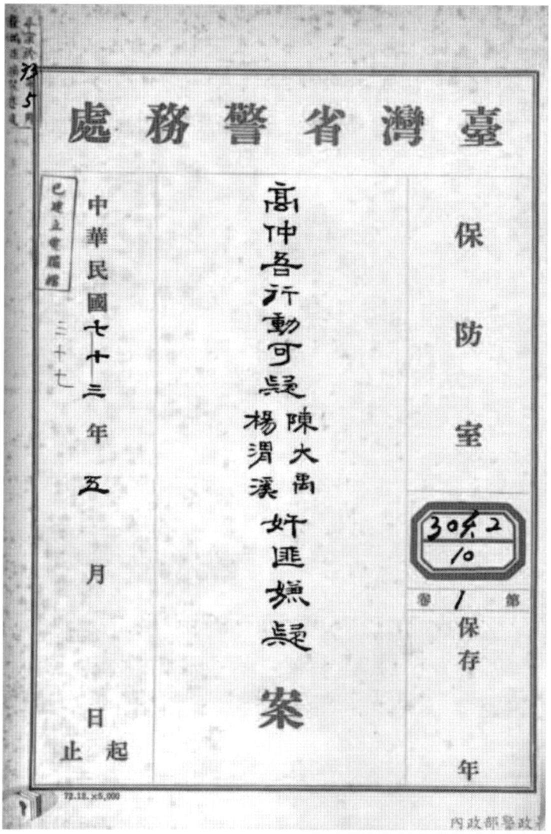

相關陳大禹等人國家檔案局資料。（圖片來源：國家發展委員會檔案管理局檔案資料）

白克在調查筆錄中，曾供出「陳大禹表現很左傾」，姚勇來供詞中明指「陳大禹是匪黨分子」，楊渭溪案件的陳大禹在「匪黨」地位更驟然「提升」——「（楊）於三十二年（一九四三）冬經陳匪大禹吸收參加共產黨，接受陳匪之領導，協助其在漳州展開匪文化統戰戲劇活動」。[2] 王淮一九七一年的自白書也提到「陳大禹共匪思想很明顯」，這些供詞揆諸陳大禹回中國之後的處境，「匪黨」資歷有無比的沉重。[3]

從第二次中日戰爭到國共內戰，從淪陷區到「國統區」，曾經歷這一段抗日演劇救亡運動的國民黨員與「進步」、「左翼」分子，甚至中共地下黨人所參與的劇社、演出劇本，就劇場屬性而言，其實難以完全釐清。國共對峙，風雨飄搖的年代，戰後來臺灣的一般「外省」知識分子身分、背景各有不同，而中國大陸淪陷，國民政府遷臺，此後留在「匪區」的文化人、學者、藝術家，從國民政府或國民黨的立場，就算不是中共黨員也是「附匪」分子，來臺文化人、藝術家，如果要追究其過往在中國的活動史，往往千絲萬縷，一旦被牽扯到曾與匪黨人士或附匪人士有關，往往難以自清，畢竟抗戰時期面對日本侵略者的中國抗日戲劇，與一九五〇年代反共抗俄戲劇情境已完全不同，中國大陸戲劇工作

2 國防部全民防衛動員署，《楊渭溪案身分簿》國家檔案局資料檔案，檔案號 AA05070000C/0057/1523.1A/069/0001/1。

3 法務部調查局，〈王淮自白書〉，《王淮案》國家檔案局資料檔案，檔案號 AA11010000F/0055/301/04447。

反共抗俄劇演出情形。

者「解放」後寫前一段歷史語境明顯不同。而臺灣當局回頭再看一九三〇年代以來所曾出現的政治、藝文團體，除非與國民黨關係密切，也很容易把它與中共劃上等號，人有問題，演的戲就是「左傾戲劇」，所辦的活動就是「為匪宣傳」。戰後之初來臺的「新中國劇社」原本就有不少左翼人士，負責人汪鞏在「解放」後的文章中寫一九四六年底到一九四七年初的臺灣之行，完全變成中共統戰者的口吻：

像烈火一樣燃燒起來的「二・二八」臺灣人民起義就是從臺北開始的。正當新中國劇社的演出結束準時前往高雄、臺南一帶作旅行公演的時候，在那幾天，我們親眼看到了臺灣人民英勇不屈的力量和國民黨反動派的狼狽相。……短短的一個月中，新中國劇社已經和臺灣人民結下深厚的友情。所以，當以後國民黨用了美國軍火，由美國軍艦運來大批部隊開始殘酷地屠殺臺灣人民的時候，我們無法再抑止悲憤的感情繼續在臺灣演出。當輪船離開基隆的時候，在碼頭上一位臺灣朋友曾悄悄地告訴我們：前些日子，基隆的海水都是紅的，因為反動軍隊登陸後，曾經滅絕人性的在基隆進行大屠殺……。[4]

這樣的「新中國劇社」在情治單位眼中，都成了「共匪」外圍組織，王淮在調查局移送書的「犯罪事實」之一就是「同年（一九四六）冬匪黨分子歐陽予倩率領新中國劇社來臺公演《桃花扇》等左傾戲劇，被告傾力協助」。[5] 這是從一九七一年的政治氛圍回溯二十幾年前的「新中國劇社」，重新賦予匪黨標幟。

國共「漢賊不兩立」年代的司法行政部調查局經常辦理「匪諜自首」和「附匪登記」，有些後來成為政治受難者

4 汪鞏，〈新中國劇社的七年經歷〉，《中國話劇運動五十年史料集》第一輯（北京：中國戲劇出版社，一九八五），頁二九五。
5 法務部調查局，〈司法行政部調查局特種刑事案件移送書〉，《王淮案》國家檔案局資料檔案，檔案號AA11010000F/0055/301/0447，頁二六。

的人是自己自首、登記，也有是被其他自首、登記者供出，而後因應對不得體或交代不清獲罪。根據一位政治受難者的觀察，調查局開放登記「匪諜自首」和「附匪登記」，許多人躊躇猶豫，觀望瞻顧不前，原因是有人認為那些陳年往事早已過去，不登記則已，一登記反而引起注意，自找麻煩，一旦被翻起老帳來，後患無窮。這種顧慮不是沒有前例，不少在登記以後，反被緊纏不休，懷疑不夠坦白，還有許多「隱情」未報，因而被捕判刑，罪加一等，等於自投羅網。[6] 而所謂「交代」不清又常依情治單位偵辦者的主觀認定，如果曾「參與大陸某個團體在臺灣未能自首，又無其他事證足以證明其確已脫離」，就有參加「匪黨」嫌疑，而親友若無舉報就有可能犯了「知匪不報」的重罪。

在白克、楊渭溪、林頌和叛亂案中，罪證之一常是參加匪黨外圍組織某個劇社，依此論罪，白克在廈門、桂林所經歷的問題劇社更是「罄竹難書」。

6-1 白克案中的陳大禹

白克（1914-1964）。（圖片來源：國家發展委員會檔案管理局檔案資料）

白克（一九一四～一九六四），本名白明新，廣西桂林人，在廈門出生，廈門大學教育系畢業，他比大禹大兩歲，兩人來臺之前應已認識，可能還是蔡繼琨的關係。白克於中國對日抗戰時，曾在西南戰區從事電影戲劇宣導，戰後是首批赴臺處理接收工作的人之一，屬於臺灣行政長官公署宣傳委員會成員。白克於一九四五年十月十七日抵臺，接收原臺灣總督府的「臺灣映畫協會」和「臺灣報導寫真協會」，合併成為「臺灣電影攝製場」，隸屬「臺

6 戴獨行，《白色角落》，頁一〇八。

灣省行政長官公署」宣傳委員會，被任命為首任場長，任內他所拍攝的《今日之臺灣》為首部用膠卷記錄臺灣風土原貌的紀錄片，隨後拍攝首部臺語電影《黃帝子孫》。戰後之初白克活躍於臺灣影劇藝文圈，常與陳大禹一起在一些藝文社團聯誼或演出場合出現，也曾經擔任「實小」《守財奴》的演出委員。

「二二八事件」後臺灣行政長官公署被廢除，改設臺灣省政府，「臺灣電影攝製場」改組為「臺灣電影製片廠」，隸屬臺灣省新聞處，白克改任副廠長，不久又被降為編導主任，一九五五年白克自臺製廠離職，在臺灣藝術專科學校影劇科任教，並積極拍片。自一九五六至一九六一年六年之間，導演了十一部電影，包括《瘋女十八年》、《龍山寺之戀》、《魂斷南海》等，楊渭溪為其多次合作的演員。[7] 一九六〇年代初白克原本與林摶秋合作拍攝一部有關歌仔戲藝人後臺生活的電影《後臺》（又名《桃花夜馬》），但因故停拍，未能完成。[8]

白克在大禹於一九四九年春離開臺灣後，兩人之間應該就音訊斷絕。對照而後十年大禹在大陸的工作與生活，在臺灣的白克堪稱名利雙收，然而，一九六二這一年白克噩運降臨，四月政府辦理「反共自覺表白」，花蓮《更生報》報社總編輯陳香與戴雲山被舉發曾在福建參加「革命共濟會」，一九六一年十二月花蓮調查站逮捕陳香，陳香辯稱已在一九四八年間向當局自首，國安局核定「參與叛亂組織」罪名不起訴，軍法處卻另以一九五一年至一九五四年間在花蓮會晤白克、戴雲山等舊日「共濟會」成員，未及時舉發為由，控以「明知為匪諜而不密告」罪。一九六二年九月十四日白克被羈押，當時他是政工幹部學校（今國防大學政戰學院）及國立臺灣藝術專科學校（今臺灣藝術大學）教授，其妻孫玲也在被監禁一個多月後才被釋放，但有兩個女幹員住在白家監視，當時兩夫婦除了長子在服預官役，還

7 白崇光，〈生平事蹟〉，收錄於黃仁主編，《臺灣電影開拓者——白克導演紀念文集暨遺作選輯》，頁八六。

8 黃仁，《臺灣電影開拓者——白克導演紀念文集暨遺作選輯》（臺北：亞太圖書出版社，二〇〇三），圖片精粹，頁三六。

有尚在初中、國校就讀的一女一子，白克下獄後，親友不敢來往，有律師收取訴訟費用後，即避不見面。[9]

白克被控訴的重要罪狀是曾參加「反帝大聯盟」，那是一九三一年「九一八事變」後，中國青年學生普遍反日的年代，白克所參加的廈門大學抗日組織，並創辦《展望》與《鷺華》等刊物，同時成立劇社，一九三四年初秋白克被國民黨特務機關逮捕，《展望》與《鷺華》也以「反政府、同情共產黨」的理由被查禁，隨後白克無罪被保釋。[10]白克於一九六二年九月後被羈押偵訊時承認參加過「反帝大聯盟」以及曾經被捕後無罪釋放的事實，但情治單位根據陳香以及楊毅、區嚴華供詞，歸納白克的罪行。在白克與妻子孫玲的〈白克孫玲夫婦反共自覺表白研究報告表〉中，白克部分的「綜合研析」為：

基於上述分析，其思想左傾，及參加匪黨已堪認定，因：

一、楊毅說：「白克是共產黨員」。

二、區嚴華說：「白克是『民盟』分子」。

三、陳香說：「白克是共青團員」。

四、白克本人說：「參加過反帝大同盟」。

此四者，均為匪黨組織的一種型態，此次反共自覺運動規定合於自首者政府特准予自首予以保障，但所謂自首，乃指在政府未發覺其罪行之前，今政府對於白克曾兩度傳訊，堅不吐實，其不合於自首，法有明文規定，

9 黃仁主編，《臺灣電影開拓者——白克導演紀念文集暨遺作選輯》，頁一〇二～一〇三。

10 黃望青（原名國魂），〈追憶同窗好友白克〉，收錄於黃仁主編，《臺灣電影開拓者——白克導演紀念文集暨遺作選輯》，頁二二～二四。

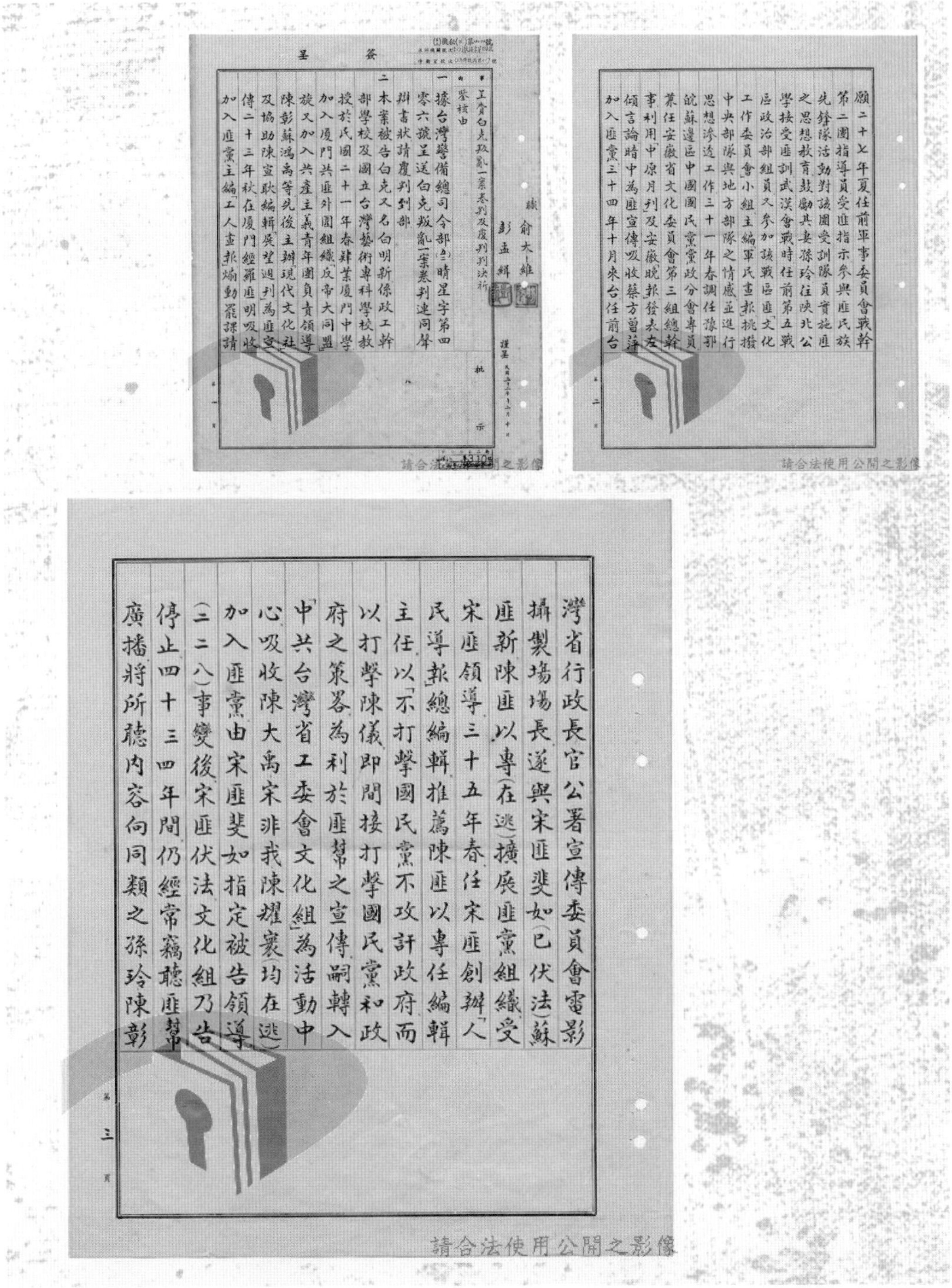

《白克案》檔案內頁節錄。（圖片來源：國家發展委員會檔案管理局檔案資料）

政府自不能予以保障，若無限度寬大，則今後各情報治安機關逮訊匪諜，均將堅不吐實，而於事後自首。馴至法律規定，對匪諜自首得減輕或免除其刑，以白克潛伏時間之久，利用人事關係以掩護之狡黠，及此次表白之避重就輕，不盡不實，亦情無可為，法無可恕。[11]

楊毅「因加入匪黨發動暴亂」經東南軍政長官公署於一九五〇年一月五日核准處死刑，並由憲兵第四團執行；區嚴華為「二二八事件」時被祕密殺害的行政長官公署教育處副處長、《人民導報》創辦人宋斐如之妻，案發時為臺灣省政府法制室編審，其亦以「加入匪黨，鼓動暴亂」罪名，被東南軍政長官公署代電核處死刑。白克曾在被捕後的調查中供稱宋斐如曾要他建立「文化小組」，發行《新臺灣畫報》，挑撥大陸與臺灣同胞感情，以及散布左傾思想，他於一九六二年十一月九日的調查筆錄：

問：你以前不是曾說宋斐如曾在幕後策劃「二二八」事件的嗎？

答：我沒有這種說法。

問：當時你個人的活動情形如何？

答：我當時主編《人民導報》時，夏濤聲曾警告我謂公務員不得在外兼辦報紙，我即遵命辭離該報主編職務，在就任《人民導報》主編的同時，宋斐如要我設法在臺灣人事中建立關係，我於離開該報主編職務時已行發展建立了一個「文化小組」，並發行《新臺灣畫報》，以木刻為主，內容仍以挑撥大陸與臺灣的同胞感情為主及左傾思想的影響工作。

11 臺灣省警備總司令部軍法處，〈白克孫玲夫婦反共自覺表白研究報告表〉（一九六二年六月九日），《白克顛覆政府案》國家檔案局資料檔案，檔案號 B3750347701/0052/3132517/517/1/002，頁八二八。

問：「文化小組」有哪些人？

答：三十五年至三十七年間，計有陳耀寰、陳大禹、宋非我、姚曉〔少〕滄、黃荒烟、麥非、朱今明等人。

問：以上諸人的關係如何？

答：陳耀寰（是中航公司職員）我早年逃到貴州遵義就認識的，當時受我的思想所影響來臺後乃進一步受其吸收，經宋斐如許可加入匪黨。陳大禹（交響樂團職員）因參加戲劇活動，表現很左傾，因而進一步影響而吸收加入匪黨。宋非我是臺灣人，是臺灣廣播電臺播音員，言論偏激，經常接近予以影響而吸收加入匪黨。姚曉〔少〕滄南京人，上海某報攝影記者，早有匪黨身分，「二二八」事件後來臺，是宋斐如交給我領導的。黃荒烟與陳耀寰私交甚篤，思想偏激，經陳耀寰吸收入匪黨。麥非、朱今明二人都是畫家，思想卻很偏左，由黃荒烟吸收入匪黨。

問：上述陳耀寰等諸人都是參加「文化小組」的嗎？他們的活動情形如何？

答：是的。陳大禹參加戲劇活動，宋非我除廣播外也參與戲劇活動，一貫挑撥大禹與臺灣同胞情感為中心工作，其餘都是參加《新臺灣畫報》的編輯及發行工作，至「二二八」事件以後，宋斐如被逮捕，陳大禹、宋非我、姚曉〔少〕滄因身分暴露認有安全顧慮，經我同意而逃往大陸。陳耀寰於三十九年因在飛機上攜帶左傾書籍被政府發現，身分暴露即緊急逃亡大陸而未及與我聯繫。黃荒烟亦因身分暴露於三十七年經我同意逃亡大陸，麥非、朱今明二人，因係黃荒烟所吸收，因黃某之逃亡而感安全威脅，經我同意返回大陸，至此，「文化小組」乃行解體。

問：你有無替他們介紹大陸的關係？

答：因我同大陸上未取得聯繫，因此沒有替他們介紹關係。

問：你搞的「文化小組」已有工作基礎，何以輕許他們脫離？

答：因為他們的工作表現平庸，黨性亦有問題，自宋斐如被捕後，我個人身懷戒懼，萬一他們出了事，必將影響我的安全，事實上我之同意他們脫離，也是我個人的安全打算。[12]

白克供稱陳大禹、宋非我、陳耀寰、姚曉〔少〕滄等人因身分暴露，經他同意逃往大陸，之所以同意他們潛逃，是因為「他們的工作表現平庸，黨性亦有問題」。顯然白克在偵訊中遭受極大的痛苦，或誤信偵訊人員的引導，而有上述的黑色供詞。

白克後於一九六三年二月十日的偵訊中承認參加「中共臺灣省工委會文化組」，並吸收陳大禹、宋非我、陳耀寰等人，根據判決書所敘，一九四五年十月，白克受命擔任臺灣省行政長官公署宣傳委員會電影攝製場場長後，由宋斐如領導，與蘇新及陳以專等人，共同擴展共產黨組織。一九四六年春，任宋斐如創辦的《人民導報》總編輯，採取「不直接攻擊國民黨或政府，專以陳儀為攻擊目標」的宣傳策略，以削弱國民黨政權。隨後轉入共產黨臺灣省工委會文化組，由宋斐如指定白克負責領導，吸收陳大禹、宋非我及陳耀寰加入。[13]

不知白克一九六二年十一月九日、一九六三年二月十日以及更早的偵訊中，在什麼情況下坦誠成立「文化小組」，挑撥大陸與臺灣同胞感情？不過，後來的白克起訴書指出其曾在廈門參加「反帝大同盟」，旋又加入「共產主義青年團」，並先後主辦「現代文化社」及協助陳宣耿編輯《展望》週刊。之後在廈門經羅明吸收加入匪黨，主編《工人畫報》，煽動罷課請願，任前軍事委員會戰幹第二團指導員時，受匪指示參與「民族解放先鋒隊」活動，武漢會戰時，

12 臺灣省警備總司令部軍法處，〈白克叛亂案卷〉（第一宗貳——拾）（歸檔日期：一九六五年十一月二十四日），《白克案》國家檔案局資料檔案，檔案號 B3750347701/0052/3132517/517/1/002，頁七二〇～七二二。

13 臺灣省警備總司令部軍法處，〈簽呈 白克叛亂一案卷判及覆判判決祈鑑核由〉，《白克案》國家檔案局資料檔案，檔案號 B3750347701/0052/3132517/517/1/002。

白克任職前第五戰區政治部，參與該戰區「文化工作委員會」小組活動，主編《軍民畫報》，挑撥中央部隊與地方部隊之情感，進行思想滲透工作，並利用《中原月刊》及《安徽晚報》發表左傾言論。

白克在案件中，因被認為其自首不誠，對於參與共產黨活動及來臺後為匪工作等重要部分隱瞞未辦登記，且曾編撰共黨報刊，發展組織吸收黨員，並經常竊聽共黨廣播後轉告同黨，均屬持續從事顛覆活動。[14] 白克於一九六三年經臺灣省警備總司令部以《懲治叛亂條例》第二條第一項「意圖以非法之方法顛覆政府而著手實行」判處死刑，經國防部覆判，「奉總統五十三年二月八日臺統（二）達字第〇〇六六號代電核定遵行轉飭遵照執行在案」，一九六四年二月二十二日於新店安坑刑場執行死刑。槍決後依規定還要由國防部軍法覆判局「謹以業將叛亂犯白克一名於本年（民國五十三年）二月二十二日綁赴刑場執行槍決，檢呈執行照片」，發函總統府第二局轉呈核備。

在一九六三年二月二十日的調查筆錄白克曾經翻供，只承認認識陳大禹等人，不承認參加「中共臺灣省工委會文化組」及吸收陳大禹等人情事，所謂吸收他們加入匪黨組織是「沒有此事」，[15] 對於陳大禹、宋非我等人部分與偵訊人員有以下問答：

問：陳大禹、宋非我、陳耀寰你有吸收過他們？

答：沒有此事。這三人確有其人，但均不在臺灣。[16]

---

14 臺灣省警備總司令部軍法處，《白克案》國家檔案局資料檔案，檔案號 B3750347701/0052/3132517/517/1/002。

15 臺灣省警備總司令部軍法處，〈案件點名單被告白克調查筆錄〉（一九六三年二月二十日），《白克案》國家檔案局資料檔案，檔案號 B3750347701/0052/3132517/517/1/002，頁一〇六四。

16 同上。

最後的判決書仍提到被白克吸收「加入匪幫」的三位「在逃」人犯，其中宋非我在演《壁》後曾被約談，於一九四九年潛逃出境。[17] 陳耀寰（一九二二～二〇二一）原為中國航空氣象員，曾任《人民導報》編輯，一九四九年參加原屬中華民國交通部的「中國航空公司」與「中央航空公司」香港「兩航投共」事件，根據其一九九六年出版的《飛鴻集》作者介紹：「一九四九年，陳在香港參加組織『兩航』起義，是黨的核心領導小組成員之一；起義後在民航政治機關和運輸服務部門工作四十五年」。[18]

曾與白克有合作經驗的亞洲影業公司負責人丁伯駪（一九一六～二〇一一）在回憶錄中，有一段記白克被捕前後的文字：

> 亞洲影業公司附設「亞洲影劇人員講習班」，白克擔任講師，教授「電影技術」，很受學生歡迎，第一期學員結業，第二期開學不久，亞洲公司準備開拍《雙胞女》，白克擔任導演，就在籌備期間白克突然失蹤，幾個電影界朋友到處打聽，聽說是被保安司令部傳去問話，一去就再沒有下落，我找到保安司令部的政治部主任王超凡，他對我說：「老兄，不要多管閒事了，他自己都承認了。」[19]

丁伯駪自己其實也曾在一九五〇年夏秋間被臺灣省保安司令部逮捕，先送內湖管訓再轉送綠島新生輔導處，直至一九五二年初夏交保釋放。丁伯駪在回憶錄提到白克的共產黨背景：

> 白克是文人，經不起保安司令部花樣新奇的酷刑，重刑之下，但求一死。我不相信白克是共產黨。若干年後，

17 藍博洲，《宋非我》（臺北：行政院文化建設委員會，二〇〇六），頁一三一～一四一。
18 陳耀寰，《飛鴻集》（北京：中國民航出版社，一九九六），頁一。
19 丁伯駪，《一個電影工作者的回憶》（香港：亞洲文化事業，二〇〇〇），頁四九。

臺灣開放大陸探親，我托一位朋友在北京問過司徒慧敏，司徒是我和孫俠的朋友，當時是大陸的文化部副部長，也是電影部門的最高負責人，我的朋友問司徒：「白克究竟是不是共產黨？」司徒的答覆是：「見鬼，白克怎麼會是共產黨。」[20]

沈嫄璋（1917-1966）。

姚勇來（1914-1990）。

（圖片來源：國家發展委員會檔案管理局檔案資料）

6-2 姚勇來與沈嫄璋案中的陳大禹

姚勇來（一九一四～一九九〇）和沈嫄璋（一九一七～一九六六）與姚少滄、陳大禹都是大陸時期就參加「實驗小劇團」的夥伴，換言之，都是大禹認識甚久、年紀相仿的老朋友。姚勇來筆名姚隼，祖籍福建莆田，曾在福州學中醫，也擔任過《南方日報》記者，一九三七年和原籍浙江吳興，於福州成長的沈嫄璋結婚，婚後先後在福建省財政廳、農業改進處與出版社任職。嫄璋一九三六年將從福州師範幼師班畢業時，因撰文影射教官調戲女生遭退學，獲福建《民國日報》社長蕭容生賞識，進入該報擔任記者。抗戰時，隨報社遷往臨時省會永安，由陳裕清介紹加入「三民主義青年團」，擔任永安《中央日報》記者。一九四一年姚勇來也因其妻引介進入同一報社，和蔣海溶、李世傑、路世坤等人共事。中國對日抗戰期間這一對報界夫婦均活躍於永安話劇界，經常夫導妻演、鼓吹抗日救亡。

20 丁伯駪，《一個電影工作者的回憶》，頁四九。

戰後一九四六年春姚勇來夫婦從福州來上海，與㜇璋妹淑璋及其夫邱開一起從滬赴臺，抵達臺北的時間是九月十五日。這一年十月姚勇來先在「臺灣省行政長官公署」宣傳委員會擔任辦事員，「實驗小劇團」在臺北重建時，姚沈夫婦皆有參與，姚在《守財奴》演出時擔任宣傳，沈㜇璋曾在報上寫文章悼念「實小」在福建時期的「前輩吳英年」，但未實際參與行政，其妹淑琛則擔任演員，在國語組《守財奴》飾演美珍。一九四七年「二二八事件」後夫妻皆進入《臺灣新生報》，㜇璋擔任記者先後採訪省政、交通、黨政等新聞路線，姚勇來則擔任編輯。一九五〇年因追查轟動一時的張白帆、陳素卿殉情自殺案，受到新聞圈矚目。[21] 㜇璋一九五〇年代因報導蔣宋美齡和婦聯會新聞而享盛名。

姚勇來、沈㜇璋夫婦與王淮、劉崇淦夫婦關係至為密切，沈㜇璋是劉崇淦同學，且是兩夫妻的介紹人，來到臺灣後經常往來，沈㜇璋還協助劉崇淦開設「華北食堂」，王淮自白書說這個食堂「進出者分子複雜，行為詭密，經濟來源可疑」。[22]

姚勇來、沈㜇璋所涉案件為一九六六年爆發的「蔣海溶等叛亂案」，這個案件的嫌犯包括曾任福建永安《中央日報》總編輯，來臺後擔任調查局六處處長的蔣海溶、副處長李世傑與時任《臺灣新生報》編輯主任的姚勇來、記者沈㜇璋夫婦。蔣案據聞是與調查局派系鬥爭有關，當時調查局長沈之岳承蔣經國之命改組調查局，引發內部抗拒，於是展開整肅鬥爭。一九六六年初，調查局發動「城固專案」、以匪諜案偵辦局內閩籍官員蔣海溶和李世傑等人，蔣海溶被控一九二八年秋在福州第一高級中學師範科就讀時參加「匪黨」，一九三三年進入調查局前身中國國民黨中央調查統計局（中統局）福建調查處，李世傑（又名李浪浪）一九三七年在廈門參加「匪黨」。

21 關於張、陳殉情事件，參見黃英哲，〈跨界者的跨界與虛構：陶晶孫小說〈淡水河心中〉顯現的戰後臺灣社會像〉，《臺灣史研究》一八：一（臺北，二〇一一），頁一〇三～一三二。

22 「華北食堂」就是後來的「狀元樓」原址。

姚勇來和沈嫄璋一九四四年任職永安《中央日報》時，夫婦兩人皆為當時報社總編輯蔣海溶吸收，成為福建中央統計局眼線。一九四五年七月福建中統局逮捕筆名「羊棗」的左聯與中共黨員楊潮，一九四六年一月十一日楊潮死於杭州獄中，上海文化界、新聞界為其舉行公祭，姚、沈夫婦也被牽連，沈嫄璋以臨盆在即先獲交保，姚勇來遭解往江西關押半年後自新獲釋，兩夫妻一九四六年九月來臺，一九五一年起和調查局恢復聯繫，化名「蘇甦」受臺北區調查站運用、經常奉命蒐集文教界活動情資。[23]

由於姚氏夫婦和蔣、李二人平日互動密切，辦案人員擬從兩夫妻身上取供，同年五月二十四日逮捕姚、沈夫婦。辦案人員指控姚勇來「早年參加共黨組織」、一九三〇年在福州期間曾和當時福州左派文教人士往來密切，一九三五年在福州加入「匪黨」，被編入「民族解放先鋒隊」，「受鄭文蔚指示，於一九四八年間組織『新聞工作委員會』」、「吸收路世坤、黃毅辛等人」，「一九四九年起受蔣海溶領導」，「多次集會，商討如何利用新聞報導，從事匪統戰活動」，並將其過往作品如新聞小說《陳素卿》、副刊連載嘲諷寓言〈阿Q大鬧臺灣〉等作品當成叛亂罪證。

沈嫄璋在八十五天的羈押期間因不願配合，遭到嚴厲刑求，八月十六日凌晨暴死於調查局第一留置室，得年五十歲。[24]不過，調查局仍取得姚勇來證供後再攀誣蔣海溶、李世傑，並波及《臺灣新生報》通訊組主任路世坤，以及《徵

23 王景弘，《慣看秋月春風：一個臺灣記者的回顧》（臺北：前衛出版社，二〇〇四），頁七二～七三。

24 姚勤，〈白色的歲月‧變色的我〉，《中國時報》副刊，二〇〇〇年十一月二十二日；王景弘謂：「據後來的說法，沈嫄璋原來只是『潛伏』的匪諜，並不活動。後來北京需要動用她，便利用她到東京出差的機會，把包裝在彩色電視機內的發報機交付給她。甚至有人說她採訪大陸救災總會，以記者身分訪問『災胞』，實際上就是藉機與中共派出來的人聯絡，不管真相如何，她最後在獄中自殺。記者與匪諜，在那個年代會有如此關聯，正反映那個時代的獨特性，那個時代的不確定感和恐怖感，陷阱重重，諜影重重……」。參見王景弘，《慣看秋月春風：一個臺灣記者的回顧》，頁七二～七三。

信新聞報》（《中國時報》前身）記者黃毅辛。在此之前，姚勇來的胞妹和空軍妹夫，也雙雙因案被槍決。[25] 調查局在沈嫄璋死亡時提調同在刑訊中的夫婿姚勇來前來為其妻更衣入殮，當夜即下葬於臺北市六張犁第七公墓，未立任何墓碑標示，也不許通知其他家屬。辦案人員並誘迫姚簽下切結書，聲明其妻自殺身亡。姚被調查局移送警總軍法處之後，曾經具狀提出諸多疑點、請求當局調查其妻真正死因，但調查局仍以「畏罪自殺」回應。

姚勇來一九六六年十一月二十八日在調查局的筆錄交代自己的「犯行」，中間也曾提到陳大禹及「實驗小劇團」：

問：你夫婦以後〔案指來臺之後〕會有哪些活動呢？

答：〔民國〕三十五年十月，我即到長官公署宣傳委員會工作，嫄璋也進和平日報工作，在宣傳委員會之下，附屬有交響樂團、電影製片廠及新生報三個機構，都有匪黨分子滲透在內，我利用宣委會工作之便，與該三機構的匪黨分子的來往，分述如下：

一、初期我家借住在中華路交響樂團內，與閩南劇人陳大禹、陳春江〔似在公賣局工作〕、陳秋江兄弟計畫組織劇團，但未組成。我們當時是想打入臺灣當地的戲劇文化圈裡去，再謀為匪工作。陳大禹是匪黨分子，後來被捕，「二二八」後回閩南，陳春江後狀況不明。

25 當時曾與姚勇來、沈嫄璋在《臺灣新生報》的同事提及：「沈嫄璋夫婦還有一個祕密身分，就是調查局的『義工』，原來，他們在福建從事新聞工作期間，與大公報女記者楊剛之兄楊潮（筆名羊棗）常有往來，沒想到楊潮被發現是共產黨員而被逮捕，他們也遭牽連下獄；後來，他們獲釋，條件是為調查局一位名叫蔣海溶的處長工作。曾任調查局第一處副處長、後來與蔣海溶同案被捕的李世傑回憶說，沈嫄璋當時編在一個文教工作調查單位，叫做『青雲小組』，她化名『林小書』，經常蒐集一些省政有關的資料，『表現很好』，調查局第一處前後三任處長都很欣賞她，經常與她接觸。至於她的丈夫姚勇來，因為是編輯，很少在外面拋頭露面，所以從沒有蒐集到什麼情報給調查局。」參見王景弘，《慣看秋月春風：一個臺灣記者的回顧》，頁七二～七三；另見戴獨行，《白色角落》，頁二〇四～二〇六。李世傑，《調查局黑牢三百四十五天》（臺北：元天圖書公司，一九九〇），頁二九三～四〇二；陳百齡，〈報業政治獵巫：一九五〇～八〇年代《臺灣新生報》政治案件〉，頁七七～八〇。

二、稍後我家遷住襄陽路宣委會「太陽館宿舍」，又與電影製片廠長白克來往密切，並參加他所發起的聚餐會活動，當時參加的除我夫婦外，尚有陳耀寰、都建生、麥非夫婦、王淮夫婦等。事實上我們當時是想利用在影劇文化界工作的關係，發展為匪工作，同時交換對時事的意見。麥非當時在新生報工作，「二二八」後逃回廣東附匪，陳耀寰、都建生都在中航公司工作，旋調香港，後來在港投匪，王淮後來因案被捕，獲釋後，現在花蓮木瓜山林場安全室工作。又當時宣委會邀請歐陽予倩領導的「新中國劇團」來臺公演，表面是為發展臺灣劇運，實際是為匪宣傳。白克與歐陽予倩來往密切。我夫婦與歐陽予倩來往的目的是想藉此提高我們在劇界的地位。……[26]

若照調查筆錄，當時的臺灣諜影幢幢，陳大禹等人所有推動劇運的努力，都只是「為匪工作」，姚勇來自白詳細敘述他如何利用宣委會工作之便，與「臺灣省立交響樂團」、「臺灣省電影製片廠」、《臺灣新生報》「三機構的匪黨分子來往」，「發展為匪工作」。姚勇來一九六六年十一月二十八日的自白書提到，陳大禹與「實小」部分有些誤記，他雖然在《原野》、《香蕉香》的演出仍掛名「宣傳」，不過，從現有資料來看，大禹在臺灣的二年多之間，與姚氏夫婦的互動不會太多，主要原因是兩夫妻在臺灣的新聞界工作忙碌，對「實小」的劇團工作參與較少，與大禹之間平日也不常聯繫，而在大禹回到中國之後，彼此之間更加疏遠，在大禹離去之後，對還在臺灣的姚沈而言，與大禹的關係最好就是沒有關係。

姚勇來自白書謂一九四六年十月在長官公署宣傳委員會工作時，宣委會轄有交響樂團、電影製片廠與新生報，略有小誤，當時交響樂團隸屬臺灣省警備總司令部，可能因為警總與行政長官公署最高長官俱為陳儀之故，宣傳委員會

26 法務部調查局，〈姚勇來調查筆錄〉（一九六六年十一月二十八日），《姚勇來案》國家檔案局資料檔案，檔案號A311010000F/0055/156/00432。

的業務與警總之交響樂團有所關連；至於所謂這三單位「都有匪黨分子滲透在內」，應當是就他在一九六六年做筆錄時的認知，電影製片廠有白克案、交響樂團有李東益案、楊渭溪案，新生報人數更多，一九四九至一九七五年間，先後有十六名新聞從業人員涉及政治案件。[27]

沈嫄璋死後，臺灣省警備總司令部軍事檢察官一九六七年五月二十日的不起訴處分書謂：

本件被告沈嫄璋涉嫌于民國二十年在福州師範肄業時，經林匪海卿吸收，參加林匪所領導之「讀書會」，經林匪介紹加入匪黨「少年先鋒隊」，二十六年經孫匪贊崇吸收加入共產黨，三十五年來臺受鄭匪文蔚之領導活動，三十八年參加姚勇來所領導「新聞工作委員會」，吸收黃毅辛參加該會，並經常集會，討論對政府不利及為匪宣傳等問題。案經司法行政部調查局查覺拘押調查，業據自白歷歷，在偵查期間於五十五年八月十六日畏罪自縊身亡，經臺北地方法院檢察官暨法醫勘驗屬實，有勘驗筆錄及屍體收理證明書附卷可稽，依據首開說明，爰依軍事審判法第一百四十六條第一項第六款處分不起訴。[28]

雖然姚勇來的偵訊過程多次翻供，否認犯行，但臺灣省警備總司令部軍事法庭一九六七年以初特字第十四號判決書認定姚勇來「以非法方法意圖顛覆政府而著手實行」，判處無期徒刑，褫奪公權終身（同案被告蔣海溶、李世傑死刑）。姚勇來經上訴後，一九七二年六月國防部發回更審，一九七三年一月十五日國防部高等覆判庭，改以「姚勇來參加叛亂之組織，處有期徒刑十五年，褫奪公權五年」，判決書提及：

27 陳百齡，〈報業政治獵巫：一九五〇～八〇年代《臺灣新生報》政治案件〉，頁五五～六二。
28 法務部調查局，〈沈嫄璋案不起訴處分書〉，《沈嫄璋案》國家檔案局資料檔案，檔案號 A311010000F/0055/156/00195。

姚勇來聲請意旨略以：（一）在調查局之自白，係出於刑求迫供，不得採為證據，所寫之自白書及筆錄，均係被迫承認，全非事實。（二）更審判決認事用法，均有違誤，量刑亦屬過重，請撤銷初判，平反冤抑云云。

三、覆判理由及應用法條：

查原判認定事實，尚無不合，聲辯各節業經原判予以指駁辨亦難認為有理由……姚勇來減處有期徒刑十五年，褫奪公權五年。〔蔣海溶、李世傑改判無期徒刑〕[29]

繫獄期間因一九七五年蔣介石總統逝世大赦，刑期再減為十年，於一九七六年獲釋，姚勇來獲釋出獄後，將其妻移葬至臺北市南郊福州山。姚晚年在臺北市東區香江大廈擔任管理員，兼營香菸小買賣維生，一九九〇年十一月二十三日病逝，享年八十一歲。[30]

姚勇來涉嫌叛亂罪被偵訊時，曾由舊識林頌和擔任辯護律師，林頌和（一九一六）雖被列為「實驗小劇團」創團元老之一，但在劇團所參與工作不明，他曾任職於軍統局，有律師資格，擔任姚勇來被訴叛亂嫌疑案件之辯護人時，當庭揭發調查局刑求姚妻沈嫄璋導致死亡，再偽裝自殺，請求開棺驗屍未果，隨後姚勇來的判決書未再出現辯護律師。

一九七一年九月，林頌和因捲入一件司法黃牛案被判處有期徒刑一年半，律師執照被吊銷。一九七二年六月二十二日，林更被指控涉嫌叛亂，遭調查局借提偵訊，並於同年十二月三十日移送軍法處看守所。一九七四年經臺灣省警備總司令部更審以《懲治叛亂條例》第五條「參加叛亂之組織」判處有期徒刑五年，判決書謂其於一九三六年在福建學院讀書時，由林其潤、魏然介紹參加俞棘所主持之匪黨外圍組織「南天劇社」，並經俞棘指證歷歷。林頌和隨

29 法務部調查局，〈國防部判決書〉（六十一年教覆高風字第四十五號），《姚勇來案》國家檔案局資料檔案，檔案號A311010000F/0055/156/00432，頁三～四。

30 戴獨行，《白色角落》，頁一〇八；姚勤，〈白色的歲月．變色的我〉，《中國時報》副刊，二〇〇〇年十一月二十二日。

後申請覆判，在軍法聲請狀中直指：

本案之起因係因執行律師職務時，種下與調查局之宿怨，該局利用被告因另案在臺北監獄執行徒刑之機會，非法借提違法羈押於該局「仁舍」歷時一百九十一天。除用三十餘種毒刑迫令做成假自白外，並嗾使職業證人俞棘出面偽證，藉以配合製造案件以達成報復之目的，幸俞棘被告素昧生平，在其五次證詞中因係憑空虛構，以致矛盾百出，原形畢露。如就該局曾於民國六十年七月二十日派調查員張興然至軍法看守所接見姚勇來，圖以政治解決為交換條件裁囑姚君誣指被告為匪之事實，前後兩相對照，昭然若揭。[31]

林頌和除了揭露調查局曾接近姚勇來，意圖以政治解決為交換條件，要求姚誣指林頌和為「匪黨」，則前姚勇來被情治單位引導解除林辯護律師委任，應該也是相同情況。林頌和在自己所捲入判亂案中的申請覆判聲請狀，聲稱受到刑求並拔除腳趾甲，因此主張在調查局所做之自白不得採為證據，且「南方劇社」之宗旨為何，其實質上有無顛覆政府之目的，是否為叛亂團體，聲請人並不知情，原判決均未見調查之說明。林頌和的申請覆判被警備軍法處駁回，林再提抗告，國防部於一九七五年四月三日裁定抗告駁回。林的刑期後因蔣介石總統逝世減刑三分之一，服三年四個月刑期，而於一九七五年七月十五日出獄。

前引林頌和聲請狀謂俞棘是「職業證人」，主要係指他先前在李荊蓀匪諜案的作證。俞棘於一九四六年二月間自福州渡海至基隆、轉赴臺南市，歷任《中華日報》南部版編輯主任、副總編輯、主筆、副刊主編等職，一九七〇年十月三日調查局逮捕俞棘時，他是報社副總主筆，辦案人員指控其早年「經常閱讀匪書」、「發表左傾小說」，在福州

31 法務部調查局，〈林頌和補呈聲請書〉，《林頌和案》國家檔案局資料檔案，檔案號 A311010000F/0061/156/00362，頁五九。

為報社辦文友郊遊會「組織文運」；來臺之後「利用報刊，刊登利匪文字」以及「包庇及掩護匪嫌分子」等罪嫌，他並供與中國廣播公司副總經理李荊蓀，一九三六年間在《南方日報》同事時，兩人因藝文興趣熟識，爾後偶有書信往來。一九四六年李荊蓀曾有一信給俞棘，提及「對不流血革命還不死心，報紙是方式之一。」辦案人員搜得此信，使俞棘當庭對質供證，遂行羅織。李荊蓀在法庭上聽聞俞棘證詞，當場悲痛高呼：「良心！良心！」一九七一年一月四日，臺灣省警備總司令部（六〇）初特字第五十、三十七號及（六一）秤理字第一六九號判決書，判定俞棘和李荊蓀兩人「參加叛亂組織」。李荊蓀遭判無期徒刑、褫奪公權終身，俞棘則因「在調查期間，態度坦誠，深具悔意，並曾擔任臥底工作，協助整理資料，頗著辛勞」，予以減刑，判處有期徒刑五年，褫奪公權三年。[32]

6-3 王淮案中的陳大禹

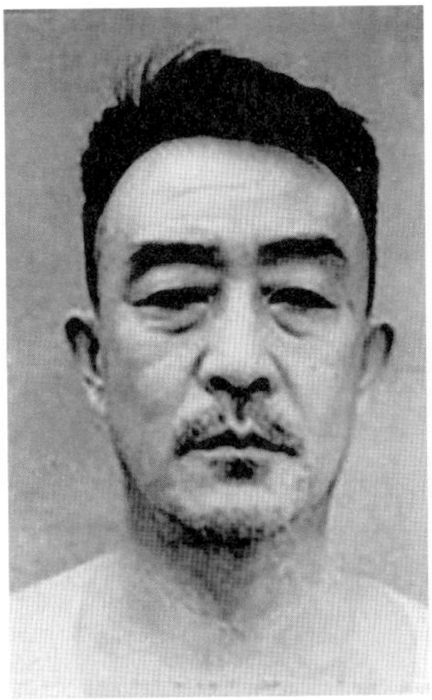

王淮（1919-1989）。（圖片來源：國家發展委員會檔案管理局檔案資料）

曾經在「實驗小劇團」第一齣戲《守財奴》負責「國語組」的導演兼前臺主任王淮（一九一九～一九八九），原籍山東濟南，除了業餘演劇，王淮做過的職業很多，有司機、公務員，也曾經商。王淮導演國語組《守財奴》後就沒再參加「實小」演出，但有偶爾與陳大禹見面，並觀察《香蕉香》排演，或許他正忙著做更大的「事業」。王淮供詞中提到與姚勇來、陳大禹、姚少滄、

32 參見俞棘人物介紹，「國家人權資料庫」https://memory.nhrm.gov.tw/TopicExploration/Person/Detail/11240，擷取日期：二〇二四年十月十一日。

陳震等人經常去中山堂前「朝風」咖啡館聽音樂、談天，這家「朝風」位於今日的臺北市永綏街，日治時期為臺灣首家唱片公司「古倫美亞」的錄音室，後成為播放古典音樂的咖啡店，為戰後初期藝文界經常聚會的場所。當時一心關注於戲劇的陳大禹與「實小」主要成員，例如活躍於新聞界的姚勇來、沈嫄璋與忙於做事業的王淮互不相同，王淮一九四九年還與友人合資經營「泰昌股份有限公司」，王淮為董事長，做過地下錢莊、打撈海底沉船、開過影業公司、戲院等等。[33]

王淮在「實小」成員中與姚勇來夫婦關係最為密切，其妻劉崇淦係沈嫄璋同學，一九三九年前後王淮隨教育部二隊到福州公演時，劉崇淦在福建省抗敵後援會婦女工作隊當隊員，兩人因得沈嫄璋的介紹而相識、結婚。

王淮在一九七一年四月十五日被羈押時為臺灣省林務局木瓜林區管理處薦任八級安全組長，他會被捲入叛亂案是周君平判亂案中被周供出：

33 王淮在〈自白書〉謂：公司行事不管大小，都非經過陳（火木）、劉（菊芬）二人，所以遇事掣肘，更由於我思想與他們不能一致，故我決心把整個公司吃掉，欲使「泰昌股份有限公司」成為共匪文教事業的掩護機構，圖以造成債權方法，迫使股東退股，以便我一人控制。……於三十八年春又在昆明街創設了「美大號」地下錢莊，吸收游資，轉貸「泰昌股份有限公司」，以遂先造成債權，繼續吞吃股權的野心，但債權造成以後，不料電力公司預收保證金四十八億八千萬元，「泰昌股份有限公司」無力繳付，乃致工廠不能開工，「美大號」之債權反被凍結，加之當時最大地下錢莊「七洋貿易行」被取締後，臺北市地下錢莊均被拖垮，故「美大號」先「泰昌股份有限公司」倒閉……。在「美大號」宣告倒閉時清理中，被保安處羈押了一百天後被保釋，保釋之後一直不敢露面，躲在王之一（原名王縉謀）家中數月，直到三十九年秋初，聞原來劉菊芬之兄劉裕豐，透露省黨部有將臺北戲院包租之可能，因此主動向匪取得聯繫，為恐匪黨上級派人聯繫不到，發生嚴重後果，且戲院生意我不外行，尤能適合發展劇運之目的，作為共匪文教外圍組織的據點，在三十九年秋初在臺北市延平北路一段經營「大有影業無限公司」，我吃乾股一份，但地位最低，後因我在包租戲院事情失信於股東，而遭怒斥，故在三十九年冬初「大有戲院」落成之日被辭退，乃於三十九年冬轉去白犬島（馬祖莒光島）經商。參見法務部調查局，〈王淮自白書〉，《王淮案》國家檔案局資料檔案，檔案號 AA11010000F/0055/301/04447。

王某與匪黨分子沈嫄璋、姚勇來夫婦似有組織關係，曾親自聽到王某與人談：「……上山工作，必要時可用武力……」，三十七年底（一九四八）我的組織領導人王致遠要我送信給蔡繼琨，命其逃返大陸，三十八年間（一九四九）王又囑我送信給鍾毓良任先進，是以大家都明白是匪黨組織裡的人。「靖平」事件後很多匪諜滲入和平日報，利用記者身分作掩護蒐集情報，並以經濟支援匪諜，鍾當時就在該報工作。[34]

「復經參證證實，被告涉實重大，依法傳訊破案」，一九七一年調查局在偵辦周君平判亂案，依其供述王淮與沈嫄璋、姚勇來夫婦似有組織關係，其中提到：

王某來臺初期完全以商人姿態出現，忽而食堂老闆，忽而房地產經理，飯館既因週轉不靈關閉，何以又能轉營木材與房地生意，且出入有福特小轎車代步，一變又為鐵路警局司機，最後卻成為林務機構安全部門主管，其變化莫測究否出於匪黨之某種任務上要求，殊有深入探究之必要。[35]

司法行政部調查處一九七一年的特種刑案調查書提到王淮的「犯罪事實」及「犯罪證據」，包括一九三五年十二月在山東濟南中學時響應北平「抗日救亡學潮」，與陳中民（匪黨分子）、郝龍等人參加罷課，侮辱師長，搗毀教具後被開除，參加「民族解放先鋒隊」，「擔任匪的交通及通訊聯繫工作」，閱讀魯迅著《阿Q正傳》、《狂人日記》及艾思奇著《大眾哲學》等左傾書籍，思想漸受感染。一九三七年十月在第三集團軍戰地工作團任戰報傳遞組訓民團時，經常傳播匪黨的教條及理論喊口號唱「抗日救亡」歌曲，使當地民眾駐軍因而感染「匪的思想」。一九三八年二月於雞公山集訓，被選在音樂隊任男中音主唱，所唱鄭沙梅作品如〈嘉陵江上〉、〈打回東北去〉，均含有濃厚的匪

34 法務部調查局，〈慎固小組涉嫌對象審查簡報表〉，《王淮案》國家檔案局資料檔案，檔案號 AA11010000F/0055/301/04447。

35 法務部調查局，〈涉嫌對象審查報告表〉，《王淮案》國家檔案局資料檔案，檔案號 AA11010000F/0055/301/04447。

黨思想意識，十二月初到寧波後除演戲外，暗中仍繼續為匪蒐集資料，並在「生活書店」購閱《資本論》、《唯物論》、《唯物辯證法》等書，嗣後在福建省保安司令部政治部工作時，該項匪書被政治部發現遂遭「沒收」。

一九三九年四月間王淮隨教育部二隊至沙縣工作時被派往建甌「七七劇團」，導演《夜之歌》時在沙陸墟、劉淑貞介紹下，「參加匪黨，接受沙陸墟直接領導，策動戲劇音樂運動宣傳共黨思想毒素，煽動反國民黨、反政府之群眾情緒，俾便製造左傾思想高潮，誘惑青年傾匪，發展中共外圍組織。王淮曾在福建永安與姚勇來、沈媛璋二人初步交換意見，準備籌戲劇聯合組織，加以控制發揮統戰工作的構想」，一九四〇年八月間由「匪黨分子」朱鳴岡介紹至福建省保安司令部政治部戰時服務團工作，後獲朱指示策動臺灣的藝術運動，建立藝術工作基礎，一九四六年六月來臺，先安插在省訓團服務，每週與朱鳴岡定期工作聯繫一次。王淮遵照指示曾與姚勇來、沈媛璋策動「吃會」，奉朱指示盡力協助白克運用關係支持省立劇院的計畫。

一九四七年的戲劇節王嫌又奉朱匪的指示，籌組省劇人協會，事成後推白克去幹，不必實質參與，以上三項計畫均為匪建立外圍組織，王嫌均曾參與，但因故皆未達成，王嫌復奉朱匪的指示，參加姚匪勇來的「農場計畫」，通宵「打撈沉船」計畫等均未果。一九四八年秋朱匪離臺前指示王嫌說：「臺灣藝術或戲劇運動已入低潮，我們在此無可作為，我先回閩」，並說：「我們行動已被人注意，行動要特別注意」等語，直至一九四九年三、四月間朱來信要王淮回閩，因故未成行，從此與朱斷絕音訊失去聯繫，情治單位調查王淮「在臺潛伏迄今，未向政府辦理自首手續等情，均經供認不諱」；犯罪證據及引用法條，則為「核王嫌所供述犯罪事實，在臺的證人徐雪影（自新分子）乙名及王嫌所持有接觸關係人照片和渠自白書中所供人物姓名，可相互作證符合」。[36]

36 法務部調查局，《王淮案》國家檔案局資料檔案，檔案號 AA11010000F/0055/301/04447，頁六三～六四。

王淮在偵訊過程中多次撰寫自白書，把妻子與沈嫄璋以及陳大禹兩人都拉下來，他極力描述沈嫄璋是「新時代戰鬥女性」，「當時受該婦女工作隊崇拜之新女性」，並強調其妻深受其影響，以至「政治思想已受共匪毒素感染」。王淮自白婚後與妻子在一九四一年春到永安與姚勇來、沈嫄璋再度相逢，當時姚沈夫婦曾自新被管訓，匪黨黨員身分已是公開事實，在永安只七個月中間，「妻子（劉崇淦）與沈的交往是超過了我的，連家庭瑣事沈對我都瞭若指掌」，來臺後，王淮住「正氣出版社」，白天在省訓練團上班，與姚沈夫婦見面機會不多，「但我的一舉一動姚沈夫婦都很清楚……，她尾隨沈嫄璋，比我更出力拉攏，五十五年我全家搬花蓮『避風』，但她與沈嫄璋間聯繫並未中斷，而且每來臺北必至姚沈家」，一九四九年王淮被保安部扣押，「妻子崇淦竟聽姚沈夫婦指示，轉情經濟日報路世坤設法活動交保，直如火上加油，幾乎害了我，居見沈之用心，我妻之『盲從』，所以我敢於認定我妻是在沈嫄璋誘惑下誤入歧途。」[37]

王淮於一九七一年五月二日寫了一份一百二十頁的自白書，詳述其家世及求學情形，以及「誤入歧途」參加匪黨經過，最後以「我的懺悔」結束，其中曾提到與姚勇來夫婦及鄭文蔚、王玲燕夫婦於一九四〇年四月在永安的往事：

> 曾在四個月期在永安演二、三次，然見到姚沈有時也會專適來訪或去吉山省府轉道來找我，交往可謂仍密，沈且曾介紹鄭文蔚之妻王玲燕來吉峰頭借住，旋即請准錄用為隊員，王玲燕參與話劇演出時，時鄭文蔚在重慶受訓，未幾鄭歸來攜王玲燕即相識，惟無深談，後鄭設宴請我與姚沈籌酬金為其照料嬌妻之情，是夕乃得長談，鄭表示矜持，官腔十足，後酒後耳熱不覺放浪形骸，大談「前進」理論，並謂重慶政府已捉襟見肘，將放棄東南

37 法務部調查局，〈自白書〉，《王淮案》國家檔案局資料檔案，檔案號 AA11010000F/0055/301/04447，頁七七。

矣……。[38]

這一段提到「實小」另一位元老王玲燕與姚沈之間往來以及參與戲劇活動的情形，這些人的行蹤都比陳大禹複雜，王淮這份自白書有一段提到陳大禹：

陳大禹雖口吃，但很愛說話，當時在十三補訓處工作，以鄉親關係為處長李良榮（現在臺，曾任福建省主席），據記憶當時處長已由嚴澤元接替，陳大禹與我在戲劇思想路線上有很多相同想法，在藝術大眾化的道路上我們結為友人，雖然我當時不悉見他身分，但對他的出處漳州「薌潮劇社」是從南洋得到支持的共匪外圍組織（這是沙陸墟告訴我的），我想所以我也放膽與他交結，初次印象是陳有使人不耐的傲氣，但有「前進」的極左傾思想傾向。[39]

在這份自白書最後，王淮又有一段〈補充自白〉，再談到有「有使人不耐的傲氣，但有『前進』的極左傾思想傾向」的「陳大禹的演出」：

我來臺後與陳大禹相會在臺灣電影廠，首次見到他，他當時大吹大擂說龍溪「薌潮劇社」大批班底隨他來臺，來開展臺灣劇，並吹噓他是漳州人，在臺得天獨厚，可以得在地劇人呂訴上、宋非我（二二八時已伏法）等支持，我當時就發生要運用的念頭，旋我請示朱鳴岡認為可行發動他打頭陣，對我們百益無一害，我便時鼓勵他

38 法務部調查局，〈自白書〉，《王淮案》國家檔案局資料檔案，檔案號 AA11010000F/0055/301/04447，頁七七。

39 法務部調查局，〈自白書〉，《王淮案》國家檔案局資料檔案，檔案號 AA11010000F/0055/301/04447，頁七七。

組織劇團演出，但這時「新中國」、「觀眾」來了，一時便忘了他。[40]

王淮與陳大禹相關的事，可能因為事隔二十幾年，而且從一九四九年之後，兩人音訊隔絕，所述之事頗多疏漏。他一九七一年五月二日的自白書，補述一段陳大禹：

> 我建議他挑宋之的的《刑》或曹禺的作品，但他好大喜功要自編自導，於是推出了《香蕉香》，劇意淺近，故事平乏，雖臺詞有些左傾意淺，但賣座奇差，敗陣下來，宣傳效果也毫無，繼之再鼓勵他上戲，乃推出了《吝嗇人》雖然賣座不壞，但票款卷入私囊，在宣傳效果上也失掉「統戰」意義。陳大禹滿腔子「前進」思想、「革命」理論，只是在工作執行技術上，毫無掌握運用的能力，弄得一團糟，而且風險太大，以後我與朱鳴岡請示之後並不敢再利用他了。[41]

這段敘述把《吝嗇人》（《守財奴》）與《香蕉香》的演出次序都攪亂了。一九七一年五月十八日王淮又有一篇〈我所知道的劉崇淦〉為妻求情：

> 晚近我妻年紀已大，健康也差（患慢性腎炎），逐漸老衰，在結婚前後數年中也受我荒謬惡毒共匪思想所感染，與我在福建省時幫我搞共匪惡毒思想，宣傳演左傾戲，唱救亡之歌，都助我一臂，來臺後當奔走吃會……都為直接為匪工作，但我也瞭解我妻近來痛苦反省之情，甚至精神稍衰，我妻雖與我直接關係，但我懺悔之餘

40 法務部調查局，〈補充自白〉，《王淮案》國家檔案局資料檔案，檔案號 AA11010000F/0055/301/04447，頁一二一。
41 法務部調查局，〈補充自白〉，《王淮案》國家檔案局資料檔案，檔案號 AA11010000F/0055/301/04447，頁一二一。

為明心跡，謹將其組織關係思想意識報告如上，懇祈寬大處理，不勝感激。[42]

王淮於一九七一年六月二日的偵查筆錄與情治人員有一段對話，提到當年在「朝風」咖啡館與陳大禹的「大放厥辭」以及「吃會」的情形：

問：你在三十五年〔案：以民國紀元，以下同〕「新中國」、「觀眾公司」來臺公演，曾與何人接觸？活動情形如何？

答：我除了在六十年五月六日調查筆錄中提到的交往人物，呂復、嚴恭、馮熙、歐陽予倩、丁惟敏、梁為章、耿震、沈揚等人外，猶記在陳大禹劇團排演《香蕉香》、《吝嗇人》〔案：即《守財奴》〕時，我與姚勇來、陳大禹、姚少滄、陳震等人經常去中山堂前「朝風」咖啡館聽音樂、談天。

問：你們在「朝風」咖啡館談話內容如何？

答：我們談話都集中在陳大禹的戲上，但有時對時局問題也談談，並經常發表一些攻訐政府的荒謬言論，記得當時姚勇來的意見大意是：「聯合國託管，也就是等於美國託管，不過美國比較天真，新聞自由發表不受限制，社會也比較安定，生活一定會提高水準」，而我認為：「到時公務員拿美金，生活自然好得多」，陳大禹說得很露骨：「臺灣需要解放了」，姚少滄也認為「託管後幹得自由」，陳震認為：「託管人民才有自由，才能呼吸新鮮空氣」。總之，我們談話內容很廣，大都是詆毀國軍之不是，稱之謂「棉被兵」，更以惡語挑撥外省人與本省人的感情。

問：「二二八」事變後，你們「吃會」聚會恢復的情況如何？

42 法務部調查局，〈我所知道的劉崇淦〉，《王淮案》國家檔案局資料檔案，檔案號 AA11010000F/0055/301/04447。

答：三十六年五、六月間，我們的「吃會」又開始恢復聚會，第一次是在大正町七條通陳耀寰家中，飯後我與朱鳴岡、白克、姚勇來、陳耀寰、張亘等移轉至客廳聊天，姚勇來曾提出經營農場的構想，擬轉移至農村或山區建立永久性之工作基地，以開辦農場為掩護，圖轉移治安情報機關之注意，以減少壓力，徐圖未來工作之發展。後朱鳴岡復提議開發林班，隱蔽功能更高，亦可作為參考，但開辦農場、開發林班皆需要大量的資金與技術條件之限制，因此這二種構想均未能實現。[43]

王淮於一九七一年經臺灣省警備總司令部以《懲治叛亂條例》第五條「參加叛亂之組織」起訴，罪狀是曾在福建建甌縣加入共產黨，後奉朱鳴岡指示來臺，與白克、姚勇來、沈嫄璋等成立「吃會」，加強連繫。而後他被判處有期徒刑五年。一九七一年十一月八日臺灣省警備總司令部以「被告參加固在民國三十八年六月二十日《懲治判亂條例》公布之前，但至獲案時止，被告在臺未能自首，又無其他事證足以證明其確已脫離」，依照司法院大法官會議議決字第六十八號解釋，其參加行為應認為仍在繼續狀態中，核其所為應依參加判亂之組織罪論，惟被告於調查局調查時，曾檢舉叛徒即其妻劉崇淦等，劉崇淦部分經調查局查明確係匪諜，爰依法酌請減清（輕）處以適當之情（刑）。判決王淮參加叛亂組織，處有期徒刑五年，褫奪公權三年。[44] 王淮因自白及大義滅親獲得減刑。一九七五年也逢蔣介石總統之喪，經臺灣省警備總司令部裁定減處有期徒刑三年四月，一九七五年七月十四日刑滿開釋。

43 法務部調查局，〈調查筆錄〉（一九七一年五月六日），《王淮案》國家檔案局資料檔案，檔案號 AA11010000F/0055/301/04447。

44 臺灣省警備總司令部判決書分六十一年度特等字第九（六〇）遵威字第七一七七號。

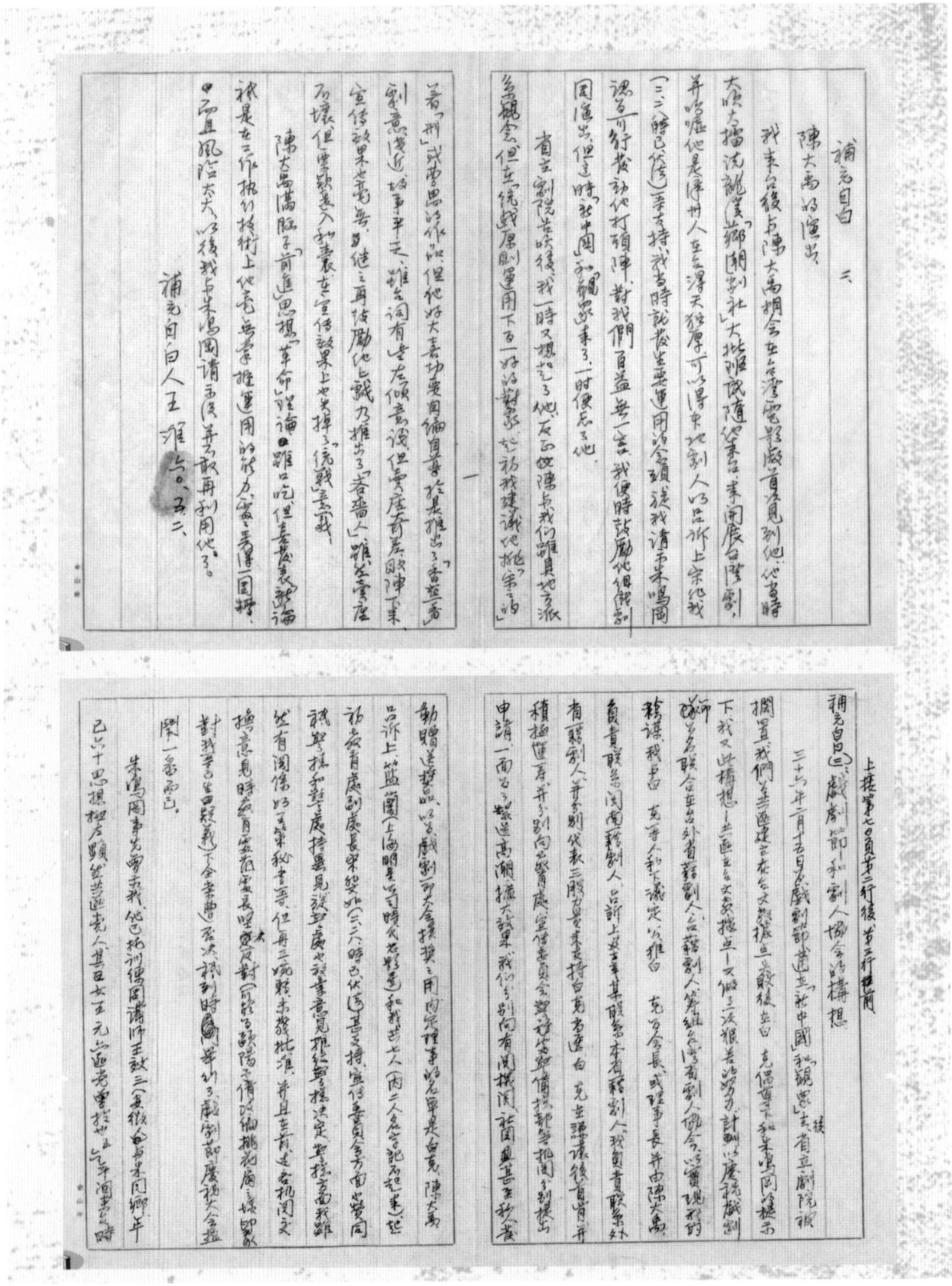
補充自白 二
陳大禹的演出
我來台後與陳大禹相會在台灣電影廠首次見到他，他當時
大吹大擂說讚「鄉[illegible]劇社」大批班底隨他來台，要開展台灣劇
并吹噓他是漳州人在台灣得天獨厚可以得本地劇人的信任上宗他我
（二二八時已伏法）來支持，我當時就發生要運用的念頭，就我請示朱鳴岡
認為可行，發動他打頭陣，對我們有益無害，我便時時鼓勵他組織劇
團演出，但這時「新中國」和「觀眾」來了，一時便忘了他。
省立劇院告吹後，我一時又想起了他，反正他陳與我們雖具地方派
系觀念，但在統戰原則運用下是一好的對象，就初我建議他排「[illegible]的
」着「刑」或曹禺的作品，但他好大喜功要自編自導，於是推出了「香蕉香」
劇，意識淺近，故事平淡，雖台詞有些左傾意識，但賣座奇差敗陣下來，
宣傳效果也毫無，為繼之再鼓勵他戮力推出了「香番人」，雖然賣座
不壞，但要強進入和最在宣傳效果上也失掉了「統戰」意義。
陳大禹滿腦子「前進思想」「革命理論」雖口吃，但喜發表議論，
但是在工作執行技術上他毫無掌握運用的能力，要是一團糟，
而且風險太大，以後我與朱鳴岡請示後并不敢再利用他了。
補充自白人王淮 六〇、五、二、

上接第七〇頁第二行後，第三行[illegible]前
補充自白(三)：「戲劇節」和「劇人協會」的構想
三十六年二月十五日為戲劇節，適五「新中國」和「觀眾」去，省立劇院被
擱置，我們在共匪建立在台文藝據點失敗後，在白克倡導下和朱鳴岡提示
下，我又有此構想——共匪在台文藝據點一文做三次很大的努力，計劃以慶祝戲劇
節名，聯合在台外省籍劇人、台籍劇人，籌組台灣省劇人協會，以實現我的
陰謀，我與白克等人私下議定以推白克為會長或理事長，并由陳大禹
負責聯絡閩南籍劇人，呂訴上負責聯絡本省籍劇人，我負責聯絡外
省籍劇人，并分別代表三股力量來支持白克當選，白克在謙讓後首肯并
積極籌備，并分別向警務處、宣傳委員會、警備總部等機關分別提出
申請，一面為了製造高潮擴大效果，我們分別向有關機關、社團與甚至私人發
動贈送獎品，以為戲劇節大會摸獎之用，內定理事的名單是白克、陳大禹、
呂訴上、藍蔭（上海明星公司時代老影星）和我共七人（內二人名字記不起來），
教育處副處長宋斐如（二二八時已伏法）甚支持，宣傳委員會方面也贊同
[illegible]警務處持異見，[illegible]警務處也[illegible]意見[illegible]決定，警總方面我雖
然有關係的[illegible]秘書等，但再三婉轉，未獲批准，并且在前述各機關之
據意見時，教育處處長[illegible]反對（[illegible]歐陽予倩[illegible]花瓶[illegible]影響
對我等已生疑義）下全案否決，我到時[illegible]等了戲劇節慶祝大會[illegible]
鬧一番而已。
朱鳴岡事先曾示我，他已把訓練團講師王效三（安徽人與朱同鄉并
已六十四歲[illegible]）[illegible]人，其[illegible]王元[illegible]曾於廿五[illegible]年間[illegible]時

王淮自白書中的〈補充自白〉。（圖片來源：國家發展委員會檔案管理局檔案資料）

6-4 楊渭溪案中的陳大禹

楊渭溪（1905-1991）。（圖片來源：國家發展委員會檔案管理局檔案資料）

在歷年政治案件中牽扯出陳大禹最多「祕密」的是楊渭溪，他也是與大禹有較多劇場演出經驗的人。

楊渭溪（一九〇五～一九九一），福建廈門人，出身商人家庭，福建省立第十三中學（今廈門一中）肄業，一九三七年蔡繼琨主持的福建省音樂教員訓練班結業，先後在私立殿前、蒙泉小學任教。楊氏大陳大禹十一歲，兩人來臺之前即已認識，很可能是在與蔡繼琨有關的單位或活動場合，曾一起參加蔡繼琨組織的「南洋華僑慰問團」，陳大禹是導演，楊渭溪是歌劇男主角與話劇演員。一九四〇年蔡繼琨在永安創辦福建音樂專科學校時，楊渭溪任聲樂助教。楊氏於一九四五年來臺，據聞經蔡繼琨介紹赴臺南協助接收事宜，一九四七年二二八事件後，應蔡氏之邀北上，任職「臺灣省行政長官公署交響樂團」（後改臺灣省交響樂團），並參加「實驗小劇團」，演出陳大禹執導的話劇《香蕉香》。大禹潛逃後，楊渭溪仍經常參與電影演出。他是在一九五五年演出由白克執導的臺語電影《黃帝子孫》後踏入影壇，成為臺語電影重要演員，至一九六六年之間，先後拍了《瘋女十八年》、《水蛙記》、《臺北發的早班車》、《悲戀關子嶺》等數百部臺語片與國語片。

楊渭溪案是在一九六〇年代爆發，調查局在各行各業整肅匪諜時期，楊渭溪、陳大禹都已是黑名單人物，在偵辦蔣世溶、李世傑叛亂案，李世傑一九六六年九月二十二日的筆錄已供出一九四一至四二年間曾與楊渭溪、陳大禹、陳如鵬等人，參加「匪黨龍溪縣文工委會」會議，討論「文工委員」陳大禹與「臺灣義勇隊少年團」合作演劇一事，陳大禹根據俄國童話《錶》改編的《金錶》，由楊渭溪扮演孤兒院院長，楊渭溪說該劇本應加一兩支插曲，他要陳大禹做歌詞，由他譜曲，後來果在劇本中加了幾支歌曲進去。另外，還演了陳大禹編的抗戰話劇《汪精衛現形記》，楊渭溪扮演汪精衛，陳如鵬飾演講日語的近衛，據李世傑的記憶，《金錶》是暴露社會上窮人及孤兒流浪的可憐境遇，而「汪」劇則暴露我政府要人民投降附敵的情形，當時所談主要內容就是要楊渭溪、陳大禹和「少年團」的團員們籌備演出，並由陳如鵬在福建新聞大宣傳。[45]

一九六八年七月中旬因「匪黨中央海外部匪幹鄭其琛由港經臺轉赴東南亞各地視察與聯絡」，調查局經調查扣押楊渭溪，鄭氏是「藝潮劇社」成員，曾於一九五九年以華僑身分來臺治病，「經由白犯（克）通知楊嫌與鄭匪晤面」，多年後才稱其為「匪黨中央海外部幹部」，銜命

45 國防部軍法局，〈李世傑調查筆錄〉（一九六六年九月二十二日），《蔣海溶、李世傑、姚勇來叛亂案》國家檔案局資料檔案，檔案號 B3750347701/0058/1571/075/001/017。

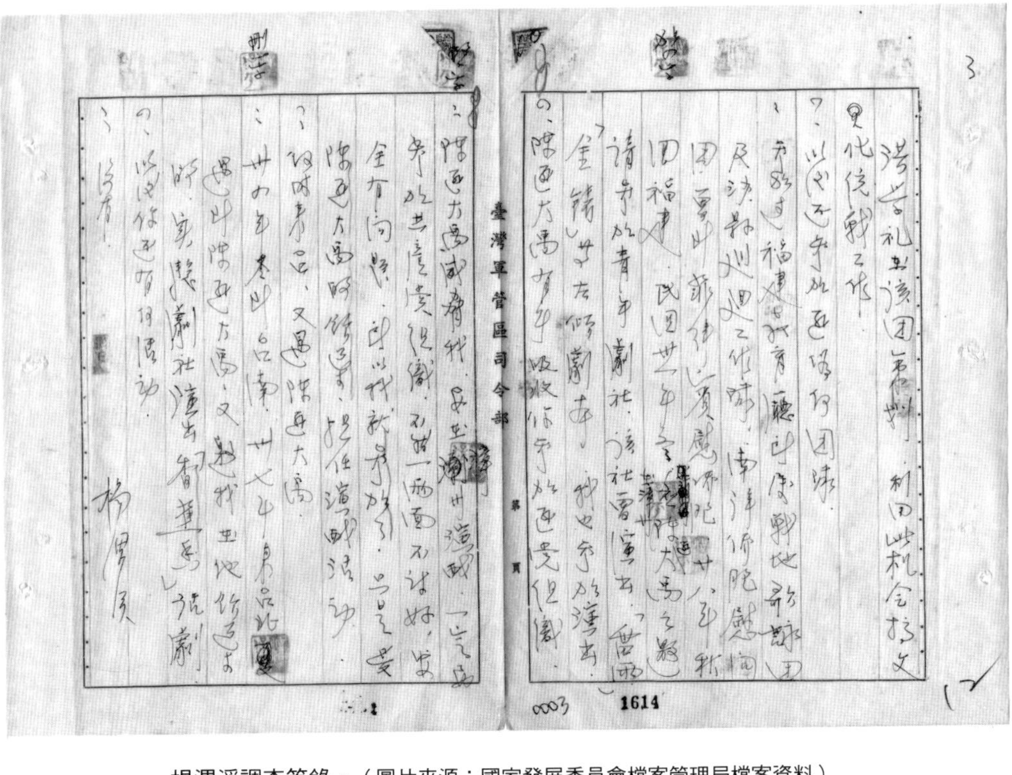
臺灣軍管區司令部

1614

楊渭溪調查筆錄。（圖片來源：國家發展委員會檔案管理局檔案資料）

來臺聯繫「潛匪」。由於上述諸證，楊氏被羅織入罪，[46]楊氏來臺前曾參與演出的《金錶》、《雷雨》、《香蕉香》、《放下你的鞭子》等都被視為左傾話劇。情治單位認為楊所認識的白克、莊天眷（兩人後來皆判死刑）、陳大禹等都被視為「匪黨分子」，其中莊天眷（一九一四～一九七〇）是福建惠安人，被指控在就讀廈門集美中學時，曾參加「共產主義青年團」，後隨父經商，往返於臺廈之間，光復後來臺，「經常與匪黨分子楊渭溪研討有關國內外政治趨勢，並指示楊渭溪多聯絡朋友，迎接匪軍攻臺」。[47]一九七〇年經臺灣省警備總司令部以《懲治叛亂條例》第二條第一項「意圖以非法之方法顛覆政府而著手實行」判處死刑，於一九七〇年十一月十七日執行死刑。

楊渭溪在調查局關押期間，曾於一九六八年七月二十五日寫下長達五十一頁的親筆自白書（每頁約五百字），自白書供稱在禾山殿前小學任教時受同事蘇朝琨影響，閱讀《阿Q正傳》等書刊，「思想上開始有了轉變」，參加廈門「南天劇社」演「新興話劇」，並與「薌潮劇社」有交流，七七事變後，楊渭溪與「南天劇社」一起加入「廈門各界抗敵後援會宣傳工作團」（宣工團）話劇組。楊渭溪自白書謂早就「風聞」「宣工團」幾個人是匪諜。楊渭溪一九四二年秋結束在永安上吉山福建音專的工作，擬由漳州搭船回廈門鼓浪嶼老家省親，因太平洋戰事爆發滯留漳州，遇到曾經在沙縣工作巡迴隊和南洋華僑慰問團兩度共事的陳大禹，當時大禹剛離開南平十三補訓處戲劇隊回到漳州，邀楊渭溪參加漳州三民主義青年團青年劇社正在排演的七幕劇《汪精衛現形記》。楊渭溪這份自白書並未承認參加匪黨，但一九六八年八月六日在臺北地方法院看守所的調查筆錄，態度突然大轉變，他與偵訊人員有一段問答：

46 國防部全民防衛動員署，〈司法行政部調查局特種刑事案件移送書〉，《楊渭溪案身分簿》國家檔案局資料檔案，檔案號 AA05070000C/0057/1523.1A/069/0001/1。

47 國防部全民防衛動員署，《楊渭溪案身分簿／楊君叛亂案判決書》國家檔案局資料檔案，檔案號 AA05070000C/0057/1523.1A/069/0001/2。

問：以前還參加過匪偽何團隊？

答：參加過福建省教育廳所屬戰地歌詠團及沙縣巡迴工作隊、南洋僑胞慰問團，曾到菲律賓慰問僑胞，二十八年秋回福建，民國三十一年冬應漳州陳大禹之邀請參加青年劇社，該社曾演出《雷雨》、《金錶》等左傾劇本，我也參與演出。

問：陳匪大禹有無吸收你參加匪黨組織？

答：陳匪大禹威脅我，要在漳州演戲，一定要參加共產黨組織，不然兩面不討好，安全有問題，所以我就參加了，只是受陳匪大禹的領導，擔任演戲活動。

問：何時來臺，又遇陳大禹？

答：三十四年冬到臺南，三十七年來臺北遇到陳匪大禹，又邀我在他領導的實驗劇社演出《香蕉香》話劇。

問：以後你還有何活動？

答：沒有。[48]

可以看出楊渭溪一九六八年八月六日的偵訊可能受到情治人員「曉以大義」，承認參加匪黨，而關鍵人物就是陳大禹，楊渭溪說一九四三年冬參加籌備《金錶》座談會的第二天，陳大禹邀他到家裡談《金錶》插曲的歌譜時，大禹問他是否想留在漳州生活，並表示除了朋友和戲劇界同志的關係外，希望建立更密切的聯繫。楊渭溪供稱，陳大禹指出他的處境十分危險：共產黨懷疑是國民黨派來的臥底，而國民黨則認為他與陳大禹共同演話劇，身分存疑。因此，陳大禹希望楊渭溪能加入共產黨組織，並承諾替他擔保，讓他發揮戲劇專長，且由青年劇社負責演出活動。偵訊人員問楊渭溪陳大禹在臺灣時有沒有交付他工作任務，楊回答「就是叫我參加他所編導的《香蕉香》，另外還參加他排練

48 國防部全民防衛動員署，《楊渭溪叛亂案》國家檔案局資料檔案，檔案號 AA05070000C/0057/1571/57/1。

的《裙帶風》乙劇，因劇情內容有問題，被劇社負責人王井泉通知停演。」[49]

在偵訊最後，楊渭溪還做了「補充」，「我現在說出我的匪黨組織關係來，雖然在時間是晚一點，但是我（對）政府仍然是坦誠的，我曾經每次與你們談話時都想提出來，總是鼓不起勇氣來，一直延遲到今天，我希望政府能夠原諒我的苦衷，以後有什麼資料隨時補充，以補贖我的罪過。」[50] 八月六日的調查筆錄兩天後，情治人員再於八月八日偵訊楊渭溪，一開頭就問他「你以前否認參加匪黨組織關係原因何在？」楊氏的回答：

> 答：我當時在匪黨組織關係的領導人是陳大禹，陳大禹離臺後，我未受其他人的領導，我也未曾領導其他的人，同時與其他的人也無橫的組織關係，現在臺灣既無人知道我的組織關係，我何必（不？）就存了僥倖的心理，但是我內心的痛楚與精神上的負擔，無法繼續承受，我認為向政府徹底坦誠承認我過去所走的錯誤道路，以求心理上的安寧，並非妄求政府從寬處理。

楊渭溪特別說明除了八月六日所述被陳大禹吸收參加匪黨組織經過外，「據陳大禹當時對我說，他們（指漳州地區的匪黨）原來認為我有小資產階級意識，思想幼稚，打算放棄我，但是陳大禹認為我是現成戲劇運用的人才，放棄了可惜，所以由陳大禹來吸收領導我參加匪黨組織。」[51] 在這次偵訊後，楊渭溪又於八月九、十日兩天分別續寫三頁及四頁自白書。

49 國防部後備司令部，〈偵訊筆錄〉（一九六八年八月六日），《楊渭溪案》國家檔案局資料檔案，檔案號 A305440000C/0057/1571/57，頁一八五一～一八五二。

50 國防部後備司令部，《楊渭溪案》，檔案號 A305440000C/0057/1571/57，頁一八五六。

51 國防部後備司令部，《楊渭溪案》，檔案號 A305440000C/0057/1571/57，頁一八四六。

楊渭溪如此自白，在司法行政部調查局一九六八年八月二十四日「特種刑事案件移送書」所列的「犯罪事實」，謂一九四二年在漳州應陳大禹之邀，參加青年劇團，一九四三年「經陳匪大禹吸收，正式參加匪黨組織，受陳匪領導」。前述調查局移送書謂楊渭溪「抗戰勝利後來臺，後與陳匪大禹在『臺灣省交響樂團』相遇，參加陳匪領導之『實驗劇社』（案：應為實驗小劇團）演出《香蕉香》話劇」。因劇情觸及二二八事件，上演時引發本省與外省觀眾的爭執，旋遭當局禁演。陳匪身分暴露，於三十八年趁機逃回匪區，楊嫌則蟄伏在影劇界，暫做顯著之活動。」

案件從調查局移送到警備總部軍事法庭審訊時，楊渭溪大概覺得不對，極力翻供。一九六八年十一月十九日臺灣省警備總司令部軍事法庭偵訊時，楊渭溪在陳述調查局偵查過程中承認參加匪黨的自白和筆錄是「根據辦案人員的授意，在威脅逼迫下編造出來的」，「應付他們的」、「極盡捏造編織之能事」，楊渭溪否認曾參加的「南天劇社」是左傾劇團，「抗敵後援會宣傳工作團」也不是為匪做文化統戰工作，偵訊中同時交代「所知道的蔡繼琨」，沒有參加莊天眷的組織，並對三個多月前在調查局所做關於被陳大禹脅迫參加匪黨組織的偵訊筆錄是辦案人員授意、逼迫下編造出的，他不承認在「南天劇社」演出的《摸索》及《放下你的鞭子》是左傾的戲劇，在「宣工團」演出的《東北一角》及《放下你的鞭子》也不是為匪做文化統戰工作。楊渭溪承認一九四三年在漳州時，陳大禹邀他參加「青年劇社」，但並不知道陳大禹的政治背景，偵訊人員問陳大禹是否吸收他參加匪黨，楊回答「沒有這回事」，當時有一段對話：

問：你在本部不是已承認陳大禹吸收你參加了嗎？

答：是調查局人員叫我到這邊來，同在他們那邊講的話一樣講，可以讓我回去。

問：五十七年八月六號調查局問你的筆錄是你按的指紋嗎？

答：是的。

問：你不是已承認三十二年陳大禹吸收你參加匪黨組織了嗎？

答：是應付他們結案的。
問：你在漳州被陳大禹吸收後你參加他們什麼活動？
答：我沒有參加什麼活動，只參加他們演劇，有《雷雨》、《鳳凰城》、《金錶》、《汪精衛現形記》。
問：你在漳州有無參加金錶座談會及文化工作座談會？
答：有。
問：《金錶》座談會何人主辦的？
答：陳大禹主辦。
問：哪些人參加的？
答：陳大禹、張貞波、鄭江水、牛光祖、郭輔義等人。
問：你在青年劇社有多久？
答：三十二年到三十四年離開。
問：你在漳州與莊天眷有何活動？
答：沒有，那時我住在他家裡。
問：莊天眷是否與你同一個小組？
答：沒有，我沒有參加他們的組織。
問：莊天眷是匪的哪一方面的？
答：我知道他在漳州被捕過，到南屏管訓自新，不知道他是匪哪一方面的。
問：你在莊天眷家他有無吸收你參加他的組織呢？
答：沒有。

問：莊天眷說你在漳州時常演左傾話劇，思想有些左傾，不參加是不可能？

答：演戲是有，但沒有參加他們的組織。

問：陳大禹吸收你的情形有無告訴莊天眷？

答：沒有，他並沒有吸收過我。

問：你在調查局不是說莊天眷曾問過你與陳大禹的組織關係嗎？

答：我在調查局是應付他們結案的。

問：你何時如何來臺灣？

答：三十四年來臺灣做生意。

問：同哪些人來臺？

答：陳開曦、李松山、蕭敦柏、白建析〔新〕。

問：你不是莊天眷寄信叫你來臺灣的嗎？

答：是的，是他叫商人送一封信給我，我們順便做〔坐〕他的船來的。

問：你是匪方派你來臺的嗎？

答：不是。

問：陳大禹大約何時來臺？

答：三十四年冬來的，比我早來一兩個月。

問：是陳大禹約好你來臺灣相會嗎？

答：不是。

問：陳大禹來臺灣幹什麼？

答：他在交響樂團實驗劇社當導演，隨蔡繼琨來臺灣。
問：你有無參加陳大禹演過什麼話劇？
答：《香蕉香》。
問：《香蕉香》的話劇，是不是挑撥本身人與外省人的感情？
答：當時演出本意不是，演出後結果是這樣。
問：陳大禹在臺灣交付你什麼任務？
答：沒有。
問：他何時離開臺灣？
答：三十八或三十九年初離開，因他演劇不穩，被治安人員注意了。[52]

從這一段偵訊可以看出情治人員對嫌疑犯的引話、套語的模式，相同問題（陳大禹吸收你入匪黨）就算楊氏否認，會隔一下從別的話題中冷不防再提出來反覆詢問，而從楊渭溪的供詞，可知他對大禹的了解頗多訛誤，也許是事隔二十年，楊對大禹及「實小」的事已經模糊、遺忘，前述楊渭溪從臺南北上遇到陳大禹時間非三十七年（案：應為民國三十六年、一九四七年），大禹來臺日期也與楊的供詞相差一年，而偵訊人員一再詢問參加「青年劇社」之事，楊也有回答，但所謂「青年劇社」不知是指哪一個劇團，大禹的〈政歷表〉與相關文章都未提到「青年劇社」，滄江〈實驗小劇團簡史〉雖提到「青年劇社」，但講的是「實小」隨民教處遷沙縣後，「陳新民赴江西主持青年劇社」，偵訊人員所謂「青年劇社」，也可能針對一個當時青年人的劇社，或哪個青年團組織的演劇團體。

52 國防部後備司令部，〈偵訊筆錄〉（一九六八年十一月十九日），《楊渭溪案》國家檔案局資料檔案，檔案號 A305440000C/0057/1571/57，頁一六七九～一六八五。

一九六八年十一月二十一日，也就是警備總部軍事法庭開偵查庭後兩天，軍事法庭再次開庭偵訊，詢問楊渭溪相同問題，他對某些事仍堅決否認：

問：莊天眷還交付你什麼任務？
答：沒有。我根本沒有參加陳大禹的組織，只是參加他們演戲。
問：陳大禹去了以後還交付你什麼任務？
答：他交代我繼續演戲，沒有交付什麼任務。
問：你知道莊天眷牛光祖是匪黨你為何不檢舉？
答：莊天眷是被捕自新出來的，牛光祖也是被捕判刑出來的。
問：陳大禹走了以後究竟還交付你什麼任務？
答：確實沒有。
問：當時不是說陳大禹叫你一道走，你說你有家不能走，他又叫你不須亂動以後情形很複雜，自己須多小心嗎？
答：沒有，這是我在當局偵訊時，他們叫我這麼講，就可以放我回去。

……

問：陳大禹吸收你參加匪黨，你演過幾齣反動戲？
答：我沒有參加他的組織，演戲是演過《雷雨》、《金錶》、《鳳凰城》、《汪精衛現形記》、《夜光杯》，來臺後演過《香蕉香》。
問：你演的都是左傾話劇，你說你不是匪黨人員，你有何證據提出來？
答：話劇團是青年團領導的，我是一個演員，我在調查局講的話都是應付他們的，我確實沒有參加他們的組織。

問：你不是承認你參加陳大禹的匪黨組織嗎？
答：那一天我是剛由調查局遷過來，他們囑我照樣講就可以釋放。
問：調查局有無對你刑求？
答：沒有。
問：有無逼迫你講？
答：沒有逼迫我，有誘惑我、恐嚇我如果不照他們的話講就送我到軍法處那邊，很可怕所以就應付他們。[53]

前幾次偵訊人員的反覆套話，楊渭溪也一再說明其有關被陳大禹吸收參加匪黨，以及大禹要他一起離開臺灣的供詞，是調查局在偵訊時使用騙術誘其「自誣」，調查員協助揑造，甚至要他面對檢察官訊問時，必須按照原供「一字不改，一句不變」應答，才能辦好手續，釋放回家，楊才聽從其言，「如果不照他們的話講就送我到軍法處」。在警總軍事法庭上楊渭溪一九六九年二月二十五日提「軍法補充答辯書狀」申訴：

被告于屢次出庭之口頭答辯中，仍有未盡處謹再補充申述。一、二十年來，被告在反共復國基地的臺灣，曾經先後拍過一、二百部臺語片，一、二十部國語片，都是有目共睹，可資查證，盡是有益世道人心，移風易俗且能響應　總統所號召復與中華文化的影片。……

楊渭溪在答辯書中亦提出其演藝事業上的貢獻：

53 國防部後備司令部，〈偵訊筆錄〉，《楊渭溪案》國家檔案局資料檔案，檔案號 AA05070000C/0057/1523.1A/069/0001/2，頁一六九一、一六九六～一六九八。

上述事蹟顯可證明，被告在臺期間非特並無如起訴書所指控的「楊渭溪潛臺伺機活動為匪工作」的行為，正與此完全相反，被告還極盡自己所能地來為社會、國家表現種種之效力，凡此均足證被告素懷愛國之熱忱，無判〔叛〕亂之居心。是故被告罪嫌無論如何是絕對不能成立。……

臺灣省警備總司令部軍事法庭不採信楊渭溪說詞，於一九六九年八月二十日初審判決，楊渭溪以《懲治叛亂條例》「意圖顛覆政府著手實行」罪判處有期徒刑十二年、褫奪公權八年，全部財產除酌留其家屬必需之生活費外沒收。判決書謂楊渭溪自一九二七年起「在福建廈門先後與蘇匪朝琨、王匪秋田、白匪克、洪匪學禮、陳匪大禹為伍，從事戲劇工作，於三十二年冬經陳匪大禹吸收參加共產匪黨，接受陳匪之前導，協助其在漳州展開匪文化統戰戲劇活動。三十三年陳匪離漳前往重慶，乃改由陳匪如鵬領導，先後參加陳匪主持《金錶》及匪文化工作座談會。三十四年冬由廈門以經商身分來臺，參加陳匪大禹領導之『實驗劇社』（應為「實驗小劇團」）演出《香蕉香》話劇，意圖利用戲劇情節挑撥本省與外省籍同胞之情感，為政府發覺下令禁演，陳匪以身分暴露，於三十八年乘機逃回匪區，楊渭溪即潛臺伺機活動。案經司法行政部調查局偵破，解途本部軍事檢察官偵查起訴。」[54]

楊渭溪一九六九年十一月四日具狀向警總軍事法庭申請覆判，同年十一月二十日被駁回再審申請，楊渭溪繼續提抗告，一九六九年十二月二十六日國防部普通覆判庭裁定「抗告駁回」。楊渭溪案判決書裡仍有一段可作為「匪諜就在你身變」、「匪諜就是你本人」年代，許多被告無可奈何的註腳：

按匪黨為叛亂組織，被告（指楊渭溪）參加共產匪黨，雖在民國三十八年六月二十日《懲治叛亂條例》頒行

54 國防部後備司令部，〈臺灣省警備總司令部判決〉（五十八年度初特字第三十七號），《楊渭溪案》國家檔案局資料檔案，檔案號 A305440000C/0057/1571/57，頁二〇五八。

前，但來臺後，迄未向政府辦理自首，依司法院大法官會議第六十八號解釋，其參加行為應認為仍在繼續狀態中，復查被告參加叛亂組織後，先後為匪文化統戰工作，係基於一貫之叛亂犯意，已達於著手實行顛覆政府之程度，核其所為，應依意圖以非法之方法顛覆政府而著手實行罪論。[55]

楊渭溪不久送往綠島服刑，一九八〇年出獄，時已七十五歲。

6-5 李東益案中的陳大禹

李東益（1921-1950）。（圖片來源：國家發展委員會檔案管理局檔案資料）

李東益（一九二一～一九五〇）又名李東溢、李唐益、李唐溢，原籍福建華安，福建省立音樂專科學校畢業，戰後來臺，曾在臺北某會社任職，一九四六年三月二十一日至成功中學兼任音樂教員，資料上填寫的學經歷是「福建省立音樂專科學校」、「曾任尋源中學教員」，五月任「臺灣省交響樂團」音樂教官兼辦總務工作。[56] 一九五〇年國防部保密局破獲中共臺灣省工作委員會的臺北市工作委員會，許強與郭琇琮等五十人被捕。[57] 李東益也被牽連，罪

55 國防部後備司令部，《楊渭溪案》，檔案號 A305440000C/0057/1571/57，頁二〇七六。

56 游振明，〈臺灣省立臺北成功中學簡史（一九四六～一九五六）〉，「成功中學」網站，網址：https://reurl.cc/ZZNdpa，擷取日期：二〇二四年十月三十一日。該文中作「李東溢」。

57 此為白色恐怖時期重大政治事件「郭琇琮案」，一九五〇年共產黨臺北市工作委員會案被國防部保密局破獲後，政府對涉案者進行祕密審判，包含李東益在內，最終該案共十五人遭處決，其中被捕人士包括郭琇琮、吳思漢、謝湧鏡、鄧火生、王耀勳、朱耀　、許強、高添丁、張國雄、盧志彬、劉永福、蘇炳、李東益、謝桂林、陳宇、呂聰明、謝新傑、林從周、張秀伯、蘇芳宗、楊松齡、林義旭、曾清根、傅賴會、林麗南、蔡意誠、沈招　、高明柏、楊成吳、林雪嬌、鄭溪北、顏東明、李德輝、何明泉、曾文樟、胡鑫麟、胡寶珍、潘水匱、鄭添泰、黃銚銘、邵水木、劉碧堂、蘇友鵬、陳海清、吳定國、陳勤、吳振壽、陳茂東、林丕候、陳炯澤等五十名。〈（三九）安潔字第二二〇四號判決書〉，《可疑分子考管——李唐溪、李東益、連濟民、陳大禹、汪輝等案》國家檔案局資料檔案，檔案號 AA01010000C/0039/304.2/0377。

名是以「共同意圖破壞國體、竊據國土或以非法之方法變更國憲、顛覆政府，而著手實行者」。李氏案發時為小販，涉嫌參加北市工委會叛亂組織，隸屬於草山支部，曾購辦槍械，預備前往山上察看地形發展工作等情事。

臺灣省保安司令部及臺灣省警務處刑事警察總隊在清查李東益社會關係時，也把陳大禹列為重要關係人。兩人都是閩南龍溪縣人（華安縣係一九二八年從龍溪分設），皆與蔡繼琨和臺灣省交響樂團有淵源，而且來臺時間相近，情治單位或許因而判斷李東益、陳大禹往來頻繁，在一九五〇年密切追查兩人行蹤，還掌握到李東益在「省交」擔任音樂教官兼辦總務，「與該團兒童團主任陳大禹結為義兄弟」，陳大禹曾與李東益結拜？這是與大禹夫婦相關資料中未曾出現的人際關係。一九五〇年十一月十三日情治單位已發函相關單位「希設法探查李唐益、陳大禹兩人行蹤後進行查報」。

臺灣省警務處刑事警察總隊一九五〇年十一月十八日行文回報臺灣省保安司令部關於李唐益、陳大禹的行蹤謂：

一、李唐益確閩華安人，於民國三十四年間曾在中美合作所華安班音樂教官，光復後來臺，惟經數月來偵查尚未發現其行止。

二、陳大禹於抗戰期中，曾在福建龍溪參加奸黨薌潮劇社組織，在該社首魁柯聯魁等被我七五師破獲正法時即逃逸無蹤，據聞陳大禹三十八年秋參加北平偽政府組織，職務未明。

三、李唐益與連濟民販毒乙節，查該連濟民曾被保密局緝捕，並於本年八月間釋出有案。……[58]

58 《可疑分子考管——李唐溪、李東益、連濟民、陳大禹、汪輝等案》國家檔案局資料檔案，檔案號 AA01010000C/0039/304.2/0377。

根據當時臺北市警察局刑警隊所接管的密報：

一、臺北市中正西路一二九號東泉茶莊經理李東益（即李唐益），福建華安人，前在臺灣交響樂團工作時與該團兒童團主任陳大禹結為義兄弟。該陳於三十八年赴北平參加匪黨受訓，後派赴香港工作。

二、李某胞兄李唐溪為臺中縣員林省立農業學校教員，言論偏頗，時對學生批評政府，與李某每兩週必見面一次。

三、基隆太原汽車行老闆汪輝（妻留港活動，聞有匪諜嫌疑），福建泉州人，與李東益私交甚篤，另有嫌疑。[59]

當時的線索謂「陳（大禹）係福建龍溪人，三十三歲，去年夏棄職赴滬，由其同學介紹轉赴北平參加匪黨受訓，嗣派香港擔任吸收青年學生及情報工作。」這項有關大禹回到中國後的行止真假莫辨，而且有幾種不同的線索。這段資料謂陳大禹抗戰期間加入「薌潮劇社」，而在該社負責人柯聯魁死亡時即「逃逸無蹤」，顯與大禹來臺前之經歷不符，何況若真「逃逸無蹤」，又如何能來臺灣，且與當時的黨政軍與藝文界保持一定的關係？一九五〇年情治單位據聞陳大禹已於去秋參加北平偽政府組織，唯任何職務不明。[60] 李東益除了成功中學教員、「省交」團員經歷，也曾當過茶莊經理，一九五〇年逃亡時應無固定職業，其被捕時是當一名小販。

一九五〇年李東益經臺灣省保安司令部以《懲治叛亂條例》第四條第一項第四款、第四條第二項判處死刑，保安司令部這件（三九）安潔字第二二〇四號判決書裡被宣判死刑、褫奪公權終身的，還包括「共同意圖破壞國體，以非

59 《可疑分子考管——李唐溪、李東益、連濟民、陳大禹、汪輝等案》。
60 《可疑分子考管——李唐溪、李東益、連濟民、陳大禹、汪輝等案》。

法之方法顛覆政府而著手實行」的郭琇琮、吳思漢、謝湧鏡、鄧火生、王耀勳、朱耀珈、許強、高添丁、張國雄、盧志彬、劉永福、蘇炳以及「連續為叛徒供給金錢」的謝桂林等十四人，於一九五〇年十一月二十八日執行死刑；全案另有三十六人各處十年、五年徒刑不等。

臺灣情治單位因為偵辦一九五〇年李東益案，追查李東益結拜兄弟陳大禹，因為李氏被執行死刑，而在大禹潛逃回中國大陸後，加入「匪偽政權」，往後的行蹤被繪聲繪影，甚至傳聞到香港，擔任吸收青少年學生及情報工作，大禹的叛亂嫌疑無形被加重，等於是繼續危害臺灣政治與社會的匪幹，大禹「匪黨」身分幾乎完全被定格，而後在偵辦白克、姚勇來、楊渭溪、王淮的案子，「陳匪大禹」也屢次被提出來連連看。

7、戲劇家之死

7-1 骨肉流離道路中

陳大禹生長在閩南龍溪的一個鄉紳家庭，他的母親葉英利，夫人吳瀟帆（淑端）同樣出身中上人家。大禹下有二妹一弟，依排行是大昭、大武、大輝。大昭是福建音專畢業，曾與大禹在福建推展戲劇運動，負責音樂部分，並曾擔任演員。中日戰爭結束後，大昭一直留在福建。繼大禹之後來臺灣的是大武和大輝，大武是福建農學院畢業，來臺後曾經在中興大學植物病蟲害系任教，後外派日本、美國考察，並曾擔任「中國農業復興聯合委員會」（農復會）駐越南農耕技術團技術員，可惜英年早逝。大輝來臺後曾在雲林斗六家事學校當老師，其夫許志超是陳大武在福建農學院的同學，來臺後在中興大學植物病蟲害系任教，亦曾被「農復會」派駐越南、多明尼加工作。

吳瀟帆之父吳湛仁是福州人，福建法政專門學校畢業，長年在司法機關任職。瀟帆一九一七年五月生於福州，小大禹一歲，與大禹一樣排行老大，下有三弟（厚烇、厚楨、厚雄）四妹（淑芳、淑益、淑珊、淑麗）。瀟帆中學就讀廈門雙十高商，後在三元福建公務人員訓練所會計系受訓，抗戰期間，吳家從福州遷至建甌，瀟帆一人則在閩南戰地歌詠團當演員，後在南平追隨陳大禹從事劇運。兩人論及婚嫁時，吳家大小並不知情。婚後吳母才從建甌到南平探視女兒女婿。

大禹與瀟帆婚後陸續生下三子二女，按照世俗的觀念，一家七口應是別人眼中的美滿家庭。但是，現實社會的貧賤與富貴往往並非「幸福」人生的唯一指標，普通人家就算不能像陳家一樣，擁有家產以及良好的學經歷，但一家人溫飽無虞、平安生活，也不是太大的奢望。反觀大禹一家，數十年之間顛沛流離，骨肉分散。大禹的七十年人生，與父母、兄弟姊妹共同生活的時日不多，與五名親生骨肉也難圓滿，甚至未嘗有過「全家七口」（大禹、瀟帆、晶晶、心心、嘉嘉、東東及么子）團聚的日子。一家人的長期流離，固然可歸咎於政治局勢與時代環境，但也與大禹的思想

陳大禹與家人合影。（圖片來源：陳大禹家屬提供）

觀念、做事態度息息相關。

大禹熱愛戲劇活動，並深具使命感，前半生大部分時間處於無業或失業狀態，卻又專注於劇團排演事務。瀟帆上班工作，維持家計，始終跟在丈夫身旁，甚至擔任演員，兼任劇團行政工作，做丈夫後盾，也因為兩夫婦為劇團與家計忙碌，孩子多半交由親友代為撫養。陳大禹夫婦當初來臺時，小孩留在龍溪老家，後來才由大禹胞妹大輝帶三個小孩——長子晶晶（一九四一年生）、長女心心（一九四三年生）、次女嘉嘉（一九四四年生）坐船來臺灣與父母團聚，兩夫婦依舊忙碌，加上次子東東在一九四六年出生，無法妥善照顧四個小孩，只好再把長子晶晶、長女心心送回福建，由祖母照顧了。除晶晶、心心、嘉嘉、東東之外，大禹夫婦一九四八年初又生了一個男孩，但因無法照料，加上時局緊張，只得忍痛把嬰孩送給「實驗小劇團」同仁莊鏡賢撫養。

在大禹兒女的成長過程中，不曾以父親的戲劇事業為榮，反而因為父親整天在外到處演出，無法經常相處，很難感受父親的寵愛與呵護，而在親友觀念中，陳大禹正當事不作，為戲劇四處奔波，讓子女寄人籬下，沒有盡到父母親責任，非常不切實際，連帶讓親戚受累。[1] 不過，抱怨歸抱怨，親戚們私下還是「挺」大禹，不是代為撫養小孩，就是出錢贊助，甚至在他所編導的戲劇中客串演出。事實上，戰後初期陳家、吳家親戚多人來到臺灣，追根究柢，竟然多是陳大禹夫妻的關係。大禹兄妹、瀟帆弟妹剛到臺灣時，都暫時與大禹夫婦同住，日後就業，多少也曾受到大禹、瀟帆的照顧。

大禹回歸中國大陸後，曾經自動下放新疆六年，從事文教工作，而後回到漳州，在漳州藝校擔任教職，不過，原來在新疆工作的年資不列入計算，教職又屬臨時工作性質，不但工資比別人低，其他相關福利以及退休條件也較差。他在臺時期這段經歷，不但影響工作待遇與升遷機會，子女的讀書、就業也連帶地受到連累。瀟帆回漳州後，原在裝義肢的民政工廠當會計，也是臨時工性質，後因病辭職，專心休養，痊癒後才復出做事，恰好漳州環境管理處缺清掃馬路、公廁的工人，因一時工作難覓，瀟帆也只好將就。

大禹的長子晶晶初中畢業後，因為懷念童年在新疆開墾的經驗，志願下放到長泰農場，學習修車，也學會了開堆土機，後來還想參加人民解放軍，體檢通過，審查卻未過關，讓他深受挫折。在一九六一年中國經濟艱困時期，晶晶想隨農耕隊到非洲工作，也因出身不佳，未被上級批准；與哥哥晶晶相較，弟弟東東的挫折感更重。他在小學畢業後，進福建藝術學校學習民間舞蹈，預計唸五年就可取得中專學歷，但只唸了三年就因學校縮小編制而被迫退學，回到漳州讀第三中學。曾經學過舞蹈，也寫過劇本，算與藝術、文學有些淵源的東東，或許是時代因素，也可能是家庭關係或個性使然，藝文之路終究不了了之，高中畢業後，東東被派到華安鄉村海拔最高的馬坑工作，物質條件極差，飲食

[1] 〈陳嘉嘉訪談記錄〉，臺北—美國加州電話訪談，二〇〇六年一月十七日。

無油無鹽，經常以低級醬油拌飯，生活十分清苦。[2] 與他同時考進福建藝術學校的陳彬則一帆風順，修習音樂與作曲，唸完中專又唸大專，畢業後進漳州薌劇團擔任作曲，還成為陳大禹的同事，並逐漸升等至一級作曲家。

晶晶與東東兄弟分別在長泰、華安工作，幾年之後，都想回到漳州，但因中國戶口制度限制嚴格，城市人口移居鄉村容易，鄉村人口要遷往城鎮十分困難。晶晶一直到吳瀟帆辭掉清潔工作，才回來頂替母親在漳州環境管理處的工作，負責開堆土機與車輛維修。一九七七年東東也陳情成功，回漳州農機工廠工作。陳家兩兄弟回到漳州工作，原是日夜企盼的夢想。但很快地，他們感覺遭受主管歧視，工作並不順利，無法如常人般升遷加級，享受各種福利。兩兄弟認為一切都出於政治因素，受父親的連累。實情是否如此，頗不容易辨明，因為晶晶、東東兄弟的工作雖未盡如人意，但能由鄉村回到漳州，並有固定工作，看來情況並未特別糟糕。

2 〈陳東東訪談記錄〉，漳州陳宅，二〇〇五年八月二十三日。

陳大禹與妻子吳瀟帆及兒子陳晶晶合影。（圖片來源：陳大禹家屬提供）

東東漳州三中畢業被下放到華安時，晶晶已在長泰農場工作，如依慣例，同一個家庭第二個兒子可不必上山下鄉，東東本人也極不願意離開漳州，他認為是政府領導施加壓力，硬要他下鄉，當時瀟帆的弟弟與妹妹在福州都有優渥的工作環境，尤其幼弟厚雄在情治系統擔任要職，最後出掌福建保密局，在地方有其影響力。[3]當時東東認為父母如能稍微奔走，也許自己就能留在漳州，而且有機會進入工廠，以後可晉升工人領導階級。然而，大禹並未如兒子所盼望的動用各種關係，只管自己事業，不管孩子感受。或許大禹、瀟帆判斷此事難成而未積極四處請託，導致東東更加認為他的一生欠缺父母指導，比別人辛苦，以至庸庸碌碌。[4]

數十年來，大禹夫婦幺子音訊全無，這件事一直是陳家最大的遺憾。大禹夫婦回到中國後，與小孩從此兩地分隔，當初被「託孤」的莊鏡賢曾經於一九四七年元旦為臺南民教團實驗劇團在臺南延平戲院（原宮古座）導演老舍、宋之的編劇的四幕劇《國家至上》，應該是臺南人，當時他在臺灣省衛生處任職，隨著時局緊張，在臺的大禹親友亦與莊家失去聯繫，或許莊鏡賢也不想與大禹有所牽連了。大禹夫婦心中另一個痛處是全家從新疆回到漳州之後，長女心心意外身亡，這件事對大禹夫婦打擊甚大，而後絕口不談，以免觸景傷情。大禹夫婦的憾事不止失去一子一女而已。在臺灣長大的次女嘉嘉，也是一九四九年一別，便父女天人永隔。

出生於重慶、在臺灣長大成人的嘉嘉對父母的怨懟更不下兄弟。陳嘉嘉幾乎從小就是由大禹妹大輝、弟大武、瀟帆妹淑芳等人輪流帶大，[5]大禹夫婦回中國時未帶嘉嘉同行，任她在臺灣姨媽、姑媽家長大，對自己的親生父母毫無記憶。她於臺中的私立靜宜文理學院（今靜宜大學）畢業後，與姑父許志超在中興大學任教時的學生蔡健治訂婚，而

3 〈吳厚禎訪談記錄〉，臺北市明星咖啡館，二〇〇六年六月二十日。
4 〈陳東東訪談記錄〉，漳州陳宅，二〇〇五年十二月十日。
5 〈許志超訪談記錄〉，臺北，二〇〇六年一月二十八日。

後隨未婚夫赴美深造，婚後移居加州。

陳嘉嘉成長過程中從未與父母聯繫，曾多次向長輩詢問父母親的訊息，大人們也都避談或不予正面答覆。自幼缺乏父母之愛的遺憾，加上從小聽到長輩抱怨父母為了事業而忽視兒女的教養，嘉嘉的童年印象中，父母只生不養，小孩好像多餘的，讓她成長過程中有如孤兒，不能享受天倫之樂。[6]不過，依東東的想法，姊姊嘉嘉雖然陰錯陽差被留在臺灣，失去了父母之愛，其實是「最幸福的」的陳家小孩，[7]但嘉嘉還是認為晶晶和東東才是五個子女之中最有福氣的，跟在父母身邊最久，一起到新疆勞動，一起回到漳州，即使結婚之後成家立業，也跟父母住在一起。倒是身為陳家老大的晶晶較能感受父母的苦心，認為他們也是無能為力。對於子女的疏於照顧，大禹夫妻其實也深感愧疚，因此後來對身邊的晶晶、東東及媳婦、孫兒寵愛有加，從未疾言厲色，而晶晶、嘉嘉、東東隨著年齡增長，與父母間的距離逐漸接近，尤其在為人父母，甚至當了祖父母之後，更能體諒雙親，也想去瞭解父親，挖掘記憶中父親的影像，探究他一生的行誼，以及在戲劇上的成就。[8]

陳嘉嘉在臺中恩光堂與蔡健治訂婚。
（圖片來源：陳大禹家屬提供）

6 〈陳嘉嘉訪談記錄〉，臺北—美國加州電話訪談，二〇〇六年七月九日。

7 〈陳嘉嘉訪談記錄〉，臺北—美國加州電話訪談，二〇〇五年七月十五日。

8 遠在美國的陳嘉嘉在協助陳大禹傳記撰寫的過程中，隨著對父親戲劇事業的瞭解，逐漸解開心結，對於臺灣戲劇界將父親列為資深戲劇家這件事頗引以為榮，並熱切地將這份家族榮耀講述給一對不語中文的兒女聽。〈陳嘉嘉感謝函〉，二〇〇六年三月二十一日。

陳大禹與妻子吳瀟帆、兒子晶晶（右一）及女婿蔡健治（左二）合照。（圖片來源：陳大禹家屬提供）

一九八四年六月間，中共國務院為建立國內遺傳基因學研究，邀請美國加州大學教授組成訪問團訪問中國，任職加州兒童醫院的研究員蔡健治也隨團來訪，終於有機緣見到丈人陳大禹，而大禹一家大小為了要見這個遠從美國來的姑爺，特別從漳州坐火車到上海相會。[9] 這是陳大禹第一次，也是最後一次見到女婿，嘉嘉這次並未隨行，原以為很快就可以安排回漳州老家，孰料十個月之後——一九八五年四月，大禹便因病過世。嘉嘉因而永遠失去與父親見面的機會。嘉嘉一直要到一九八八年五月中旬才伴隨姨媽吳淑芳回到漳州，看到了幾乎全無印象的母親以及兄弟，這時父親、大姊心心已經過世，眼前只有母親瀟帆與晶晶、東東兩兄弟及兄嫂、弟媳、姪子。在她以往模糊的印象中，父母當初去臺灣，是為了解放工作做準備，而在全國「解放」前後背叛國民黨，回歸中國，應可享受高幹待遇。沒想到回家一看，家徒四壁，還經常要做工作交代，不禁潸然淚下……。

對於陳家子女來說，父母在中國大陸國共易手的關鍵時刻從中國到臺灣，再從臺灣回中國，始終在政治低氣壓下遊走，而後海峽兩岸分隔，政治、軍事局勢詭譎多變，連父親的前半生都成政治禁忌，不僅國家大事不應碰觸，即使

9 〈陳嘉嘉訪談記錄〉，臺北—美國加州電話訪談，二〇〇六年一月二十日。

是陳家瑣事也需自我防範，避免蜚短流長，惹事生非。後來政治局勢稍稍緩和，陳家子女開始以父母為榮，但雙親俱已不在了，他們驚覺對於雙親的瞭解竟然如此模糊，父子（女）之間有太多的隔閡，不知道父母哪一天去臺灣，哪一天離開臺灣，他在臺灣寫過什麼作品，曾發生了哪些事？他們甚至不知道陳大禹的確實誕生日期，往年他的生日都是在中秋節度過……。

二〇〇六年九月二十九日晶晶、東東兄弟與嘉嘉分別從漳州、美國南加州可樂娜（Corona）來臺參加文建會「臺灣戲劇館 資深戲劇家」叢書《漂流萬里：陳大禹》新書發表會，這也是三兄妹分隔五十多年之後，首次在臺灣相會，《民生報》記者紀慧玲在隔日報導：

「我父母一生追求的就是這個，這本書寫出來，一切都說明了。」面容黧黑，帶點莊稼人形象的臺灣前輩戲劇家陳大禹次子陳東東，有點激動的說話。他跟大哥陳晶晶、姐姐陳嘉嘉，日前分別自中國福建、美國來臺，昨親赴文建會感謝寫出父親生平第一本傳《漂流萬里：陳大禹》的作者文建會主委邱坤良。

陳嘉嘉說，姑丈特別交代他們，要「起身鞠躬」向邱主委致謝，昨三兄妹果真一齊站立，恭恭謹謹敬了禮。連同今年七月兄妹分別五十餘載首次見面，昨天的聚會不過是第二回。一本《陳大禹》串起了海峽兩邊陳家家族重新聯繫的因緣，更重要的，找回陳大禹的「清白」以及消失於陳嘉嘉生命裡長達五十餘年父親的形象與人格評價。

《陳大禹》是文建會今年出版第三批「資深戲劇家叢書」傳主之一，由當時仍任臺北藝大校長的邱坤良執筆。陳大禹原籍漳州，一九四六年來臺，兩年半後離臺，短暫期間留下一齣代表作《香蕉香》，但相關資料流失，加上兩岸政治對立，陳大禹及家人返鄉後備極困頓，單獨留在臺灣由姑叔、阿姨照顧長大的陳嘉嘉尤其對父母不甚諒解。

2006年6月《漂流萬里：陳大禹》出版，漳州及美國南加州的大禹子女來臺北相會，左起大哥陳晶晶、妹妹陳嘉嘉、右一小弟陳東東、右二舅父。（圖片來源：《民生報》2006年9月30日，A9版）

經由寫作過程訪談及《陳大禹》一書完成，陳家兄弟找到了父母一生追求戲劇無涉政治的最佳明證，也證明父親的戲劇才華一度發光發亮。已定居美國的陳嘉嘉則從零到全部，重新梳理幼時不理想的父親形象，認識父親追求的藝術人生……。[10]

7-2 寂寞身後事

當年陳大禹之父耀東死於漳州學潮，不僅孤兒寡婦頓失所依，更讓陳家情何以堪的，當時的「進步人士」對陳耀東的死並無正面評價，認為他在漳州三中擔任教務主任，控制不了學生運動，只好在學生內部製造分裂，讓學生分成兩派。這件事讓陳家大小耿耿於懷，而後「為父申冤」也成了大禹夫婦的重責大任。陳大禹曾在戲劇作品中安排父親與早期中共地下黨相

10 紀慧玲，〈邱坤良 找回陳大禹清白 這本書 促成了家族重聚〉，《民生報》，二〇〇六年九月三十日，A九版。

關性的情節，如《紅軍進漳州》裡，劇中人物陳海潮不時回憶與「炎仔」（陳耀東）一同從事地下黨活動的劇情。[11]無奈中共黨史對於陳耀東的生平事蹟始終沒有採信陳家的說法，這對陳大禹無疑是雙重打擊，一方面先人英勇事蹟未能獲得認定，再方面代表大禹顛沛流離的一生，特別是臺灣時期已無光榮可言。不過，這件事也成為大禹晚年的信念，他不但要為先人平反，更要為自己的一生辨正。即使自己生前無法完成，也要像愚公移山一樣，由夫人、子女代為實現生前遺志。瀟帆晚年的筆記裡，一再強調陳耀東是漳州最早的共產黨員、共產主義宣傳者、人民的教育家，同時也闡明大禹在國民黨統治時期的左翼進步色彩。[12]

從一九四六年十月到臺灣，二、三年後再回到中國大陸，直至一九八五年與世長辭，陳大禹後半生繼續在中國度過了漫長歲月，雖然長期在劇團、劇校或文教單位工作，但在偌大的中國文化界、戲劇界並沒有「戲劇家、作家陳大禹」一席之地，沒有人特別注意他的行蹤，也沒有人注意他的作品。他的生平事蹟鮮少被漳州以外的藝文人士所熟知。這對一生奉獻給戲劇的陳大禹毋寧是冷酷無情的。年輕時期的大禹視戲劇為社會改革的利器，劇場則是實驗室。他的前半生都在為這個目標而努力。組織劇團、編劇、導戲、寫評論，參加文化座談會，感慨悲歌，對於官僚階層以及社會陋習展開毫不留情的批判。正因為他年輕時的人格特質與文化理念，以及身體力行的劇場實踐，在臺時期所言所行終為當時的執政當局所難容，只好潛回中國，投奔沒有國民政府的人民政府。

學體育出身的陳大禹，曾經有個挺拔的外表，一七六至一七八公分的身長在那個年代「高」人一等。年輕時的大禹在親友眼中個性活潑、率真，充滿熱情，沒心機，平常喜歡穿著美軍長式制服，中間一個束腰帶，卡其褲，看起來十分帥氣，除了熱衷戲劇，平日休閒喜愛跳社交舞，打橋牌，黃昏時分則與同住臺北市中華路西本願寺臺灣交響樂團

11 吳瀟帆，〈手抄筆記〉，《紅軍進漳州》，頁一五一～一五二。
12 吳瀟帆，〈手抄筆記〉。

宿舍的朋友一同打籃球，可見當時的大禹相當洋派、開朗，[13]但居家環境卻十分簡陋，曾經去過他宿舍的「實驗小劇團」同仁回憶：「他的住家，人進人出，十分髒亂，進去時有一股異味，讓人受不了。就算來往的人多也應打掃，這或許是他的習慣。」[14]

回歸中國之後的陳大禹，時也命運也，與在臺時期幾乎判若兩人。他不再編導具社會批判性的劇作，也未曾寫文章抨擊當權者。他沒有機會參加話劇專業劇團，只能委身地方薌劇團或劇校。後半生的戲劇創作大多是薌劇（歌仔戲）劇本，不管是改編傳統舊有劇目，或新編劇本，不是才子佳人故事，就是淪於教條的宣傳劇，以戲劇為政治服務，常對黨與偉大領袖不厭其煩地歌誦，完全看不到陳大禹在臺灣時期的犀利與銳氣。一九五〇、六〇年代的中國政治大環境與反共抗俄時代的臺灣有異曲同工之妙，但大禹那時若繼續留在臺灣，應該也是不屑編寫露骨的反共抗俄劇。

從充滿改革理念到完全接受命運操弄、安排，陳大禹在中國面臨一個形勢比人強的大環境。一九五〇年代起，中共積極推行土地改革、大躍進運動，陳家因在鄉間還有田地，被打為右派地主，其不易釐清的臺灣關係，更常成為被清算的對象。大禹為了解除這層桎梏而心力交瘁，他領悟到必須明哲保身，才能保住一家大小最起碼生存的道理。一九六〇年代後期大禹曾經自擬〈陳大禹政歷表〉，列舉他前半生的主要經歷，分成解放前、解放後兩部分。這份文件一方面作為向上級報告的「自白書」，再方面也留給家族做記錄。他特別交代妻兒，所有關於自己的事蹟一切以這份〈政歷表〉為準。

不論是工作上的不合理待遇，或是勞改、思想審查，大禹對後半生發生在自己身上的一切困厄，早已習慣而不太

13 〈吳厚禎、辛奇訪談記錄〉，臺北市明星咖啡館，二〇〇六年一月四日。

14 〈辛奇訪談記錄〉，臺北市明星咖啡館，二〇〇五年十月二十一日。

計較，就算文化大革命期間，屢次遭受審訊，身心俱疲，也只能苦中作樂，或許他認為相對於在大小政治運動中被批鬥、掃地出門，甚至因而自殺的藝術家、學者，已十分慶幸了。回中國後的大禹，生活起居依然不拘小節，隨遇而安，菸癮很大，儘管身體硬朗，卻為皮膚病所苦，膚屑經常沾滿衣裳，看來有些邋遢，尤其五十歲以後牙齒掉光，又未裝假牙或做適當的整治，更顯得老態龍鍾，年輕時期的銳氣早已消磨殆盡，晚年的大禹堪稱老病交迫，從他的身影已難找到昔日風采。他在家族遺傳的糖尿病之外，又感染肺疾，需時常就醫服藥。

古今中外對戲劇有熱誠者大有人在，但像前半生的大禹如此不顧一切，全力奉獻者卻不多見，當時與他同樣喜歡戲劇者不乏其人，但大多數人以「業餘」時間參與戲劇演出，臺灣「實驗小劇團」的成員，如姚勇來、沈嫄璋、石山、莊鏡賢、王淮、姚少滄、陳春江等人都把戲劇當業餘嗜好或消遣，對於經營劇團沒有興趣，不會為戲劇放棄工作或讓它影響家庭生活。只有陳大禹把戲劇當生命，視「業餘」如「職業」，面對再艱困的戲劇環境也始終如一。[15]

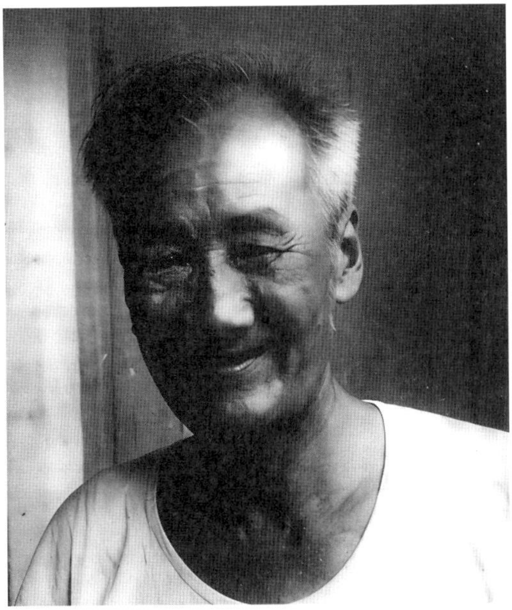

晚年的陳大禹。（圖片來源：陳大禹家屬提供）

大禹的後半生領中華人民共和國國家薪資，雖不富裕卻也生活穩定，與早年以「業餘」的身分做「職業」戲劇家，沒有「正式」工作，也沒有固定收入的情形大不相同。但在共產主義中國，這個「安定」的戲劇工作其實就跟一般的公務人員相似，上班下班，上課下課，在劇團從事編導工作，指導年輕人，一群人輪流做教學活動，集體做戲劇演出，都僅僅是一件工作，而做好每件工作仍是大禹對自己的要求，

15 〈石山（陳少岩）訪談記錄〉，臺北市木柵陳宅，二〇〇五年十二月二十七日。

也是對黨、對國家、對群眾的交代。在「人才濟濟」的公家單位，身分特殊的大禹屬於基層的藝文工作者，很少有個人獨立發揮的空間，在漳州地方劇團、藝校工作的陳大禹，很少人會對他的戲劇生涯產生興趣，與上世紀三〇年代在福建推動劇運或四〇年代後期在臺領導「實驗小劇團」時的積極奮發，迥然不同。

當臺灣海峽兩岸對立局勢稍緩，臺灣開放人民赴中國探親、旅遊。陳大禹的兩岸親友終於在隔絕近四十年之後再度重逢。大禹過世前十個月，見到從未謀面的女婿蔡健治，他是隨美國加州的遺傳基因學者訪問團來中國訪問，順便在上海與專程從漳州前來的岳父母一家歡聚，可惜女兒嘉嘉因故沒有一起同來，當時她還以為很快就能再來中國與父母一家團聚。

一九八五年四月六日，七十歲的陳大禹不知是否還記得臺灣曾經發生過的「四六事件」？在「四六事件」發生三十六年後的同一天，大禹心有感應似的，白天外出到街上的公共澡堂洗了個澡，回來之後與家人共進晚餐。飯後要小媳婦到當地「東方紅食雜貨店」買盒巧克力，買回

流落臺灣的陳大禹幼女嘉嘉（中排左二），後來旅居美國，1987 年才回中國大陸探視母親及兄弟等家人，此時陳大禹已在兩年前過世。（圖片來源：陳大禹家屬提供）

來全家邊吃邊聊天，當天晚上大禹有說有笑，神情特別愉快，夜間十點左右上床睡覺也一切如常，並無異狀，半夜突然發出怪聲，呼吸急促，瀟帆發現不對勁，緊急將他送醫，可惜晚了一步，四月七日凌晨，農曆二月十八日，這位漂泊一生的戲劇家在對其人生行旅中深具意義的日子當夜，因腦溢血離開人世，全家悲慟，遠在美國的嘉嘉尤其哀痛逾恆，無緣見父親一面，抱憾終身，一九八八年五月嘉嘉才來漳州探視數十年未見、完全沒有印象的母親及兄弟一家人。

大禹之死在中國大陸並未引起重視，只有一位同事王宏山在地方刊物寫了一篇小文章紀念大禹，算是為這位戲劇家之死留下記錄，也講了一些公道話。王宏山在這篇文章中，特別寫到他在文革期間第一次看到大禹的情景，當時是冬天，大禹穿一件袖口綻開棉絮的土黃色大衣，冒著凜冽寒風，清掃漳州市文化館後院的落葉，像是一名清潔工。文化館的幹部私下聊著：「別看他現在邋遢的樣子，當年可神氣哪……。」王宏山後來與大禹談起此事，他張開耙子般的粗糙手指，搔搔灰頭下的頭皮，蠕動著畏縮的嘴唇，吃力說道：「豈、豈有此理！他們為了整我，故、故……故意誇大其辭……。」[16] 文化館幹部私下對他品頭論足，說他「當年可神氣」，這個「當年」不知是指他抗戰時期在福建推動劇運的年代，還是在臺灣領導「實驗小劇團」的那兩、三年？

陳大禹走了之後，留下老妻瀟帆，與兒子晶晶、東東和在美國定居的嘉嘉，以及那位不知流落天涯何方不知名的

16 王宏山，〈憶陳大禹先生〉。

王宏山繪圖時神情。

王宏山手繪晚年陳大禹印象畫。

么子。

吳瀟帆一生支持丈夫，一切以夫為尊，義無反顧追隨到底，堪稱大禹人生知己，但也像大禹的附屬品，一生為大禹而活。大禹過世後，她四處奔走，尋找大禹生前友人、同事訪談，並做成記錄，想盡方法要讓大禹一生的清白，以及在戲劇上的成就被看到，她特別選在一九八七年對日抗戰五十週年前，親筆寫了一篇〈抗日七七五十週年紀念，回憶陳大禹同志在中國抗日戲劇運動中的進程略述〉，講述陳大禹的一生及其所從事的愛國戲劇運動，這篇文章充分展現瀟帆熱切期盼大禹戲劇志業能為黨及世人所理解，這篇文章或許曾寄給相關單位參考，但並無機會在報刊發表，只能擺在家裡當做家訓或傳家寶。在撰寫大禹傳記的同時，瀟帆也孜孜不倦整理大禹手稿、劇作，要讓這些遺作出版、流傳，以免大禹的戲劇經驗以及劇本創作，淹沒在歷史洪流之中。在一九七〇年代後的中國或是香港出版市場，一般出版品多半需要作者支付出版費用，這不是一筆小數字，在陳家親友大力贊助之下，陳大禹兩本劇本集——《陳大禹劇作選》與《水仙花——陳大禹劇作選續集》終能出版，也算完成大禹與瀟帆自己的一大心願。

大禹生前因為下放到新疆，特別把祖宅的一部分借給別人居住，回到漳州之後，卻無力索回。而後房子的租賃、產權問題一直困擾著大禹。他過世時，晶晶，東東兩兄弟為了討回房子，將大禹遺體放在大廳。佔用房子的人報警，

陳大禹喪禮。（圖片來源：陳大禹家屬提供）

公安將大禹遺體送到火葬場匆匆火化，這件事曾震驚漳州，成為社會新聞，也為大禹清貧的一生留下最悲涼的註腳。他的次子東東說：

父親老年時，除了想解決歷史問題外，想的就是保護自己的財產。那時劇團有人說他是「敗家子」，我父親立即反駁說：「誰說的？金獅巷五號的小樓房就是我手中蓋的，花了二百元大洋」，現在面臨房屋拆遷，我查看了地契，果真是民國二十五年父親買下的土地，價二百大洋。契約上的簽名就是我父親陳大禹。金獅巷五號小樓房確是父親陳大禹一手所置並居住幾十年的故居。當年上山下鄉高潮時，我們子女全部都在山區，我父親受到隔離審查，母親也被批鬥的困境中，家中的許多文物任人拿走，許多的著作被人拿走，瀋陽音樂學院的一位領導是父親的老相識，曾來我家，表示要用當時合理的價格買下這幢小樓，但是我父親卻婉言謝絕了（當時很多人賣掉房子），可見他對這幢樓的珍惜。

吳瀟帆去世時也很平靜，她晚年聽力很差，前一天周六白天還去看了漳州一場展銷會，周日當天身體感到不適，被送到醫院，很快就去世了，享壽七十九，那是一九九六年十一月，農曆十月初八。媳婦說：「如果婆婆晚年沒有費心費力為公公整理資料，也不會那麼早走。」

《陳大禹劇作選》。

《水仙花——陳大禹劇作選續集》。

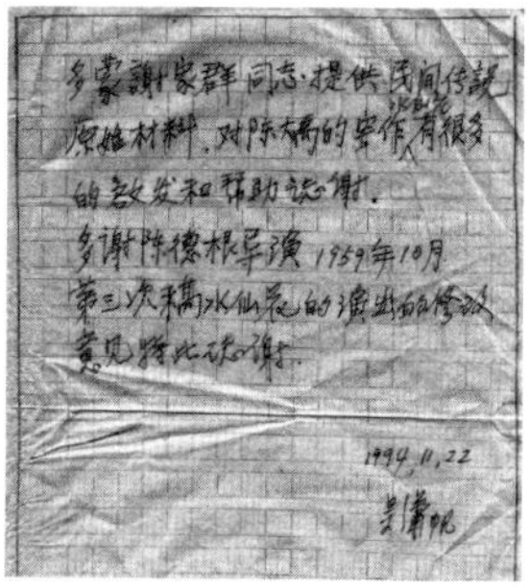
多蒙谢家群同志提供民间传说原始材料，对陈大禹的写作水仙花有很多的启发和帮助，谨致谢。
多谢陈德根导演1959年10月第三次稿水仙花的演出的修改意见，特此致谢。
1994.11.22
吴潇帆

吳瀟帆感謝函。

陳大禹七十年的歲月，在臺灣奔波的時間僅僅短短兩、三年，而這兩、三年經歷因緣際會，成為戲劇人生中的精華片段。這個「業餘劇人」在臺灣透過戲劇作品，捕捉了臺灣戰後初期的社會樣貌，在臺灣戲劇史留名，成為許多人懷念、討論的對象。當年的劇場夥伴辛奇、石山對他念茲在茲，辛奇甚至長年蒐集陳大禹的資料，探聽他的消息。在日本福岡大學任教的間ふさ子，則是最早注意陳大禹在臺戲劇活動的學者。[17] 不過，一九四九年春回到彼岸的陳大禹在過世之前，恐怕不會（也不敢）想到，他的黑白戲劇人生居然是在臺灣留下燦然可觀的彩色一頁。

17 間ふさ子，〈戰後初期台湾における多言語演劇か試み——陳大禹と實驗小劇團〉，頁六二三～六四四。

結論

陳大禹生於中國戰亂的年代，經歷與一般人不盡相同的成長過程，七十歲的人生皆與戲劇有關，他的戲劇生命最早可追溯到一九三三年的十八歲青少年時期，而後高低起伏，其戲劇歷程，約略分為三個階段：

一、一九四六年來臺之前：

積極投入福建戲劇運動，奠定日後創作的基石。這個時期的作品並未流傳，其編導手法與戲劇效果也缺乏文字記錄。

二、一九四六年至一九四九年：

在臺灣停留期間，創作不斷，極具衝勁，有若干劇作留世，但主要舞臺演出本失傳。

三、一九四九年回中國之後：

順應時代變遷，在地方藝校、劇團服務，培養戲劇人材，也創作多齣呼應中共政策的現代薌劇作品。

陳大禹青少年時期在閩南投入戲劇運動，目的在藉此喚起民眾的民族意識，反對帝國主義，從現存資料來看，大禹第一階段戲劇人生大部分時間都在國民黨統治區，曾為政府機關做事，甚至參加國民黨——即使如他後來所說：是被強迫，雖曾與左傾人士有來往，但來臺之前與中共的地下黨或其外圍組織並無直接關連。

大禹戲劇人生的第二個階段是於一九四六年十月來到剛結束日本五十年殖民統治的臺灣，從那一刻起，他一腳踏進臺灣的戲劇界，演戲是他獻給臺灣的手段，也是目的。當時的臺灣有臺灣的社會文化生態，國民政府在臺灣的施政也面對甚多的挑戰，「愛惜臺灣，臺灣是值得愛惜的」，[1] 在大禹的文章中經常出現如此充滿熱情，卻也憂心忡忡的

[1] 陳大禹，〈臺灣需要話劇〉。

呼籲。後來的人很難具體瞭解，年輕的大禹踏上基隆碼頭的那一刻心情，是興奮、還是茫然？或許，兩者皆有吧！至少彼時的他有一些戲劇推展計畫，估算在臺灣的時間，可能三年或五年？也可能十年、二十年？這些問題，隨著他倉惶逃回中國大陸，都變得不重要了。大禹在臺灣大約二年六個月（一九四五年十月～一九四九年四月），時間雖短，卻是其戲劇生涯的流金歲月，同時也是影響其一生的關鍵時刻。此時的陳大禹發揮敏銳的藝術觀察力與社會批判力，編導他想編導的戲劇，也批評他想批評的人事物，作品常帶有強烈的社會意識，他不但持續從事戲劇創作、演出，同時發表文章，批評戲劇政策與演出環境，進而批判社會的不公不義。

陳大禹的評論文字顯露對臺灣藝文發展的同情與理解，也為臺灣戲劇辯護，這在當時的文化界十分難能可貴。「二二八事件」之後，臺灣劇人銷聲匿跡，大禹雖然也了解政治、社會大環境的惡劣，卻仍義無反顧地站在劇場中，以更積極的參與代替退縮，在族群嚴重對立的時刻，他推出目的在化解本省人、外省人衝突的「喜劇」《香蕉香》，這齣戲首演當晚就被查禁，使大禹深受挫折。不過，他並未因此懷憂喪志，仍然活躍於臺灣戲劇與藝文界，重大的戲劇展演與藝文活動都有他參與的蹤跡。當年的大禹大概沒想到，在臺灣短短的二、三年時光，會成為一生難以抹滅的刻痕，是幸是不幸，大概也只有大禹夫妻可以判斷，甚至連他們都未必能遽下結論。

陳大禹在臺灣戲劇界掀起一陣漣漪之後，卻突然像一顆流星般，迅速從臺灣星空消失。一九四九年春離開臺灣，《香蕉香》事件只是遠因，近因應與一九四九年的「四六事件」有關。大禹選擇離開臺灣，投向不可預測的未來，是因為不得不離開／選擇回歸中國，是福是禍，是相對繼續待在臺灣而言；當時他對中共應有些憧憬，至少認為比留在臺灣安全，這也是大禹當時的判斷。回歸中國後，他奔波於北京、上海、新疆、漳州之間，堪稱顛沛流離，席不暇暖，直到一九五八年才在故鄉定居，寄身漳州藝術學校與漳州薌劇團，為地方戲曲演員、樂師講授文化課程，搜集、整理戲曲文物資料或編導薌劇演出。這個時候的大禹還是四十多歲的壯年，卻猶如度盡波劫的耄耋老翁，炫爛歸於平靜，只求安詳終老。

在彼岸的中國，攤開一九三〇年代到一九八〇年代的戲劇家名單，陳大禹都沾不上邊，對中國戲劇界、文化界的大小議題也無太多置喙的餘地。相對地，臺灣戲劇界卻把在這裡只待二年多的陳大禹視為臺灣戲劇家，列入戰後之初戲劇運動要角名單，歸究原因不在於海峽兩岸戲劇人材多寡，或臺灣與中國演出環境質量的問題，而是戲劇家的人生際遇，各有不同，幸與不幸，不完全掌握在自己手中，而是情勢使然，情勢比人強的結果不是「頭顱擲處血斑斑」，便是「不得不低頭」，劇場的精神與力道往往也在這裡表現出來，一部（或一場）《香蕉香》即使見者無幾，卻讓後來的臺灣人充滿想像，印象深刻。

陳大禹在臺時期藉戲劇提倡族群的和諧與交流，有當時的社會背景與時空環境，尤其「二二八事件」之後，所謂族群和諧，這一類的話對「本省人」無比沉重，由大禹這樣的「外省人」說來雖然極為難得，但也相對輕鬆，即使他們的態度嚴肅而誠懇，對當時的「本省人」聽來何其無奈，何其諷刺，「甚至連回應的嘴也不開」，當時的大禹充滿調停和解的企圖，在「本省人」看來，陳大禹這類「外省人」仍然是站在權力者的一方，所以才能在《臺灣新生報》一九四八年的元旦新聞版面，以極為顯著的位置發表〈破車胎的劇運〉，試問，這個時候的本省劇人在做什麼？能做什麼？不過，話說回來，那個時候的大禹除此之外，又能說些什麼？做些什麼？

陳大禹流離、困厄的生命，其實也是那個荒謬年代一個哀愁的插曲。回溯其一生——尤其是在臺灣的短短二、三年，彷彿是歷史的必然，反映了文化人處於戰後中國——或中國文化人處於戰後初期臺灣的人生際遇之不可預料，若謂大禹最後鬱鬱而終，並不為過。大禹一輩子與妻子瀟帆夫唱婦隨，無怨無悔，是其最大的欣慰，最終或許也發覺，在臺灣的時光是一生中充滿鬥志，體驗人生價值的年代，可以大禹在為《守財奴》所寫的一段話作為註解：

最後，我願意把這個的劇本，紀念死在舞臺的先進莫利哀大師。我們願意學習他堅苦撐持劇運的勇氣，我們永遠記得，莫利哀在他嘔血舞臺的最後一劇臨上演時，別人勸告他不要帶病上場，而他的回答是：「你們教我怎麼樣呢？每天要生活的這許多人，我要是不上臺，請問你們要他們怎樣生活呢？」[2]

雖然大禹終究沒有堅苦撐持劇運、死在舞臺上的機會，但他劇場人生最輝煌的時刻，確實停留在「不允許劇人自認本行是高高在上的文化教育的時代」——那是他在臺灣的時期。

大禹的戲劇作品無論在中國、臺灣，今後出現在舞臺上的機會不大，倒是〈杯底不可飼金魚〉（呂泉生曲、陳大禹詞）會一直流傳在聲樂家的演唱會，或一般親朋好友的歡聚場合，甚至是庶民大眾的日常生活當中，這首藝術歌曲在一九四九年四月十八日正式在臺北市中山堂發表，由呂泉生親自演唱，當時大禹已潛逃出境，未能參加這場有意義的音樂會，終其一生大概也沒在正式音樂會上聆賞自己寫的歌詞：

飲啦！杯底不可飼金魚，好漢剖腹來相見，
拚一步！爽快麼值錢！
飲啦！杯底不可飼金魚，興到食酒免揀時，
情投意合上歡喜，杯底不可飼金魚！
朋友弟兄無議論，欲哭欲笑據在伊，
心情鬱卒若無透，等待何時咱的天，

2 居仁（陳大禹），〈守財奴的改編〉，《自由報》，一九四六年十二月十九日。

哈！醉落去，杯底不可飼金魚！
飲啦！杯底不可飼金魚，好漢剖腹來相見，
拚一步！爽快麼值錢！
飲啦！杯底不可飼金魚，興到食酒免揀時，
情投意合上歡喜，杯底不可飼金魚！
朋友弟兄無議論，欲哭欲笑據在伊，
心情鬱卒若無透，等待何時咱的天，
哈！哈哈哈哈！醉落去，杯底不可飼金魚！

〈杯底不可飼金魚〉因為大禹敏感的身分，作詞者真實名字長時間被隱藏下來，社會大眾也習慣不會去注意、思考作詞者是誰的問題，直到二〇二〇年代之後，才得以正式證實是「陳大禹」。〈杯底不可飼金魚〉作詞者從隱晦到正名，所顯現的絕不是單單一首歌、一個人的問題，而是肅殺與荒謬的雜亂年代，上下四方共同譜寫的變奏曲。

附錄

陳大禹大事年表

年代	事件
一九一六年	九月，陳大禹生於漳州。父陳耀東（張煌、炎仔），母葉英利。陳大禹為長男，有三個弟妹：大妹大昭、弟大武、二妹大輝。
一九一七年	五月，妻吳瀟帆（淑端）生於漳州，父吳湛仁、母葉慧貞，瀟帆為長女，下有四妹淑芳、淑益、淑珊、淑麗，三弟厚烇、厚楨、厚雄。
一九二二年	進入小學就讀。中小學時因中國內戰，輾轉在多校求學，先後就讀於漳州第一女子小學、省立第二師範學校、泉州培元中學、邵武中學、耳沅中學、龍溪中學。從小喜歡看電影與戲劇。
一九二六年	小學畢業。
	六月，父陳耀東在《漳州日報》刊登〈為帝國主義者在上海慘殺同胞致告父老〉一文，漳州軍閥張毅至陳耀東任職的第二師範追究，陳耀東決定至北平學習，寄住北京龍溪同鄉會館。時大禹隨父母前往，多次在北平、上海的學生運動中耳濡目染，愛國意識深入思想中。半年後，大禹先隨母親回到漳州，父親月餘後回漳。
一九二八年	六月，父陳耀東於漳州學潮中在家遭槍殺身亡，得年三十九歲，時大禹僅十二歲。
一九三二年	三月，到上海就讀東亞體專，就學期間加入楊騷等人在上海成立的「中國詩歌會」，認識魯迅。時值「一二八事件」，陳大禹亦參加學生愛國運動。
一九三三年	二月，回漳州任教文衡小學，任教期間積極參加許聲谷領導的「鶯聲劇社」。
一九三五年	九月，在長汀中學任教，兼任圖書管理員。任教期間，胞叔陳開泰亦在同校任教，叮囑陳大禹要多讀學校中的「進步」書刊，於是陳大禹日益接觸左翼文學，並開始習作。
一九三六年	秋天轉回漳州，任教文衡小學，業餘時間常與柯聯魁在一起，研究「薌潮劇社」劇運。「薌潮劇社」係一九三四年成立，是中共漳州工委直接指導的組織。 十月，魯迅過世，陳大禹在漳州民眾教育館創辦的刊物發表紀念文章。（文章未見）
	十一月至次年五月，轉赴福州縣政人員訓練所任學員。同時期創作短劇《蹂躪下》，但未獲核可演出。

一九三七年	六月，任職古田縣政府教育科科員。時楊騷應郁達夫邀請赴福建省編譯室工作，後值「七七事變」，陳大禹與楊騷頗有接觸。 十一月，任職福州縣政府教育科科員，積極動員各校組織抗日戲劇宣傳隊，開展抗日宣傳。
一九三八年	四月，擔任福州民眾教育處戲劇隊幹事，組織劇隊巡迴泉州一帶演出。 七月，該劇隊後內遷沙縣，更名為「戰時民眾教育巡迴隊」，不久改名「國民軍訓處巡迴隊」，擔任領隊，率領五名隊員，以長達八個月的時間，巡迴漳州、泉州演出。
一九三九年	一月，任福建省南洋僑胞慰問團幹事，積極配合團長蔡繼琨，遠赴菲律賓等地演出。 七月至十一月，陳大禹至南平任國府「十三補充兵訓練處劇隊」隊副，領少尉薪資，加入國民黨。在此期間，演出《鳳凰城》、《前夜》、《雷雨》等劇目。陳大禹因有左傾嫌疑被迫辭職。 十二月至次年四月，赴浙江金華加入「中心劇團」，巡迴溫州一帶演出。
一九四〇年	四月，回南平任職「十三補充兵訓練處劇隊」，但訓練處劇隊因國府反共高潮遭解散，全隊十餘人回到漳州。 六月，與吳瀟帆在南平結婚。
一九四一年	長子晶晶出生。 去年十一月自此年三月失業，僅參加業餘戲劇活動。 三月青年節，漳州各劇社聯合排演話劇，陳大禹導演了《祖國》、《黑字二十八》。並與曾乃超、沈惠川聯合導演《雷雨》，大禹兼演劇中人周萍。 四月間，擔任龍溪縣動員委員會幹事，與當時的「國防劇社」一起組織抗日宣傳演出，先後參與編導《有錢通通好》、《將軍》、《鑄情》、《金錶》等劇目，還單獨導演了《黑字二十八》、《國家總動員》。並參與設計演出《此恨綿綿》、《夜半歌聲》等。大禹將魯迅作品《金錶》改為四幕喜劇，由高仲明飾主角（時高十二歲，是臺灣義勇隊的小隊員），與楊渭溪、吳瀟帆合演。 組織「動員劇社」，演出《寄生草》，並改編英國莎士比亞的《奧賽羅》為《疑雲》、法國莫里哀的《慳吝人》和薩度的《祖國》。
一九四二年	三月，到永安「抗建劇團」擔任幹事，為期半年，因與自己志向不合，遂決定到重慶找楊騷。 十月，因旅費不足，在桂林、柳州一帶任教員半年。

一九四三年	長女心心出生。 三月，到達重慶。此時楊騷已經離開重慶，大禹一度困苦無依。 六月，將其妻吳瀟帆接到重慶團聚，妻任「光一參行」門市部會計。 七月，漳州鄉親吳懷仁、吳伯軒兩先生鼎力支援，陳大禹得以留在「光一參行」當店員。 九月，在「臨江門花紗門市部」兼職，任籌備人員，不久辭職。
一九四四年	七月至次年五月，失業，寄居「光一參行」。 次女嘉嘉出生。
一九四五年	五月，在重慶《商務日報》做校對工作。
一九四六年	七月，在友人幫助下，由重慶到上海。 十月，由上海到臺灣。 妹大輝帶晶晶、心心、嘉嘉三兄妹來臺。 次子東東出生於臺灣臺中。 十一月，「實驗小劇團」在臺創立。 十二月，「實驗小劇團」臺北中山堂演出《守財奴》。 晶晶、心心送回漳州，由祖母撫養。
一九四七年	二月戲劇節，「青年藝術劇社」、「實驗小劇團」聯合在臺北中山堂演出《可憐的斐迦》。不久「二二八事件」發生。 四月，任職「臺灣省交響樂團」幹事。 「實驗小劇團」原訂與「省交」合作演出《吳鳳》，因經費問題停擺。 九月，「實驗小劇團」臺北中山堂演出《原野》。 十一月一日「實驗小劇團」為慶祝臺灣光復節，在臺北中山堂演出《香蕉香》，惟劇情涉及「二二八事件」，當晚即遭禁演，大受打擊。事後亦遭警總詢問，並遭原任職的「臺灣省交響樂團」遣散。

一九四八年	三子出生，送人撫養。 五月，擔任「臺灣省文化團體聯合會」籌備委員。 四月至六月，參與《臺灣新生報》〈橋〉副刊上的新舊文學論戰。 六月，指導「臺大戲劇研究社」演出《裙帶風》；在《臺灣新生報》〈橋〉副刊發表〈「臺灣文學」解題——敬致錢歌川先生〉，引發論戰。 七月，發表《臺北酒家》。 九月至十一月，任職臺灣省光復週年博覽會幹事。 十二月，當選「臺灣省藝術建設協會」理事。 本年創作〈農村酒歌〉、〈杯底不可飼金魚〉歌詞（作曲呂泉生）。
一九四九年	三月，在臺北市發起成立「臺灣戲劇協會」。 四月，風聞國府即將對《臺灣新生報》〈橋〉副刊作家群展開逮捕，陳大禹也列於黑名單中，決定與友人高仲明回歸中國，離臺前將劇團交由石山。 呂泉生於「臺灣省音樂文化研究會」發表〈杯底不可飼金魚〉，呂泉生親自演唱，陳大禹缺席。 在香港停留二個月之後，由香港搭船赴天津轉北平，九月在北平參加臺盟組織，並在華北大學第三幹部藝術幹部訓練班戲劇科學習。 ＊九月，北平改北京。 ＊十月，中華人民共和國成立。 妻帶次子陳東東離臺，經香港回北京與大禹相會。 十二月至隔年五月，調至上海，在上海市委第二工作隊和上海華東區文化部藝術處工作。
一九五〇年	三月，母葉英利病逝。
一九五一年	十一月，在上海加入上海市戲劇電影工作協會，成為會員。
一九五二年	四月，與妻及二子一女由華東區文化藝術處調至「新疆軍區建設兵團」，在耕作隊任文教工作，妻子瀟帆在農六師皮服廠擔任會計，長達六年。

一九五七年	獲農六師司令部第三屆業餘文藝會演二等獎。
一九五八年	五月，因妻患嚴重關節炎症，與妻一同調回故鄉漳州，任教於漳州藝校。
一九六一年	十月，調至龍溪專區戲劇家協會工作至次年六月。
一九六二年	調任漳州薌劇團編導。
一九八四年	六月，全家與次女陳嘉嘉夫婿蔡健治在上海相會。
一九八五年	四月，因腦溢血逝世，享年七十歲。
一九八八年	五月，陳嘉嘉伴隨姨媽從美國回漳州省親，與母親、兄弟一家相聚。
一九九二年	二月，《陳大禹劇作選》由妻吳瀟帆整理問世。
一九九三年	《水仙花——陳大禹劇作續集》由妻吳瀟帆整理問世。
一九九六年	十一月，吳瀟帆逝世。
二〇〇六年	九月，陳晶晶、陳嘉嘉、陳東東兄妹在臺北參加文建會（今文化部）「臺灣戲劇館 資深戲劇家」叢書《漂流萬里：陳大禹》新書發表會。
二〇二三年	呂泉生家屬發表聲明，〈杯底不可飼金魚〉作詞者正名為陳大禹。
二〇二五年	《漂流萬里：陳大禹》增訂本《自君別後：陳大禹及其戰後臺灣劇場驚奇》出版。

陳大禹政歷表 解放前部分（自七歲起）

起迄	地點	單位名稱	職務	境況說明
一九二二年九月至一九三一年二月	漳州	第一屯子小學、第二師範（泉州培元中學、邵武中學）、耳沅中學、龍溪中學	學生	我十歲小學畢業進入中學，抗戰廢學，輾轉多校，準確時間劃分，不復記憶，惟童時曾隨父母遊覽北京、上海各地，對愛國主義教育有影響，深入意識。

一九三二年三月至一九三三年一月	上海	東亞體專	學生	時正一二八事件後，對反帝愛國運動多有義憤。
一九三三年二月至一九三五年九月	漳州	文衡小學	教員	日帝入侵東北後，繼而蠶食華北，吾漳薌潮劇社開始愛國活動，反帝反封建影響文教界，對我很有啟示。
一九三五年九月至一九三六年六月	長汀	長汀中學	教員	我兼圖書管理員，日閱書報，對當時全國抗日高潮，敵愾同仇，自是日益接近進步文學。
一九三六年七月至一九三六年十月	漳州	文衡小學	教員	關心抗日文藝，開始習作，發表過紀念魯迅先生逝世文章。
一九三六年十一月至一九三七年五月	福州	縣政人員訓練學員所教育系		時值西安事件，繼又有七君子案，抗日熱潮彌漫，我寫作劇本《蹂躪下》，未及發表，滿懷抗日熱情有一觸即發之勢。
一九三七年六月至一九三七年十月	古田	縣政府教育科	科員	抗日戰爭爆發，我即動員學校組織抗日宣傳隊。
一九三七年十一月至一九三八年三月	福州	縣政府教育科	科員	因參加抗日戲劇宣傳，縣長不滿，忿而辭職，專搞抗日宣傳。
一九三八年四月至一九三八年六月	福州	民眾教育處戲劇隊	幹事	巡迴泉州一帶宣傳演出。同機構內遷改稱，不久又改國民軍訓處。
一九三八年七月至一九三八年十二月	沙縣	戰時民眾教育巡迴隊	分隊附	巡迴分隊僅五人，巡迴閩南宣傳四處演出。
一九三九年一月至一九三九年六月	菲律賓	南洋僑胞慰問戲劇組	幹事	對僑胞愛國熱情感受深切，亦多激動。
一九三九年七月至一九三九年十一月	南平	偽十三補充兵訓練處劇隊	隊附	全隊十餘人，因係編外人員，無軍銜，也不穿軍裝。我領少尉工資，八月被迫集體參加國民黨，不久，因有進步嫌疑辭職離去。
一九三九年十二月至一九四〇年三月	金華	浙江中心劇團		

一九四〇年四月至一九四〇年十月	南平	偽十三補充兵訓練處劇隊	隊附	巡迴麗水、溫州一帶宣傳演出。應勸回隊，但因國民黨反共高潮來到，劇隊終被無故解散。
一九四〇年十一月至一九四一年三月	漳州	失業		
一九四一年三月至一九四二年四月	漳州	動員委員會	幹事	有業餘抗日戲劇活動。組織業餘劇團，堅持抗日戲劇演出，但為反動統治所忌，演出日漸困難，時正文化低潮，處境黑暗偏隅，人極苦悶，心向內地，尋求進步，故終辭職出走。
一九四二年三月至一九四二年九月	永安	抗建劇團	幹事	來此過渡，尋機赴渝，無心工作，得便車即離去。
一九四二年十月至一九四三年三月		赴渝旅途		因旅費不足，顛沛桂柳，當過代課教員，而後赴渝。
一九四三年三月至一九四三年七月	重慶	失業		到渝尋業不得，顛沛飄泊，困苦無依。
一九四三年七月至一九四三年九月	重慶	光一參行	店員	兼職此事，自覺官場不合，終辭職。
一九四三年九月至一九四三年十月	重慶	臨江門花紗布門市部	店面籌備人員	到此深感蔣管區黑暗社會問題，多事寫作揭發，但因政治認識尚糊塗，寫不好，但為補助生活，時亦為米商看管米船。
一九四四年一月至一九四五年五月	重慶	失業	寄居光一參行	
一九四五年五月至一九四六年二月	重慶	商務日報	校對員	時在民主高潮中，漸認識黑暗社會乃反動統治問題，毛主席重慶談判更啟發我追求民主的覺悟。
一九四六年七月至一九四六年十月		赴臺旅途		途中曾留滬尋業不及，乃赴臺。

一九四六年十月至一九四七年三月	臺北	失業		因決心搞民主戲劇，不進官場，組織業餘劇團演出。
一九四七年四月至一九四八年四月	臺北	交響樂團	幹事	專搞業餘戲劇，自寫劇本《香蕉香》演出被禁停演，我亦被反動警備司令部拘問，其後力求恢復演出皆遭阻礙不果，我亦被遣散。
一九四八年四月至一九四八年九月	臺北	失業		寄居交響樂團，漸轉搞民主文學和學校戲劇活動。
一九四八年九月至一九四八年十一月	臺北	博覽會	幹事	專搞晚會文娛節目的籌備工作。
一九四八年十一月至一九四九年四月	臺北	失業		淮海戰役後，國民黨逃臺日眾，全臺震撼，陳誠主臺，瘋狂鎮壓學生運動，波連〈橋〉副刊編輯史拾枚被捕，傳言清查文章作者，我亦黑名單上有名，我在朋友資助逃亡香港，候船月餘，乃及到北京時已六月初了。

陳大禹政歷表 解放後部分

起迄	地點	單位名稱	職務	備註
一九四九年六月至一九四九年十二月	北京	華北大學文藝幹部訓練班	學員	
一九四九年十二月至一九五〇年五月	上海	上海市委第二工作隊	幹部	
一九五〇年五月至一九五二年三月	上海	上海市委第二工作隊	幹部	參軍。後因妻病返漳。直到現在未動。

一九五二年四月至一九五八年三月	新疆	農六師耕作隊	文教	
一九五八年五月至一九六一年十月	漳州	華東文化部藝術處	教員	
一九六一年十月至一九六二年五月	漳州	華東文化部藝術處	幹部	
一九六二年六月	漳州	農六師耕作隊 專區藝校 專區劇協 漳州薌劇團	編導	

陳大禹著作目錄

一、劇本作品

〈吳鳳（臺灣史劇）〉。《建國月刊》第一卷第二期。一九四七年十一月。

〈吳鳳（臺灣史劇）第二幕〉。《建國月刊》第一卷第三期。一九四七年十二月。

〈吳鳳（臺灣史劇）〉。《建國月刊》第二卷第一期。一九四八年一月。

〈寂寞繞家山〉（上）〉。《臺灣文化》第三卷第五期。一九四八年六月。

〈寂寞繞家山〉（中）〉。《臺灣文化》第三卷第六期。一九四八年八月。

〈寂寞繞家山〉（下）〉。《臺灣文化》第三卷第七期。一九四八年九月。

〈臺北酒家一個劇本的序幕〉。《臺灣新生報》〈橋〉副刊。一九四八年七月十四日。

〈臺北酒家（續完）〉。《臺灣新生報》〈橋〉副刊。一九四八年七月十六日。
《水仙花（龍溪水仙花）》（歌仔戲）。一九五九。
《壯士與仙女》（歌仔戲電視劇）。一九七九。
《鋼刀飛花》（現代歌仔戲）。一九七二。
《望穿秋水》（現代歌仔戲）。一九八〇。
《東渡漂泊記（林紹枝墾荒水砂蓮、唐山過臺灣傳奇）》（現代歌仔戲）。一九七八。
《紅軍進漳州》（革命歷史九場話劇）。一九七八。
《東海長虹》、《阿里山人——吳鳳通事傳奇》、《戰天歌》、《江姐》、古裝劇《鄭元和》、《釵頭鳳》、《三個王文英》、《孟麗君》、《十五貫》。一九七六。
《陳大禹劇作選》。香港：中國經濟出版社。一九九二。
《水仙花——陳大禹劇作選續集》。香港：華頓廣告印務公司。一九九三。

二、評論、雜文

〈《守財奴》的改編〉。《自由報》。1946十二月十九日。
〈破車胎的劇運〉。《臺灣新生報》副刊擴大版。一九四八年一月一日。
〈讓出話劇的生路〉。《臺灣新生報》〈橋〉副刊。一九四八年二月十七日。
〈臺灣需要話劇〉，《臺灣新生報》。一九四八年三月五日，第八版。
〈如何建立當前的劇運〉。《臺灣新生報》〈橋〉副刊。一九四八年四月二日，第四版。
〈我們的作品是不是反映了現實〉。《臺灣新生報》〈橋〉副刊。一九四八年四月七日。

〈從特殊性上規範出臺灣新文學的意義〉。《臺灣新生報》〈橋〉副刊。一九四八年四月九日。
〈吹破石榴粒粒紅——談《裙帶風》》。《臺灣新生報》〈橋〉副刊。一九四八年四月十六日。
〈千里之失——談《裙帶風》》。《臺灣新生報》〈橋〉副刊。一九四八年五月十日。
〈為建造世界而戰／評《民族至上》〉。《公論報》〈遊藝版〉。一九四八年五月二十三日。
〈「臺灣文學」解題．敬致錢歌川先生〉。《臺灣新生報》〈橋〉副刊。一九四八年六月十六日。
〈起舞弄清影——三談《裙帶風》〉。《臺灣新生報》〈橋〉副刊。一九四八年六月十八日。
〈瀨南人先生的誤解〉。《臺灣新生報》〈橋〉副刊。一九四八年六月二十五日。
〈關於學校劇的選擇〉。《公論報》〈遊藝版〉。一九四八年七月四日。

三、其他

〈臺灣民間歌謠—根據林清月先生紀錄意譯〉。《公論報》〈遊藝版〉。一九四八年七月二十七日。
〈淡水的河流（歌誦樂章）〉。《公論報》〈遊藝版〉。一九四八年十二月五日。
〈淡水的河流（歌誦樂章）〉。《公論報》〈遊藝版〉。一九四八年十二月十二日。
〈淡水的河流（歌誦樂章）〉。《公論報》〈遊藝版〉。一九四八年十二月十九日。
〈淡水的河流（歌誦樂章）〉。《公論報》〈遊藝版〉。一九四八年十二月二十六日。

參考文獻

一、報刊

《大公報》（上海）
《小民報》（福州）
《中國時報》（臺北）
《中華日報》（臺南）
《公論報》（臺北）
《天津民國日報》（天津）
《民生報》（臺北）
《民報》（臺北）
《和平日報》（臺中）
《經濟日報》（臺北）
《臺灣公論報》（臺北）
《臺灣新生報》（臺北）
《閩南新報》（廈門）

《自強報》、《國是日報》、《自由報》、《上海新聞報》、《人民導報》等關於「實驗小劇團」於臺灣演出消息剪報，係由辛奇捐贈，國家電影資料館協助原件取得，謹此致謝。

二、專書

黃《中國戲曲志・福建卷》編輯委員會，《中國戲曲志・福建卷》，北京：新華書店，一九九三。
丁伯駪，《一個電影工作者的回憶》，香港：亞洲文化事業，二〇〇〇。
王景弘，《慣看秋月春風：一個臺灣記者的回顧》，臺北：前衛出版社，二〇〇四。
王育德，《王育德全集》，臺北：前衛出版社，二〇〇二。
白先勇、廖彥博，《止痛療傷：白崇禧將軍與二二八》，臺北：時報出版公司，二〇一四。
行政院「研究二二八事件小組」，《二二八事件研究報告》，臺北：行政院，一九九二。
吳三連臺灣史料基金會編，《臺灣文化》復刻版，臺北：傳文文化出版社，一九九四。
吳文星、賴澤涵，《臺灣省立師範學院「四六事件」臺灣地區戒嚴時期政治案件：五〇~七〇年代文獻專輯》，南投：臺灣省文獻委員會，二〇〇一。
吳克泰，《吳克泰回憶錄》，臺北：人間出版社，二〇〇二。
吳濁流，《無花果》，臺北：前衛出版社，一九八八。
呂訴上，《臺灣電影戲劇史》，臺北：銀華出版部，一九六一。
李世傑，《調查局黑牢三四五天》，臺北：元天圖書公司，一九九〇。
李亦園，《文化的圖像》，臺北：允晨出版社，一九九二。
李唯一，《中國工資制度》，北京：中國勞動出版社，一九九一。
林清月，《歌謠集粹》，臺北：中國醫藥新聞社，一九五四。
邱坤良，《臺灣劇場與文化變遷：歷史記憶與民眾觀點》，臺北：臺原出版社，二〇〇二。
洪謨、潘孑農合著，《裙帶風》，上海：作家書屋，一九四七

胡志毅主編，《中國話劇藝術通史》第二卷，太原：山西教育出版社，二〇〇八。
徐亞湘，《臺灣劇史沉思》，臺北：國家出版社，二〇一五。
徐麗紗，《蔡繼琨：藝德雙馨》，臺北：國立傳統藝術中心籌備處，二〇〇二。
國史館臺灣文獻館，《臺灣省行政長官公署職員輯錄（一）》，南投：臺灣文獻館，二〇〇五。
張光直，《蕃薯人的故事》，臺北：聯經出版公司，一九九八。
梁文菁，《與莎士比亞同行》，臺北：大塊文化，二〇一八。
莊永明，《臺灣歌謠：我聽我唱我寫》，臺北：臺北市文獻委員會，二〇一一。
莊永明，《活！該如此：莊永明七十自述》，臺北：遠流出版公司，二〇一五。
陳大禹著，吳潚帆整理，王炳南主編，《陳大禹劇作選》，香港：中國經濟出版社，一九九二。
陳大禹，《水仙花——陳大禹劇作選續集》，香港：華頓廣告印務公司，一九九三。
陳永發，《中國共產革命七十年》，臺北：聯經出版公司，二〇〇一。
陳其南，《文化的軌跡》，臺北：允晨出版社，一九八六。
陳映真、曾健民編，《臺灣文學問題論議集一九四七～一九四九》，臺北：人間出版社，一九九九。
陳郁秀、孫芝君，《呂泉生的音樂人生》，臺北：遠流出版公司，二〇〇五。
陳翠蓮，《派系鬥爭與權謀政治——二二八悲劇的另一面相》，臺北：時報出版公司，一九九五。
陳翠蓮，《四六事件與臺灣大學》，臺北：臺灣大學圖書館，二〇一七。
陳鄭煊，《漳州舊事雜憶》，廈門：未出版，一九九四。
陳耀寰，《飛鴻集》，北京：中國民航出版社，一九九六。
馮雪峰主編，《魯迅全集》第十四卷，北京：人民文學出版社，一九五八。
黃仁，《臺灣話劇的黃金時代》，臺北：亞太圖書出版社，二〇〇〇。

黃仁，《臺北市話劇史九十年大事記》，臺北：亞太圖書出版社，二〇〇二。

黃仁，《臺灣電影開拓者——白克導演紀念文集暨遺作選輯》，臺北：亞太圖書出版社，二〇〇三。

黃英哲，《「去日本化」「再中國化」：戰後臺灣文化重建（一九四五～一九四七）》，臺北：麥田出版社，二〇一七。

黃英哲主編，《日治時期臺灣文學評論集》第一冊，臺南：國家臺灣文學館籌備處，二〇〇六。

黃榮村，《時代與往事：我的學習與奉獻之路》，臺北：遠流出版公司，二〇二四。

新疆生產建設兵團史志編纂委員會，《新疆生產建設兵團發展史》，烏魯木齊：新疆人民出版社，一九九八。

臺灣省雜誌事業協會雜誌年鑑編輯委員會，《中華民國雜誌年鑑》，臺北：臺灣省雜誌事業協會雜誌年鑑編輯委員會，一九五四。

橫地剛著，陸平舟譯，《南天之虹：把二二八事件刻在版畫上的人》，臺北：人間出版社，二〇〇二。

戴國煇、葉芸芸，《愛憎二二八——神話與史實：解開歷史之謎》，臺北：遠流出版公司，一九九二。

戴獨行，《白色角落》，臺北：人間出版社，一九九八。

藍博洲，《天未亮：追憶一九四九年四六事件（師院部分）》，臺中：晨星出版社，二〇〇〇。

藍博洲，《宋非我》，臺北：行政院文化建設委員會，二〇〇六。

雷碧琦，*Shakespeare's Asian Journey: Critical Encounters, Cultural Geographies, and the Politics of Travel* (New York: Routledge, 2017).

三、論文

石家駒，〈序一：一場被遮斷的文學論爭——關於臺灣新文學諸問題的論爭（一九四七～一九四九）〉，《臺灣文學問題論議集一九四七～一九四九》（臺北：人間出版社，一九九九），頁一五～一六。

石婉舜，〈川上音二郎的《奧瑟羅》與臺灣——「正劇」主張、實地調查與舞臺再現〉，《戲劇學刊》八（臺北，二〇〇八），頁七～三〇。

吳佩珍，〈日本翻案莎劇《奧塞羅》與殖民地臺灣——以《臺灣日日新報》在臺上演紀錄與劇評為中心〉，收錄於《殖民地與都市》，（臺北：國立政治大學政大出版社，二〇一五），頁三九～五二。

林曙光，〈難忘的回憶——記臺語劇運先驅蔡德本〉，《文學臺灣》九（高雄，一九九四），頁一五～二四。

林曙光，〈感念奇緣弔歌雷〉，《文學臺灣》十一（高雄，一九九四），頁二〇～三三。

施寄寒，〈抗戰戲劇在福建〉，《抗戰教育》創刊號（武漢，一九三八），頁二〇～二三。

黃琪椿，〈鄉土文學論爭與白話文運動〉，《中外文學》二七三（臺北，一九九五），頁七〇～七一。

間ふさ子，〈陳大禹劇作《吳鳳》的特徵和意義〉，收錄於《海峽兩岸臺灣文學史學術研討會論文集》，（廈門：廈門大學臺灣研究中心，二〇〇五），頁二七八～二八八。

間ふさ子，〈戰後初期台　における多言語演劇か試み——陳大禹と實驗小劇團〉，收錄於山田敬三編，《境外の文化——環太平洋圏の華人文　》（東京：汲古書院，二〇〇四），頁六二三～六四四。

間ふさ子，〈　陽予倩の台　認識——一九四六から四七年の台　公演を中心として〉，《九州中國學會報》四三（九州，二〇〇五），頁九二～一〇六。

陳百齡，〈報業政治獵巫：一九五〇～八〇年代《臺灣新生報》政治案件〉，收錄於政治大學圖書館特藏管理組編，《未完結的戰爭：戰後東亞人權問題》（臺北：國立政治大學圖書館數位典藏組，二〇一九），頁五一～一〇一。

彭瑞金，〈記一九四八年前後的一場臺灣文學論戰〉，收錄於《臺灣文學探索》（臺北：前衛出版社，一九九五），頁二一～九。

彭瑞金，〈「橋」副刊始末〉，《臺灣史料研究》九（臺北，一九九七），頁三四～四七。

彭瑞金，〈戰後初期「臺灣文學路向之爭」的真相探討〉，《文學臺灣》五一（高雄，二〇〇四）頁二三〇～二五九。

趙玉林，〈參加抗日救亡劇運的回憶〉，《福州文史資料選輯》第十一輯（福州：中國人民政治協商會議福建省委員會，一九八五），頁八四～八五。

鄭貞文，〈在福建教育廳任職的回憶〉，《福州文史資料選輯》第十二輯（福州：中國人民政治協商會議福建省委員會，一九八五），頁一～三七。
潘子農，〈序《裙帶風》〉，《裙帶風》（上海：作家書屋，一九四九），頁一～六。
藍博洲，〈尋找臺灣新劇運動的旗手宋非我〉，《聯合文學》九：六（臺北，一九九三），頁一〇～四二。
張維賢，〈我的演劇回憶〉，《臺北文物》三：二（臺北，一九五四），頁一〇五～一一三。
汪鞏，〈新中國劇社的七年經歷〉，《中國話劇運動五十年史料集》第一輯（北京：中國戲劇出版社，一九八五），頁二七七～三〇四。
吳俊輝，〈歷史、自我、戲劇、電影辛奇訪談錄〉，《電影欣賞》九：四（臺北，一九九一），頁二～六。
甦甡，〈也漫談臺灣藝文壇〉，《臺灣文化》二：一（臺北，一九四七），頁一四～一七。
邱坤良，〈從星光到鐘聲：張維賢新劇生涯及其困境〉，《戲劇研究》二十（臺北，二〇一七），頁三九～六三。
吳瀟帆，〈抗日七七五十週年紀念，回憶陳大禹同志在中國抗日戲劇運動中的進程略述〉，一九八七年五月二十日，未刊稿。本書簡稱〈手抄筆記〉。
陳翹，〈福建話劇活動歷史述略（一九〇七～一九四五）〉，《戲劇學刊》八（臺北，二〇〇八），頁九一～一一一。
江棘，〈「新」「舊」文藝之間的轉換軌轍定縣——秧歌輯選工作與農民戲劇實驗關係考論〉，《中國現代文學研究叢刊》一二（北京，二〇一八），頁一七二～一九二。
明駝，〈戲劇運動在龍溪〉，《抗戰新聞》一：九（武漢，一九三九），頁二九〇～二九二。
臺灣特約記者，〈隨時可以發生暴動的臺灣局面〉，《觀察》二：二（上海，一九四七），頁一八～一九。
呂訴上，〈光復後的臺灣劇運——臺灣省行政長官公署時期〉，《臺北文物》三：三（臺北，一九五四），頁七八～八二。
鍾欣志，〈晚清「世界劇場」的理論與實踐——以小說《黑奴籲天錄》的改編演出為例〉，《中央研究院近代史研究所集刊》七四（臺北，二〇一一），頁八三～一三一。

鍾欣志，〈晚清新知識空間裏的學生演劇與中國現代劇場的緣起〉，《戲劇研究》八（臺北，二〇一一），頁二一～五八。

徐聖凱，《日治時期臺北高等學校之研究》，臺灣師範大學臺灣史研究所碩士論文，二〇〇八。

孫宇，〈臺灣首部中文莎劇演出與光復初期臺灣文化重建研究〉，《中世紀與文藝復興研究》一（杭州，二〇二四），頁六四～七九。

吳昶，〈論我國社會主義初級階段的軍人待遇問題〉，《軍事經濟研究》一（武漢，一九九一），頁六六～八〇。

楊奎松，〈從供給制到職務等級工資制：新中國建立前後黨政人員收入分配制度的演變〉，《歷史研究》四（北京，二〇〇七），頁一一一～一三七。

楊雲萍，〈近事雜記（三）〉，《臺灣文化》二：二（臺北，一九四七），頁二一～二二。

楊雲萍，〈近事雜記（五）〉，《臺灣文化》二：四（臺北，一九四七），頁一七。

黃英哲，〈跨界者的跨界與虛構：陶晶孫小說〈淡水河心中〉顯現的戰後臺灣社會像〉，《臺灣史研究》第十八卷第一期（臺北，二〇一一），頁一〇三～一三二。

Hsu, Yi-hsin, "Performing Shakespeare in Colonial Taiwan: Early Japanese Settlers and the Bounds of Theatrical Imperialism, 1895-1916", *Popular Entertainment Studies*, Vol. 10, Issue 1-2 (2019): 72-92.

四、訪談記錄

〈石山（陳少岩）先生訪談〉，臺北，二〇〇五年十二月十三日、十二月二十七日。

陳俐如訪談，〈石山（陳少岩）先生訪談〉，臺北，二〇〇五年十月二十一日。

〈王宏山先生訪談〉（薌劇團編劇），漳州，二〇〇五年七月十四、十五日。

〈柯秀茹女士訪談〉，漳州，二〇〇五年七月十四、十五日、十月十五、十六日、十二月二十六、二十七日。

〈陳志亮先生訪談〉（薌劇團編劇），漳州，二〇〇五年七月十四、十五日、十月十五、十六日、十二月二十六、二十七日。
〈陳東東先生訪談〉，漳州，二〇〇五年七月十四、十五日、十月十五、十六日、十二月二十六、二十七日。
〈陳彬先生訪談〉（薌劇團編劇），漳州，二〇〇五年七月十四、十五日、十月十五、十六日、十二月二十六、二十七日。
〈陳晶晶先生訪談〉，漳州，二〇〇五年七月十四、十五日、十月十五、十六日、十二月二十六、二十七日。
〈辛奇先生訪談〉，臺北，二〇〇五年八月六日、二十四日、九月十六日、十月七、八日、十月二十七日、十一月二十三日、十二月一日、二〇〇六年一月四日。
〈高仲明先生訪談〉，臺北—北京電話訪談，二〇〇五年十月二十三日。
〈阮位東先生訪談〉（漳州藝校校長），漳州，二〇〇五年十二月二十六、二十七日。
〈阮阿海先生訪談〉（薌劇團演員），漳州，二〇〇五年十二月二十六、二十七日。
〈吳厚楨先生訪談〉，臺北，二〇〇五年八月二十三日、九月十三日、九月二十日、十月三日、十月十一日、二〇〇六年一月四日。
〈陳嘉嘉女士訪談〉，臺北—美國加州電話訪談，二〇〇六年一月十二日、一月十七日、一月二十日、二月二十一日。
〈許肖琅女士訪談〉，臺北，二〇〇六年一月二十日。
〈許志超先生訪談〉，臺北，二〇〇六年一月二十八日。

五、劇本及史料

〈杯底不可飼金魚〉及〈農村酒歌〉樂譜。
〈陳大禹手抄課程題綱〉，一九五八年。
〈陳大禹調職通知〉，福建省龍溪文化局，一九六一年九月十八日。
〈陳嘉嘉女士感謝函〉，二〇〇六年三月二十一日。

《守財奴》節目單，一九四六年十二月十七日。

《原野》節目單，一九四七年九月十九日。

陳大禹，〈陳大禹政歷表〉，一九七八。

陳大禹，《紅軍進漳州》，劇本重謄手稿，一九七八年。

陳大禹，《望穿秋水》，劇本手稿，一九八〇年六月二十三日。

六、網路資料

「國家人權資料庫」，https://memory.nhrm.gov.tw/TopicExploration/Person/Detail/11240，擷取日期：二〇二四年十月十一日。

朱浤源，〈以唐為鑑：新疆權力結構的外部形勢及內部運作（一九四四～二〇〇四）〉，《第四屆臺灣與中亞論壇國際學術會議》，「新華網」，https://big5.xinhuanet.com，擷取日期：二〇〇六年三月十五日。

邵江，〈慢性種族清洗！中共在新疆施行漢族至上的人口政策〉，「洞察中國」，https://insidechina.rti.org.tw/news/view/id/2076612，擷取日期：二〇二四年十月一日。

國家發展委員會檔案管理局，https://aa.archives.gov.tw/。

陳怡玲，《臺灣日治時期之莎劇研究（一八九五～一九四五）》研究計畫報告，臺中：靜宜大學英國語文學系，二〇一二，https://reurl.cc/Re2e89，擷取日期：二〇二四年九月十九日。

陳俊辰（陳員外），https://www.facebook.com/share/p/RcpMspeRmPEKpfme/，擷取日期：二〇二四年八月三十日。

陸煒，〈從「人民戲劇」到「社會主義戲劇」——「十七年」戲劇思潮和戲劇運動論〉，「南京大學中國新文學研究中心」，https://njucml.nju.edu.cn/5a/f1/c22623a350961/page.htm，擷取日期：二〇二四年十月二十一日。

游振明，〈臺灣省立臺北成功中學簡史（一九四六～一九五六）〉，「成功中學」，https://reurl.cc/ZZNdpa，擷取日期：二〇二四年十月三十一日。

國家圖書館出版品預行編目資料

自君別後 : 陳大禹及其戰後臺灣劇場驚奇 / 邱坤良作 . -- 初版 .
-- 臺北市 : 國立臺北藝術大學 , 遠流出版事業股份有限公司 ,
2025.07
面； 公分
< 漂流萬里：陳大禹 > 增訂版
ISBN 978-626-7232-57-6（平裝）

1.CST: 陳大禹 2.CST: 傳記 3.CST: 戲劇 4.CST: 臺灣

783.3886 114000458

自君別後：陳大禹及其戰後臺灣劇場驚奇

作　　者　邱坤良
編　　輯　翁瑋鴻　陳穎慧

出 版 者　國立臺北藝術大學
發 行 人　陳愷璜
地　　址　臺北市北投區學園路 1 號
電　　話　(02) 28961000 分機 1232-4（北藝大出版中心）
網　　址　https://w3.tnua.edu.tw

出 版 者　遠流出版事業股份有限公司
發 行 人　王榮文
地　　址　臺北市中山北路一段 11 號 13 樓
電　　話　(02) 25710297 傳真 (02) 25710197
劃撥帳號　0189456-1
網　　址　https://www.ylib.com E-mail: ylib@ylib.com

封　　面　高名辰
排　　版　上承文化有限公司

出版日期　2025 年 7 月初版一刷
定　　價　新臺幣 580 元
ISBN　978-626-7232-57-6（平裝）
GPN　1011400114

如有缺頁或破損，請寄回更換
著作權所有 · 侵權必究　Printed in Taiwan

* 本書圖片由陳大禹親屬吳厚楨、許志超、陳晶晶、陳嘉嘉、陳東東，以及辛奇、石山、高仲明、徐宗懋、國家電影及視聽文化中心、國家檔案資料館等提供，謹此致謝。